WELT DES ISLAM

Autorenkollektiv unter Leitung
von Martin Robbe

WELT DES ISLAM

GESCHICHTE UND ALLTAG EINER RELIGION

Urania-Verlag Leipzig · Jena · Berlin

AUTORENKOLLEKTIV

Martin Robbe
Martin Grzeskowiak
Joachim Heidrich
Gerhard Höpp
Ilse Itscherenska
Irmgard Dietrich, *wissenschaftlich-technische Mitarbeiterin*

Frontispiz
Delhi, Freitagsmoschee, Indiens größte Moschee, 1650/56 (Aufn. Klaus G. Beyer)

Welt des Islam: Geschichte und Alltag einer Religion / Autorenkollektiv unter Leitung von Martin Robbe. – 2. Aufl. – Leipzig; Jena; Berlin: Urania-Verl., 1991
ISBN 3-332-00492-1
NE: Robbe, Martin [Hrsg.]

2. überarbeitete und aktualisierte Auflage 1991

Urania-Verlag Leipzig · Jena · Berlin, 1988
Karten: Heinz Kutschke
Gesamtgestaltung: Matthias Dittmann

Printed in Germany

INHALT

URSPRUNG UND PROFIL

Die Entstehung des Islam erinnert an eine Explosion. Jahrhunderte hindurch lebten die Araber eher an der Peripherie der großen Reiche im Nahen und Mittleren Osten. Da ergriff ein Mann aus ihrer Mitte, Muhammad, die Initiative zu einer Umwälzung ihrer Lebenweise. Er berief sich auf einen Auftrag, den er von Allah, das heißt Gott, erhalten haben will. Nach einigem Widerstreben folgten ihm die arabischen Stämme. Im Namen der neuen Religion, des Islam, schufen sie – die politische Landkarte der damaligen Zeit radikal verändernd – ein Weltreich.

Am Vorabend einer Revolution

Der Schauplatz des Geschehens: Arabien. Seine Grenzen sind nicht fest umrissen. In seiner weitesten Begrenzung erstreckt es sich zwischen dem asiatischen Festlandsockel und Afrika, während es im Süden vom Arabischen Meer umschlossen wird. In der Antike bereits wurde Arabien Asien zugeordnet, und dies blieb bis heute. Mit seinen 3,7 Millionen km^2 kann es als Subkontinent gelten. Zwischen drei Kontinenten gelegen – Asien, Afrika und Europa –, war Arabien prädestiniert, zum Schauplatz politischer und militärischer Auseinandersetzungen wie eines wirtschaftlichen und kulturellen Austausches der Völker zu werden.

Im Norden Arabiens – faßt man es in seiner größtmöglichen Ausdehnung – zieht sich vom Mittelmeer zum Persischen Golf der »Fruchtbare Halbmond« hin. Südlich davon dehnt sich in scheinbar endlosen Weiten die Arabische Halbinsel, die ursprünglich Arabien darstellte und das Kernland des Arabertums war. Gebirge, Sand und Sonne – diese Begriffe kennzeichnen, wenngleich nicht erschöpfend, ihre natürlichen Grundgegebenheiten.

Im Zentrum der Arabischen Halbinsel liegt, durchschnittlich 1000 m über dem Meeresspiegel, sich nach Osten hin neigend und weitflächig von »Sandseen« bedeckt, eine Wüstenlandschaft, die

»Arabische Tafel«. An ihrem nördlichen und westlichen, teilweise auch an ihrem südlichen Rand erheben sich bis zu einer Höhe von 3000 m und darüber mächtige Gebirgsmassive. Das sich am Roten Meer entlang erstreckende Randgebirge bildet zusammen mit seinem Vorland die Landschaft Hidschas (»Schranke«). Im Süden befindet sich al-Rub al-Chali, das »leere Viertel«, mit 780 000 km^2 die größte Sandwüste der Erde.

Die Arabische Halbinsel gehört zu den Trockengebieten der Erde. Die Temperaturen sind tagsüber hoch; im Sommer erreichen sie 40 °C und mehr. Auf den teilweise schneebedeckten Gebirgen ist es kühler. Zwischen Tag und Nacht gibt es weithin krasse Temperaturunterschiede. Regen fällt mit einer gewissen Regelmäßigkeit lediglich in den Küstenregionen. Im Landesinnern tritt er nur sporadisch auf; in manchen Gegenden bleibt er mitunter Jahre oder gar Jahrzehnte aus. Kommt es zu Niederschlägen – zuweilen mit sintflutartiger Wucht –, sammeln sich die Wasser in den Wadis, den sonst ausgetrockneten Flußtälern. Grundwasservorräte sind knapp. Brunnen, zu ihrer Erschließung vonnöten, haben teilweise eine Tiefe von 20 m und mehr.

Die Vegetation paßte sich den klimatischen Bedingungen an. Trockenpflanzen mit hoher Saugfähigkeit und Verdunstungsschutz, die sich durchsetzten, sind mitunter selbst in Gebieten anzutreffen, in denen jahrelang kein Niederschlag fiel. Aus Wüstenboden sprießen nach Regenschauern Gräser und Blumen, um nach Stunden, spätestens nach wenigen Tagen, wieder zu verdorren.

Landwirtschaft und Viehzucht sind in den Küstenebenen und Oasen möglich. Die am weitesten verbreitete Nutzpflanze ist die Dattelpalme. Ihre Frucht dient als Nahrung und zur Herstellung des Dattelschnapses, ihr Holz wird für den Hausbau wie für die Anfertigung verschiedener Gerätschaften verwendet.

Altorientalische Staaten

In Mesopotamien unter Einschluß der Golfregion, am Mittelmeer im Bereich Syrien sowie im Süden der Arabischen Halbinsel bildete sich Jahrtausende vor unserer Zeitrechnung die altorientalische Klassengesellschaft heraus. Ausgebeutete und Ausbeuter standen einander kollektiv organisiert gegenüber. Die Bauern lebten in der Dorfgemeinde. Von ihr oder vom Herrscher erhielten sie Boden zur Bearbeitung zugewiesen. Die Oberschicht, vielfach durch einen Despoten repräsentiert, schöpfte das Mehrprodukt in Gestalt von Natural- und Arbeitsleistungen ab. Die Bewässerung sowie der Bau von Befestigungsanlagen oder Tempeln erzwangen früh ein Zusammenwirken der lokalen Gemeinschaften. Privates Grundeigentum entstand erst allmählich.

Die Völker der altorientalischen Klassengesellschaft gehörten zu den Pionieren des Menschheitsfortschritts.[1]

Etwa um 3200 v. u. Z. gründeten im Süden von Mesopotamien die Sumerer Stadtstaaten mit großen Tempelbezirken als wirtschaftliche und kulturelle Zentren. Sie schufen die Keilschrift, die wohl älteste Schrift der Welt. Mit Griffeln ritzten sie die Schriftzeichen in weichen Ton. Auch das sexagesimale Zahlensystem ist ihre Schöpfung: Sie teilten den Tag in 24 Stunden, die Stunde in 60 Minuten und eine Minute in 60 Sekunden ein; den Kreis gliederten sie in 360 Grad. Die Sumerer erlebten wahrscheinlich, was im Alten Testament und im Gilgamesch-Epos als Sintflut aufgezeichnet ist. Es dürfte sich um eine Überschwemmungskatastrophe um 2800 v. u. Z. gehandelt haben.

Um 2340 v. u. Z. errichteten die Akkader, die, aus den Randzonen der syrisch-arabischen Wüstensteppe kommend, in Mesopotamien eingedrungen waren, durch den Zusammenschluß von Stadtstaaten ein Großreich mit Akkad als Hauptstadt – das erste Großreich in der Menschheitsgeschichte. Es agierte dynamisch, seine günstige geographische Lage nutzend. Seine Krieger, ausgerüstet mit Wurfspeer, Pfeil und Bogen, drangen nach Syrien und nach Südarabien vor. Seine Kaufleute trieben mit Indien und Ägypten Handel.

Unter der III. Dynastie (2111–2003 v. u. Z.) setzte sich der Stadtstaat von Ur durch und faßte Süd- und Mittelmesopotamien zu einem Staat zusammen. Der erste Herrscher, Ur-Nammu, versuchte, die komplizierter werdenden gesellschaftlichen Verhältnisse gesetzlich zu regeln. Der »Kodex Ur-Nammu« ist die bislang älteste bekannte Rechtsordnung. Durch den Bau von Bewässerungskanälen, die sie vom Tigris abzweigten, erschlossen die Herrscher von Ur neue Ländereien.

Im 19. Jh. v. u. Z. entstand um die Stadt Babylon, die bereits gegen Ende des 3. Jahrtausends v. u. Z. erwähnt wird, das Reich der Babylonier. König Hammurapi (1792–1750 v. u. Z.) schaltete Rivalen im Kampf um die Vorherrschaft in Mesopotamien aus. Eine zu seiner Zeit entstehende und 282 Paragraphen umfassende Gesetzessammlung (»Kodex Hammurapi«) kennt drei große soziale Gruppen: freie Bürger, Palastabhängige, Sklaven. Ihr Anliegen war es, innerhalb der sich zuspitzenden Widersprüche der altorientalischen Klassengesellschaft das Eigentum der Herrschenden zu festigen. Für Vergehen drohte sie drastische Strafen an. Unter anderem war in ihr das Prinzip »Auge um Auge, Zahn um Zahn« enthalten.

Parallel zu Babylonien entwickelte sich aus dem am oberen Tigris gelegenen Stadtstaat Assur das Reich der Assyrer. König Sanherib (704–681 v. u. Z.) führte es zum Gipfelpunkt seiner Macht. Er eroberte Babylonien und ließ Babylon zerstören. Ninive, am Ostufer des Tigris gegenüber dem heutigen Mossul gelegen, wurde unter ihm zu einer prächtigen Stadt mit prunkvollen Tempeln und Palästen ausgebaut, umgeben von einer 25 m hohen Doppelmauer mit 15 Toren. Ein 50 km langer Kanal stellte ihre Wasserversorgung sicher.

Die Babylonier konnten sich noch einmal gegen die Assyrer durchsetzen. Nebukadnezar II. (604–562 v. u. Z.) verleibte Syrien und Palästina dem neubabylonischen Reich ein. Zwei Aufstände in Jerusalem ließ er niederschlagen (597 und 586 v. u. Z.), zahlreiche Judäer deportieren (»babylonische Gefangenschaft«) und die Stadt zerstören. Babylon wurde unter ihm ausgebaut. Zu den bekanntesten Bauwerken gehörten die mit Löwendarstellungen geschmückte Prozessionsstraße, das Ischtar-Tor und die »Hängenden Gärten der Semiramis«.

Bald schon griffen die Perser in die Machtkämpfe ein, die ein aus vielen Völkern bestehendes Großreich geschaffen hatten – das letzte altorientalischen Typs – und über das zu diesem Zeitpunkt schlagkräftigste Heer der Welt verfügten. 539 v. u. Z. eroberten sie unter Kyros Babylonien. Sie errichteten ihre Herrschaft zunächst im Zweistromland, dann bis zum Mittelmeer hin und nach Ägypten. Zwischen 333 und 331 v. u. Z. brach das Perserreich, das immer wieder von Volksaufständen erschüttert wurde, unter dem Angriff Alexanders von Makedonien zusammen.

Um 3200 v. u. Z. trat neben Mesopotamien ein anderes Kulturzentrum aus dem Dunkel der Geschichte hervor: Syrien. Immer neue Völkerschaften drangen auf dem Land- und dem Seeweg dort ein. Zu ihnen gehörten die Akkader, Altamoriter, Kanaaniter, Aramäer, Israeliten, Churriter, Hyksos und die ägäischen Seevölker, denen die Philister zuzurechnen sind. Einige Staaten entstanden auf syrischem Territorium. So einigten sich um 1000 v. u. Z. die israelitischen Stämme unter den Königen Saul und David in gemeinsamer Verehrung des Gottes Jahwe und in Auseinandersetzung mit den Philistern zu einem Staatswesen mit Jerusalem als Hauptstadt. König Salomo, der Prachtentfaltung und Genuß liebte (er soll 700 Hauptfrauen und 300 Nebenfrauen gehabt haben), ließ für Jahwe einen prächtigen Tempel und für sich einen großen Palast bauen. Doch Eigenstaatlichkeit blieb in Syrien jeweils eine Episode. Seine Bevölkerung geriet immer wieder unter Fremdherrschaft.

In Südarabien bildete sich in den Reichen der Minäer und Sabäer eine hochentwickelte Kultur heraus. Sie beruhte auf dem Bewässerungsbau: Das Wasser aus den Hochgebirgen Jemens wurde gestaut und auf die umliegenden Länder verteilt. Hinzu kam der Karawanenhandel. Um 1000 v. u. Z. bereits zogen große Kamelkarawanen bis zum Mittelmeer und nach Mesopotamien. Das Dromedar, das einhöckrige Kamel, war dabei unentbehrlich. Es kann tagelang hungern und dursten, nährt sich u. a. von trockenen Wüstenpflanzen und scharfkantigen Gräsern und nimmt auch salziges oder mäßig bitteres Wasser zu sich – dadurch befähigt, die weiten wasserarmen Räume zu durchqueren. Dem Beduinen liefert es Milch, Fleisch und Haut. Sein Haarkleid kann zu Webstoffen verarbeitet, sein getrockneter Mist als Brennstoff und sein Urin als Waschmittel benutzt werden. Im allgemeinen hielt man Kamelstuten. Einige Hengste dienten zur Aufzucht, die übrigen wurden jung geschlachtet.

Ein beliebtes Handelsgut war der Weihrauch, gewonnen aus dem Harz eines Strauches in der Landschaft Dhofar. Er gab der berühmten Weihrauchstraße ihren Namen, die sich von Südarabien entlang der westarabischen Randgebiete vorbei an Oasen wie Jathrib (dem heutigen Medina) und Dedan gen Norden bis zum Mittelmeerhafen Ghaza hinzog. Die Reise auf ihr dauerte über siebzig Tage.

Die israelitischen Überlieferungen, die im Alten Testament Aufnahme fanden, erwähnen Verbindungen zwischen Südarabien und dem Norden. Sie berichten auch über einen Besuch der Königin von Saba bei König Salomo. »Sie kam ... nach Jerusalem mit einem sehr großen Gefolge und mit Kamelen, welche Spezereien (d. h. Genüsse) und Gold in sehr großer Menge und Edelsteine trugen«, heißt es. Sie schenkte »dem König hundertundzwanzig Talente Gold und Spezereien in sehr großer Menge, sowie Edelsteine; niemals wieder ist eine solche Fülle von Spezereien ins Land gekommen, wie die Königin von Saba damals dem König Salomo schenkte ... Der König Salomo aber schenkte der Königin von Saba alles, wonach sie Verlangen trug und was sie sich wünschte, abgesehen von den Geschenken, die er ihr aus freien Stücken mit königlicher Freigebigkeit gab. Hierauf trat sie mit ihrem Gefolge den Rückweg an und zog heim.«[2] Offenbar war die Königin von Saba hier in einer diplomatischen Mission unterwegs, um mittels entsprechender Abgaben den transarabischen Handel zu sichern.

Es muß für die Herrschenden schon glanzvoll zugegangen sein. Die Römer sprachen mit Blick auf Südarabien von »Arabia Felix«, dem »glücklichen Arabien«. Allerdings fanden ständig kriegerische Auseinandersetzungen statt, hauptsächlich um die Beherrschung der Handelswege.

Im 2. und 1. Jh. v. u. Z. drang der Sklavenhalterstaat Rom von Westen her nach Asien und Afrika vor. Er gliederte sich die Gebiete östlich des Mittelmeeres als Provinzen ein. Seine Versuche, in Südarabien Fuß zu fassen – um nach der Vorstellung des Kaisers Augustus »entweder reiche Freunde zu erwerben oder reiche Feinde zu besiegen« –, mißlangen.

Um die Zeitenwende ging im Ostteil des Römischen Reiches, in Palästina, aus der jüdischen Religion das Christentum hervor. Zum Kern seines Glaubens wurde die Überzeugung, daß mit Jesus Christus der Sohn Gottes Mensch geworden war und mit seinem Kreuzestod die Menschheit erlöste. Die neue Religion verbreitete sich rasch im Römischen Reich. Zunächst von den Herrschern verfolgt, erhob sie Kaiser Konstantin im 4. Jh. zur Staatsreligion.

Mit dem Zerfall des Römischen Reiches verselbständigten sich seine Ostprovinzen. Ende des 4. Jh. nahm das Byzantinische Reich mit der Hauptstadt Konstantinopel Gestalt an. Sozialökonomisch war es heterogen; Verhältnisse der Sklavenhaltergesellschaft existierten fort, zugleich bildeten sich Elemente des Feudalismus heraus. Gegen Ende des 6. Jh. geriet Byzanz in eine Krise. Militärische Mißerfolge paarten sich mit Volkserhebungen im Innern, die als Unruhen und Revolten auch das Heer ergriffen.

In Iran herrschten seit Beginn des 3. Jh. die Sassaniden. Unter ihnen reiften im Rahmen der altorientalischen Klassengesellschaft gleichfalls feudale Verhältnisse heran. Eine breite Schicht kleiner feudaler Grundeigentümer entstand. Adel und Königtum bekämpften einander erbittert, was im 7. Jh. anarchische Zustände heraufbeschwor. Einander befehdende Parteien krönten und stürzten in einem Zeitraum von 5 Jahren mindestens 10 Könige.

Das byzantinische und das sassanidische Reich dominierten im Norden der Arabischen Halbinsel. Von ihnen gingen Einflüsse auf südliche Gebiete aus, verbunden mit einer Ausbreitung der jüdischen und der christlichen Religion. Beide Mächte trugen Rivalitäten, bei denen es wesentlich um die Beherrschung der Handelswege zu Lande und zu Wasser ging, mit wechselndem Kriegsglück auf dem Schlachtfeld aus. Iranische Truppen eroberten Syrien, Palästina und Ägypten und bedrohten Konstantinopel. Den Byzantinern gelang es unter Kaiser Herakleios, über Armenien bis nach Aserbaidshan vorzustoßen, wo sie das Feuerheiligtum von Schiz plünderten.

Von der Zeitenwende beginnend, stießen von der Arabischen Halbinsel aus immer wieder arabische Kamelnomaden in das Gebiet des Fruchtbaren Halbmondes vor. Es fand eine friedliche Infiltration statt. Kam es, was wiederholt der Fall war, zu bewaffneten Auseinandersetzungen, waren die wendigen Nomaden den schwerfälligen Heeren der Staaten im Norden überlegen. Letztere kalkulierten das ein: Sie stellten Araber als Krieger in ihren Dienst.

Araber faßten in Nordarabien mit Staatengründungen Fuß. Um 400 v. u. Z. schufen sie ein Reich mit Petra (im heutigen Jordanien gelegen) als Hauptstadt. Arabische Kaufleute brachten Palmyra, eine Stadt in Syrien, zur Blüte, deren Herrscher noch politischen Einfluß behielten, als sie die Oberherrschaft der Römer anerkennen mußten. Staaten von längerer Lebensdauer, die in die Machtkämpfe zwischen Byzanz und Iran gerieten, errichteten die Kinda, die Lachmiden sowie die Ghassaniden. Dies waren Ansätze, um die Stammeszersplitterung zu überwinden. Ein dauerhafter Erfolg blieb ihnen vorerst versagt.

Auf der Arabischen Halbinsel stauten sich indessen die sozialen Energien an. Stämme aus Südarabien, deren Reiche zerfielen und die Gefahr liefen, unter Fremdherrschaft zu geraten, zogen verstärkt nach Nordarabien. Sie drängten die dort lebenden Stämme nordwärts. Der Druck auf Byzanz und den Iran wuchs.

In Westarabien, im Hidschas, lebten die meisten Araber im 6. Jh. als Nomaden, das heißt als wandernde Viehzüchter. (Für die arabischen Nomaden hat sich auch der Begriff »Beduinen« – wörtlich: »Wüstenbewohner« – eingebürgert, worunter in engerem Sinne Dromedar-Hirten verstanden werden.) Andere Araber, von den Nomaden verachtet, mitunter auch beraubt, trieben in Oasen Ackerbau, so in Ta'if, Jathrib und Chaibar. Wieder andere waren in Umschlagplätzen des Fernhandels, wie in Mekka und Ukaz, als Kaufleute und Handwerker tätig. Die reicheren Nomaden züchteten vor allem Kamele, die ärmeren Schafe und Ziegen. Die Pferdehaltung wurde erst relativ spät auf der Arabischen Halbinsel heimisch. Da sie ziemlich aufwendig war – u. a. brauchte ein Pferd täglich Wasser, das bei längeren Zügen auf Kamelen mitgeführt werden mußte –, blieb sie weitgehend reichen Beduinen vorbehalten. Pferde waren so ein Statussymbol. Ferner dienten sie, wendiger als Kamele, zur Kriegführung.

Die Nomaden kannten noch kein Grundeigentum. Ihr Eigentum waren die Viehherden. »Bei wandernden Hirtenstämmen ... erscheint die Erde gleich den anderen Naturbedingungen in elementarischer Unbegrenztheit«, stellte Karl Marx hierzu fest. »... Sie wird abgeweidet etc., konsumiert durch die Herden, an denen wieder die Herdenvölker existieren. Sie verhalten sich zu ihr als ihrem Eigentum, obgleich sie dies Eigentum nie fixieren ... Angeeignet und reproduziert wird hier in der Tat nur die Herde, nicht die Erde; die aber stets temporär gemeinschaftlich genutzt wird an dem jedesmaligen Aufenthaltsplatz.«[3] Erst wenn Nomaden seßhaft wurden und dazu übergingen, Ackerbau zu treiben, bildete sich Eigentum an Grund und Boden heraus.

Die Bewohner des Hidschas, sowohl die ausgesprochenen Nomaden als auch diejenigen, die sich in festen Siedlungen niedergelassen hatten, waren traditionell der in urgemeinschaftlichen Verhältnissen wurzelnden Stammesordnung unterworfen.

Wie sah das aus?

Die Stammesgemeinschaft gründete sich, indem sie sich von einem gemeinsamen, zumeist sagenhaften Vorfahren herleitete, auf die Überzeugung einer Blutsverwandtschaft. Jeder Stammesangehörige sah vor allem in dieser Traditionslinie seine Identität gegeben. Aus dieser Tradition auch schöpfte er die Sinngebung seines Lebens wie Regeln für sein Verhalten, die allein für die Stammesgemeinschaft galten (d. h. nur in ihr, nicht außerhalb ihrer Grenzen war es verboten zu töten, zu stehlen, zu ehebrechen usw.). Der Stamm seinerseits umfaßte Sippen und Familien. An seiner Spitze stand ein Führer, der, von einem Rat gewählt, im allgemeinen einer angesehenen und reichen Familie entstammte und sich durch Tapferkeit, Klugheit sowie durch einen starken Willen auszeichnen sollte. Die erwachsenen männlichen Familien-, Sippen- und Stammesangehörigen waren gleichberechtigt und, das war wohl die wichtigste an sie gestellte Forderung, zu gegenseitigem Beistand verpflichtet. Charakteristisch die Haltung: »Ich bin ein Mann von (dem Geschlecht) Ghazija, wenn Ghazija irre geht, so irre ich mit, und wenn Ghazija den rechten Weg einschlägt, so schlage auch ich ihn ein.«[4] Wurde jemand getötet, so mußten seine Verwandten ihn rächen (Blutrache). Morde und Gegenmorde erstreckten sich vielfach über Generationen. Es war allerdings auch möglich, für einen Ermordeten ein Sühnegeld zu entrichten.

Da die zum Leben erforderlichen Ressourcen knapp waren, bekriegten Stämme einander häufig. Ihre Fehden, in denen es um Weiden, Wasserstellen sowie um die Kontrolle der Fernhandelsrouten ging, trugen sie mit großer Härte aus. Genoß indessen ein Fremder den Schutz des Stammes, war er unantastbar. Übertritte von einem Stamm zu einem anderen waren möglich.

Mekka war zum ökonomischen, politischen und geistigen Zentrum im Hidschas geworden – und zugleich reichten seine Verbindungen weit über dieses Gebiet hinaus. Die Stadt lag in einem unfruchtbaren Tal, an einem Knotenpunkt der Karawanenstraße, die Südarabien mit Syrien und dem Zweistromland verband. Zu den Waren, die die Kamelkarawanen von Süd nach Nord beförderten, gehörten Weihrauch, Gold und Sklaven, während sie von dort u. a. Waffen, kostbare Stoffe und Getreide mitbrachten.

Ihr Selbstverständnis und Selbstbewußtsein artikulierten die arabischen Stämme vornehmlich in der Poesie. Sie priesen darin Stammessolidarität, Freiheit und Tapferkeit als vornehmste Tugenden, Wein, Jagd, Spiel und Liebe als erstrebenswerte Lebensgüter. Dem gesprochenen Wort maßen sie besondre Macht zu, und häufig untermalten sie es durch Musik (Laute, Flöte, Rohrpfeife, Oboe und Tamburin waren gebräuchliche Instrumente). Es verschaffte Ansehen, unterhaltend zu sein.

Die arabischen Dichtungen beeindruckten später die europäischen Aufklärer, die sich ihrer annahmen. Johann Gottfried Herder schrieb über sie: »Wie abgerissene, gen Himmel strebende Felsen stehen ihre Gesinnungen da; der schweigende Araber spricht mit der Flamme des Wortes wie mit dem Blitz seines Schwertes, mit Pfeilen des Scharfsinnes wie seines Köchers und Bogens. Sein Pegasus ist sein edles Roß, oft unansehnlich, aber verständig, treu und unermüdlich.«[5] Johann Wolfgang von Goethe äußerte sich zu den Mu'allaqat, einer Sammlung berühmter Gedichte: »Sie deuteten auf eine wandernde, herdenreiche, kriegerische Nation, durch den Wechselstreit mehrerer Stämme innerlich beunruhigt. Dargestellt sind: festeste Anhänglichkeit an Stammesgenossen, Ehrbegierde, Tapferkeit, unversöhnbare Rachelust gemildert durch Liebestrauer, Wohltätigkeit, Aufopferung, sämtlich grenzenlos.«[6]

Unter den Bewohnern des Hidschas dominierte der Polytheismus, das heißt der Glaube an viele Götter. In Mekka wurden mehr als dreihundert verehrt, wobei es sich dabei ursprünglich wohl um Stammesgottheiten gehandelt haben dürfte. Dort befand sich auch ein bedeutendes Heiligtum: die Kaaba, ein würfelförmiger Bau, in dem ein schwarzer Stein eingelassen war (wahrscheinlich ein Meteorit). Ursprünglich war es dem Gott Hubal geweiht.

Im Spätsommer und Herbst, während vier heiliger Monate, zog im Hidschas ein allgemeiner Friede ein. Jetzt konnten die Araber, auch die Angehörigen miteinander verfeindeter Stämme, einander treffen. Viele kamen nach Mekka, um dort Geschäfte zu tätigen. Auch erfüllten sie religiöse Verpflichtungen. Dazu gehörten Zeremonien, Umra genannt, deren Kern das Umschreiten der Kaaba war (tawaf). Gleichfalls war es üblich, zu dem auf dem Wege von Mekka nach Ta'if gelegenen Berg Arafa zu wallfahren; man kam auf den Berg, um dort zu »verweilen«.

Zur gleichen Zeit fanden an drei in der Nähe gelegenen Stätten große Handelsmärkte statt. Doch war der Handel nur eine der dort betriebenen Tätigkeiten; Stammesführer regelten die Beziehungen ihrer Stämme zueinander, Dichter stritten um die Gunst der Hörer, und es fanden Pferderennen statt. Aus dem Bemühen der Händler und Dichter, sich bei Angehörigen anderer Stämme Gehör zu verschaffen, erwuchs eine gesamtarabische Dichtersprache, die zur Grundlage der arabischen Schriftsprache wurde.

»In dem tumultuarischen Wirrwarr, der die Wüste füllt, bilden die Feste, zu Anfang jedes Semesters, den einzigen erfreulichen Ruhepunkt«, schrieb Julius Wellhausen über die Ereignisse während der heiligen Monate. »Ein nicht kurz bemessener Gottesfriede unterbricht dann die ewige Fehde. Die verschwiegensten Stämme, die sonst einander nicht über den Weg trauen, wallfahren unbesorgt, durch Freundes oder Feindes Land, gemeinschaftlich zu der selben heiligen Stätte. Der Handel wagt sich heraus, und es entsteht ein lebhafter, allgemeiner Verkehr. Man atmet auf und fühlt sich eine Zeit lang frei von den Schranken, die sonst jeden Stamm einschließen und von anderen trennen; man lernt sich kennen; alle hervorragenden Männer, auch wenn sie durch weiteste Entfernungen getrennt wohnen, wissen voneinander und haben sich in der Regel auch gesehen ... Dem Austausch der Waren folgt der geistige Austausch; er erstreckt sich auch auf die Poesie und die Tradition. Eine Gemeinschaft geistiger Interessen entsteht, die ganz Arabien umfaßt: eine allerdings illiterate Literatur, eine über den Dialekten stehende Sprache, eine gewisse allgemeine Bildung und Anschauungsweise. Über der Zersplitterung der Stämme erheben sich die inneren Grundlagen der Nationalität, bestehend in dem Gesamtbesitz der geistigen Güter, welche dem Leben eines Volkes höhere Art und Würde verleihen.«[7]

Ihr Leben sahen die Araber dem steten Fluß der Zeit unterworfen. Kindheit und Jugend folgten Reife, Alter und Tod. Mit dem Tod war das Leben dahin. Über ein Jenseits machten sie sich keine Gedanken, es sei denn, jemand hatte sich mit jüdischen oder christlichen Vorstellungen vertraut gemacht.

Ein Umbruch bahnt sich an

Die überkommene Gesellschaftsordnung der Stämme auf der Arabischen Halbinsel war im 6. Jh. in eine Krise geraten. Stammeseigentum verwandelte sich zunehmend in das Eigentum einzelner Sippen und Familien. Damit nahm die soziale Differenzierung zu. Die stärkeren Sippen bereicherten sich auf Kosten der ohnehin schwächeren. Der Stammesführer, der Saijid, später Scheich, gewann eine privilegiertere Position: Ihm gehörten die größten Kamelherden, er genoß Vorrechte bei der Weiden- und Wassernutzung, und er zog den größten Gewinn aus dem Verkauf oder

Tausch von Vieh. Er vertrat den Stamm auch nach außen. Dazu gehörte, jeden Fremden, der sein Zelt betrat, zu bewirten, ihn notfalls zu schützen. Es gab Sklaven. Zumeist waren es Ausländer, doch gehörten auch mittellose Angehörige des eigenen Stammes dazu.

In Mekka war diese Entwicklung besonders augenfällig. Der transarabische Handel hatte der Stadt Reichtum gebracht. Mit ihm verschärften sich die sozialen Gegensätze. Der seßhaft gewordene Stamm der Kuraisch hatte seit ungefähr 500 u. Z. die Herrschaft in Händen. Zugleich war er in sich differenziert. Die reichen Sippen dominierten im Handel und in der Landwirtschaft, und sie tätigten zunehmend Wuchergeschäfte. Die schwächeren Sippen, darunter die Banu Haschim, opponierten dagegen und hatten sich zu einer »Tugendliga« zusammengeschlossen.

Die soziale Differenzierung verstärkte die blutigen Auseinandersetzungen zwischen den Stämmen – und wurde dadurch ihrerseits wieder gefördert. So eigneten sich die Stammesführer ein Viertel der Kriegsbeute an. Auch zwischen den Stämmen schritt eine Differenzierung voran. Die stärkeren bauten ihren Einfluß zu Lasten der schwächeren aus. Stammesföderationen bildeten sich, die über kürzere oder längere Zeit bestanden. So hatten die Kuraisch eine gewisse Vorherrschaft vor anderen Stämmen gewonnen. Um sie zu rechtfertigen, beanspruchten sie in einer Genealogie, die sie auf Isma'il, den Sohn Abrahams, zurückführten, einen hervorragenden Platz.

Die überkommene Stammesordnung war den Produktivkräften immer weniger ein Entwicklungsrahmen. Deshalb zerfiel sie. Und in ihrem Zerfall wurde sie zu einem noch größeren Hemmschuh für den gesellschaftlichen Fortschritt. Ein Umbruch bahnte sich an. Die Überwindung der Stammesschranken stand auf der Tagesordnung.

Der Umbruch zeichnete sich auch im Geistigen ab. Die fortschreitende soziale Differenzierung höhlte die ursprünglichen Ideale des Beduinentums – Stammessolidarität, Freiheit, Tapferkeit – aus. Immer mehr Araber sannen darüber nach, wie sie reich werden bzw. ihren Reichtum mehren könnten. Für den einzelnen wurde der Sinn des Lebens, bis dahin aus den kollektiven Belangen des Stammes erwachsend, fragwürdig, im Sinne eines In-Frage-gestellt-Werdens wie des Fragens wert. »Wir fahren dahin zu ungewissem Ende, und wir vergessen es über Essen und Trinken«, reflektierte bereits Imra'alqais, der, am 7. Dezember 328 gestorben, in einer Grabinschrift »König aller Araber, der sich die Krone aufsetzte«, genannt wurde. »Spatzen sind wir und Fliegen und Würmer, aber waghalsiger als heißhungrige Wölfe. Bis zu den Gründen der Erde erstrecken sich meine Wurzeln (d. h. ich bin aus urältestem Adel, aus der Pfahlwurzel des Stammbaumes), doch dieser Tod raubt mir meine Jugend, und meine Seele raubt er mir und meinen Leib, und bettet mich gar bald in den Staub. Ich habe mein Tier getrieben durch jede Wüste, die weit sich dehnte und von Spiegelungen flimmerte, und bin im gefräßigen Heere geritten, nachzustreben nach Ehren gieriger Gefahren, und unter jedem Himmel habe ich mich getummelt, bis ich statt der Beute zufrieden war mit der Heimkehr. . . . Ich weiß wohl, ich werde über kurzem zappeln auf der Spitze einer Kralle und eines Zahnes.«[8] Propheten traten auf, die vernünftiges Handeln, Weinverbot und sexuelle Mäßigung forderten. Proteste wurden laut gegen das wachsende Unrecht, das die soziale Differenzierung mit sich brachte.

Der Polytheismus, weithin zur leeren Formel erstarrt, war vom allgemeinen Niedergang erfaßt. Mehr und mehr setzte sich eine Tendenz zum Monotheismus, das heißt zum Glauben an einen Gott, durch. In ihr artikulierte sich das Bedürfnis nach einem stammesübergreifenden Gemeinwesen. Im Zusammenhang damit fanden die »Buchreligionen«, das heißt Judentum und Christentum, deren Verbreitung Byzanz und Iran durch ihre Machtpolitik beförderten, größere Resonanz. Hanifen (hanif, soviel wie Gottsucher), asketische Einsiedler, wandten sich ausdrücklich gegen die polytheistischen Kulte und vertraten den Glauben an einen einzigen Gott.

Mekka wurde von diesem Wandel ergriffen. Zu seinen über dreihundert Göttern gehörte Allah. So mögen wohl verschiedene Stämme ursprünglich jeweils ihren eigenen Gott genannt haben (nichts anderes als »der Gott« nämlich bedeutet – zusammengezogen aus »al-Ilah« – das arabische »Allah«). In der Abstraktheit, die ihn zunehmend als Gott schlechthin charakterisierte, gewann Allah fortschreitend eine Vorzugsstellung gegenüber anderen Göttern. Die Kaaba diente zunehmend seiner Verehrung, wobei er mit Hubal gleichgesetzt wurde.

Muhammad, der Prophet

Muhammad ibn Abdallah, das heißt Muhammad, Sohn des Abdallah, gehörte zu denen, die im Hidschas für einen revolutionären Wandel wirkten. Er setzte sich durch. In die Geschichte ging er als Prophet und Stifter einer neuen Religion, des Islam, ein.

Herkunft

Muhammad – der Name bedeutet im Arabischen »der Vielgepriesene« – wurde um 570 in Mekka geboren. Seine Sippe, die Banu Haschim, gehörte zum Stamm der Kuraisch, war jedoch ohne größeren Einfluß. Muhammads Familie lebte in bescheidenen Vermögensverhältnissen. Sein Vater, Abdallah ibn Abd al-Muttalib, ein Kaufmann, verstarb offenbar kurz vor seiner Geburt, als er sich bei einer Karawanenreise auf dem Rückweg befand. Seine Mutter Amina war schwächlich, so daß sie Halima, eine Beduinenfrau aus der Sippe der Sa'ad, als Amme nehmen mußte.

Diese zögerte zunächst – war doch kein lohnenswertes Entgelt zu erwarten –, ließ sich dann aber umstimmen. Es sollte sich lohnen – zumindest der Legende nach. Denn kaum hatte sie das Kind zu sich genommen, da gaben ihre Brüste Milch wie noch nie. Auch das alte Kamel, das ihr Mann besaß, hatte plötzlich ein pralles Euter. Die Eselin, auf der Halima und Muhammad ritten, war auf einmal so schnell wie der Wind. Und kaum, daß sie das Weidegebiet der Sa'ad – einen kargen Landstrich – erreicht hatten, da fand sich für die Schafe und Ziegen Halimas und ihres Gatten – aber nur für die! – Futter in Hülle und Fülle.

Als Muhammad sechs Jahre alt war, verstarb seine Mutter Amina. Er stand jetzt ziemlich mittellos da. Sein Erbe waren eine Hütte, eine Sklavin, fünf Kamele und einige Schafe. Er fand Beistand bei seinem Großvater Abd al-Muttalib, dem Oberhaupt der Sippe, dann, nach dessen Tod, bei seinem Onkel Abu Talib. Zeitweise hütete er gegen geringes Entgelt Schafe und Ziegen.

Muhammad wuchs, glaubt man der Überlieferung, zu einer faszinierenden Persönlichkeit heran. Er soll von kräftiger, mittelgroßer Gestalt gewesen sein, schwarzäugig, mit schönen weißen Zähnen und großen Händen und Füßen. Sein hellhäutiges Gesicht war von langen schwarzen Haaren und einem starken Bart eingerahmt. In seinem Auftreten waren Herzlichkeit, Natürlichkeit und Würde miteinander vereint.

Als er zwanzig Jahre alt war, trat Muhammad in den Dienst der reichen Kaufmannswitwe Chadidscha. In ihrem Auftrag führte er Kamelkarawanen nach Syrien. Im Jahre 595 heirateten beide. Chadidscha, deren Familie sich der Ehe zunächst widersetzte, war zu diesem Zeitpunkt vierzig Jahre alt, Muhammad etwa fünfzehn Jahre jünger. Der Ehe entstammten, genau weiß man es nicht mehr, sechs oder sieben Kinder, darunter vier Töchter. Die Söhne verstarben noch im Kindesalter.

Die Heirat mit Chadidscha war ein Wendepunkt im Leben Muhammads. Sie brachte ihm, der sich von Verwandten hatte »durchschleppen« lassen müssen und gering geachtete Tätigkeiten verrichtet hatte, eine relative materielle Sicherheit. Seine Frau half ihm, die Schwierigkeiten zu bewältigen, die auf ihn zukommen sollten. Zusammen mit einem Verwandten war er weiterhin im Handel tätig und hatte – zumindest im Anfang – Erfolg.

Muhammad stand in der Tradition der arabischen Stämme. Doch war er empfindsamer als andere. Was er vorfand, nahm er nicht als ein für allemal gegeben hin. Wißbegierig machte er sich mit andersgearteten Vorstellungen vertraut, insbesondere mit Judentum und Christentum. Er suchte und fragte weiter.

Botschaft

Ungefähr in den Jahren 609 bis 610, er war etwa vierzigjährig, verschrieb Muhammad sich einer religiös verstandenen Berufung. Er sprach, zunächst wenigen Vertrauten gegenüber, darunter seiner Frau, von Botschaften, die er, von Allah zu seinem Propheten auserwählt, in der Einsamkeit des Gebirges von einem Engel empfangen habe.

Sein erstes Offenbarungserlebnis hat Muhammad der Überlieferung zufolge in einer Nacht des Monats Ramadan gehabt, in der »Nacht der Bestimmung«. Danach erschien ihm der Erzengel Gabriel (eine Gestalt aus der jüdischen Religionswelt – sein Name bedeutet »Mann Gottes«) und offenbarte ihm den »arabischen Koran«, Auszüge aus einem im Himmel verwahrten Urbuch Allahs. Muhammad sollte diese Offenbarungen den Menschen überbringen und sie dazu bewegen, sich Allah zu unterwerfen.

Die älteste Biographie Muhammads – sie stammt von Ibn Ishaq (gest. 767) und ist in einer Bearbeitung von Ibn Hischam (gest. 833) erhalten – berichtet darüber. Als das Jahr seiner Sendung kam, heißt es in ihr, ging Muhammad wie gewöhnlich im Monat Ramadan mit seiner Familie nach Hira. »In der Nacht, in der Allah aus Barmherzigkeit gegen seinen Diener ihn mit seiner Botschaft ehrte, überbrachte ihm Gabriel den Befehl Allahs. Ich habe geschlafen, berichtet Muhammad, als Gabriel mit einem beschriebenen seidenen Tuch kam und sprach: Lies! Ich erwiderte: Ich kann nicht lesen. Da preßte er mich auf das Tuch, daß ich dachte, ich müßte sterben. Dann ließ er mich los und sprach wiederum: Lies! Ich antwortete wieder: Ich kann nicht lesen. Er hingegen bedeckte mich in einer Weise mit dem Tuch, daß ich fast gestorben wäre, ließ mich dann los und sprach zum dritten Mal: Lies! Aus Angst, er könnte mich wieder so behandeln, fragte ich, was ich denn lesen solle. Er sprach:

Lies im Namen deines Herren, der erschaffen hat,
den Menschen erschaffen hat aus einem Embryo.
Lies. Dein Herr ist der Edelmütigste,
der durch das Schreibrohr gelehrt hat,
den Menschen gelehrt hat, was er nicht wußte.«

Die Erwähnung des Schreibrohrs – oder der Feder – in den Versen, die im Koran Aufnahme fanden[1], ist eine Anspielung auf die himmlische Offenbarungsurkunde. Über Muhammad heißt es weiter: »Ich las, und Gabriel verließ mich. Danach wurde ich wach. Mir war, als seien die Worte in mein Herz geschrieben. Ich trat aus der Höhle. Als ich dann auf halber Höhe auf dem Berg stand, hörte ich, wie eine Stimme vom Himmel rief: Muhammad! Du bist der Gesandte Allahs, und ich bin Gabriel. Da blickte ich zum Himmel empor und sah Gabriel, einen Mann mit Flügeln, die Füße am Horizont, und er rief: Muhammad! Du bist der Gesandte Allahs, und ich bin Gabriel.« Muhammads Frau Chadidscha soll nach ihrem Mann haben suchen lassen. Als dieser zurückkam und von dem Offenbarungserlebnis berichtete, soll sie gesagt haben: »Bei dem, der über meine Seele herrscht – ich hoffe, du wirst der Prophet deines Volkes werden.«[2]

Was damals im einzelnen wirklich geschah, ist nicht mehr rekonstruierbar. Sicher ist: Muhammad empfand zutiefst – geradezu schmerzhaft – die Verpflichtung, seinen Landsleuten eine neue Botschaft zu überbringen. »Lies!«, das war seiner Überzeugung nach der Befehl, den Allah ihm erteilen ließ.

Nach seiner ersten Offenbarung soll Muhammad längere Zeit hindurch keine weitere zuteil geworden sein. Das ließ ihn an seiner Sendung zweifeln. Doch die nächste Offenbarung folgte. Ihr überlieferter Wortlaut: »Der du dich zugedeckt hast, steh auf und warne, und preise die Größe deines Herrn, und reinige deine Kleider, und entferne dich von der Unreinheit (des Götzendienstes), und poch nicht auf dein Verdienst, um mehr zu erhalten, und sei geduldig, bis dein Herr sein Urteil fällt.«[3]

Muhammad wurde stark vom Hanifentum beeinflußt. Der Hanif galt ihm als »der Rechtschaffene«[4], und seine eigene religiöse Überzeugung bezeichnete er als hanifisch. Doch wollte er sich nicht aus der Gesellschaft zu einem asketischen Leben zurückziehen – wie dies die Hanifen taten –, sondern Gesellschaftsveränderung.

Zweierlei vor allem bewegte Muhammad. Er trat dafür ein – dies hatte für ihn Vorrang –, die Schranken der Stammesordnung, die das materielle und geistige Leben der Araber beengten und hemmten, zu sprengen. Seine Vision war eine neue Gemeinschaft, die sich allein auf den gemeinsamen Glauben an Allah gründete. Andere Gottheiten lehnte er ab.

Zum anderen beherzigte Muhammad soziale Erfahrungen. Zwar hatte er es durch seine Heirat zu einer beruhigenden Wohlhabenheit gebracht, doch zu den ganz Reichen gehörte er nicht. Nach wie vor sah er sich mit der mekkanischen Oberschicht konfrontiert, die ihren Reichtum mehrte und ihre politische Vorherrschaft ausbaute. Als Reaktion darauf machte er sich zum Sprecher der sozial Benachteiligten. Den Reichen hielt er vor: »Der Wettstreit um noch mehr lenkt euch ab, daß ihr (sogar) die Gräber besucht.«[5] Die Sklaven, verlangte er, sollten freigelassen und die Frauen, die Witwen und Waisen besser behandelt werden.

War Muhammad ein Revolutionär?

In seinem Staatskonzept zumindest. Er wollte einen Staat, der der sich herausbildenden antagonistischen Klassengesellschaft angemessen war. In seinem Sozialkonzept verfolgte Muhammad eher – um einen modernen Begriff zu gebrauchen – reformistische Ziele. Er bejahte grundsätzlich das sich durchsetzende Privateigentum an Produktionsmitteln und mit ihm die Polarisierung der Gesellschaft in arm und reich. Doch wollte er die Beziehungen zwischen den Gesellschaftspolen elastisch gestaltet wissen. Die Reichen müßten im Hinblick darauf, daß ihr Schicksal in Allahs Hand lag, ihren Reichtum gelassen handhaben. Statt in Selbstgerechtigkeit und Prunksucht zu verfallen, sollten sie den Armen etwas von ihrem Eigentum abtreten. Letztere hätten sich vor Neid zu hüten.

Die Gottesvorstellung, die Muhammad entwickelte, ordnete sich hier ein. Allah ist der Herr, der allmächtige und gütige Schöpfer der Welt und aller Lebewesen. Die Menschen sind seine Diener und Schutzbefohlenen, ihm gegenüber zu Unterwerfung und Dankbarkeit verpflichtet. Die Gläubigen nehmen diese Verpflichtung auf sich. Diejenigen, die sich Allah verweigern, gelten als »ungläubig« und »undankbar«.

Seine Frau und seine engsten Gefährten bestärkten Muhammad in seiner Überzeugung, Allahs Gesandter zu sein. Menschen aus sozial benachteiligten Schichten, darunter Sklaven, schlossen sich ihm an. Die meisten Mekkaner waren indessen nicht bereit, auf den Propheten in ihren Reihen zu hören. Griff dieser mit den überkommenen Gottheiten nicht die politische Ordnung an, die ihrer Stadt eine privilegierte Position unter den arabischen Stämmen sicherte? Die Reichen fürchteten, er trachte nach ihrem Reichtum. Und wer an seinem althergebrachten Glauben festhalten wollte, hatte ein einfaches, unter den gegebenen Verhältnissen weithin einleuchtendes Argument: Es war der Glaube der Väter, den er verteidigte.

Zunächst behandelten seine Mitbürger Muhammad mit Geringschätzung. Sie verhöhnten ihn, nannten ihn einen »Besessenen«, »Zauberer« und »Wahrsager«. Als dies keine Wirkung zeitigte, verfuhren sie, um ihn zum Schweigen zu bringen, rigoroser. Muhammad persönlich schützte seine Stammesbindung. Die Gegner verfolgten deshalb seine Anhänger. Sklaven, die zu ihm hielten, wurden von ihren Herren eingesperrt oder schutzlos, ohne einen Tropfen Wasser, der sengenden Sonne ausgesetzt. Seine Sippe wurde boykottiert. Gefolgsleute Muhammads, die keinen Stammesschutz genossen, sahen nur einen Ausweg: die Auswanderung. Um 615 begaben sich ungefähr achtzig Familien nach Äthiopien. Erst nach Jahren kehrten sie zurück, die ersten 622, die übrigen 628.

Muhammad erfuhr indessen auch eine Ermutigung. Einige angesehene Stammesangehörige, darunter sein Vetter Ali ibn Abi Talib, Abu Bakr, ein reicher Kaufmann, sowie Umar ibn al-Chattab, traten auf seine Seite.

War die Konfrontation unvermeidbar? War die Überwindung der Stammesordnung nicht auch und gerade im Interesse der

Reichen? Verhieß sie ihnen nicht die Möglichkeit, Reichtum und Einfluß ungehinderter zu mehren?

Muhammad versuchte es mit einem Kompromiß.

Mit dem Polytheismus verteidigten die Mekkaner vor allem drei weithin angesehene Göttinnen: Allat (»die Göttin«), al-Uzza (»die Mächtigste«) und Manat (»das Schicksal«). Sie galten ihnen als Töchter Allahs. Muhammad war bereit, seinen Landsleuten hier entgegenzukommen. Er sprach von »erhabenen Göttinnen«, »deren Fürsprache (bei Allah) erwünscht (oder: zu erhoffen) ist«. Ihre Göttinnen sollten, darauf lief das Kompromißangebot hinaus, den Mekkanern bleiben, jedoch der monotheistischen Gottesvorstellung mehr oder weniger untergeordnet werden.

Der Kompromiß kam nicht zustande. Muhammad erklärte daraufhin die Idee, ihn versucht zu haben, als Eingebung des Satans. »Das sind nur Namen, die genannt habt, ihr und eure Väter, für die Gott aber keine Ermächtigung herabgesandt hat«, meinte er mit Blick auf die umstrittenen Gottheiten. ». . . Und wie manche Engel gibt es in den Himmeln, deren Fürsprache nichts nützt, außer nachdem Gott es erlaubt hat, wem Er will und wer sein Gefallen hat. Diejenigen, die an das Jenseits nicht glauben, geben den Engeln Namen, wie man sie weiblichen Wesen gibt. Sie haben jedoch kein Wissen darüber. Sie folgen nur Vermutungen. Aber die Vermutungen nützen in bezug auf die Wahrheit nichts.«[6]

Die Kluft, die sich auftat, war unüberbrückbar.

Davon zeugen die Bilder des Endgerichtes, die Muhammad immer wieder heraufbeschwor. Sie waren neu, erschreckend wohl auch für viele, die nie zuvor über ein Leben nach dem Tode nachgedacht hatten. In ihrer Sinnhaftigkeit waren sie, obwohl auf ein Jenseits verweisend, ausgesprochen diesseitsbezogen. Diejenigen, die sich seiner Botschaft versagten, so Muhammads Endzeitverheißung, sollten dafür bitter büßen. Auf sie wartet die »Pein der Hölle, . . . die Pein des Feuerbrandes«.[7] Sengenden Wüstenwind müssen sie atmen. Um ihren Durst zu stillen, haben sie nur siedendes, stinkendes Wasser. Die einzige Speise, die ihnen geboten wird, ist ekelhaft, und schattenspendend ist allein der schwelende Rauch. Ganz anders wird es den Gläubigen gehen, denjenigen also, die ihm folgen. Sie sollen in einen herrlichen Garten kommen, in dem Bäume kühlen Schatten spenden und Bäche frisches, erquickendes Wasser führen. Auf weichen Kissen von Seide und Brokat werden sie ruhen. Köstliche Weine und wohlschmeckende Früchte werden ihnen geboten, und zarte, jungfräuliche und großäugige Mädchen harren ihrer.

Bilder, die Muhammad hier verwandte, waren offenbar im Begriff, geläufig zu werden. Der zur gleichen Zeit lebende, aus Medina stammende Dichter Umaija ibn Abi al-Salt erwartete im Paradies Honig, Milch, Wein, Weizen, frische Datteln, Äpfel, Granatäpfel, Bananen, klares Wasser. Jungfrauen sind zugegen, die folgsamen Puppen gleichen, »zart, auf Ruhebetten liegend, keusch, sie sind die Gattinnen, (die Paradiesbewohner) edle Fürsten. – Auf Kissen siehst du die Jungfrauen einander gegenüber liegen! Wirklich dort ist Schönheit, ist Wonne! – . . . Geschmückt ist man mit Armreifen aus Silber, aus edlem Gold und Juwelen. – Kein störendes Geschwätz, kein Schelten gibt es dort, keinen bösen Dämon, niemanden, der Tadelnswertes tut! – Und einen Becher, der den Zechenden keinen Kater bewirkt – an seinem schönen Trunk ergötzt sich der Zechgenosse!«[8]

Hidschra: Auszug nach Jathrib

Im Jahre 619 wurde Muhammad von zwei schweren Schicksalsschlägen getroffen: Seine Frau Chadidscha und sein Onkel Abu Talib starben.

Obwohl Muhammad in einer Gesellschaft lebte, zu der die Polygamie – genauer: die Mehrfrauenehe – gehörte, hatte er bis zu ihrem Tode nur Chadidscha zur Frau. Das mochte daran liegen, daß diese ihm wirtschaftlich überlegen war. Auch hatte sie immer unbeirrt zu ihrem Mann gestanden. Mit Abu Talib verlor Muhammad einen Mann, der zwar nicht zu seinen Anhängern gehörte, ihn jedoch beschützt hatte.

Muhammad geriet in eine verzweifelte Lage. Seinen Gegnern gelang es, ihn zu isolieren, selbst in seiner eigenen Sippe. Er versuchte, in dem etwa 100 km östlich von Mekka gelegenen Ta'if Fuß zu fassen. Die Bewohner dieses Ortes fürchteten jedoch, sich die Mekkaner zum Feind zu machen, falls sie ihn aufnahmen, und vertrieben ihn.

Enttäuscht und tief gedemütigt kehrte Muhammad nach Mekka zurück. Er nahm zu Offenbarungen Zuflucht. Buraq, ein geflügeltes Mischwesen mit Menschenkopf, soll ihn, so berichtet die Überlieferung, in einer Nacht von der Kaaba in Mekka nach Jerusalem, von dort in den Himmel und wieder zurück gebracht haben

(»Himmelfahrt«). »Preis sei dem, der seinen Diener bei Nacht von der heiligen Moschee zur fernsten Moschee reisen ließ«, heißt es in Anspielung darauf im Koran.[9] Jerusalem wurde dadurch zu einer der heiligen Stätten des Islam. An das Ereignis erinnert heute al-Masdschid al-Aqsa, »die am weitesten entfernte Moschee«.

Bald bot sich Muhammad Gelegenheit, seine mißliche Situation zu bessern. Er unterhielt Beziehungen zu Jathrib, einer Siedlung von etwa 3000 Einwohnern, ungefähr 400 km nördlich von Mekka in einer fruchtbaren Oase gelegen, in der Getreide angebaut wurde und Dattelpalmen wuchsen. Im Jahre 621 baten ihn sechs Pilger von dort, zu ihnen zu kommen. Der Hintergrund: Die Situation in Jathrib war unerträglich geworden. Die Bewohner, zwei arabische und drei jüdische – d. h. zur jüdischen Religion übergetretene – Stämme, fochten heftige Fehden untereinander aus. Es war kaum noch möglich, ohne Lebensgefahr das Gebiet seiner Sippe beziehungsweise seines Stammes zu verlassen. Darunter litt auch das Wirtschaftsleben. Von Muhammad hatte man gehört, daß er ein neues Gemeinschaftskonzept verfocht, in dem Stammesschranken und mithin auch Stammeszwistigkeiten keinen Platz mehr hatten. Er schien der rechte Mann, Ordnung zu schaffen.

Muhammad nahm das Angebot an. Zusammen mit seiner Gemeinde – es handelte sich wohl um 70 Personen – siedelte er 622 nach Jathrib um. Das war nicht gefahrlos: Muhammad sagte sich mit diesem Schritt von seinem Stamm los, was seine Gegner nutzen konnten, um gegen ihn vorzugehen. Er bereitete die Reise deshalb heimlich vor. Zunächst wandte er sich dann in die Jathrib entgegengesetzte Richtung. Dort wartete er in einer Höhle, bis keine Verfolgung mehr zu erwarten war. Als Muhammad nach einem anstrengenden Kamelritt in Jathrib eintraf (am 21. September 622), ließ er dort, wo sich sein Kamel niederließ, ein Haus errichten. Nach seinem Tode wurde es Moschee.

Einzelheiten der Übersiedlung Muhammads von Mekka nach Jathrib übermittelt Ibn Hischam. Er bezieht sich dabei auf den Bericht von Abu Bakrs Tochter A'ischa. »Muhammad kam immer am Morgen oder am Abend in die Wohnung Abu Bakrs«, heißt es bei ihm. »An dem Tage, an dem Allah ihm die Erlaubnis zur Auswanderung gegeben hatte, kam er am Mittag, was er sonst nie tat. Abu Bakr spürte sofort, daß sich etwas Außerordentliches ereignet haben mußte. Er überließ Muhammad seinen Sitzplatz, und Muhammad wollte, daß wir hinausgehen, aber Abu Bakr sagte: Es sind doch meine Töchter. Da sagte Muhammad: Allah hat mir erlaubt auszuwandern. Als Abu Bakr fragte: Gehen wir zusammen? und Muhammad das bestätigte, weinte er vor Freude. Bei Allah, ich habe nie zuvor gesehen, daß jemand vor Freude geweint hätte. Schließlich sagte Abu Bakr: Prophet Allahs, ich habe bereits zwei Kamele dafür bereit.

Muhammad und Abu Bakr verließen Abu Bakrs Haus durch eine Hintertür und gingen zu einer Höhle am Berg Thaur. Abu Bakr hatte seinen Sohn Abdallah beauftragt zu hören, was die Leute sagten, und es ihnen am Abend mitzuteilen. Sein freigelassener (Sklave) Amir ibn Fuhaira sollte die Schafe weiden und seine Tochter Asma sie abends mit Speisen versorgen.

Als drei Tage vergangen waren und die Leute sich nicht mehr für sie interessierten, ließen sie den Mann kommen, den sie gemietet hatten. Er brachte die beiden Kamele und ein drittes für sich. Asma brachte Lebensmittel.«[10]

Die Umsiedlung ging als »Hidschra« (Flucht oder Ausreise) in die Geschichte ein. Kalif Umar erklärte später den ersten Tag des Jahres, in dem sie stattfand, den 15. oder 16. Juli 622, zum Beginn der arabisch-islamischen Zeitrechnung.

Die »Auswanderer« (muhadschirun) hatten in Jathrib eine gänzlich andere Position als zuvor in Mekka: Zusammen mit ihren Anhängern (ansar) aus den einheimischen arabischen Stämmen konnten sie darangehen, die vorgefundenen Verhältnisse umzugestalten. Und sie taten dies. Sie schufen, überkommene Stammesschranken überwindend und Stammesbräuche den sich verändernden Gegebenheiten anpassend, eine neue Gemeinschaft. »Sie bilden eine einzige Gemeinde (umma – d. A.) gegenüber den Menschen«, hieß es in der Gemeindeordnung von Jathrib, das künftig den Namen Medina trug (von madinat al-nabij – »Stadt des Propheten«).[11] Araber und Juden wurden einander weitgehend gleichgestellt. Fehden in der Gemeinschaft waren fortan verboten; Streitigkeiten sollten vor Gott und seinen Gewalten, d. h. vor ordentlichen Gerichten, ausgetragen werden. Zwar hob Muhammad die überkommene arabische Stammesverfassung nicht ausdrücklich auf, doch standen fortan nicht mehr Stämme einander gegenüber, sondern die Bekenner des Islam, die Muslims, und die »Ungläubigen«.

Muhammad hatte in Medina bereits vor seiner Ankunft Anhänger. Ihre Zahl wuchs nach der Übersiedlung rasch. Doch erwarteten ihn auch Schwierigkeiten.

Die jüdischen Stämme hatten in Medina dazu beigetragen, altarabische Traditionen zu erschüttern und den Boden für den Glauben an einen einzigen Gott vorzubereiten. Muhammad hoffte, bei ihnen Gehör zu finden. Konnten sie seine Gottesbotschaften nicht bezeugen? Um sie für seine Sache einzunehmen, führte er bei den täglichen Gebeten die Gebetsrichtung (qibla) nach Jerusalem ein. Und er übernahm von ihnen den Aschura-Tag als Fasttag. Doch die Juden, einzelne ausgenommen, versagten sich ihm. Die Reichen unter ihnen blickten – wie manche reichen Araber – mit Argwohn auf den mittellosen Neuankömmling. Sie machten sich lustig, wie er Angelegenheiten ihrer Religion ihrer Überzeugung nach in seinen Offenbarungen mißverstand.

Muhammad war bitter enttäuscht. »Du wirst sicher finden, daß unter den Menschen diejenigen, die den Gläubigen am stärksten Feindschaft zeigen, die Juden und die Polytheisten sind«, erklärte er.[12]

Muhammad sah sich gezwungen, seine Position in Abgrenzung von den vorgefundenen Religionen weiter zu profilieren. Er hielt an der Überzeugung fest, daß die jüdische Tradition von seinem Gott handle. Doch sei sie verfälscht worden, meinte er jetzt. Eine ähnliche Haltung nahm er gegenüber dem Christentum ein. Seine Aufgabe sah er darin, die göttliche Offenbarung in ihrer Ursprünglichkeit wiederherzustellen. Er akzeptierte im Zusammenhang damit die jüdischen und christlichen Propheten, darunter Abraham und Moses, und betrachtet auch Jesus als Prophet. Er sah sich selbst in dieser Traditionslinie – als ihren Abschluß und ihre Krönung, als »das Siegel der Propheten«. Nach ihm würde kein Prophet mehr erscheinen. Seine Botschaft sollte für alle Zeiten verbindlich sein.

Juden und Christen wurden damit zu »Ungläubigen«. Doch nahmen sie unter diesen zugleich einen besonderen Rang ein: Als »Schriftbesitzer« waren sie dem Islam vorangegangen und standen diesem näher als die übrigen.

Die Gebetsrichtung änderte Muhammad von Jerusalem zur Kaaba nach Mekka hin. Die Wallfahrt dorthin sollte Pflicht eines jeden Muslim sein. Das Aschura-Fasten war keine religiöse Pflicht mehr. Statt dessen sollte im Monat Ramadan gefastet werden. »Der Monat Ramadan ist es, in dem der Koran herabgesandt wurde als Rechtleitung für die Menschen und als deutliche Zeichen der Rechtleitung und der Unterscheidungsnorm. Wer nun von euch in dem Monat anwesend ist, der soll in ihm fasten.«[13]

Um seine Position in Medina auszubauen, betrieb Muhammad auch Heiratspolitik. 623 heiratete er A'ischa, die Tochter Abu Bakrs, die zu diesem Zeitpunkt etwa neun Jahre alt war. Seine Tochter Fatima verheiratete er mit seinem Vetter Ali. Muhammad hatte insgesamt ungefähr zehn Frauen. Einige davon waren Witwen von Gefährten, die in Kämpfen gefallen waren. A'ischa gewann eine Vorzugsstellung. Seine letzte Frau nahm Muhammad, als er sechzigjährig war. Der Ruf, ein Liebling der Frauen zu sein, erhöhte sein Ansehen.

Doch was wurde aus Mekka? Das Matthäus-Evangelium läßt Jesus resignierend feststellen: »Ein Prophet gilt nirgends weniger als in seiner Vaterstadt und in seiner Familie.«[14] Muhammad war nicht bereit, in diesem Punkt aufzugeben. Er und seine Anhänger mußten zudem auf Dauer selbst für ihren Lebensunterhalt sorgen.

Stammesfehden waren für die Araber etwas Normales. Ebenso Raubzüge. Stämme unternahmen sie beispielsweise, wenn sie ein Unglück heimgesucht hatte. Die Muslims zögerten nicht, zum Schwert zu greifen. Sie kämpften um Beute – und um die Ausbreitung ihres Glaubens. Der Krieg wurde für sie zu einer Gott wohlgefälligen Sache, zum »heiligen Krieg« (dschihad; wörtlich: Anstrengung, Kampf). Diejenigen, die in ihm fielen, sollten sogleich in das Paradies gelangen. »Halte diejenigen, die auf dem Weg Gottes getötet wurden, nicht für tot. Sie sind vielmehr lebendig bei ihrem Herrn, und sie werden versorgt.«[15] »Gott hat von den Gläubigen ihre eigene Person und ihr Vermögen dafür erkauft, daß ihnen das Paradies gehört, insofern sie auf dem Weg Gottes kämpfen und so töten oder getötet werden.«[16] Die muslimischen Krieger sollten durch die Aussicht auf das Paradies den Schrecken vor dem Tod verlieren. Um ihre Kampfbereitschaft und -fähigkeit zu erhöhen, verbot Muhammad ihnen Wein und Glücksspiele. 623 begannen die Muslims, mekkanische Handelskarawanen zu überfallen. Dadurch verschafften sie sich den notwendigen Lebensunterhalt. Und sie trafen den Lebensnerv Mekkas. 624 kam es bei Badr zu einer schicksalsträchtigen Schlacht. Die Muslims aus Medina trafen auf einen zahlenmäßig überlegenen Gegner: Ihnen standen 950 Mekkaner mit 100 Pferden und 700 Kamelen gegenüber. Dennoch errangen sie, planmäßig und diszipliniert operierend, einen militärischen Sieg. Dadurch war noch keine Gesamtentscheidung gefallen – weitere Auseinandersetzungen folgten –, doch fühlten sich die Muslims, dies sollte entscheidend werden und wird auch in der Geschichtsschreibung so gewertet, in ihrem neuen Glauben bestätigt. »Nicht ihr habt sie getötet, sondern Gott hat sie getötet. Und nicht du hast geworfen, als du geworfen hast, sondern Gott hat geworfen. Und Er wollte die Gläubigen einer schönen Prüfung unterziehen.«[17]

Zum Krieg trat die Diplomatie. Muhammad verhandelte mit Beduinenstämmen, um sie für sich zu gewinnen. Er hielt sich wie ein großer arabischer Stammesfürst dazu eigens einen Dichter namens Hassan ibn Thabit. Dieser hatte bei Verhandlungen, wie das allgemein üblich war, seinen Herrn zu preisen und dessen Gegner zu verhöhnen.[18]

Krieg und Diplomatie brachten Erfolge. Immer mehr Nomadenstämme schlossen sich den Muslims an. In Mekka setzte ein Umdenken ein.

Den Kampf gegen die Mekkaner verknüpfte Muhammad geschickt mit einer Festigung seiner Position in Medina. Er drängte die »Heuchler« zurück, wie er sie nannte, Menschen, die zum Islam nur ein Lippenbekenntnis ablegten und möglicherweise insgeheim mit seinen Feinden sympathisierten. Gegen die jüdischen Stämme ging er nicht mehr nur theologisch, sondern auch praktisch vor. Zunächst vertrieb er den Stamm der Kainuka. Die Vertriebenen konnten mitnehmen, was die Kamele trugen. Das, was sie zurücklassen mußten, verblieb den Muslims als Beute.

Im Jahre 625 erlitten die Muslims im Kampf gegen Mekka am Berg Uhud eine schwere Niederlage. Der Prophet wurde verwundet. Doch die Mekkaner nutzten ihren Sieg nicht aus. Die Muslims hatten Gelegenheit, sich von dem Rückschlag zu erholen. Um ihr angeschlagenes Prestige wiederherzustellen, gingen sie gegen den jüdischen Stamm der Nadir vor. Die Stammesangehörigen wurden vertrieben, konnten jedoch ihr Eigentum mitnehmen, mit Ausnahme der Waffen und Edelmetalle. Sie ließen sich in der Oase Chaibar nieder.

627 belagerten 10 000 Mekkaner Medina. Zu ihrer Verteidigung hatten die Einwohner der Stadt einen Graben ausgehoben. Nach zwanzigtägiger Belagerung zogen die Mekkaner unverrichteterdinge ab; Regenfälle, Hunger und Unzufriedenheit hatten sie entnervt.

Die Muslims wandten sich jetzt gegen den letzten jüdischen Stamm, den der Kuraiza. Unter dem Vorwurf, in dem vorangegangenen »Grabenkrieg« Verrat begangen zu haben, töteten sie 600 Männer. Die Frauen und Kinder verkauften sie als Sklaven.

Gegenüber Mekka verbesserten sich ihre Positionen. Stämme, die früher die Mekkaner unterstützt hatten, schlossen sich ihnen an. Der Sieg muslimischer Waffen hatte sie überzeugt. Die Muslims engten die Handelstätigkeit Mekkas ein und begannen selbst Handel zu treiben. In der mekkanischen Oberschicht bahnte sich als Reaktion darauf eine Spaltung an. Der reiche Kaufmann Abu Sufjan aus der Sippe Umaija, lange Zeit gewichtiger Gegner Muhammads, setzte sich dafür ein, sich mit diesem zu arrangieren. Andere, die »Kriegspartei«, lehnten das ab.

Muhammad wußte die Situation zu nutzen. Im Jahre 629 begab er sich, nachdem er dies im Jahr zuvor vergeblich versucht hatte – lediglich den »Vertrag von Hudaibija« hatte er mit den Mekkanern schließen können –, mit 2000 Anhängern zu einer Wallfahrt nach Mekka. Dabei baute er Verbindungen zu einflußreichen mekkanischen Kreisen aus.

Zu Beginn des Jahres 630, im 8. Jahr der neuen Zeitrechnung, erschien Muhammad mit einem 10 000 Mann starken Heer vor Mekka. Er hatte leichtes Spiel: Am 11. Januar 630 – im Ramadan des Jahres 8 der Hidschra – fiel die Stadt, nahezu kampflos. Nur einige Angehörige der »Kriegspartei« stellten sich den Eroberern entgegen. Das war der Sieg. Muhammad fand jetzt Gehör bei den Mekkanern. Aus allen Teilen der Arabischen Halbinsel trafen Gesandtschaften bei ihm ein, die den Beitritt ihrer Stämme zum Islam bekundeten. Denen, die nicht zu ihrem Glauben übertreten sollten, drohten die Muslims Vernichtung an. »Wenn die heiligen Monate abgelaufen sind, dann tötet die Polytheisten, wo immer ihr sie findet, greift sie, belagert sie und lauert ihnen auf jedem Weg auf.«[19]

Mekka, nun in den Händen der Muslims, wurde zur zentralen Kultstätte der neuen Religion. Die Kaaba galt fortan als höchstes islamisches Heiligtum und blieb dies bis in die Gegenwart hinein.

Muhammad unternahm im Jahre 632 noch einmal die Wallfahrt nach Mekka und zum Berge Arafa; sie wird die »Abschiedswallfahrt« genannt. Indem er diesen altarabischen Brauch übernahm, erleichterte er es den Arabern, sich zu der neuen Religion zu bekennen. Zugleich reformierte er die Wallfahrtsriten, den Islam so von Althergebrachtem absetzend.

Auch den Kalender änderte Muhammad. Er verbot die vorislamische Praxis, zur Angleichung des Mondjahres an das Sonnenjahr regelmäßig einen Schaltmonat einzufügen. Das islamische Jahr wurde dadurch kürzer als das Sonnenjahr, und seine Monate verschieben ihren Platz in der Folge der Jahreszeiten jährlich um 11 beziehungsweise 12 Tage.

Muhammad konnte sich seines Erfolges nicht lange erfreuen. Am 8. Juni 632 verstarb er in Medina, nachdem er zuvor erkrankt und von heftigem Fieber befallen worden war. Seine letzten Atemzüge tat er in den Armen A'ischas. Über seine Krankheit heißt es in der Biographie des Ibn Hischam: »Während die Leute (mit der Ausrüstung einer Expedition) beschäftigt waren, begann der Prophet an der Krankheit zu leiden, durch die Allah ihn in seiner Gnade und Barmherzigkeit hinwegnahm. Es war in den letzten Tagen des (Monats) Safar oder in den ersten des (Monats) Rabi al-Auwal. Da ging er, wie mir berichtet worden ist, mitten in der Nacht nach Baqi al-Garqad und betete für die dort Begrabenen. Dann kehrte er zu seiner Familie zurück, und am Morgen begann seine Krankheit.«

Ibn Hischam läßt A'ischa erzählen, wie Muhammad in ihrem Hause starb. »Muhammad lächelte. Später begann seine Krankheit, doch er machte noch die Runde bei seinen Frauen (Muhammad verbrachte jede Nacht bei einer anderen von seinen Frauen). Als er sich bei Maimuna befand, wurde sein Leiden sehr heftig. Da ließ er alle seine Frauen rufen und bat darum, während der Krankheit in meinem Hause bleiben zu dürfen. Sie stimmten zu. . . . Muhammad starb zwischen meiner Lunge und meinem Halse, als ich an der Reihe war. Ich habe in dieser Hinsicht niemandem Unrecht getan. Wegen meiner Unwissenheit und meiner Jugend starb Muhammad in meinem Schoß. Dann legte ich sein Haupt auf ein Kissen und schlug mir mit den anderen Frauen gegen die Brust und ins Gesicht.«[20]

Aus der Distanz von heute ist es nicht einfach, sich Muhammad in seiner Individualität zu vergegenwärtigen. Offenbar verfügte er – wie andere Persönlichkeiten in der Religionsgeschichte – über eine hohe Sensibilität. Das ließ ihn früher und intensiver als Zeitgenossen gesellschaftliche Bedürfnisse spüren, die heranreiften.

Wie das konkret vonstatten ging? Darüber gibt es unterschiedliche Vermutungen. Richard Hartmann charakterisierte Muhammad als religiösen Ekstatiker. Dabei werde der Inhalt des Bewußtseins während der Ekstase als von außen kommend empfunden, seine Quelle jedoch gemäß Urteilen des normalen Bewußtseinszustandes benannt. So könne der Ekstatiker im Zweifel sein – und Muhammad habe Zweifel dieser Art geteilt –, ob die Eingebung von bösen Mächten, von Dämonen, oder von guten Mächten, letztlich von Gott, stammt.[21] Johann Fück meinte, Muhammad habe angesichts der Krise angestammter Religiosität auf religiöse Lehren geachtet, wo immer er sie traf. Die individuelle Art seiner Veranlagung habe ihn dabei, ihm selber unbewußt, an den sich darbietenden Tatbeständen nur diejenigen Züge wahrnehmen und im Gedächtnis behalten lassen, welche geeignet gewesen seien, die Grundlagen einer neuen religiösen Lebensform zu bilden. »In dieser Zusammenfassung scheinbar heterogener Elemente der verschiedensten Herkunft zu einer neuen entwicklungsfähigen Religion liegt die Originalität des arabischen Propheten.«[22]

Originell und originär war ganz gewiß, wie Muhammad gesellschaftliche Trends seiner Zeit ins Subjektive umsetzte und ihnen so zum Durchbruch verhalf. Seiner Überzeugung blieb er treu, auch als er auf Widerstand traf. Er überwand, die von ihm verfochtene Botschaft aggressiv-emotional aufladend, eigene Zweifel, die Gegner und die abwartende Haltung der Gleichgültigen.

Das ließ Muhammad, und diese Würdigung seiner geschichtlichen Bedeutung ist über jeden Zweifel erhaben, zu einer der großen Persönlichkeiten der Weltgeschichte reifen. Friedrich Engels spricht von einer »religiösen Revolution«, die er initiiert habe, auch von einer »mohammedanischen Revolution«.[23] Unter seiner Führung unternahmen die Araber erste Schritte – dies war das Entscheidende und Revolutionäre –, um im gemeinsamen Glauben an Allah ihre Stammeszersplitterung zu überwinden und zu einer übergreifenden arabisch-islamischen Gemeinschaft zu gelangen. Überkommene Stammeskulte wurden entweder in die neue Religion übernommen oder zerstört. Das löste keineswegs überall Begeisterung aus; in einer überlieferten Klage heißt es: »Mit dem Götzendienst ist es aus, Scherz und Spiel ist nicht mehr erlaubt, denn die Religion ist jetzt Ernst geworden.«[24] Doch die Einigung der Stämme eröffnete der Gesellschaftsentwicklung neue Möglichkeiten. Sie war untrennbar verbunden mit dem weiteren Verfall der Gentilordnung, der bruchstückhaften Herausbildung frühfeudaler Verhältnisse und dem schließlichen Übergang zu einer neuen, der feudalen Gesellschaftsordnung.

Einen Staat im eigentlichen Sinne schufen die Araber unter Muhammad noch nicht, lediglich eine Konföderation verschiedener Stämme. Ihr Zentrum bildeten Medina und Mekka. Ihre Führung lag in den Händen einer Aristokratie, die sich aus den Gefährten Muhammads bei der Hidschra, dem mekkanischen Adel und den Führern der medinensischen Stämme zusammensetzte.

Das Erbe, das Muhammad hinterließ, wurde für seine Nachfolger Aufgabe und Bewährung.

Sein Tod löste zunächst einmal Panik aus. Seine Leiche blieb länger als einen Tag unbestattet liegen – ein angesichts der herrschenden Sitten unerhörter Vorfall. Einen Nachfolger hatte der Prophet nicht bestimmt. Es entsprach dies noch der Stammestradition: Der neue Anführer war nach dem Tod des alten zu wählen. Die meisten Beduinenstämme sagten sich von dem neuen Glauben wieder los. Mit dem Tode Muhammads, diese Haltung wurzelte gleichfalls in der Tradition, war ihrer Meinung nach ihre Verpflichtung ihm gegenüber hinfällig geworden. »Gegenpropheten« traten auf – der namhafteste unter ihnen war Musailima –; doch auch sie beriefen sich, darin wurde deutlich, wie weit der Islam allgemeinen Tendenzen Rechnung trug, auf Allah.

Umar ibn al-Chattab, einer der Schwiegerväter Muhammads, zeigte sich der kritischen Situation gewachsen. Er ließ Abu Bakr, den Vater A'ischas, zum Nachfolger (chalifa, Kalif) des Propheten erklären. In seiner ersten Ansprache erklärte Abu Bakr: »Mir wurde die Herrschaft über euch anvertraut, wiewohl ich nicht der Beste unter euch bin. Handle ich gut, helft mir; handle ich schlecht, weist mich zurecht. . . . Gehorcht mir, solange ich Gott und seinem Propheten gehorche. Doch wenn ich Gott und seinem Propheten ungehorsam bin, schuldet ihr mir keinen Gehorsam mehr.«[25] Die muslimische Gemeinschaft hatte jetzt einen Imam, d. h. einen religiösen und politischen Führer. Bald kam für diesen der Titel »Befehlshaber der Gläubigen« auf.

Abu Bakr focht für den Fortbestand des Islam: »Wenn ihr Muhammad anbetet, so wisset, daß er tot ist. Wenn ihr Gott anbetet, so wisset, daß er lebt.«[26] Im Verlauf eines Jahres gelang es ihm, die Stämme der Arabischen Halbinsel für den Islam zurückzugewinnen. Zunächst waren die Waffen, dann der Ruhm des Siegers überzeugende Argumente. Nicht zuletzt kam der Wunsch hinzu, bei einer Fortführung der militärischen Expansion an der Beute beteiligt zu sein. Abu Bakr begann, über die Arabische Halbinsel hinaus nach Syrien vorzustoßen. Als er am 22. August 634 – nach nur zweijähriger Herrschaft – starb, trat Umar seine Nachfolge an.

Hatten zuvor einzelne Stämme die Arabische Halbinsel verlassen, um sich anderswo anzusiedeln, so war jetzt eine umfassende Gemeinschaft entstanden, stark genug und bereit zum großen Aufbruch. Die Kerntruppe ihres Heeres rekrutierte sich aus der Bevölkerung Medinas, die zu Lebzeiten des Propheten schon hatte Kriegserfahrung sammeln können. Aus ihr ging auch die Heeresleitung hervor. An der Spitze der Stämme, die eine Art Regimenter bildeten, verblieben jedoch – das war Ausdruck der Übergangsperiode – die Stammesführer.

Die neue Religion

Der Islam knüpfte an Vorgefundenes an – an arabische Tradition, an Judentum und Christentum. Doch ging er entscheidend darüber hinaus. Er gewann Gestalt – dies prägte ihn – innerhalb einer sozialen Revolution, in der sich die Stämme der Arabischen Halbinsel, den Weg für eine raschere Entwicklung der Produktivkräfte ebnend, zu einem übergreifenden Gemeinwesen zusammenschlossen. Mit seinem Ideal der »umma« (Gemeinschaft) proklamierte und verkörperte er die Einheit von Religiösem, Gesellschaftlichem und Staatlichem. »Die Rechtsprechung und der Krieg waren ebenso heilige Geschäfte wie der Gottesdienst«, schreibt J. Wellhausen. »Die Moschee vertrat zugleich das Forum und den Exerzierplatz; die Gemeinde war auch das Heer, der Vorbeter (Imam) auch der Anführer.«[1]

Die neue Religion behielt die ihr eigene und für sie charakteristische politisch-soziale Dimension. Ihre starke Gesellschaftsbezogenheit führte dazu, daß sie einfach, klar, verständlich in ihren Aussagen und überschaubar in ihren Forderungen war und blieb.

Der Koran

Der Koran (qur'an, »Lesung«) wurde zum heiligen Buch des Islam. Er galt und gilt als Sammlung der Muhammad zuteil gewordenen Offenbarungen Allahs. Er wird »das Buch« (al-kitab) oder »die Ermahnung« (al-dhikr) genannt. Nach muslimischer Überzeugung sind die Offenbarungen wörtlich so wiedergegeben, wie Muhammad sie von Gabriel hörte. Der Koran ist deshalb nur in Arabisch das geoffenbarte »Wort Gottes«. Das erklärt die herausragende Stellung des Arabischen in der ganzen islamischen Welt bis heute.

Als Muhammad starb, lag nur ein Teil der Offenbarungen, die er seiner Gemeinde verkündet hatte, schriftlich vor. Andere wurden mündlich überliefert. Kalif Abu Bakr beauftragte Zaid ibn Thabit, einen der Sekretäre Muhammads, die Offenbarungen zu sammeln. Nach der Überlieferung sagte er zu ihm: »Du pflegtest doch die Offenbarungen für den Gottesgesandten niederzuschreiben. Wir vertrauen dir völlig. Darum zeichne sie jetzt auf!« Zaid antwortete: »Bei Gott, beauftragte man mich, einen Berg zu versetzen, fiele es mir nicht schwerer als dies!«[2] Zaid soll Teile von Offenbarungen, geschrieben auf Steinen, Kamelknochen, Leder und Holzstücken, gefunden haben. Er stellte daraus und aus mündlichen Mitteilungen eine Sammlung her, die in den Besitz von Hafsa, der Tochter des Kalifen Umar, gelangte. In den Provinzen des schnell gewachsenen islamischen Reiches waren andere Fassungen in Gebrauch.

Die Abweichungen der einzelnen Fassungen untereinander führten zu Streitigkeiten. Deshalb ließ Umars Nachfolger Uthman von einer Redaktionskommission unter Zaid ibn Thabit eine einheitliche und verbindliche Fassung herstellen, von der Kopien nach Mekka, Damaskus, Basra und Kufa geschickt wurden. Die übrigen Fassungen sollen vernichtet worden sein.

Eigenwilligkeiten in der Weitergabe des Korans waren fortan untersagt. Als der Wesir Ibn Muqla 935 erfuhr, ein gewisser Muhammad ibn Ahmad ibn Schannabud, ein frommer, asketisch lebender Gelehrter, weiche von der verbindlich gewordenen Koranlesart ab, ließ er diesen festsetzen und verprügeln. Der so Bestrafte versprach reumütig: »Ich sage mich von meinen Lesarten los und will nicht wieder gegen den Korantext des Uthman verstoßen und nur noch die allgemein anerkannten Lesarten, die er enthält, verwenden.«[3]

Da der Korantext – wie in der Frühzeit des Islam üblich – weder Zeichen für die im Arabischen nicht geschriebenen Vokale noch die zu einzelnen Konsonanten gehörenden Punkte enthielt, entwickelten sich dennoch bald verschiedene »Lesarten«, d. h. Varianten. Seit dem 10. Jh. sind sieben davon allgemein anerkannt. Sie unterscheiden sich nur geringfügig. Größte Verbreitung genießt heute der Text, den der ägyptische König Fuad I. 1925 in Kairo herausgeben ließ und der auf einer der sieben Lesarten beruht.

Die im Koran zusammengestellten Offenbarungen sind in 114 Kapitel oder »Suren« gegliedert. Diese wiederum sind in Verse (ajat) unterteilt, von denen es insgesamt 6236 gibt. Die Suren wurden von der Redaktionskommission weder der Zeit ihrer Formulierung noch ihrem Inhalt nach, sondern gemäß ihrer abnehmenden Länge geordnet, so daß die längsten am Beginn, die kürzesten am Schluß stehen. (Die längste Sure, die zweite, umfaßt 286 Verse.) Doch kommt in dieser Anordnung, wenngleich nur begrenzt, die Chronologie zur Geltung. Die kürzeren Suren nämlich stammen hauptsächlich aus der Zeit, in der Muhammad in Mekka wirkte. Es handelt sich vielfach um gleichsam eruptiv herausgeschleuderte Redestücke, glut- und schwungvoll, getragen von dem leidenschaftlichen Begehren, Anhänger zu gewinnen. Im Zusammenhang damit werden die Höllenqualen der Ungläubigen der Glückseligkeit der Gläubigen gegenübergestellt. Später, als der Prophet in Medina ein Gemeinwesen zu ordnen und in ihm viele profane Dinge zu regeln hatte, äußerte er sich ausführlicher, in mitunter ermüdenden Wiederholungen. Gesetzliche Regelungen rückten in den Mittelpunkt seiner Offenbarungen. Eine Ausnahme in der allgemeinen Anordnung des Korans macht die erste Sure, »die Öffnende« (al-fatiha). Sie ist das am häufigsten gesprochene islamische Gebet und lautet:

»Lob sei Gott, dem Herrn der Welten,
dem Erbarmer, dem Barmherzigen,
der Verfügungsgewalt besitzt über den Tag des Gerichtes.
Dir dienen wir, und Dich bitten wir um Hilfe.
Führe uns den geraden Weg,
den Weg derer, die Du begnadet hast,
die nicht dem Zorn verfallen und nicht irregehen.«[4]

Jede Sure hat heute eine Überschrift – einen Namen –, womit sie bezeichnet und wonach sie zitiert wird (ihre Benennung nach Zahlen ist unter Muslims wenig verbreitet). Außer der neunten ist allen die Formel »Im Namen Gottes, des Erbarmers, des Barmherzigen« vorangestellt. Sie wird im täglichen Leben sehr häufig gebraucht, oft verkürzt zu »Im Namen Allahs« (bi-smi-l-lahi), weshalb sie auch »Basmala« genannt wird. So steht sie beispielsweise am Beginn von Reden oder am Anfang von offiziellen Schriftstükken oder Briefen.

Für den rituellen Gebrauch (Gebet) ist der Koran anders gegliedert. Entsprechend den 30 Tagen des Monats Ramadan besteht er aus 30 Abschnitten. Seine Einteilung in 60 Teile – mit je vier Einzelstücken – dient der fortlaufenden täglichen »Lesung«. Die verschiedenen Ordnungen sind am Rande der Koran-Exemplare markiert.

Der Koran ist die Hauptquelle des Islam, d. h., wer sich über diese Religion unterrichten will – ob Anhänger oder nicht –, greift zunächst und vor allem zu ihm. In den arabischen Grundschulen war er und ist er teilweise noch heute wichtigster Unterrichtsstoff. Die Schüler lernten ihn passagenweise oder – dies verschaffte besondere Achtung – ganz auswendig. In Beschäftigung mit ihm übten sie auch Lesen und Schreiben.

Die Pfeiler der Religion

Der Islam regelt umfassend das Leben seiner Anhänger. Dadurch kennt er keine scharfe Trennung zwischen »Sakralem« und »Profanem«; gesellschaftliche Gesetze und Normen sind für ihn Ausdruck göttlichen Willens, der Jahres- wie der Tagesablauf erhalten eine religiöse Dimension, was weitgehend die soziale wie die individuelle Psyche prägt. Hinter allem, was der Muslim tut oder was ihm widerfährt, steht seiner Überzeugung nach Allah.

Die wichtigsten Pflichten, die der Islam seinen Anhängern auferlegt, bilden die »Pfeiler der Religion« (arkan al-din). Es sind dies fünf: das Glaubensbekenntnis, das Gebet, die Almosensteuer, das Fasten im Monat Ramadan und die Pilgerfahrt.

Das Glaubensbekenntnis (schahada – Zeugnis), der erste Pfeiler, lautet: »Es gibt keinen Gott außer (dem einen) Gott, und Muhammad ist sein Prophet« (la ilaha illa-l-lah wa Muhammadun rasulu-l-lah). Das eindeutige Bekenntnis zu Allah steht im Vordergrund. Es ist enthalten auch in der berühmten und oft zitierten 112. Sure: »Sprich: Er ist Gott, ein Einziger, Gott, der Undurchdringliche. Er hat nicht gezeugt, und Er ist nicht gezeugt worden, und niemand ist Ihm ebenbürtig.«[5] Muhammad versuchte mit diesem Credo in der ersten Periode seines Wirkens in Mekka, seine monotheistische Gottesvorstellung akzentuiert vom Polytheismus seiner Umgebung abzugrenzen. Von ihm selbst heißt es im Koran: Er ist »der Gesandte Gottes und das Siegel der Propheten.«[6]

Das Bekenntnis zur Alleinherrschaft und Einzigartigkeit Allahs bildet den Kern des islamischen Glaubens und nimmt insofern eine Vorrangstellung gegenüber den übrigen vier Pflichten ein. Das Wort »islam« bereits drückt diese bekenntnishafte Grundhaltung aus: Es meint »Ergebung« (als Ergebung in Gottes Willen). Jeder, der dieses Bekenntnis teilt, gilt als Muslim.

Die vier übrigen islamischen Pflichten, zu denen die Vorschriften über die rituelle Reinheit (tahara) kommen, werden zusammen mit diesen als die »religiösen Handlungen« (ibadat) bezeichnet.

Reinheit ist für den Muslim eine Voraussetzung, um seinen kultischen Pflichten nachkommen zu können. Falls er sich im Zustand der Unreinheit befindet, muß er sich reinigen. Bei »kleiner Unreinheit« (hadath), sie entsteht durch Kontakt mit der Haut einer Person des anderen Geschlechts (ausgenommen bei sehr enger Verwandtschaft), durch Verrichten der Notdurft, durch Schlaf oder Bewußtlosigkeit, durch Berühren der Genitalien, unreiner Tiere oder Dinge (u. a. Schweinefleisch, Blut, Wein), ist die »kleine Waschung« vonnöten. Sie verlangt, daß der Gläubige – in dieser Reihenfolge – das Gesicht sowie die Hände und Unterarme bis zum Ellbogen wäscht, mit der nassen Hand über den Kopf reibt, um dann die Füße zu reinigen. Die rituelle Reinigung schließt hier die normale Hygiene ein. Die »große Unreinheit«, sie wird durch Geschlechtsverkehr, Menstruation oder Niederkunft hervorgerufen, muß durch eine »große Waschung« getilgt werden, die im Untertauchen des ganzen Körpers, die Haare eingeschlossen, in Wasser besteht. In oder bei den Moscheen werden Gelegenheiten zur Waschung geboten. Steht kein reines Wasser zur Verfügung – was eigentlich verlangt ist –, so kann statt dessen reiner Sand genommen werden.

Das rituelle Gebet (salat), der zweite Pfeiler der Religion, gibt dem Tagesablauf des frommen Muslim einen festgefügten Rahmen. Es ist fünfmal am Tag zu verrichten: bei Tagesanbruch, zu

Mittag, am Nachmittag, bei Sonnenuntergang, zu Beginn der Nacht. Die jeweiligen Gebetszeiten werden heute auf Kalendern wie in der Tagespresse genannt. Verdienstvoll ist es, öfter zu beten. Wie andere Religionen kennt der Islam das Gebet als verbale Äußerung, etwa als einen an Allah gerichteten Wunsch (wozu auch die Verwünschung eines Menschen gehören kann). Beim rituellen Gebet, das hier gemeint ist, handelt es sich um eine bis ins Detail vorgeschriebene Abfolge von Handlungen und Formen. Der Muslim äußert zunächst die Absicht, daß sein Gebet Allah gilt. Mit dem Wort »Allahu akbar« (»Allah ist der Größte«) eröffnet er den Weihezustand. Stehend rezitiert er die 1. Sure (des Korans), daraufhin eine andere Sure oder einen Teil davon. Dann beugt der Betende seinen Körper, bis sich seine Handflächen etwa in Kniehöhe befinden, und er spricht den Satz: »Gepriesen sei Gott, mein Herr, der Größte.« Wiederum nimmt er eine gerade Haltung ein, mit dem Spruch: »Gott höre den, der ihn preist«, um sich danach zweimal nacheinander, dazwischen und danach eine hockende Stellung einnehmend, niederzuwerfen, und zwar so, daß die Stirn, beide Handflächen, beide Knie und beide Fußspitzen den Boden berühren. Die Handlungen und Äußerungen von der Rezitierung der 1. Sure bis zum zweiten Niederwerfen bilden zusammengenommen einen Komplex, rak'a genannt. Bei jedem Gebet ist er wiederholt auszuführen, bei Tagesanbruch zweimal, am Mittag und Nachmittag je viermal, bei Sonnenuntergang dreimal und bei Nachtanbruch viermal, während des ganzen Tages also mindestens siebzehnmal. Nach je zwei Komplexen ist hockend das Glaubensbekenntnis zu sprechen (beim Abendgebet nach dem dritten); wenn es bei einem Gebet zum letztenmal gesprochen wird, ist der den Weihezustand beendende Gruß an Muhammad und die Gläubigen anzuschließen.

Der Gläubige darf das geforderte Gebet ausführen, wo er sich gerade befindet, in seiner Wohnung, am Arbeitsplatz, am Straßenrand, doch ist die Moschee vorzuziehen. Der Betende muß sich mit dem Gesicht in Richtung Mekka aufstellen (»Gebetsrichtung«). Er hat seine Blöße zu bedecken: ein Mann die Körperzone zwischen Nabel und Knie, eine Frau den ganzen Körper, ausgenommen Gesicht und Hände.

Am Freitag wird in der Moschee zur Zeit des Mittagsgebetes ein besonderer Gottesdienst gehalten. Zur Teilnahme an ihm ist jeder männliche, volljährige und im Besitz der Geisteskräfte befindliche

Muslim verpflichtet, soweit er ortsansässig und nicht durch Krankheit verhindert ist. Im Mittelpunkt dieses Gottesdienstes steht die Predigt (chutba). Ursprünglich handelte es sich hierbei wohl um eine freie Ansprache, die der Kalif oder Statthalter an die Gemeinde hielt. Daraus wurde ein Vortrag, der gewissen Regeln folgt. Sein Hauptinhalt besteht aus Lobpreisungen Gottes und des Propheten sowie Ermahnungen an die Gläubigen, und häufig schließt er politische Bekundungen ein. Mitunter ergreifen noch heute Politiker in Moscheen das Wort, insbesondere in Situationen, die für das Land bedeutungsvoll sind.

Die Almosensteuer (zakat) war ursprünglich eine freiwillige Gabe, aus der eine Steuer wurde. Jeder Muslim hatte einen bestimmten Prozentsatz seines Besitzes abzuliefern; bei Ackerfrüchten, die eine Weile lagerfähig waren, sowie bei anderen Früchten, wie Trauben und Datteln, soweit eine Mindestmenge überschritten wurde, betrug er 10 Prozent. Die Almosen waren bestimmt, wie der Koran festlegte, »für die Armen, die Bedürftigen, die, die damit befaßt sind, die, deren Herzen vertraut gemacht werden sollen, die Gefangenen, die Verschuldeten, für den Einsatz auf dem Weg Gottes und für den Reisenden«.[7] (Mit dem »Weg Gottes« waren der Glaubenskrieg und andere als verdienstvoll geltende öffentliche Werke als Verwendungszweck genannt.)

Mit der Zakat institutionalisierte die muslimische Gemeinschaft die Fürsorge für ihre Armen und erhob sie zu einer der Hauptpflichten eines jeden ihrer Angehörigen. Das gab dem Islam eine ausgesprochen soziale Note. Viele in der Gesellschaft Benachteiligte fühlten und fühlen sich zu ihm hingezogen.

Das Fasten (saum) stellt den vierten Pfeiler des Islam dar. Gefastet wird im Ramadan, dem neunten Monat des islamischen Kalenders. Der Muslim hat sich in diesem Zeitraum von Sonnenaufgang bis Sonnenuntergang vollständig des Essens, des Trinkens, des Geschlechtsverkehrs und des Rauchens zu enthalten. Für die Nacht ist er von diesen Verpflichtungen entbunden. »Erlaubt ist euch, zur Nacht während der Fastenzeit Umgang mit euren Frauen zu haben«, heißt es im Koran. »Sie sind eine Bekleidung für euch, und ihr seid eine Bekleidung für sie. . . . Und eßt und trinkt, bis ihr in der Morgendämmerung den weißen Faden vom schwarzen Faden unterscheiden könnt. Danach vollzieht das Fasten bis zur Nacht. Und verkehrt nicht mit ihnen, während ihr in den Moscheen eine Einkehrzeit einlegt.«[8]

Das Fasten nimmt unter den islamischen Pflichten einen besonderen Rang ein; auch Muslims, die sich ihrem Glauben insgesamt nicht mehr sehr verbunden fühlen, unterwerfen sich ihm. Für das öffentliche Leben bedeutet es einen nicht geringen Eingriff. Insbesondere, wenn der Ramadan in den Sommer fällt – er wandert, da der islamische Kalender auf dem Mondjahr beruht, durch alle Jahreszeiten –, bereitet es vielen Menschen Schwierigkeiten, ihrer normalen Arbeit nachzugehen. Ihnen machen nicht nur die Entbehrungen des Tages zu schaffen; der Umstand, daß das tags Entbehrte nachts nachgeholt werden kann, stört zusätzlich den normalen Lebensrhythmus. Der Koran sieht angesichts der hohen Belastung, die das Fasten für den Gläubigen bedeutet, Ausnahmeregelungen vor, so für alte Leute, Kranke und Reisende.

Die Pilgerfahrt nach Mekka (hadsch) ist der letzte der fünf Pfeiler der Religion. Jeder volljährige Muslim, der sich im Besitz der Verstandeskräfte befindet, ob Mann oder Frau, ist zu ihr einmal im Leben verpflichtet, wenn er über die dazu erforderlichen Mittel verfügt und der Weg sicher ist. Falls er es für zweckmäßig hält, kann er sich vertreten lassen. Die Frau braucht einen geeigneten Reisebegleiter.

Damit die Wallfahrt gültig ist, muß sich der Pilger in einen besonderen Weihezustand versetzen. Das bedeutet Verzicht auf Rasieren und Kämmen, auf Haare und Nägel schneiden, auf die Jagd, auf den Gebrauch von Parfüm und auf den Geschlechtsverkehr. Zur vorgeschriebenen Kleidung gehören zwei ungenähte weiße Tücher, eins um die Hüfte, das andere um die Schulter zu tragen. An den Füßen sind höchstens Sandalen erlaubt. Eine Kopfbedeckung ist nicht gestattet, doch kann ein Sonnenschirm benutzt werden. Die vorgeschriebene Pilgerfahrt findet vom 7. bis 13. des Dhu'l-Hidscha, des zwölften Monats des islamischen Kalenders, statt. Zu einem anderen Zeitpunkt ist sie nur in verkürzter Form (»kleine Wallfahrt«) üblich, wodurch das Gebot freilich nicht erfüllt wird. Der Muslim hat während des einwöchigen Aufenthaltes in dem heiligen Bezirk, zu dem der Zutritt für Nichtmuslims bei Todesstrafe verboten ist, eine Reihe vorgeschriebener Handlungen zu vollziehen. Zunächst hört er die Predigt (am 7.), zieht dann (am 8.) zur Hochebene Arafa (ungefähr 25 km östlich von Mekka gelegen), verweilt dort vom Mittag des 9. bis nach Sonnenuntergang, um sich daraufhin – zwischendurch rastet er in Muzdalifa – nach Mina, einer kleineren Siedlung, zu begeben, wo er vor

Sonnenaufgang des 10. eintreffen soll. Dort wirft er sieben Steinchen auf eine bestimmte Stele und beteiligt sich am Opferfest. Gruppen von 10 bis 15 Pilgern schlachten im allgemeinen ein Schaf oder eine Ziege. Einen Teil des Fleisches essen sie, das übrige überlassen sie den Armen. Danach läßt der Pilger sich rituell rasieren und die Haare stutzen und begibt sich nach Mekka, wo er siebenmal die Kaaba umschreitet. Es schließen sich sieben Läufe zwischen Safa und Marwa, zwei Plätzen in unmittelbarer Nähe der Kaaba, an. Noch am 10. kehrt der Pilger nach Mina zurück. Dort verbringt er die drei folgenden Tage in Feststimmung; an jedem Tag hat er sieben Steine auf die bereits genannten und zwei weitere Stelen zu werfen.

Die Pilgerfahrt entstammt vorislamischem Brauchtum. An den Stätten Arafa, Muzdalifa und Mina, an denen der Pilger zu »verweilen« hat, befanden sich offenbar alte Kultstätten arabischer Stämme.

Eine Pilgerfahrt war mit hohen finanziellen und zeitlichen Aufwendungen verbunden. Die Pilger waren wochenlang unterwegs. Sie schlossen sich zu Karawanen zusammen, die oft Tausende zählten, um die Arabische Halbinsel zu durchqueren. Wichtige Pilgerrouten führten Jahrhunderte hindurch von Kairo, Damaskus, Bagdad, Basra, Maskat, Aden und Dschidda nach Mekka.

Am Ziel seiner häufig beschwerlichen Reise angekommen, war es für den Pilger nicht leicht, die verlangten Handlungen und weitere, die empfohlen wurden – so der Besuch der Grabstätte des Propheten in Medina –, korrekt auszuführen. Sie mieteten sich deshalb einen einheimischen Führer. Die Mekkaner erschlossen sich dadurch eine Einnahmequelle. Insgesamt lebten sie bald von dem Geld, das die Pilger einbrachten.

Ein spanischer Pilger beschrieb im 15. Jh. die von ihm während der Wallfahrt aufgesuchten Stätten. Die Hochebene Arafa war seinen Worten zufolge »ein gewaltiger Versammlungsplatz, auf dem sich Menschen aus aller Herren Länder zusammenfinden, die nur Gott, der Allmächtige, kennt. Wenn sie dort stehen und ihre Stimmen zum Gebet und zur Anrufung Gottes, des Allmächtigen, erheben, könnte man glauben, das Jüngste Gericht sei angebrochen und die gesamte Menschheit sei zusammengekommen.

Muzdalifa ist ein Ort zwischen Arafa und Mina, an dem die Leute sich zwischen Sonnenuntergang und dem Abendgebet versammeln. Es schließt sich an den Masch'ar al-Haram an, wo eine

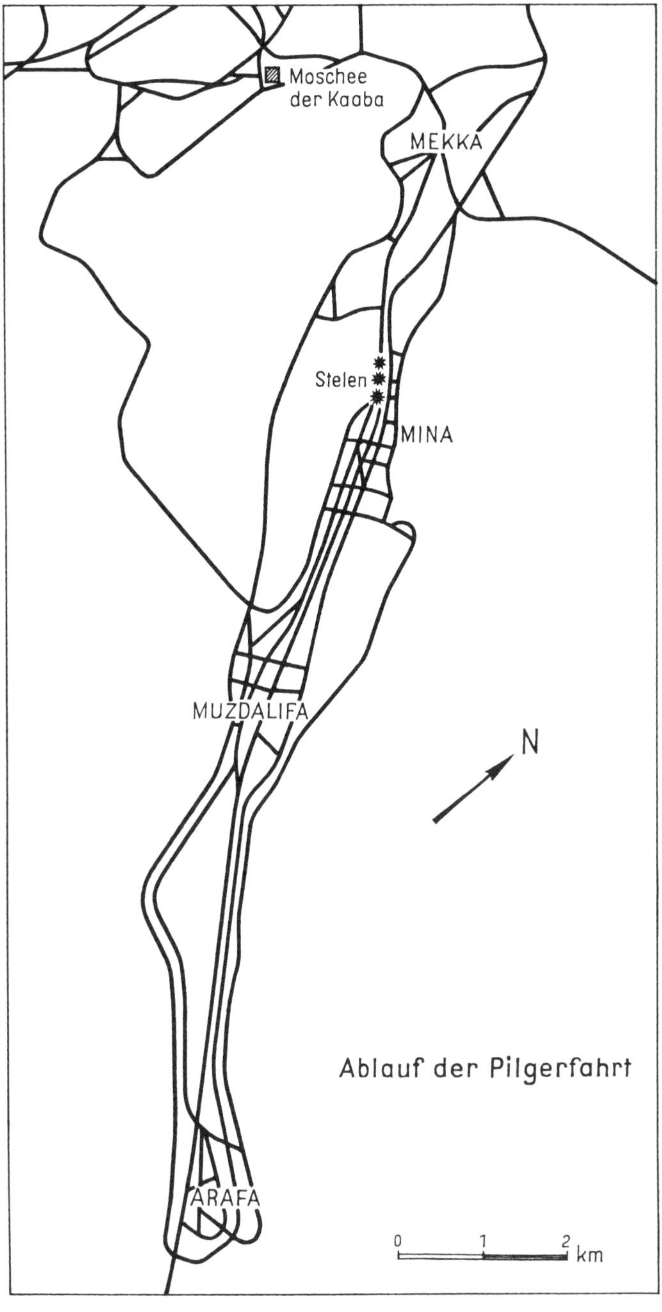

Ablauf der Pilgerfahrt

schöne gewaltige Moschee steht, in der die Leute die Nacht des Opferfestes bis zur Zeit des Morgengebets verbringen. Doch die meisten dieser Zeremonien hat man aufgegeben.

Mina ist ein Dorf zwischen Mekka und Arafa. Es gibt dort eine große Moschee, die al-Chaif-Moschee heißt und in welcher Pilger sich während ihres Aufenthaltes in Mina zum Gebet versammeln. Es gibt auch eine gewaltige Kuppel, genannt Isma'il-Kuppel. Mitten in dem Dorf befindet sich ein großer Markt, auf dem unbeschreiblich viel Stoff, Juwelen und indische und syrische Waren verkauft werden. Handel wird nur während der Tage getrieben, welche die Pilger in Mina zubringen.

Mekka ist eine große in einem Tal gelegene Stadt. Es ist von drei gewaltigen Bergen umgeben. Einer davon ist der Abu-Qubais-Berg, nach gewissen Überlieferungen der erste Berg, den Gott schuf. Zur Zeit der Flut war darin der große Stein verwahrt. Die Kuraisch pflegen diesen Berg al-Amin (der Verläßliche) zu nennen, da er Abraham – Friede sei mit ihm – den Stein gab. In diesem Berg befindet sich das Grab Adams – Friede sei mit ihm.«[9]

Gemeinschaft und Autoritäten

Die Gläubigen in ihrer Gesamtheit bildeten dem muslimischen Verständnis zufolge das »Haus des Islam« (dar al-islam). Ihm stand die nichtmuslimische Welt als »Haus des Krieges« (dar al-harb) gegenüber. Diese Gegenüberstellung war Aufruf zum Kampf: Die Muslims waren zum Dschihad, zum »heiligen Krieg«, gegen die Nichtmuslims verpflichtet.

Der Ruf zum Dschihad spielte in den Eroberungszügen der Muslims eine große Rolle; verhieß die Allah gefällige Verbreitung des neuen Glaubens doch auch Kriegsbeute, von der vier Fünftel den an der jeweiligen Schlacht Beteiligten zufielen.

Versuche, aus dem »Dschihad« einen sechsten Grundpfeiler des Islam zu machen, scheiterten indessen an der Realität. Die Ausbreitung des Islam blieb begrenzt. Die Muslims mußten sich darauf einrichten, mit nichtmuslimischen Völkern zusammenzuleben. Die schafi'itische Rechtsschule suchte dem später Rechnung zu tragen, indem sie eine dritte, neutrale Zone einführte, das »Haus des Friedens« (dar al-sulh). Allerdings haben verschiedene Kräfte, progressive wie reaktionäre, in Auseinandersetzungen immer wieder versucht – und tun dies bis heute –, ihr Vorgehen als »Dschihad« zu interpretieren, um eine möglichst große Zahl von Gläubigen zu gewinnen und in ihren Reihen Selbstlosigkeit und Einsatzbereitschaft zu wecken. Auch Verteidigung gegen Fremdherrschaft galt als Dschihad.

Die Angehörigen der muslimischen Gemeinschaft waren und sind in ihrem Selbstverständnis einander gleich. Privilegien einer Nation oder einer Rasse erkennt der Islam nicht an. Ihm blieb hier eine aus urgemeinschaftlichen Verhältnissen erwachsene demokratische Tendenz eigen, die sich indessen an den Realitäten der antagonistischen Klassengesellschaft brach und von dieser immer wieder zunichte gemacht wurde.

Zum Demokratismus des Islam gehört, daß er einen Priesterstand, der zwischen den Gläubigen und Gott vermittelt, nicht hervorgebracht hat. Doch kennt die muslimische Gemeinschaft Autoritäten. Imame waren ihre Führer; daraus wurden die Leiter bzw. Vorbeter der Gottesdienste in den Moscheen. Mit dem Anspruch, Männer der Wissenschaft zu sein, traten die Ulama oder Mullahs auf. Es handelte und handelt sich bei ihnen um Rechtsgelehrte, am ehesten den »Schriftgelehrten« in der jüdischen Religion vergleichbar. Als solche waren und sind sie dem Muslim Ratgeber für sein Gewissen wie für sein Verhalten im Alltag. In Gemeinschaften, in denen Analphabetentum weit verbreitet ist, verleiht ihnen dies bis in die Gegenwart hinein eine überragende Position: Sie besitzen das Monopol nicht nur des Glaubens, sondern des Wissens schlechthin, das wiederum bis in die jüngste Vergangenheit hinein ganz oder weitgehend mit Glauben identisch war bzw. ist.

Zu einer verbreiteten und charakteristischen Einrichtung im Islam wurden fromme Stiftungen (waqf, Plural: auqaf). Sie waren unwiderruflich und zeitlich unbegrenzt und galten als Gott wohlgefällig. Alles, was einen Ertrag abwarf, konnte gestiftet werden: Grundbesitz und Gebäude ebenso wie Geld, Bücher, Waffen oder Vieh. Stifter, Gegenstand und Verwendungszweck der Stiftung waren in einer Urkunde zu fixieren.

Zentrum des Gemeinde- und Gemeinschaftslebens wurde, schon zu Lebzeiten Muhammads, die Moschee (masdschid). Es handelte sich hierbei zunächst einfach um ein Gebäude, das dem öffentlichen und privaten Gebet diente. Bald erfuhren die Moscheen eine Strukturierung und mit der Ausbreitung des Islam – in der damit verbundenen Verarbeitung immer neuer vorgefundener kultureller Traditionen – eine vielfältige architektonische Gestaltung. Zu einer größeren Moschee gehören – dies wurde in der Mannigfaltigkeit ihrer Formen zu einer allgemeinen Norm – eine leere Nische (mihrab) in der Wand, die die Richtung nach Mekka angibt, eine Kanzel für die Freitagspredigt (ursprünglich handelte es sich dabei um einen Herrscher- und Richtersitz für die Kalifen und ihre Statthalter), ein Koranpult sowie eine Waschanlage. Das Innere der Moschee ist mit Matten und Teppichen ausgelegt und mit Leuchtern ausgestattet. Das Minarett, ein Turm oder Türmchen, dient dem Muezzin, dem Gebetsrufer, dazu, die Gläubigen zu den festgelegten Zeiten zum Gebet zu rufen. Jede Moschee hat mehrere, mindestens jedoch zwei Gebetsrufer – früher waren es häufig Blinde –, die sich inzwischen vielfach einer Lautsprecheranlage bedienen. Mitunter überträgt man den Gebetsruf (adhan) auch von einer Schallplatte oder einem Tonband.

Übernationale und überregionale Bedeutung erlangte al-Azhar, eine Moschee und Lehranstalt in Kairo. Erbaut in den Jahren 970 bis 972, unmittelbar nach der Gründung Kairos, geht ihr Name (»die glänzende«, »die blühende«, gemeint als Attribut zu Moschee) wahrscheinlich auf den gleichlautenden Beinamen von Muhammads Tochter Fatima zurück, auf die die Erbauer von al-Azhar, die Fatimiden, ihren Stammbaum zurückführten. Wie viele Moscheen wurde al-Azhar aus den Einkünften frommer Stiftungen unterhalten. Ein Auszug aus einer Stiftungsurkunde vermittelt einen Einblick in die Aufwendungen, die mit ihrem Unterhalt verbunden waren. Die zur Verfügung stehende Summe beträgt, so heißt es, »1067 Dinar plus einem halben Dinar plus einem Achtel Dinar«. Davon waren u. a. auszugeben:

»Für den Prediger (chatib) in dieser Moschee: 84 Dinar.

Für den Preis indischen Aloeholzes als Räucherwerk während des Ramadan und an Freitagen; dazu für den Preis von Kampfer, Moschus und den Lohn der dafür verantwortlichen Person: 15 Dinar.

Für einen halben Qintar Kerzen nach dem Maß der Pfefferhändler: 7 Dinar.

Für das Fegen dieser Moschee, das Entfernen des Schmutzes und das Zusammennähen der Matten, sowohl den Preis des Fadens als auch den Lohn für das Zusammennähen: 5 Dinar.

Für die Bezahlung der drei Vorbeter, das heißt der Imame, ebenso wie für die von vier Hausmeistern und 15 Muezzins: $556\frac{1}{2}$ Dinar. Davon erhält jeder Vorbeter jeden Monat im Jahr $2\frac{2}{3}$

und $^1/_8$ Dinar, jeder Muezzin und Hausmeister im Monat 2 Dinar und der Aufseher über diese Moschee 24 Dinar im Jahr.

Für die Säuberung der Zisterne dieser Moschee und das Fortschaffen des daraus entfernten Schlammes und Schmutzes: 1 Dinar.

Für die notwendigen Instandsetzungsarbeiten in dieser Moschee, am Dach, am Boden, an den Wänden und anderswo, geschätzt pro Jahr: 60 Dinar.

Für den Preis von 180 $^1/_2$ Ladungen Stroh als Futter für die beiden Ochsen der Zisterne dieser Moschee: 8 $^1/_2$ und $^1/_3$ Dinar.

Für das Lagerhaus für das Stroh in Kairo: 4 Dinar.

Für den Preis von zwei Feddan Klee als jährliche Weide der besagten beiden Ochsen: 7 Dinar.

Für den Lohn des Fütterers und des Wasserträgers, für Seile, Eimer und ähnliches: 15 $^1/_2$ Dinar.

Für den Lohn des mit der Wartung des Beckens für die Waschung Beauftragten, sofern in dieser Moschee ein solches vorhanden ist: 12 Dinar.«[10]

Staatsräson als Frömmigkeit

Begrenzt fanden, das wurde zu einer Traditionslinie in ihm, Belange der sozial Benachteiligten im Islam Eingang. Es ging dabei vor allem, wie M. Rodinson, ein französischer Orientalist, formuliert, »um gemeinsamen Beistand, organisiert im Innern der Gemeinde«.[11] Doch schon im Prozeß seiner Entstehung wurde der Islam zur Religion der Herrschenden, zur Staatsreligion – den Staat zunächst konzipierend, dann verkörpernd und ihn stützend. Als Leitbild der Araber in ihren Eroberungszügen wirkte er aktivierend. Zugleich verlangte er von seinen Anhängern – dies war die Kehrseite der Medaille – Unterwerfung unter die sich jeweils durchsetzenden Machtverhältnisse. Frömmigkeit, wie sie als Weg zur Glückseligkeit im Jenseits galt, war wesentlich Staatsräson. Der muslimische Theologe al-Ghazali (1058–1111) machte das modellhaft deutlich, als er erklärte: »Staatliche Gewalt ist notwendig für die Ordnung des Diesseits. Die Ordnung des Diesseits ist notwendig für die Ordnung der Religion. Die Ordnung der Religion ist notwendig für die Erringung der Seligkeit des Jenseits.«[12]

Genau diese Haltung zeichnet sich in den fünf Pfeilern des Islam ab. Sie halten den Muslim noch heute nachdrücklich dazu an, sich mit dem Staatswesen zu identifizieren, dem er angehört, soweit dieses islamisch geprägt ist. Der Monotheismus im Glaubensbekenntnis orientiert auf die Anerkennung und Stärkung der Zentralgewalt. Das Gebet trägt zur Disziplinierung des Gläubigen wie des Staatsbürgers bei. In der Predigt, die im Mittelpunkt des am Freitag abzuhaltenden Gottesdienstes steht, wurde als Symbol der Loyalität im allgemeinen der Name des jeweiligen Herrschers genannt. Die Almosensteuer soll der Stabilisierung der Gemeinschaft dienen ebenso wie das im Monat Ramadan als gemeinsamer Akt der Läuterung zu vollziehende Fasten. Die Pilgerfahrt nach Mekka, ursprünglich Gang zur Geburtsstätte des islamischen Gemeinwesens, demonstriert die internationale Dimension des Islam und bietet den Beteiligten Gelegenheit, sich als Glieder einer weltweiten, solidarischen und kraftvollen Gemeinschaft zu empfinden.

Das sind Forderungen an den Muslim. Und Chancen. Doch hat dieser überhaupt die Möglichkeit, sich frei zu entscheiden? Oder unterliegt er einer göttlichen Vorsehung?

Der Koran bejaht beide Fragen. Er stellt fest: »Wen Gott rechtleitet, der ist es, der der Rechtleitung folgt. Und die, die Er irreführt, das sind die Verlierer.«[13] Zugleich heißt es mit Blick auf den Menschen: »Haben wir ihm nicht zwei Augen gemacht, eine Zunge und zwei Lippen, und ihm beide Wege gewiesen? Würde er doch den steilen Weg hinaufstürmen! Woher sollst du wissen, was der steile Weg ist? Es ist die Befreiung eines Sklaven oder, am Tag der Hungersnot, die Speisung einer verwandten Waise oder eines Bedürftigen, der im Staub liegt. Und daß man außerdem zu denen gehört, die glauben, einander die Geduld nahelegen und einander die Barmherzigkeit nahelegen. Das sind die von der rechten Seite. Die aber, die unsere Zeichen verleugnen, sind die von der unglückseligen Seite. Über ihnen liegt ein (sie) überdeckendes Feuer.«[14]

Das klingt nach Widerspruch – was in der Geschichte des Islam Anlaß zu heftigen Kontroversen war –, doch verfolgte Muhammad mit beiden Aussagen ein und dasselbe Anliegen. In seiner Mission sah er Gottes Plan – und zugleich jeden gefordert, sich zu entscheiden, dies mit der Aussicht – da Gott mit seinem Plan Maßstäbe setzte – auf Lohn oder Strafe.

Muslims wußten immer Neues darüber zu berichten, was den Menschen nach dem Tode und beim Endgericht erwartete. Muhammad soll, so eine Erzählung, einmal an einem Leichenbegängnis teilgenommen und die Anwesenden wie folgt belehrt haben: »Die Mitglieder dieser Religionsgemeinschaft werden im Grab auf die Probe gestellt. Sobald der Mensch beerdigt ist und seine Gefährten fortgegangen sind, kommt zu ihm ein Engel mit einer Keule in der Hand. Er heißt den Toten sich aufsetzen und fragt dann: ›Was sagst du über diesen Mann (d. h. Muhammad)?‹ Ist der Tote gläubig, antwortet er: ›Ich bezeuge, daß es keinen Gott außer dem einen gibt und daß Muhammad sein Knecht und Gesandter ist!‹ Dann erwidert der Engel: ›Richtig!‹ Darauf öffnet sich vor dem Toten eine Pforte zum Höllenfeuer, und der Engel sagt: ›Dies wäre deine Bleibe geworden, wenn du nicht an deinen Herrn geglaubt hättest. Doch da du glaubtest, wird dies hier deine Bleibe sein!‹ und es öffnet sich vor ihnen eine Pforte zum Paradies. Der Tote will sich erheben, um dort hinzugehen, doch der Engel sagt zu ihm: ›Ruhig!‹ und erweitert ihm den Platz im Grab. Handelt es sich um einen Ungläubigen oder Heuchler, fragt ihn der Engel: ›Was sagst du über diesen Mann?‹ Jener antwortet dann: ›Ich weiß nicht! Ich hörte die Leute manches reden!‹ Da erwidert der Engel: ›Mögest du es nie erfahren, nie dem Koran folgen, nie den rechten Weg gehen!‹ Dann öffnet sich vor ihm ein Tor zum Paradies, und der Engel spricht: ›Dies wäre deine Bleibe, glaubtest du an deinen Herrn! Doch da du nicht glaubtest, hat dir Gott zum Tausch dafür das hier gegeben!‹ und es öffnet sich vor ihm ein Tor zum Höllenfeuer. Hiernach versetzt ihm der Engel mit der Keule einen derartigen Schlag, daß alle Kreatur Gottes bis auf die Menschen und die Dschinnen es hören kann.«[15]

Die gesellschaftliche Praxis selbst, aus der heraus und in der der Islam sich entwickelte, war widersprüchlich. Dadurch hob sie die vordergründige Unvereinbarkeit religiöser Aussagen auf – und brachte zugleich gegensätzliche Entwicklungslinien in der neuen Religion hervor. Menschen ergaben sich in ihrem Namen in ihr Schicksal und tun dies bis heute. Unter Berufung auf sie kämpften indessen auch Menschen und dies wiederum vielfach mit gegensätzlichen Zielen. Das ist gleichfalls bis in die Gegenwart hinein so geblieben.

DAS ARABISCH-ISLAMISCHE WELTREICH

Die Araber brachen von der Arabischen Halbinsel aus nach Norden, Westen und Osten auf. Iran und Byzanz, auf die sie zunächst trafen, waren ihnen kulturell wie in der militärischen Ausrüstung überlegen. Verfallserscheinungen und Wirren im Innern wie Auseinandersetzungen untereinander hatten beide Mächte jedoch geschwächt. Auf dem Schlachtfeld waren ihre Armeen den auf Beute ausgehenden, körperlich trainierten und vom Islam inspirierten Kriegern, die im »Dschihad« für die Energien, die sie zuvor in Stammesfehden verbraucht hatten, ein neues Betätigungsfeld fanden, nicht gewachsen. Große Teile der Bevölkerung in nordafrikanischen und orientalischen Provinzen von Byzanz betrachteten die Araber zudem als Befreier von einem fremden Joch und unterstützten sie teilweise. Das Sassanidenreich brach zusammen, Byzanz erlitt eine Niederlage nach der anderen.

Ein arabisch-islamisches Reich entstand. Der Islam wurde mit ihm zur Weltreligion. Doch kaum hatte das neue Reich Gestalt angenommen, brachen in ihm politische Auseinandersetzungen aus. In ihrem Ergebnis errichteten die Umaijaden eine Dynastie. Sie wurden von den Abbasiden abgelöst, unter denen das arabische Element allmählich in den Hintergrund trat.

Damaskus – die neue Metropole

Die ersten vier Kalifen, die als die »rechtgeleiteten« in die Geschichte eingingen, standen noch unter dem Einfluß von Verhältnissen der Gentilgesellschaft. Julius Wellhausen spricht von einer »Theokratie ohne Propheten«.[1]

Ausdehnung des islamischen Gebiets bis zum Tode des Kalifen Ali (661)

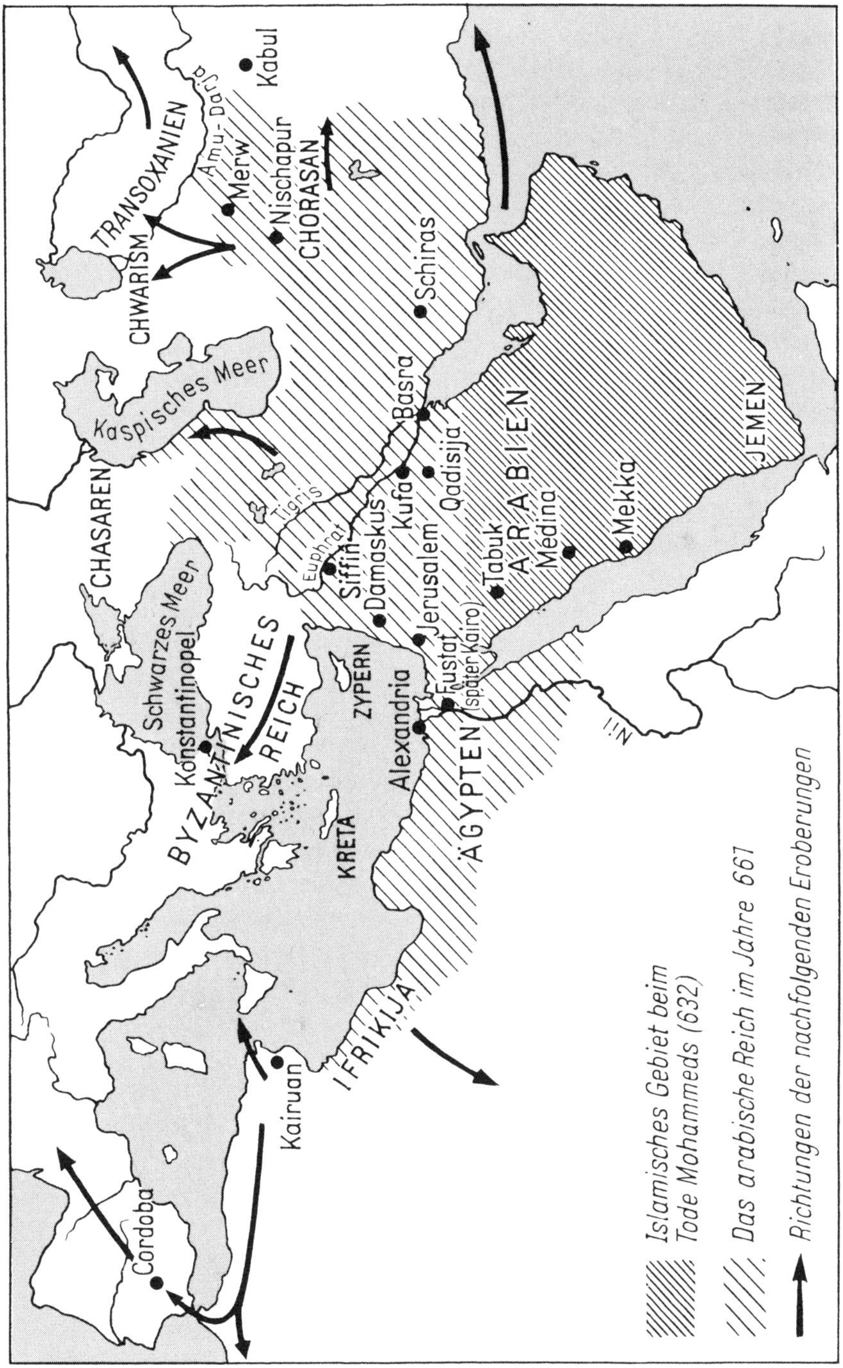
TRANSOXANIEN
CHWARISM
Amu-Darja
Merw
Nischapur
CHORASAN
Kabul
Schiras
Kaspisches Meer
CHASAREN
Tigris
Euphrat
Basra
Kufa
Qadisija
Siffin
Damaskus
Jerusalem
Tabuk
Medina
Mekka
ARABIEN
JEMEN
Schwarzes Meer
Konstantinopel
BYZANTINISCHES REICH
ZYPERN
KRETA
Alexandria
Fustat (später Kairo)
Nil
ÄGYPTEN
IFRIKIJA
Kairuan
Cordoba
Islamisches Gebiet beim Tode Mohammeds (632)
Das arabische Reich im Jahre 661
Richtungen der nachfolgenden Eroberungen

Umar, der Nachfolger Abu Bakrs im Amt des Kalifen (634 bis 644), leitete die großen arabischen Eroberungszüge ein. Er unterwarf Syrien, Mesopotamien und Ägypten.

Eine entscheidende Schlacht zwischen Arabern und Byzantinern, die über das Schicksal Syriens und Palästinas entschied, fand am 20. August 636 an den Ufern des Jarmuk, eines östlichen Nebenflusses des Jordan, statt. Es war ein drückend heißer Tag. Der Wind trieb dichte Staubwolken aus der Wüste heran. Die Araber waren an solche Bedingungen gewöhnt, nicht aber die Byzantiner in ihren unförmigen und schweren Rüstungen. An dem Kampf beteiligten sich auch die Araberinnen: Sie trieben die arabischen Krieger, die sich anschickten zu fliehen, spottend und fluchend an die Kampflinie zurück. Am Ende des Tages hatten die Araber klar gesiegt. Von den Byzantinern, die nicht gefallen waren, verloren viele ihr Leben, als sie auf der Flucht in das tiefe Bett des Rukad, des nördlichen Jarmuk-Zuflusses, stürzten. Der persische Historiker al-Baladhuri (gest. um 892) nennt die Schlacht überaus heiß und blutig. Er spricht von 24 000 Muslims, die an ihr teilgenommen haben. Ihre Gegner hätten sich aneinandergekettet, in der Hoffnung, so der Flucht zu entsagen. 70 000 von ihnen wären umgekommen.[2]

Im Juni 637 kam es bei Qadisija in der Umgebung von Hira zur Entscheidungsschlacht mit den Sassaniden. Sie dauerte drei Tage. Die Araber errangen in ihr einen glänzenden Sieg. Ihnen fiel der Irak zu. Im Ergebnis weiterer arabischer Vorstöße brach das Perserreich zusammen.

Im Jahre 638 eroberten die Araber Jerusalem. Den Anhängern zweier Religionen galt die Stadt bereits als heilig. Die Juden sahen sich in ihr an die Hauptstadt des alten Israel und an den prächtigen Tempel Salomos erinnert, von dem ein Stück der Umfassungsmauer, die sogenannte »Klagemauer«, erhalten geblieben war. Nach christlicher Überlieferung starb Jesus in der Stadt, und dem Gedenken daran wurde die Grabeskirche gewidmet. Jetzt errichteten die Muslims auf dem Tempelberg eine Moschee, dort, wo einst der Tempel Salomos gestanden hatte; der christliche Bischof Sophronius hatte ihnen diesen Platz zugewiesen, als sie wissen wollten, wo sie ihrem Gott ein Heiligtum bauen könnten.

Ende des Jahres 639 stießen die Araber nach Ägypten vor. Zum entscheidenden Ereignis wurde die Belagerung der Zitadelle von Babylon, eines Ortes, der den Übergang über den Nil oberhalb des Deltas beherrschte. 641 kapitulierten seine Verteidiger. Der Ort wurde nach dem Namen seiner Wallanlage (fossaten) al-Fustat genannt (heute gehört er zum Stadtgebiet von Kairo). Im folgenden Jahr fiel Alexandria. Versuche der Byzantiner, es vom Meer aus zurückzuerobern, scheiterten. Die Araber gingen daran, die Cyrenaica und Oberägypten zu erobern.

Umar setzte in den eroberten Provinzen Militärgouverneure und teilweise der Zentralregierung unterstehende Steuerbeamte ein. Sie hatten für die Sicherung der Macht und die Eintreibung und Ablieferung der Tribute und Steuern nach Medina zu sorgen. Die frühfeudalen Produktionsverhältnisse, die sich bereits herausgebildet hatten, tasteten die neuen Machthaber nicht an – Grund und Boden blieben in den Händen ihrer bisherigen Eigentümer; sie wandelten lediglich das Eigentum der geschlagenen byzantinischen und sassanidischen Herrscher sowie der geflohenen Grundeigentümer in Staatseigentum um. Aus diesen staatlichen Bodenfonds und unbebauten Ländereien erwarben reiche Muslims – vor allem in der Folgezeit – Privateigentum (mulk) oder erhielten einen Anteil (qati'a) zugewiesen, wodurch sie die Möglichkeit gewannen, über das System der feudalen Pacht Bauern auszubeuten.

Dadurch verstärkten sich die sozialen Differenzierungen. Dieser Trend wurde auch deutlich, als Umar eine Liste (diwan) aufstellen ließ, nach der jeder Kämpfer für den Islam aus der Kriegsbeute eine Art Ehrensold bezog. Danach erhielten die noch lebenden Frauen des Propheten jährlich 12 000 Dirham, die Teilnehmer der Schlacht bei Badr 5000 Dirham, die übrigen in ihrer Mehrzahl zwischen 300 und 500 Dirham.

Am 23. November 644, inmitten seines Wirkens, wurde Umar durch den Dolchstoß eines Sklaven getötet. Der Täter wollte sich dafür rächen, daß eine von ihm vorgebrachte Beschwerde abgewiesen worden war.

Nach der Ermordung Umars soll ein von ihm vorher bestimmtes Wahlkollegium (schura) seinen Nachfolger bestimmt haben: Uthman. Der neue Kalif war mit zwei Töchtern Muhammads verheiratet gewesen, die beide verstorben waren, ohne Kinder zu hinterlassen; im Kreise der engsten Gefährten Muhammads war er der älteste (etwa 70 Jahre). Er setzte die Kriegszüge fort. 655 besiegte er vor Kleinasien die byzantinische Flotte.

Aus den Siegen und Eroberungen erwuchsen indessen gefährliche Entwicklungen. Die Beute in ihrer Fülle hatte für die Hauptstadt Medina einen Verfall der Sitten zur Folge. Ihre Verteilung war umstritten, ebenso die Verwendung der eingehenden Steuern. Uthman versuchte seinen Einfluß zu stärken, indem er die Statthalter-Posten in den eroberten Provinzen mit Angehörigen seiner Familie (Umaija) besetzte, doch diese Vetternwirtschaft sollte ihm zum Verhängnis werden. Bei den Soldaten in den Provinzen wie bei der muslimisch-arabischen Aristokratie regte sich Widerstand.

Seine Gegner wollten zunächst nur den Rücktritt Uthmans. Etwa 500 Krieger, sie stammten vor allem aus Irak und Ägypten, besetzten Medina, wohin sie als Pilger gekommen waren, und brachten viele Klagen gegen ihn vor. Als dies nicht fruchtete, töteten sie Uthman am 17. Juni 656.

Die Einwohner von Medina sympathisierten mit den Rebellen. Der Kalif blieb längere Zeit unbestattet. Erst auf Bitten seiner Witwe trugen einige Getreue die Leiche nachts hinaus und bestatteten sie. Steinwürfe und Flüche seien ihr gefolgt, heißt es in Berichten.

Die angesehenen Gefährten Muhammads hatten sich nach Mekka zurückgezogen, um dort den Ausgang der Auseinandersetzungen abzuwarten. Nur einer war geblieben, Ali. Er war, wie der ermordete Uthman, Schwiegersohn des Propheten, jedoch, und das gab ihm eine besondere Stellung, mit Fatima verheiratet, die aus der Verbindung Muhammads mit Chadidscha hervorgegangen war. Ihm wurde als neuem Kalifen gehuldigt, in Abwesenheit vieler wichtiger Persönlichkeiten. Er machte Kufa im Irak zu seiner Hauptstadt.

Ali hatte schon zu Lebzeiten seines Vorgängers eine politische Gruppierung (schi'a) um sich geschart, die dafür eintrat, die religiöse Führung (das Imamat) und die politische Leitung (das Kalifat) innerhalb seiner mit Muhammad verwandten Familie als erblich zu erklären. Doch er konnte sich damit nicht durchsetzen. Die blutigen Auseinandersetzungen, die ausbrachen, gingen als »erster Bürgerkrieg« in die islamische Geschichte ein und führten zum Schisma zwischen Sunniten und Schiiten.

Die Zwistigkeiten dauerten an. Faktisch ging es in ihnen um Macht und Einfluß in dem inzwischen konsolidierten Gemeinwesen, vordergründig um Rache für Uthman. An die Spitze der »Rächer« setzte sich Muawija aus der Umaija-Familie, der Statthalter in Damaskus war. Ali nahm eine kompromißbereite Haltung ein: Er stimmte zu, daß ein Schiedsgericht über die Rechtmäßigkeit seines Anspruchs auf das Kalifat entscheiden sollte. Die frommen Männer, die den Schiedsspruch fällten, entschieden sich gegen ihn, doch sie lehnten auch Muawijas Anspruch ab. Muawija war der klügere oder wohl bedenkenlosere Politiker; er setzte sich über den Spruch hinweg und trat die Herrschaft an.

Ali zog sich mit seiner Haltung den Protest vieler Krieger zu, die lieber Waffen als Richter das Urteil sprechen lassen wollten. Sie verließen sein Lager und wurden deshalb »Ausziehende« (Rebellen) genannt, »Charidschiten«. Ali schlug sie 658 in einer Schlacht bei Nahrawan im Irak.

In der Auseinandersetzung mit Ali hatten die Charidschiten offenbar zwei Gründe für ihren religiös vorgetragenen Protest. Sie suchten das alte Stammesideal gegen die neue Form der Gesellschaft zu verteidigen: Allah sollte entscheiden (seine Entscheidung würde auf dem Schlachtfeld sichtbar werden). Und der Frömmste der Gemeinde sollte ihr Herrscher sein – wäre das auch ein äthiopischer Sklave. Schließlich waren die Charidschiten offenbar bei der Verteilung der Beute zu kurz gekommen.

Mit der Losung »Allein Allah entscheidet« zogen die Charidschiten immer wieder in den Kampf. Sie sagten den etablierten Mächten den Kampf an und schlugen viele Schlachten, konnten sich selbst jedoch nur selten und nur für kurze Zeit etablieren. Ihr radikaler Anspruch stand einer längeren Herrschaft im Wege. Wellhausen schreibt über sie: »Sie setzten alle Kraft an ein unerreichbares Ziel; die Religion führte sie zu einer zwar höchst aktiven, aber ganz unpolitischen, verzweifelten Politik ... Und obwohl sie immer nur ein kleines Häuflein bildeten, waren sie doch nicht auszurotten. Sie wuchsen stets wieder aus dem Boden nach; ihre Grundsätze besaßen eine unversiegliche Werbekraft ... In dem kunterbunten Konzert hielten die Charidschiten unentwegt den Grundton fest, den die Stimmgabel des Islam angab. Sie kämpften am aufrichtigsten und entschiedensten für das Reich Gottes, freilich auch am grausamsten für eine unmenschliche Utopie.«[3]

Charidschitische Gruppen existieren bis heute. Zu ihnen gehören die Ibaditen in Oman sowie in Nord- und Ostafrika.

Im Jahre 660 nahm Muawija in Syrien die Huldigung als Kalif entgegen. Als Ali im folgenden Jahr von einem Charidschiten ermordet wurde, gelang es ihm, sich im ganzen Reich durchzusetzen. Er machte seine Residenz Damaskus, »das Auge des ganzen Morgenlandes«, zur Hauptstadt.

Muawija beendete den Bürgerkrieg, d. h. die Auseinandersetzungen, die zum Mord an Uthman und an Ali geführt hatten. Zugleich leitete er einen neuen Abschnitt in der islamischen Geschichte ein. Schon zu seinen Lebzeiten bestimmte er seinen Sohn Jazid zum Nachfolger. Das Kalifenamt wurde in der Familie Umaija erblich, und eine Dynastie entstand, die der Umaijaden. Die neue Auffassung des Kalifats kam in einer Änderung des Titels selbst zum Ausdruck – aus dem chalif rasul Allah (Stellvertreter des Propheten Allahs) wurde nun ein chalifat Allah, ein Stellvertreter (Kalif) Allahs. (Das arabische Wort hat beide Bedeutungen, Nachfolger und Stellvertreter.)

Für viele Zeitgenossen war das ein schmerzlicher Umbruch. Mit der Herrschaft der »rechtgeleiteten Kalifen« verschwanden Überreste eines urgemeinschaftlichen Demokratismus. Für Angehörige der ersten Muslim-Familien war Muawija als Kalif schon deswegen eine Zumutung, weil er – wenngleich wie der Prophet zum Stamm der Kuraisch gehörend – Sohn des Abu Sufjan war, des Gegenspielers Muhammads in Mekka. Doch die dynastische Herrschaft war der sich etablierenden Feudalgesellschaft angemessen. Deshalb setzte sie sich durch.

Für Muawijas Nachfolger war das mit langandauernden Kämpfen um die Konsolidierung ihrer Macht verbunden. Sein Sohn Jazid (680–683) ließ Hussain ermorden, den jüngeren Sohn Alis aus der Ehe mit der Prophetentochter Fatima. Daraufhin begehrten die Schiiten auf. Bedrohlicher entwickelte sich eine Auseinandersetzung mit Abdallah, einem Repräsentanten der mekkanischen Aristokratie (»zweiter Bürgerkrieg«). Er wähnte sich in der heiligen Stadt sicher und verfocht von dort als Gegenkalif seine Ansprüche auf die Macht. Die Truppen Jazids belagerten Mekka und beschossen es. Als dabei die Kaaba in Brand geriet, nahm der Unmut unter den Muslims den Umaijaden gegenüber noch zu.

Nach dem Tode Jazids und – nur ein Jahr später – seines jungen Sohnes Muawija (II.) ging die Herrschaft an einen anderen Zweig der Familie über. Marwan, unter Muawija zweimal für insgesamt 10 Jahre Statthalter in Mekka, wurde Kalif. Allerdings herrschte auch er nur ein Jahr.

Sein Sohn Abd al-Malik (685–705) vermochte das Reich wieder zu einen. Er machte sich als »der zweite Gründer des umaijadischen Staates«[4] besonders um die Ordnung der Verwaltung des Reiches verdient. So drang er darauf, Arabisch zur Verwaltungssprache zu erheben. Ferner führte er zwei Münzen ein, die sich bald in der ganzen islamischen Welt durchsetzten – den Dinar aus Gold und den Dirham aus Silber. Beide Bezeichnungen finden sich bis heute in den Währungssystemen der meisten arabischen Staaten.

In den Jahren 688 bis 691 ließ Abd al-Malik in Jerusalem eine prächtige Moschee errichten, den »Felsendom«, mit seiner weithin sichtbaren goldenen Kuppel bis heute ein Wahrzeichen der Stadt. Er rief die Muslims auf, dorthin zu pilgern (statt zur Kaaba nach Mekka). Die Vermutung liegt nahe, daß er damit die Stellung des noch immer in Mekka residierenden Gegenkalifen Abdallah schwächen wollte. 692 gelang es ihm, Mekka einzunehmen. Danach, im Jahre 695, leitete er selbst die Wallfahrt zur Kaaba.

Ende des 7. Jh. war so im Innern des arabisch-islamischen Reiches Ruhe eingekehrt. Das ermöglichte es den Kalifen, ihre Eroberungspolitik fortzusetzen. Arabisch-islamische Truppen drangen bis nach Byzanz vor, ohne es allerdings einnehmen zu können. Im Osten eroberten sie weite Gebiete bis zum Industal; 712 nahmen sie Samarkand ein. Im Westen hatten sie erbitterte Kämpfe mit den Berbern in Nordafrika zu bestehen. Letztere beteiligten sich, als sie besiegt waren, an den weiteren Feldzügen.

Im Jahre 711 überschritten 300 Araber und 7000 Berber die Meerenge zwischen Marokko und Spanien, die ihren Namen Dschebel (Berg) Tariq (= Gibraltar) nach dem Anführer des Heeres erhielt. 718 war der größte Teil Spaniens unterworfen. Die arabisch-islamischen Truppen zogen weiter nach Norden und Osten. Doch stießen sie hier auf Widerstand. 732 wurden sie in der Schlacht von Poitiers von den Franken unter Karl Martell geschlagen. Der arabisch-islamische Vormarsch geriet ins Stocken. Spanien indessen blieb 700 Jahre islamisch.

Unter den Umaijaden erreichte das arabisch-islamische Reich seine größte Ausdehnung. In der Größe des Territoriums übertraf es alle bis dahin existierenden Reiche der Weltgeschichte. Die gesellschaftlichen Verhältnisse, auf die die Eroberer trafen, waren fast durchweg fortgeschrittener als die eigenen. Das wurde für sie zur Herausforderung. Sie schufen Macht- und Verwaltungsstrukturen, unter denen sich Feudalverhältnisse voll herausbildeten und durchsetzten. Entscheidend hierfür wurde die Zentralisierung der weltlichen und religiösen Macht. Sie garantierte die politische Einheit unterschiedlicher ethnischer Gruppen, die sich auf verschiedenen gesellschaftlichen Entwicklungsstufen befanden, und ermöglichte und förderte den wirtschaftlichen und kulturellen Austausch über weite Entfernungen hinweg. Das wiederum begünstigte die Entwicklung der Produktivkräfte, indem die in den fortgeschrittenen Provinzen verwendeten Produktionsinstrumente und -techniken überall Verbreitung finden konnten.

Viele Araber ließen sich in den eroberten Gebieten nieder. Dadurch nahm die Bevölkerungsdichte auf der Arabischen Halbinsel ab. Zeitgenössische Dichter beklagten, daß, wo einst dichte Menschheit wohnte, nur noch einige Greise, Frauen und Kinder mit dem Rest des Viehbestandes übriggeblieben seien. Der Schwerpunkt des Arabertums und seiner Geschichte verlagerte sich – dies war im Zusammenhang mit der Errichtung der Umaijaden-Dynastie von großer Tragweite – von der Arabischen Halbinsel weg.[5]

In den Provinzen siedelten die Araber in Militärlagern oder besonderen Stadtvierteln, zunächst nach Stammeszugehörigkeit getrennt. Einige Militärlager, darunter Kufa und Basra im Irak und al-Fustat, wurden zu Zentren der Administration, des Wirtschaftslebens und der Kultur. Die Araber blieben indessen in den eroberten Gebieten, ethnisch gesehen, eine Minderheit. Ungefähr 16 000 von ihnen waren an der Eroberung Ägyptens beteiligt, das zu diesem Zeitpunkt etwa 7 Millionen Einwohner hatte. Innerhalb des von ihnen geeinten Reiches dürften die Araber zunächst etwa ein Prozent der Gesamtbevölkerung gestellt haben. Die heutigen Bewohner arabischer Staaten sind deshalb, auch wenn sie Araber genannt werden, keineswegs durchweg direkte Nachkommen der auf der Arabischen Halbinsel beheimateten Nomaden; die neue Gemeinschaft ging aus der Verschmelzung vieler Völker hervor, für die der Islam und die Sprache des Korans, das Arabische, zum einigenden Band wurden.

Die Muslims waren mit ihren Eroberungen darauf aus, sich die besiegten Völker politisch zu unterwerfen. Damit war faktisch Missionierung verbunden, obwohl diese nicht im Vordergrund stand.

Die Unterworfenen hatten Anspruch auf Schutz: »Schutzbefohlene« (dhimmi) hießen die Angehörigen anderer Religionen unter islamischer Herrschaft. Dieser Status war ursprünglich auf Juden und Christen beschränkt, die als Besitzer eines »Buches«, einer Offenbarungsschrift, nach islamischer Lehre bei ihrem Glauben bleiben durften. Später wurde die Bestimmung auf andere Religionen ausgedehnt, mit denen die Eroberer in Berührung kamen. Eine Ausnahme gab es: Auf der Arabischen Halbinsel durfte es nur Muslims geben. Auch Juden und Christen wurden dort vertrieben, offenbar nach dem Beispiel, das Muhammad in Medina gegeben hatte.

Die Schutzbefohlenen hatten zwei Arten von Steuern zu zahlen, Grundsteuer und Kopfsteuer, wenngleich das Steuersystem zunächst nicht einheitlich war und regionale Unterschiede noch längere Zeit fortbestanden. Grundsteuern hatten auch die Muslims zu zahlen, für Besitz aus der vorislamischen Zeit ebenso wie für im Verlaufe der Eroberungen getätigte Neuerwerbungen; sie wurden allerdings als Teil der islamischen Almosensteuer berechnet und waren entsprechend niedriger. Die Kopfsteuer war eine spezielle Abgabe der Nichtmuslims. Sie entfiel mit dem Übertritt zum Islam. An ihre Stelle trat dann die Almosensteuer.

Mit Nachlassen der Eroberungen wie im Ergebnis einer größeren Anzahl von Konversionen gingen die Steuereinnahmen zurück. Daraufhin wurde festgelegt – endgültig um 720 –, daß die Grundsteuer sich nicht ändern dürfe, wenn ein Grundeigentümer Muslim geworden sei. Denn, so die Begründung, der Boden könne nicht zum Islam übertreten. Die Feudalrente wurde damit grundsätzlich an den Boden und nicht an den Bebauer gebunden – eine für den arabisch-islamischen Feudalismus charakteristische Erscheinung. Die Bauern hatten bis zu zwei Drittel ihrer Ernteerträge an Steuern und Pacht abzuführen. Das nährte tiefe Unzufriedenheit in ihren Reihen, führte beständig zu Unruhen, verleitete auch zur Landflucht.

Ihr Status garantierte den Schutzbefohlenen die Ausübung ihrer Religion – mit geringen Einschränkungen, etwa dem Verbot öffentlicher Riten, wenn Muslims an dem Ort wohnten, die daran Anstoß nehmen könnten – sowie Beibehaltung einer eigenen Jurisdiktion. Auch die Verwaltung des eroberten Gebiets änderte sich zunächst kaum. Das jeweilige Oberhaupt – etwa der Bischof – war dem Statthalter des Kalifen verantwortlich, der sich in die Belange der nichtislamischen Gemeinschaft nicht einmischte.

Die Nichtmuslims waren dennoch den Muslims gegenüber benachteiligt. Wichtige Ämter im Staat, mit denen Einfluß in Religion und Politik verbunden war, blieben ihnen verschlossen, ebenso militärische Funktionen.

Anders war es in der Verwaltung. Die Muslims konnten hier zunächst nicht auf die Dienste von Christen und Juden verzichten. Mit dem Heer kamen Sachverständige für die Angelegenheiten der Armee, für das Recht und für die Religion im engeren Sinne, d. h. Kenner des Korans. Spezialisten für die Verwaltung größerer Territorien waren kaum darunter; wo auch hätten sie eine Ausbildung erhalten und Erfahrung sammeln können. Selbst die Verwaltungssprache war zunächst nicht Arabisch, sondern die jeweilige Sprache der Bevölkerung. Erst nach dem zweiten Bürgerkrieg ordnete der Kalif an, Akten und Urkunden zu übersetzen bzw. in Arabisch abzufassen. Die Umstellung dauerte, wie überlieferte Urkunden belegen, viele Jahre.

Die muslimischen Araber haben im allgemeinen den Übertritt zum Islam nicht erzwungen oder auch nur zu ihm gedrängt. Dennoch nahmen seit Ende des 7. Jh. die Konversionen lawinenartig zu. Im Verlaufe weniger Jahrhunderte wurden die eroberten Gebiete ganz oder überwiegend islamisch. Das in Nordafrika, Südarabien und im Irak etablierte Christentum verschwand. Welche Ursache gab es für diesen Wandel? Sicher waren viele Unterworfene bestrebt, sich den neuen Herrschern anzupassen. Doch ging vom Islam auch eine nicht geringe Anziehungskraft aus. Breiten Kreisen der Bevölkerung war die neue Religion mit ihrer einfachen Lehre, die noch dazu jüdische und christliche Elemente enthielt, angesichts der Spitzfindigkeiten christlicher Dogmen willkommen.

Die Konvertiten rekrutierten sich zunächst aus zwei Gruppen – Kriegsgefangenen und Vertretern der Oberschicht. Beide waren »Klienten« (mawali, Singular maula), d. h., sie standen in einem Patronatsverhältnis zu einem Muslim. Diese Klientel gab es schon in vorislamischer Zeit. In ähnlicher Form war sie bei den persischen

Sassaniden, in Byzanz und bei den Germanen verbreitet. Wer aus irgendeinem Grund seine bisherige Stammesbindung verloren hatte, konnte sich einem Stamm oder einem einzelnen anschließen, um innerhalb der Gesellschaft zu bestehen. In islamischer Zeit waren die Kriegsgefangenen in einer vergleichbaren Lage. Man wollte sie nicht als Gefangene behalten, ließ sie frei und machte sie zu Klienten. In den Städten galt als angesehen, wer besonders viele Klienten um sich scharte. Als Klient mußte man natürlich – zumindest äußerlich – den Islam annehmen. Dasselbe galt für die Inhaber wichtiger Positionen im sozialen Gefüge. Sie konnten nur als Muslims auf Dauer ihre Stellung bewahren. Ihre Zahl ist sicher relativ klein gewesen, dafür war ihr Übertritt zum Islam für die Konsolidierung des Reiches wichtig.

Die Klienten spielten in der ersten Zeit nach dem Tode Muhammads eine wichtige Rolle. Abhängig von dem Patron, der für ihren Unterhalt aufkam, verhalfen sie diesem zu Macht und Einfluß, die er sonst nicht unbedingt erlangt hätte. Ihre Kenntnisse waren unentbehrlich, um die eroberten Länder in das arabisch-islamische Weltreich einzugliedern. Iraner stellten die meisten Klienten. Ihr Einfluß auf die allmählich entstehende islamische Kultur war besonders groß. Wenngleich formal mit den arabischen Muslims gleichberechtigt, hatten die Klienten immer wieder unter Diskriminierungen zu leiden. Das motivierte sie, sich wiederholt an Aufständen zu beteiligen.

Personen, die nicht zum Islam übertraten, wurden gleichfalls diskriminiert, einmal durch Regelungen des islamischen Rechts, aber auch durch Bestimmungen, speziell für sie erlassen. So durften sie keine höheren Häuser als Muslims bauen, mußten besondere Kleidung tragen usw. Solche Vorschriften ließen sich indessen in der Praxis oft umgehen. In vielen Fällen waren sie nur regional begrenzt oder fielen bald der Vergessenheit anheim.

Übergriffe der Muslims gegen Andersgläubige waren selten. Innerislamische Auseinandersetzungen wogen schwerer. Ghettos in den Städten gab es nicht. Dennoch schrumpfte die Zahl der Nichtmuslims im Reich. Sie verloren allmählich die Verbindung zu ihren Glaubensgenossen – etwa in Byzanz – und gerieten in eine Isolation. Christengemeinschaften hielten sich auf dem Lande eher als in der Stadt.

Den Umaijaden folgte eine andere Dynastie: die der Abbasiden. Damit setzte im islamischen Reich eine neue Entwicklung ein. Der Feudalismus bildete sich voll heraus, und im Zusammenhang damit verlor das Arabische in seiner ethnisch-nomadischen Ausprägung seine Dominanz, was sich als Tendenz schon zuvor abgezeichnet hatte. Die Völker, die sich zum Islam bekannten, wuchsen zu einer umfassenden staatlichen Gemeinschaft zusammen.

Das arabisch-islamische Weltreich erreichte den Höhepunkt seiner Entwicklung. Der Islam, sich aus seinen ethnischen Ursprungsbedingungen lösend, wurde zur Weltreligion. Mehr noch: In seinen Anhängern, Ideen und Institutionen verkörperte er zunehmend eine Weltmacht.

Aufgrund seines feudalen Charakters trug das arabisch-islamische Reich indessen von Anfang an den Keim des Zerfalls in sich. Ohnehin aus verschiedenen Völkern und Gemeinwesen zusammengesetzt, bildeten sich Teilstaaten heraus, deren Herrscher sich nur noch formal vom Kalifen in der Hauptstadt bestätigen ließen. Einige nahmen selbst den Kalifentitel an. Hinzu traten äußere Bedrohungen. Die europäischen Kreuzritter fielen in islamische Gebiete ein. Die Muslims konnten diesen Gegner zurückwerfen; die hauptsächlichen Schlachten fanden auf ägyptischem und syrischem Territorium statt. Die Mongolen indessen etablierten ihre Herrschaft im Osten des Reiches. Und eine weitere Macht prägte fortan die Entwicklung in den Gebieten, die die Araber geeint hatten: die Türken.

Die Abbasiden-Dynastie

In den vierziger Jahren des 8. Jh. spitzten sich im Umaijaden-Reich soziale und ethnische Widersprüche zu. Immer mehr Menschen begehrten gegen die Dynastie auf. Sie scharten sich, unter ihnen auch Schiiten, um die schwarze Fahne der Abbasiden, die messianisch-symbolische Bedeutung hatte. Im Juni 747 erhoben sie sich, mit Abu Muslim, einem ehemaligen persischen Sklaven, an der Spitze.

Der Volksaufstand breitete sich von Merw aus rasch und machtvoll aus. 749 zogen die Aufständischen in Kufa ein. Dort wurde Abu'l-Abbas aus der Sippe des Abbas, eines Onkels Muhammads, zum Kalifen proklamiert. In seiner Antrittsrede nannte er sich selbst »der Blutvergießer«. Er soll – die Zahl ist gewiß übertrieben – 600 000 Gefangene haben hinrichten lassen. Und er verfolgte erbarmungslos alle Umaijaden. Der letzte Umaijaden-Kalif, Marwan II., erlitt im Januar 750 in einer Schlacht am Großen Zab die endgültige Niederlage. Einige Monate später fand er in Ägypten den Tod.

Unter den ersten Kalifen der Abbasiden-Dynastie waren bedeutende Persönlichkeiten. Al-Mansur (754–775) ließ sich eine neue Hauptstadt bauen. Er wählte dafür eine Stelle am Westufer des Tigris, wo ein kleiner Ort mit dem Namen Bagdad lag. Die Stadt erhielt den Namen Madinat al-Salam (Stadt des Friedens), doch setzte sich »Bagdad« schließlich durch. Begonnen 762, war die neue Residenz, für die gewaltige Summen ausgegeben wurden, 766 im wesentlichen vollendet. Die Stadtmauer wurde 768 fertiggestellt.

Nach iranischem Muster war Bagdad kreisrund angelegt, mit der Moschee und dem Kalifenpalast im Zentrum sowie mit Stadttoren, die in die vier Himmelsrichtungen wiesen. Diese Anlage symbolisierte den Anspruch auf universale Herrschaft. Und in der Tat, die Stadt lag günstig, um politisch, wirtschaftlich und kulturell Ausstrahlungskraft und Einfluß zu gewinnen. Wichtige Straßen kreuzten sich in ihrem Bereich. Durch die Flußschiffahrt auf dem Tigris gelangte man zum Persischen Golf – als Ausgangspunkt für Handelsbeziehungen zu Ostafrika und Indien; auch die Südsee und Ostasien waren von hier aus zu erreichen. Der Islam konnte so auf Handelswegen selbst in Gebiete vordringen, die außerhalb der direkten Einflußsphäre der Kalifen lagen.

Auf al-Mansur folgte sein Sohn al-Mahdi (775–785), danach dessen Söhne al-Hadi (785–786) und Harun al-Raschid (786–809). Für das arabisch-islamische Reich begann die Zeit seiner höchsten Blüte. Bagdad errang den Ruf, die Perle aller Städte zu sein. In der islamischen Geschichtsschreibung gilt die Regierungszeit Harun al-Raschids als Höhepunkt des Kalifats. Seine Person beschäftigte die Phantasie noch vieler Generationen. Es heißt, er sei tapfer und gerecht gewesen (oft durchstreifte er, als einfacher Mann verkleidet, seine Hauptstadt) und habe Künste und Wissenschaften gefördert. Noch eindrucksvoller ist sein Bild, das dem Leser in den Erzählungen von Tausendundeiner Nacht entgegentritt.

Der prächtige Kalifenhof in Bagdad signalisierte, daß der Herrscher hoch über den Gläubigen thronte, weit entfernt von ihnen und isoliert, als der »Schatten Allahs auf Erden«. Die Abbasiden-

Kalifen brachen mit der Tradition, daß die Herrscher Frauen aus der arabischen Aristokratie heirateten. Sie nahmen, um ihre eigene herausgehobene Stellung zu unterstreichen, fast ausnahmslos Sklavinnen zu Frauen. Nach 800 wurde kein Kalif mehr als Sohn einer freien Mutter geboren.[1]

Doch schon auf dem Höhepunkt seiner Macht zeichnete sich der Zerfall des Abbasiden-Reiches ab. Zahlreiche Provinzen waren de facto unabhängig von Weisungen aus der Hauptstadt. Ihre Statthalter hatten eigene »Dynastien« begründet. In Bagdad begnügte man sich damit, daß als Zeichen der Loyalität dem Kalifen gegenüber sein Name im Freitagsgebet in der Provinz-Hauptstadt genannt wurde.

Der Zerfall schritt indessen weiter fort. In Syrien ließ sich 899 der Schiit Ubaidallah zum erwarteten Mahdi, einem von Gott gesandten Führer, ausrufen. In Nordafrika (Tunesien) fand er Anhänger unter den Berbern. Er stürzte die dort ansässige Dynastie der Aghlabiden in Kairuan und proklamierte sich zum Kalifen (909). Die von ihm begründete Dynastie – sie existierte bis 1171 – führte sich auf Fatima, die Tochter Muhammads und Frau Alis, zurück, weshalb ihre Repräsentanten Fatimiden genannt wurden. 969 errichteten sie ihre Herrschaft in Ägypten und gründeten Kairo.

Seit 909 gab es damit in Nordafrika einen zweiten Kalifen.

Zwanzig Jahre später, 929, proklamierte sich auch der Emir von Cordoba in Spanien zum Kalifen. Es war Abd al-Rahman III., ein Nachkomme jenes Abd al-Rahman, der wohl als einziger der Ausrottung der Umaijaden-Familie während eines Banketts, das der erste Abbasiden-Kalif als »Geste der Versöhnung« in Palästina veranstalten ließ, entkommen war.

945 wurde die Herrschaft der Abbasiden in ihrer Substanz getroffen: Ein General aus der schiitisch-iranischen Dynastie der Bujiden übernahm den Posten des »Emirs der Emire« und damit faktisch die Macht im Lande. Ein Jahrhundert später, im Jahre 1055, verdrängte die sunnitisch-türkische Dynastie der Seldschuken die Bujiden.

Formal übten die Kalifen in Bagdad noch die Macht aus, teilweise bemüht, verlorene Positionen zurückzuerlangen. Doch auch damit ging es zu Ende. Die Mongolen schickten sich an, nach Bagdad vorzustoßen. Der Abbasiden-Kalif al-Musta'sim – er sollte der letzte dieser Dynastie sein – ignorierte die Gefahr. Er war, wie Abu'l-Faradsch (gest. 1286) in seinem »Abriß der Geschichte der Staaten«

schreibt, »der Unterhaltung und dem Vergnügen ergeben, leidenschaftlich dem Spiel mit Vögeln zugetan und von Frauen beherrscht. Er war urteilsschwach, unentschlossen und nachlässig hinsichtlich der Erfordernisse der Regierungsführung. Wenn man ihm sagte, was er im Hinblick auf die Tataren (gemeint sind die Mongolen – d. A.) unternehmen solle, entweder um sie sich geneigt zu machen, sich ihnen zu unterwerfen und ihr Wohlwollen zu erwirken, oder andernfalls seine Heere aufzubieten und ihnen an den Grenzen Chorasans entgegenzutreten, bevor sie die Oberhand gewännen und den Irak eroberten, pflegte er zu sagen: ›Bagdad genügt mir, und sie werden es mir nicht neiden, wenn ich ihnen die anderen Länder überlasse. Auch werden sie mich nicht angreifen, solange ich mich darin aufhalte; denn es ist meine Wohnung und meine Residenz.‹«[2]

Blüte der städtischen Kultur

Die Nomaden, die von der Arabischen Halbinsel aus aufgebrochen waren, ein Weltreich zu erobern, setzten Großes in Bewegung. Gewiß, es waren Repräsentanten verschiedener Völker, die kulturelle Leistungen von außerordentlichem Rang schufen, darunter Syrer, Perser, Nordafrikaner. Sie standen in der Tradition der griechischen, römischen und persischen Kultur. Doch in dem gewaltigen Reich, das die Araber errichteten, fanden sie die Voraussetzungen für ihr Schöpfertum.

Es gab kaum einen Bereich in der Gesellschaft, den der allgemeine Aufschwung nicht erfaßte.

Ackerbau und Viehzucht entwickelten sich. Der Bau von Bewässerungskanälen und die Trockenlegung von Sümpfen ermöglichten den Anbau von Pflanzen, die bisher wenig beachtet worden waren, wie des Zuckerrohres, der Baumwolle und des Orangenbaumes. Aus der Erde wurden Edelmetalle und wertvolle Steine gewonnen.

Zahlreiche Städte, darunter Alexandria, Jerusalem, Antiochia, Damaskus, Isfahan, Hamadan, Persepolis und Buchara, waren bereits vor der Eroberung durch die Muslims kulturelle Zentren. Die islamischen Herrscher förderten ihre Entwicklung, und sie gründeten zugleich neue – wie Kairo. Sie schmückten die Städte mit prächtigen Bauwerken, von denen viele der Öffentlichkeit zugänglich waren: Moscheen, Schulen, Bibliotheken, Bäder. Handwerksbetriebe und Manufakturen erzeugten Papier, Gewebe, Glas, Teppiche und andere Güter. Vielfach war die handwerkliche Tätigkeit künstlerischer Natur, so in der Gefäßkeramik, in der Metall-, Kristall- und Glasbearbeitung, in der Weberei und Teppichknüpferei. Kaufleute organisierten den Produktenaustausch. Ihre Handelsbeziehungen reichten bis in den Fernen Osten und nach Ostafrika. Karawanen vereinten zuweilen Tausende von Kamelen zu einem Zug. Auch Wasserwege standen zur Verfügung.

Die Stadtbevölkerung bot ein buntes Bild. Zu ihr gehörten Staatsbeamte, Armeeoffiziere und Ulama, d. h. muslimische Theologen. Handwerker und Händler hatten sich in Innungen zusammengeschlossen.[3] Sie siedelten auch innungsweise in Straßen bzw. Stadtvierteln. Unter ihnen ging es hierarchisch zu. In Bagdad erhielt ein Handarbeiter in guten Jahren 3 Dinar pro Monat oder 1 Drachme pro Tag. Das entsprach dem Wert von 2 Kilogramm Brot pro Tag. Ein qualifizierter Arbeiter verdiente etwa das Vierfache.[4] Für die zu leistenden Aufgaben, den Aufstieg innerhalb der Innungen usw. gab es genaue Regelungen. Reiche bewohnten prächtige Häuser mit einer zahlreichen Dienerschaft. Sie konnten es sich erlauben, dem Regenten Geld zu leihen. Um ihr Ansehen zu erhöhen, trugen sie zur Erhaltung öffentlicher Gebäude bei bzw. unterstützten Schriftsteller und Künstler. In den Städten suchten auch diejenigen ein Unterkommen, die keinen festen Platz im Sozialgefüge der Gesellschaft gefunden hatten. Überbevölkerung, Elend, Straßenraub und Slums gehörten so zum Stadtbild.

Seit Mitte des 8. Jh. wurde der Harem zu einer festen Einrichtung im islamischen Leben. Ehefrauen und Konkubinen lebten in ihm zusammen. Gemeinsam zogen sie ihre Kinder auf. Obwohl im Koran verboten, wurden ihnen Eunuchen zugeteilt. Der Islam zeigte sich hier frauenfeindlich. Die Frau fand sich aus dem öffentlichen Leben verbannt; sie hatte die sexuellen Wünsche des Mannes zu befriedigen und ihm Kinder zu gebären. Je mehr Kinder sie zur Welt brachte, desto höher stieg sie im Ansehen. Allerdings waren auch Empfängnisverhütung und Abtreibung üblich.[5]

Das Gegenstück zum Harem waren die Bordelle. Es gab sie in nahezu allen großen Städten. In Susa (Chusistan) sollen sich im 10. Jh. die Türen eines Bordells neben denen der Moschee geöffnet haben.

Die Kalifen förderten Wissenschaft und Kunst. Unter Harun al-Raschid entstand in Bagdad das erste Spital. Nach seinem Vorbild wurden überall im Lande Krankenanstalten eingerichtet. Selbst in abgelegenen Dörfern fanden von Zeit zu Zeit ärztliche

Sprechstunden statt. Der Kalif al-Ma'mun gründete im Jahre 830 in Bagdad die »Schule der Weisheit«, zu der ein Observatorium und eine öffentliche Bibliothek gehörten und die eine größere Anzahl von Übersetzern gegen Entgelt beschäftigte. Astronomen, die in seinem Dienste standen, nahmen die Kugelgestalt der Erde als gegeben an. Der Erdumfang betrug ihren Berechnungen zufolge 32 000 km.

Muslimische Gelehrte taten viel, um das Erbe der Antike zu erhalten und zu erschließen. Und sie fügten dem Überkommenen Wesentliches hinzu, in der Mathematik, der Astronomie, der Geographie, der Medizin, der Geschichtswissenschaft, der Philosophie und auf anderen Gebieten. Hervorstechend war – ein Vergleich zur europäischen Renaissance drängt sich auf – die Universalität vieler Gelehrter. Al-Kindi (um 800–873), in Basra geboren, verfaßte 23 Bücher über die Geometrie und 32 über Astrologie und Astronomie. Ferner widmete er der Musik, der Optik, der Medizin, der Meteorologie, der Politik und der Psychologie Abhandlungen. Der aus Buchara stammende Ibn Sina (980–1037), in Europa unter dem Namen Avicenna bekannt, galt als »Fürst« der Ärzte wie der Philosophen. In seinen medizinischen Abhandlungen erörterte er eingehend Diagnose und Therapie der zu seiner Zeit bekannten Erkrankungen. In seinen philosophischen Überlegungen betrachtete Ibn Sina die Materie als ewig, als Grundlage auch der individuellen Vielfalt der Einzeldinge. Muhammad ibn Ruschd (1126–1198), von den Europäern Averroes genannt, von Beruf Richter, befaßte sich gleichfalls mit Medizin und Philosophie. Er war dem Aristoteles stark verpflichtet. Sein Versuch, Religion philosophisch zu rechtfertigen, brachte ihn in Konflikt mit der muslimischen Orthodoxie.

Das Arabische erlangte im arabisch-islamischen Weltreich eine universale Geltung, als Sprache des Korans wie als Verkehrssprache; selbst Christen, die bei ihrem Glauben blieben, übernahmen es. Eine noch größere Verbreitung erlangte das arabische Alphabet. Die Perser machten es sich zu eigen, ebenso die Türken. Der Wortschatz des Persischen und des Türkischen wurde dadurch stark vom Arabischen geprägt, vor allem im Bereich der materiellen Kultur und der Religion.

Wie schon bei den vorislamischen Arabern stand bei den Muslims die Literatur, insbesondere die Dichtkunst, in hohem Ansehen. Die im 10. Jh. begonnene Papierherstellung – die Kenntnisse hierzu kamen aus China – erleichterte die Verbreitung ihrer Werke. Bevorzugte Themen der Dichter waren der Krieg und die Liebe. Zu denen, die Berühmtheit erlangten, gehören al-Ma'arri (973–1057), Rudaki (gest. 940), Firdausi (941–1021) und Ibn al-Farid (1181–1235). Überaus populär wurden Geschichten, die später in die berühmte Sammlung »Tausendundeine Nacht« eingingen.

Beeinflußt und sich zugleich emanzipierend von den kulturellen Traditionen, auf denen sie fußte – der griechischen, persischen und christlichen –, entwickelte sich eine überaus reiche, spezifisch islamisch geprägte Kunst. Das im Islam bestehende Verbot einer Darstellung von Lebewesen war für sie Schranke und Herausforderung zugleich: Sie pflegte in besonderem Maße das Ornamentale, in der Architektur wie in der Kleinkunst, und führte es in der Arabeske, in der Pflanzenstiel, Blatt, Blüte und Kelch sich kunstvoll ineinander verschlingen, zur Vollendung. Doch stellten Künstler auch Tiere und Menschen dar, häufig stark stilisiert. Die Kalligraphie widmete sich besonders dem Koran. Ihre Vertreter übertrafen einander in ihrer die Schrift zum Kunstwerk erhebenden Darstellung. Einige Koranexemplare, in Kairo hergestellt, sollen einen Meter dick gewesen sein.

Was Muslims schufen, war unverwechselbar, und in seiner Unverwechselbarkeit ging es in die Menschheitskultur ein. Mit der Verbreitung des Islam und der Sprache des Korans, des Arabischen, bildeten sich Bande zwischen Völkern und Staaten heraus, die noch heute wirksam sind.

Die Kreuzritter

Dem Feudalismus in Europa entsprangen Expansionsbestrebungen, zu deren Zielen der Orient gehörte. Dorthin richteten auch die italienischen Seerepubliken ihren Blick; sie wollten den Handel mit dem östlichen Mittelmeer wie den Transithandel in die Hand bekommen.

Die ideologische Rechtfertigung für die Eroberungsgelüste europäischer Mächte kam aus Rom. Im Orient befanden sich die wichtigsten heiligen Stätten des Christentums. Sollten sie, so fragten die Repräsentanten des Papsttums, auf Dauer den Muslims überlassen bleiben? Konnte man Christen, die zu ihren heiligen Stätten pilgerten, auf Gedeih und Verderb den »Heiden« ausliefern? Am 27. November 1095 rief Papst Urban II. in Clermont (Südfrankreich) zu einem Kreuzzug ins »Heilige Land« auf. Er reagierte formal auf ein Hilfeersuchen des byzantinischen Kaisers, der in der Schlacht von Mantzikert (Armenien) 1071 im Kampf gegen das seldschukische Heer eine vernichtende Niederlage erlitten hatte.

Im Jahre 1096 zogen die ersten Kreuzfahrer übers Meer in den Kampf. 1099 eroberten sie nach langer Belagerung Jerusalem. Sie richteten in der Stadt ein furchtbares Blutbad unter Muslims und Juden an; die Angaben über die Zahl der Getöteten schwanken zwischen zehn- und hunderttausend. In einer christlichen Chronik heißt es: »Der Patriarch zog eine Straße entlang und mordete auf seinem Wege alle Ungläubigen. So kam er zur Kirche des Heiligen Grabes, die Hände blutverklebt am Griff seines Schwertes. Dort wusch er sich die Hände mit den Worten des Psalmes ›Der Gerechte freut sich in dem Herrn, wenn er solche Rache sieht, die er ausführt. Er wird seine Hände baden im Blut der Gottlosen‹. Dann feierte er die heilige Messe und sagte, er habe niemals ein Gott wohlgefälligeres Opfer gebracht.«[6]

Die Kreuzritter hatten Erfolg, weil es auf islamischer Seite keine einheitliche Abwehr gab. Die Streitigkeiten einzelner lokaler Dynastien und die Gegensätze zwischen den schwachen Kalifen in Bagdad und ihren türkischen Generälen auf der einen und den Fatimiden in Ägypten, die auch über Palästina herrschten, auf der anderen Seite waren stärker als der Wille, die »Ifrandsch« (Franken, Europäer) zu bekämpfen.

Vier »Kreuzfahrer-Staaten« entstanden: das Königreich Jerusalem, das Fürstentum Antiochia und die Grafschaften Tripolis und Edessa. Die Herrschaft der Kreuzritter beschränkte sich jeweils auf einige Städte und Burgen (von denen einige bis heute erhalten sind). Nur wenige Eroberer lebten dort; im Königreich Jerusalem waren es nie mehr als etwa 3000, in den drei anderen Staaten zusammen wahrscheinlich ebenso viele.[7]

Die Situation in Syrien und Palästina gestaltete sich zunächst weiterhin günstig für die Kreuzritter. Es kam zu Allianzen zwischen ihnen und einzelnen islamischen Herrschern (z. B. denen von Aleppo und Damaskus) gegen andere (die Seldschuken von Bagdad). Doch schon 1146 ging die Grafschaft Edessa unter – der Herrscher von Aleppo und Mossul hatte sie erobert.

Der Heerführer seines Nachfolgers wurde der energischste Gegner der Kreuzritter: Salah al-Din, in Europa als Saladin bekannt. Er errang, nachdem er die Dynastie der Fatimiden in Ägypten beseitigt und damit der schiitischen Herrschaft am Nil ein Ende bereitet hatte, 1187 bei Hittin (westlich des Sees Genezareth) einen großen Sieg über das Kreuzfahrer-Heer und eroberte Jerusalem. Das war die Wende. Sein Tod 1193 verschaffte den Kreuzrittern zwar eine Atempause, aber ihr Schicksal war besiegelt.

Der nächste Kreuzzug – es war der vierte – sollte nach Ägypten gehen. Seine Teilnehmer wollten das »Heilige Land« gewissermaßen von hinten erobern, doch wandten sie sich dann einem näherliegenden Ziel zu: Sie zogen nach Konstantinopel und plünderten dort.

Im Verlaufe des fünften Kreuzzugs kam Franziskus von Assisi nach Ägypten (1219). Der Überlieferung nach war er entsetzt über das Auftreten der plündernden und mordenden Kreuzfahrer. Den Sultan Malik al-Kamil wollte er zum Christentum bekehren. Dieser behandelte ihn freundlich, doch Franziskus fuhr nach Italien zurück, ohne die erstrebte Bekehrung erreicht zu haben. Malik al-Kamil gab durch Vertrag Jerusalem an die Kreuzfahrer zurück. Dadurch war es von 1229 bis 1244 noch einmal in europäischer Hand, wurde dann jedoch wieder ägyptisch. Hauptstadt des Königreiches Jerusalem war Akkon. Nach dem sechsten und siebenten Kreuzzug unter König Ludwig IX. von Frankreich ging Akkon 1291 als letzter Stützpunkt der Kreuzfahrer verloren.

Die zwei Jahrhunderte währenden Kreuzzüge sahen Feudalkräfte miteinander konfrontiert. Die Europäer konnten in »Übersee« keine dauerhafte Herrschaft errichten. Auf beiden Seiten – bei Christen wie bei Muslims – haben diese Jahrhunderte indessen tiefe Spuren hinterlassen. Europa wurde mit den Errungenschaften der islamischen Zivilisation auf den Gebieten der Landwirtschaft, des Handels und des Handwerks sowie der Naturwissenschaften und der Medizin bekannt. Lehnwörter aus dem Arabischen bezeugen diesen Vorgang; zu ihnen gehören Kaffee, Zucker und Alkohol ebenso wie Muskat, Zimt, Kümmel oder Matratze, Diwan und Koffer. Auf islamischer Seite waren die Auseinandersetzungen mit den Franken mit den ständigen Kämpfen um die Beherrschung einzelner Provinzen verknüpft. In das Geschichtsbewußtsein muslimischer Völker haben sie sich tief eingegraben. In Schriften der Gegenwart, die sich mit Kolonialismus und Imperialismus auseinandersetzen, werden häufig die Kreuzzüge als erste Beispiele für das Bestreben herangezogen, die Araber bzw. die Muslims zu unterdrücken.

Während im Westen die Kämpfe mit den Kreuzrittern zu Ende gingen, bereitete sich im Osten der Untergang des islamischen Reiches vor.

Die Mongolen – ihre Heimat lag am Baikalsee – waren im Begriff, ein Weltreich zu erobern. Am 10. Februar 1258 stürmten mongolische Truppen Bagdad. Die Hoffnung des Kalifen al-Musta'sim, seine Residenz werde verschont bleiben, erwies sich als trügerisch; er selbst wurde hingerichtet. Über die Einnahme der Stadt heißt es bei Ibn Kathir: Die Tataren »machten sich über die Stadt her und töteten alle, deren sie habhaft wurden, Männer, Frauen, Kinder, Alte, Erwachsene, Jugendliche. Viele Bewohner stiegen in Brunnen, Latrinen, Abwässerkanäle und versteckten sich dort viele Tage, ohne herauszukommen. Viele Bewohner scharten sich in den Karawansereien zusammen und schlossen sich dort ein. Die Tataren öffneten die Tore, indem sie sie aufbrachen oder verbrannten. Wenn sie eindrangen, flohen die Menschen darin immer höher, doch die Tataren töteten sie auch auf den Dächern, bis das Blut aus den Abflußrohren auf die Straße lief. Dasselbe geschah in den Moscheen, den Freitagsmoscheen und den Derwischklöstern. Keiner entkam ihnen, außer den jüdischen und christlichen Dhimmis, denen, welche bei ihnen oder im Haus des schiitischen Wesirs Ibn al-Alqami Zuflucht suchten, und einer Gruppe Kaufleute, die von ihnen Sicherheitsversprechen erhalten hatten, nachdem sie zum Schutz ihres Lebens und Besitzes große Mengen Geld bezahlt hatten. Und Bagdad, einst die erquicklichste aller Städte, wurde zur Ruinenstadt mit wenigen Einwohnern, die in Furcht, Hunger, Elend und Bedeutungslosigkeit dahinlebten.«[8]

Was hier geschah, war mehr als die Vernichtung einer Dynastie und einer Institution, die schon lange nur noch eine Fiktion waren: Die islamische Welt zerfiel jetzt in zwei Teile – den von den Mongolen eroberten und in die Gebiete westlich davon. Die Teilung war relativ rasch vollzogen.

Der Vormarsch der Mongolen geriet indessen schon bald ins Stocken. 1250 hatten in Ägypten als Nachfahren der Generäle der Aijubiden-Dynastie die Mamluken die Macht übernommen. Es handelte sich um Angehörige einer Militäraristokratie, die sich nach eigenen Regeln regenerierte. Mamluk wurde, wer als Nichtmuslim in einem nichtislamischen Gebiet aufgewachsen war, als Unfreier in den Dienst eines Mamluken gelangte, der für seinen Unterhalt, seine kaserniert erfolgende Ausbildung und seine Bekehrung zum Islam sorgte und ihn dann freiließ. Nur er selbst hatte den Mamlukenstatus; seine Nachkommen verloren ihn. Die Mamluken stellten so eine sich stets erneuernde landfremde Herrscherschicht dar, untereinander und mit dem Höchsten unter ihnen, dem Sultan, solidarisch verbunden. 1260 brachten die Mamluken den Mongolen bei Ain Dschalut (Goliathsquelle) nördlich von Jerusalem eine entscheidende Niederlage bei.

Der Teil der arabischen Welt, der von den Mongolen fast unberührt geblieben war, entwickelte sich von nun an selbständig. Sein Zentrum wurde Kairo. Unter der Mamlukenherrschaft erlebte es eine wirtschaftliche und kulturelle Blüte. Bagdad sank zur Bedeutungslosigkeit herab – wie zuvor schon Mekka, Medina und Damaskus. Während in Nordafrika (und Spanien) noch für länger unabhängige Dynastien herrschten, waren Syrien und Palästina mit Teilen des Irak von Kairo abhängig. Die Grenze zu den von den Mongolen und ihren Nachfolgern beherrschten Gebieten verlief in Mesopotamien. Östlich davon war bzw. wurde iranischer Einfluß beherrschend. 1295 nahm Gazan aus der mongolischen Dynastie der Ilchane in Iran den Islam an, Anfang des 14. Jh. folgte ihm der Chan der Goldenen Horde. Sprache, Kultur und Verwaltung ihrer Gebiete waren persisch, wobei mongolische und auch türkische Einflüsse eine Rolle spielten.

Das Osmanische Reich

Anfang des 16. Jh. gründeten die Safawiden ein Reich, das in seiner Ausdehnung wesentlich mit dem heutigen Iran identisch ist. Versuche, den Irak einzubeziehen, scheiterten. Der Afschar Nadir Schah (1736–1747) schuf nach dem Sturz der Safawiden ein Großreich, das bis an den Indus reichte. Doch auch dies blieb eine Episode.

Im 14. Jh. gingen die Osmanen, so genannt nach dem Begründer der Dynastie Osman (arabisch: Uthman), daran, ein großes Reich mit der Türkei als Kern zu errichten. Schritt für Schritt eroberten sie Teile des tausendjährigen oströmischen Reiches, das seit den ersten Beutezügen der islamischen Heere eine Provinz nach der anderen eingebüßt hatte.

Konstantinopel, wiederholt erfolglos belagert, wurde 1453 von Sultan Mehmed (arabisch: Muhammad) »dem Eroberer« eingenommen. Eine frühe türkische Chronik berichtet darüber. Ihr zufolge sagte der Sultan: »Laß nur den Sommer kommen, dann werden wir sehen. Was Gott befiehlt, werden wir tun.« Truppen, heißt es weiter in der Chronik, waren schon einige Zeit mit den Vorbereitungen für die Eroberung der Stadt beschäftigt. Als alles bereit war und der Sommer kam, sagte Sultan Mehmed: »Wir werden diesen Sommer in Istanbul verbringen.« Sie kamen und lagerten an den Stadtmauern von Istanbul. Vom Land und mit Schiffen vom Meer umzingelten sie die Stadt völlig. 400 Schiffe kamen auf dem Wasser, und 70 Schiffe wurden oberhalb Galata übers trockene Land gezogen. Die Soldaten standen bereit und entrollten ihre Fahnen. Am Fuße der Mauern gingen sie ins Meer und schlugen eine Brücke über das Wasser. Sie griffen an.

Der Kampf dauerte fünfzig Tage lang, Tag und Nacht. Dann ordnete der Sultan die Plünderung an. Am einundfünfzigsten Tag, einem Dienstag, wurde die Burg erobert. Es gab reichlich Beute und Raub. Man fand Gold, Silber, Juwelen und feine Stoffe, stapelte sie auf dem Lagermarkt und begann mit ihrem Verkauf. Man versklavte die Stadtbevölkerung und tötete ihren Kaiser, und die Kämpfer umarmten ihre hübschen Mädchen.[9]

Konstantinopel – Istanbul – stieg zur Hauptstadt des Osmanischen Reiches auf. Der türkische Sultan trat das Erbe von Byzanz an.

Die Osmanen dehnten ihre Herrschaft auf die arabischen Kernlande aus. 1516/17 zog Selim nach Syrien und Ägypten, die er ohne allzu großen Widerstand besetzen konnte. Die Arabische Halbinsel wurde zum Teil in das Osmanische Reich einbezogen, ebenso Nordafrika mit Ausnahme von Marokko. Der Titel »Kalif« war fortan nur eine Ehrenbezeichnung. Die wirklichen Herrscher nannten sich nach osmanischer Tradition »Sultan« (wörtlich: »Herrschaft«).

Seit dem Ende des 15. Jh. griffen türkische Heere wiederholt Ungarn und Österreich an. Mit der Schlacht bei Mohács 1526 ging das Königreich Ungarn zugrunde. Zweimal belagerten die Türken Wien, 1529 und 1683, beide Male vergeblich.

Kara Mustafa, der türkische Großwesir und Oberbefehlshaber der Truppen, die 1683 vor Wien standen, war mit einem riesigen

Hofstaat gekommen; 700 Eunuchen kümmerten sich um das Wohlergehen seiner 1500 Konkubinen. Die Niederlage, für die er verantwortlich gemacht wurde, mußte er mit dem Leben bezahlen. Seine Hinrichtung in Belgrad wird vom Zeremonienmeister des Sultans in Istanbul so geschildert: »Der Großwesir Mustafa Pascha hatte bereits den Gebetsteppich für das Mittagsgebet ausbreiten lassen, sein Imam vollzog die einleitenden Riten, und der Großwesir erhob sich gerade, um das Gebet zu beginnen, als draußen auf der Straße Pferdegewieher laut wurde. Neugierig geworden, blickte der Großwesir durch das Fenster auf die Straße hinaus, und als er da den Janitscharen-Aga und hinter ihm den Oberstkämmerer und den Hofmarschall herankommen sah, sagte er: ›Brich das Gebet ab, Imam Efendi! Es ist etwas geschehen‹ . . .

›Was gibt's?‹ fragte der Großwesir, und der Oberstkämmerer antwortete: ›Unser erlauchter Padischah fordert dir das dir anvertraute Reichssiegel und die heilige Fahne und den Schlüssel zur Kaaba ab.‹

›Wie mein Padischah befiehlt!‹ entgegnete der Großwesir und händigte ihnen alles aus. Dann fragte er: ›Ist mir der Tod bestimmt?‹

›Gewiß, es muß sein!‹ antwortete der Oberstkämmerer. ›Allah möge dich im wahren Glauben sterben lassen!‹

Er verrichtete nun das Mittagsgebet, ohne daß ihm auch nur die kleinste Unaufmerksamkeit unterlief. Nachdem er noch sein persönliches Gebet dargebracht und mit den Handflächen über das Gesicht gestrichen hatte, sagte er zu seinen Pagen: ›Und jetzt geht ihr hinaus und vergeßt mich nicht in euerem Gebet!‹

Eigenhändig legte er seinen Pelz und seinen Turban ab und befahl dann: ›Sie sollen kommen! Und nehmt noch diesen Teppich weg – ich will, daß mein Leichnam mit Staub besudelt sei.‹

Und als nun die Henker hereinkamen und ihre Stricke bereitmachten, hob er mit eigenen Händen seinen Vollbart hoch und fügte sich in das Verhängnis mit den Worten: ›Legt mir die Schlinge auch richtig an!‹

Die Henker legten ihm die Schlinge um, zogen zweimal oder dreimal zu, und dann hatte er seinen Geist aufgegeben.«[10]

Die Osmanen herrschten über das letzte große islamische Reich. Es erstreckte sich von Algerien bis nach Jemen und Georgien und von Anatolien bis Bessarabien. Heer und Verwaltung bildeten sein Rückgrat. Die Türken waren in ihm privilegiert. Türkische Statthalter verwalteten die Provinzen. Sahen sie sich zunächst noch als Diener des Islam, so nutzten sie in der Folgezeit ihre Ämter immer mehr dazu, sich persönlich zu bereichern. In Konstantinopel wurden Kulturschätze aus der ganzen islamischen Welt zusammengetragen.

Offiziell konnten die Osmanen ihre Herrschaft bis zum ersten Weltkrieg aufrechterhalten. Faktisch aber setzte mit dem Krieg, der 1683 mit der zweiten Belagerung Wiens begann, ihr Niedergang ein. Mit den 1699 geschlossenen Friedensverträgen von Karlowitz mußten sie Territorien an Österreich, Polen und Venedig abgeben. Anderen Gebieten gegenüber begnügten sie sich mit einer formalen Anerkennung des Sultan-Kalifen in Konstantinopel und der Erhebung von Steuern. Im Ergebnis des ersten Weltkrieges brach das Osmanische Reich zusammen.

Glaube und Gesetz: Neue Entwicklungslinien

Mit den Entwicklungen und Auseinandersetzungen, die in seinem Namen stattfanden, veränderte sich der Islam. Und es traten Spaltungen in ihm auf. Als folgenreichste erwies sich die zwischen Sunniten und Schiiten. Im Keim zeichnete sie sich im 7. Jh. ab, offen brach sie im 9. Jh. aus. Heute sind 85 bis 90 Prozent aller Muslims Sunniten, die übrigen Schiiten.

Die Schia – Rebellion und Spaltung

Ali, der Schwiegersohn Muhammads, hatte von Anfang an das Recht auf die Nachfolge des Propheten für sich in Anspruch genommen. Als er endlich – nach Abu Bakr, Umar und Uthman – Kalif geworden war, konnte er sich gegen die Übermacht seiner Gegner nicht behaupten. Militärisch zwar unbesiegt, aber von einem Schiedsgericht als Kalif verworfen, wurde er schließlich ermordet.

Nach seinem Tod verehrten ihn seine Anhänger, die Schiiten. Um seine Gestalt rankten sich zahlreiche Legenden. Er gilt als tapferer Krieger, der in einer Schlacht gleich 33 Feinde tötete. Besonders wird die Geschicklichkeit gerühmt, mit der er den Kopf vom Rumpf trennte. Auch Wunder soll er vollbracht haben. So gebot er einer Überschwemmung des Euphrat Einhalt, setzte eine abgeschlagene Hand wieder an und verwandelte einen Menschenkopf in einen Hundekopf.

Schiitische Grundüberzeugung wurde, daß das Kalifat den Angehörigen der Prophetenfamilie vorbehalten sei. Das habe bereits für Ali gegolten. Muhammad soll im März 632 bei der Rückkehr von seiner letzten Wallfahrt nach Mekka bei Ghadir al-Chumm gesagt haben: »Der, dessen Herr ich bin, dessen Herr ist auch Ali.« Die Wahl Abu Bakrs zum Kalifen ist in dieser Sicht nichtig. Die Mehrzahl der Prophetengefährten, die sie vornahm, gilt – da sie Allahs Willen mißachtete – als »abtrünnig« (ein Vorwurf, den lange Zeit die schiitische Propaganda Sunniten gegenüber vorbrachte). Auch die beiden folgenden Kalifen sind in den Augen der Schiiten Usurpatoren. Nach Ali sollte einer seiner Nachkommen Imam sein; dieser werde dann, wie Ali, das »Licht« der Inspiration durch Allah empfangen. Und da der Mensch der göttlichen Leitung bedürfe, werde es auch immer einen Imam geben.

Doch welcher von den Nachkommen Alis sollte Imam sein? Darüber gingen die Meinungen unter den Schiiten bald auseinander.

Aus der Ehe mit Muhammads Tochter Fatima hatte Ali zwei Söhne – Hassan und Hussain. Nach seiner Ermordung huldigte man Hassan im Irak als Kalifen, doch dieser – offenbar dem Alkohol und den Frauen sehr zugetan – trat seine Ansprüche nach wenigen Monaten an den Umaijaden-Kalifen Muawija ab. Hassan starb 669. Er wurde in Medina bestattet.

Beim Tode Muawijas 680 luden Anhänger Alis Hussain nach Kufa ein, damit er dort die Huldigung als Kalif entgegennehme. Muawijas Sohn, der Kalif Jazid, schickte ihm eine Truppe entgegen. Bei Kerbela im Irak traf sie auf Hussain und seine Begleiter. Der ungleiche Kampf endete am 10. Oktober 680 mit der Ermordung Hussains und fast aller seiner Getreuen; darunter waren vier (nach anderen Angaben sechs) Söhne Alis, drei Söhne Hassans, einige Söhne Hussains und sechs Neffen Alis.[1] Damit war die Familie, die Muhammad verwandtschaftlich am engsten verbunden war, fast vollständig ausgerottet worden. Dies – insbesondere der Tod Hussains, des letzten »Prophetenenkels«, den die Schiiten als dritten Imam anerkannten – verlieh ihr den Glanz des Märtyrertums.

Widersprüchliche Züge fanden Eingang in die Schia. Ohnmächtige Wut angesichts der erdrückenden Überlegenheit des Gegners.

Trauer über die erlittenen Niederlagen, die bis in die Gegenwart ihren Ausdruck in Passionsspielen und Prozessionen findet. Hoffnung auf die Endzeit – auf das Erscheinen des von Allah Rechtgeleiteten, des »Mahdi«. Rebellion indessen auch gegen etablierte Herrschaft.

Bald nach dem Tode Hussains brach ein schiitischer Aufstand aus. Muchtar, ein Diener Alis, war sein Führer. Er gab vor, im Namen des ältesten noch lebenden Sohnes Alis zu handeln, des Muhammad ibn al-Hanafija, der, da Sohn der Hanafija und nicht der Fatima, nicht wie Hassan und Hussain mit Muhammad verwandt war. (Er starb 700.)

Muchtars Aufstand wurde niedergeschlagen. Doch hinterließ er Spuren. Bis dahin bestand Einigkeit darin – und bei ihr blieb es –, daß nach Ali dessen Söhne Hassan und Hussain zu den Imamen zu rechnen seien. Jetzt zeichnete sich, indem Muhammad ibn al-Hanafija keine allgemeine Anerkennung als Imam fand, eine erste innerschiitische Spaltung ab.

Weithin akzeptiert als vierter Imam – er fand Aufnahme auch in die Imam-Reihe der Zwölfer-Schia – wurde Hussains Sohn Ali Zain al-Abidin (gest. 714). Er hatte zwei Söhne – Muhammad (gest. 733) und Zaid. Letzterer erhob sich zum bewaffneten Kampf gegen die Umaijaden und kam 740 dabei um. Eine Gruppe der Schia erkennt ihn als Imam an, die sogenannte Fünfer-Schia (wegen der fünf Imame) oder die »Zaiditen«. Ali Zain al-Abidins Sohn Muhammad ging in die Imam-Reihe der Zwölfer-Schiiten ein, ebenso sein Sohn Dscha'far al-Sadiq (gest. 765).

Dscha'far hatte ebenfalls zwei Söhne – Musa al-Kazim (gest. 799) und Ismail, der vor ihm starb (760). Ein Teil der Schiiten bezeichnete Ismails Sohn Muhammad (gest. um 814) als Träger des von Gott den Imamen verliehenen Lichts und damit als letzten Imam – die Siebener-Schiiten oder Ismailiten. Die Mehrheit verehrte jedoch Musa und dessen Nachkommen bis zum zwölften Imam; daher der Name Zwölfer-Schiiten oder Imamiten. Der elfte Imam, Hassan, starb 874 und wurde in Samarra (Irak) begraben. Der zwölfte, Muhammad al-Mahdi, Sohn seines Vorgängers und einer byzantinischen Sklavin, soll als Kind auf ungeklärte Weise verschwunden und in die Verborgenheit entrückt worden sein. Bevollmächtigte traten auf, die vorgaben, von ihm Weisungen zu empfangen. Als der vierte von ihnen 941 starb, erklärten die schiitischen Theologen die Verbindung zum Imam für beendet. Es begann die »große Verborgenheit« (davor war es die »kleine«) des Imam.

Die Anhänger der Siebener- und der Zwölfer-Schia hoffen, daß der Imam am Ende der Zeiten wiederkommen wird, um als Mahdi Gottes Herrschaft auf Erden zu errichten. Bis dahin sollen die Gelehrten den Koran und die Überlieferung auslegen.

Die Zaiditen gelten als »gemäßigte« Schiiten. Sie kennen nicht die Vererbung des Imamats, die Verborgenheit und die Wiederkehr des Imam als Mahdi. Ihre Imame müssen Nachkommen eines der Prophetenenkel Hassan oder Hussain sein, Eignung für das Amt besitzen und zum Kampf um seine Berufung bereit sein. Im 9. Jh. kamen Zaiditen in kleinen Staaten am Kaspischen Meer und in Südarabien (Jemen) an die Macht. Bis zur Revolution 1962 war der König von Jemen auch Imam. (Heute sind ungefähr 50 Prozent der Bevölkerung der Jemenitischen Arabischen Republik Zaiditen.)

Die »Extremen« unter den Schiiten wurden die Ismailiten. Ihre Lehre steht mit gnostisch-synkretistischen Strömungen ihrer Zeit in Verbindung. Ausgehend von einer allegorischen Deutung des Korans entfernten sie sich immer weiter vom ursprünglichen Islam. Nach Auffassung der Ismailiten sind die Propheten immer vollkommenere Manifestationen des Weltgeistes. Jedem von ihnen folgen Imame. Der siebente und letzte soll als Mahdi zurückkehren und das Werk Muhammads überholen.

Ende des 9. Jh. entstand im Südirak, in Syrien, in Iran bei Raij (in der Nähe des heutigen Teherans), in Chorasan, Bahrain und Nordafrika eine Bewegung, im Namen des siebenten Imam geführt von Hamdan Karmat (»Karmaten«). Im Süden des Irak war gerade ein Aufstand von Negersklaven blutig niedergeschlagen worden. So traf hier die ismailitische Propaganda, die soziale Gerechtigkeit predigte, auf fruchtbaren Boden. Die Karmaten vermochten das bereits geschwächte Regime der in Bagdad residierenden Kalifen weiter zu erschüttern. In Bahrain, das heißt an der Ostküste der Arabischen Halbinsel, errichteten sie einen eigenen Staat (899). 930 drangen sie nach Mekka vor und raubten den schwarzen Stein aus der von ihnen als Zentrum des Götzendienstes bezeichneten Kaaba. Er blieb mehr als zwanzig Jahre in ihrem Besitz. Ihr Staat bestand bis 1075.

Im 11./12. Jahrhundert machten Ismailiten in Persien, wesentlich initiiert durch Hassan-e Sabbah und berühmt geworden als

Assassinen, eine Radikalisierung durch. In unzugänglichen Gegenden errichteten sie bewaffnete Stützpunkte. Auch in Syrien faßten sie Fuß; ihr dortiger Führer galt – es war dies schon eher eine legendenhafte Gestalt – als der »Alte vom Berge«. Durch Attentate – 1092 töteten sie den mächtigen Wesir Nisam al-Mulk – gingen die Assassinen gegen die etablierte islamische Macht an. Zur Tat benutzten sie aus einer religiösen Motivation heraus den Dolch. Den eigenen Tod kalkulierten sie als höchsten und letzten Beweis ihres Glaubens ein, überzeugt, dafür unverzüglich die ewige Seligkeit zu erlangen. In ismailitischen Kreisen hieß ein solcher Täter »fida'i«, »einer, der sich opfert«. Seine Selbstlosigkeit erschwerte es außerordentlich, ihm zu entgehen. Ein einzelner Krieger zu Fuß konnte, wie ein Dichter formulierte, einen König in Schrecken versetzen, »auch wenn dieser über mehr als hunderttausend Reiter gebot«.[2] (Im algerischen und palästinensischen Befreiungskampf dieses Jahrhunderts bezeichnete bzw. bezeichnet der Begriff »fida'i« – der geläufigere Plural: Fidaijun – gleichfalls einen Kämpfer, der zur Selbstaufopferung bereit ist.)

Die Assassinen bekämpften, als sie sich mit diesen konfrontiert sahen, auch die Kreuzfahrer. Täter aus ihren Reihen, offenbar als christliche Mönche verkleidet, ermordeten am 28. April 1192 in Tyrus Konrad de Montferrat, König von Jerusalem.

In Persien unterlagen die Assassinen den Mongolen, in Syrien den Mamluken. In der Erinnerung lebten sie fort. Allerdings verblaßten ihre historischen Konturen; sie galten zunehmend als ruchlose Meuchelmörder.

Die Vertreter der politisch-religiösen Opposition machten sich häufig zu Sprechern der Benachteiligten und zu Verfechtern größerer sozialer Gerechtigkeit gegen die Politik der Herrscher, doch in sich zersplittert, vermochten sie das Kalifat nicht ernsthaft zu bedrohen. Zudem waren sie immer in der Minderheit angesichts einer übergroßen Mehrheit, die die politischen Entwicklungen tolerierte bzw. unterstützte.

Sunna: Orientierung am »schönen Vorbild«

Der Kalif Muawija hatte die Hauptstadt des Reiches nach seinem Sieg über Ali nach Damaskus verlegt. Medina, zu politischer Bedeutungslosigkeit verurteilt, wurde Residenz eines Statthalters des Kalifen.

Der »religiöse Adel« in Medina – die Männer, die Muhammad noch selbst gekannt hatten, und ihre Söhne – fanden sich damit gezwungenermaßen ab. Sie konzentrierten ihr Interesse auf Muhammad, das »schöne Vorbild«, wie der Koran ihn nennt.[3] Sie begannen, über den Koran zu diskutieren und zu erforschen, wie Muhammad sich in bestimmten Situationen verhalten hatte. Die Pilgerfahrt nach Mekka, an die viele Teilnehmer eine Reise nach Medina anschlossen, erleichterte es ihnen, Überlieferungen aus anderen Teilen des Reiches zu sammeln. Pilger ihrerseits informierten sich bei anerkannten »Traditionariern«, Sammlern von Traditionen, über Muhammad und sein Leben in Medina.

Aus der Beschäftigung mit der Person Muhammads erwuchsen verschiedene islamische Disziplinen: die Kommentierung des Korans, die Erforschung des Lebens des Propheten (und damit Anfänge einer islamischen Geschichtsschreibung), die Sammlung von Überlieferungen, die die Lehre des Islam betreffen, ohne in den Koran Eingang gefunden zu haben, und die in ihrer Gesamtheit als Sunna bezeichnet werden. Das arabische Wort »sunna« bedeutet »gewohnte Handlungsweise, Brauch, der Weg, den man beschreitet«. Unter den vorislamischen Arabern galt es als besondere Tugend, dem Vorbild (sunna) der Väter nachzueifern. Im Islam wurden und werden diejenigen – es war die Mehrheit –, die sich an das Überkommene und Herkömmliche hielten, als Sunniten bezeichnet, im Gegensatz zu den Schiiten.

Unter den Traditionariern waren relativ viele Richter. Die Mehrzahl von ihnen nahm, um unabhängig zu bleiben, kein Staatsamt an. Sie waren finanziell gesichert, entweder durch Vermögen oder Einkommen aus Handel und Gewerbe. Oft durchzogen sie jahrelang die Provinzen des großen Reiches, um Nachrichten über Muhammad zu sammeln.

Zunächst wurden die Überlieferungen mündlich weitergegeben. Ihre Zahl nahm zu. Leicht schlichen sich Fälschungen ein. Auch war die Zahl der Überlieferer so groß geworden, daß sich niemand mehr aufgrund persönlicher Kenntnis ein Urteil über den Wahrheitsgehalt der Überlieferung oder einen anderen Zusammenhang bilden konnte. Das Bedürfnis nach kritischer Sichtung des Materials führte dazu, daß man begann, Nachrichten über die einzelnen Überlieferer zu sammeln. Es entstand die Literaturgattung der Überlieferer-Biographie.

Jede Überlieferung (hadith) beginnt mit einer Einleitung, einer »Stütze« (isnad) ihres Wahrheitsgehalts, in der die Namen der Überlieferer nacheinander genannt werden: Muhammad hat gesagt, er habe von Ali gehört, daß dieser von Abdallah weiß, daß der Prophet Muhammad ... In einer zweiten Etappe der Überlieferer-Kritik ging man noch kritischer an die Überlieferungen heran. Die Lebensumstände aller im Zusammenhang mit einer Überlieferung genannten Personen wurden untersucht – war dieser im Alter geistesschwach, verfügte jener über schriftliche Aufzeichnungen, wie hat der eine die Überlieferung empfangen, hat der andere vielleicht gar nicht mehr gelebt, war er vor der Zeit gestorben, in die er laut isnad gehörte? Überlieferer wurden hinsichtlich ihrer Glaubwürdigkeit wie Zeugen vor Gericht behandelt. Eine Ausnahme bildeten die »Prophetengenossen«, die mit Muhammad zusammengelebt hatten bzw. zu seiner Zeit lebten, und zwar nicht nur seine Altersgenossen, sondern auch diejenigen, die noch Kinder waren, als das geschah, woran sie sich erinnerten.

Die Zahl der als glaubwürdig geltenden Überlieferungen verringerte sich bei dieser Kritik. So soll al-Buchari (gest. 870) 600 000 Überlieferungen geprüft haben.[4] Nur 7275 davon nahm er in seine Sammlung auf, und rechnet man die Wiederholungen ab, bleiben nur etwas mehr als 2700 übrig. Etwa die gleiche Zahl nennt Muslim (gest. 875). Beide genießen höchstes Ansehen.

Das Material in beiden Sammlungen reichte indessen nicht aus, um sicherzustellen, daß der Muslim in jeder Situation ein Leben nach der Sunna des Propheten führen konnte. Man griff deshalb zusätzlich auf vier Werke zurück, die nach den beiden genannten höchste Autorität besitzen – auf die Sammlungen von al-Tirmidhi (gest. 892), Ibn Madscha (gest. 896), Abu Dawud (gest. 888) und al-Nasa'i (gest. 915). Zwar sind in ihnen Überlieferungen enthalten, die als weniger gesichert gelten – ihre Verfasser selbst geben an, für wie zuverlässig sie ihr Material halten –, doch kamen die Theologen nach längeren Auseinandersetzungen (sie währten über hundert Jahre) schrittweise überein, auch sie und damit insgesamt sechs Sammlungen zu akzeptieren. Als »die sechs Bücher« sind sie bis heute verbindlich für den gläubigen Muslim.

In den Überlieferungen tauchen – nimmt man andere als die sechs kanonischen Bücher zu Hilfe – oft Widersprüche auf. So teilt Malik mit, daß Muhammad im Gegensatz zu Abu Bakr das Haar nicht färbte. Ibn Sa'd überliefert aus dem Irak, daß Muhammad das

Färben aus Widerspruch gegen jüdische und christliche Gewohnheit empfohlen haben soll. Andere Überlieferungen der gleichen Herkunft besagen, man habe gefärbte Haare Muhammads bei seinen Witwen gefunden. Buchari bringt nun diese widersprüchlichen Überlieferungen durch die Annahme in Einklang, daß Muhammad sein Haar nicht färbte, weil er kaum ergraut war, daß er es aber empfahl. Die Farbe von Haarreliquien erkläre sich aus der Wirkung des Parfüms.[5]

Islamisches Recht

Parallel zur Sunna bildete sich das islamische Recht (schari'a) heraus.

Zunächst gab es keine Vertreter der Wissenschaft (ilm) des Rechts (ulama). Allenfalls ihr persönliches Ansehen – beruhend auf Verwandtschaft mit dem Propheten oder seiner Familie, frühem Übertritt zum Islam oder Kenntnis vieler Überlieferungen – hob einzelne Personen heraus.

Die islamische Gesetzeswissenschaft (fiqh) ging aus der Kommentierung des Korans und seiner Ergänzung durch die Überlieferung über das vorbildliche Verhalten Muhammads hervor. Sie umfaßt – anders als das Gesetz in den vom römischen Recht beeinflußten Staaten – das Verhalten des einzelnen im öffentlichen und privaten, im sakralen wie im profanen Bereich. Rituelle Normen (ibadaf) stehen so neben der Regelung sozialer Beziehungen (mu'amalat). Hinzu kamen das Straf-, das Verwaltungs- und das Kriegsrecht.

Ausgangspunkt dieser Entwicklung – d. h. der Herausbildung eines spezifisch islamischen Rechtssystems – war die traditionelle Art der Rechtsfindung mit ihren lokalen Besonderheiten. Durch die Heranziehung des Korans sowie von Berichten über das Leben und die Handlungsweise Muhammads – bei den Schiiten auch der Imame – (Traditionen) wurde sie untermauert und damit gewissermaßen islamisiert. Regionale Unterschiede verschwanden dadurch nicht zwangsläufig. Doch entstand im Gegensatz zur Vergangenheit, als vorislamisch-arabische, persische, byzantinisch-christliche oder andere Einflüsse das Recht geprägt hatten, eine einheitliche Rechtsgrundlage.

Allerdings reichten Koran und Sunna nicht aus. Zwei weitere Kriterien (»Wurzeln«) der Rechtsfindung traten hinzu. Die »Übereinstimmung«(idschma) der Gelehrten in einer Frage und der Analogieschluß (qijas) bzw. – bei den Schiiten – die Vernunft (aql).

Muhammad soll gesagt haben: »Meine Gemeinde wird nicht in einem Irrtum übereinstimmen.« Hierin liegt der Konsens (Übereinstimmung) begründet, theoretisch als Konsens der Gemeinde, dann aus praktischen Erwägungen eingeschränkt auf die Übereinstimmung der Fachleute, der »Leute des Lösens und des Bindens«, die für befähigt gehalten werden, anhand der kanonischen Texte von Koran und Sunna selbständig Entscheidungen zu treffen. Dabei war keineswegs die Zustimmung aller zuständigen Fachleute geboten; ein Zustand oder ein Vorgang konnte durch die Gelehrten am Ort, allenfalls in der Provinz legalisiert werden. Ohne diese Einrichtung wäre das islamische Recht, wie G. E. von Grunebaum formulierte, »schnell zu einer antiquarischen Kuriositätensammlung geworden«.[6] So war es möglich, neu auftauchende Fragen zu beantworten wie regionale Unterschiede zu berücksichtigen.

Im Analogieschluß werden Rechtsentscheidungen analog zu ähnlich gelagerten, bereits entschiedenen und in der Literatur behandelten Fällen getroffen. Im Verlauf der Entwicklung des Rechts erfuhr er eine Präzisierung und genauere Definition. Der Gebrauch der Vernunft wurde bestimmten Regeln unterworfen.

Seit etwa Mitte des 8. Jh. kristallisierten sich »Schulen« des Rechts (madhahib) heraus; davon blieben vier sunnitische und eine schiitische bis heute erhalten. Es sind dies die hanafitische, die malikitische, die schafi'itische und die hanbalitische Schule für den sunnitischen Islam und die dscha'faritische oder imamitische Schule für die Schia.

Jede Schule erhielt ihren Namen nach dem Mann, der sie begründete.

Abu Hanifa (699–767), dessen Werk seine Schüler überlieferten, war im Irak tätig (Kufa). Er galt als schlechter Kenner der Tradition und soll eigenem Ermessen (ra'j, Meinung) zu viel Gewicht beigemessen haben. Seine Schule ist auch bekannt für juristische Spekulationen und Spitzfindigkeiten. Ihre Anhänger waren die Abbasiden, die Osmanen, in deren Nachfolgestaaten sie bis heute verbreitet ist, ferner die Muslims in Afghanistan, in Zentralasien und in Indien.

Malik ibn Anas (715–795) zeichnete die Tradition von Medina auf. Seine Schule verbreitete sich von dort nach Nordwestafrika und Spanien. Heute ist sie u. a. in Oberägypten, Mauretanien, Nigeria, Sudan, Kuwait und Bahrain anzutreffen.

Als größter Systematiker und eigentlicher Begründer der islamischen Rechtswissenschaft gilt al-Schafi'i (767–820). Er studierte bei Malik und Schülern Abu Hanifas. Seine Schule dominierte bis zur Eroberung durch die Osmanen (1517) in Ägypten. In Unterägypten, Jordanien, Libanon, Südarabien, Tansania, Indonesien, Malaysia sowie in Indien und Iran blieb sie bis in die Gegenwart hinein erhalten.

Ahmad ibn Hanbal (780–855) steht u. a. in der Tradition von al-Schafi'i. Seine Rechtsauffassung war eine konservative Reaktion auf die »Mu'tazila«, eine theologische Strömung des 8./9. Jh., die Ideen des Rationalismus, des Individualismus und damit eine gewisse Hellenisierung des Islam förderte. Seine Schule ist zahlenmäßig die kleinste. Man findet ihre Anhänger in Saudi-Arabien sowie in Syrien und Irak. (Sie ist vor allem durch die Bewegung der Wahhabiten im 18. Jh. und danach bekannt geworden.)

Im 9. Jh. setzte sich im sunnitischen Islam die Überzeugung durch, daß das individuelle Bemühen um Erkenntnis und Rechtsfindung (idschtihad) beendet sei. Fortan müsse man den Lehren anerkannter früherer Autoritäten folgen (taqlid, »Nachahmung«).

Die Lehren der nach dem sechsten schiitischen Imam Dscha'far al-Sadiq benannten Schule sind hauptsächlich enthalten in den Schriften des Kulaini (gest. 940), Saduq (gest. 991), Mufid (gest. 1022), des Murtada (gest. 1044) und des Scheichs al-Ta'ifa Tusi (gest. 1065 oder 1067).

Lehrmeinungen, Volksglaube und Mystik

Die religiöse Institution im Islam trug zunächst einen vorwiegend juristischen Charakter: Sie hatte über die Einhaltung der Vorschriften der Scharia zu wachen. Später, im Abbasidenreich, trat ein pädagogischer Aspekt hinzu; es wurden Schulen, arabisch »madrasa«, gegründet, die Theologen und Verwaltungsbeamte ausbildeten. Im Osmanischen Reich vollzog sich unter den Beamten und Gelehrten eine immer stärkere Differenzierung, in deren Ergebnis sich eine Hierarchie herausbildete. An ihrer Spitze stand der Scheich al-Islam, der in Personalunion oberster Mufti (Ausleger des Rechts) war. In jeder Provinz standen ihm Muftis zur Seite, die ihm verantwortlich waren. Das Recht ihrer Ernennung lag beim

Sultan, der als Kalif auch oberster Imam war. (Den Kalifentitel hatten die Osmanen-Sultane nach der Eroberung Ägyptens angenommen. Offiziell hieß es, er sei ihnen von dem letzten Abbasiden-Kalifen übertragen worden, der als Nachkomme des letzten Abbasiden von Bagdad in Kairo lebte. Man spricht im Zusammenhang damit auch vom abbasidischen »Schatten-Kalifat« von Kairo).

Im Osmanischen Reich wurden auch die Kompetenzen zwischen den Religionsgelehrten und dem Herrscher abgesteckt. Nach der überkommenen Theorie konnte im Islam keine politische Institution legislative Gewalt ausüben; alles war durch die Scharia geregelt. Bei den Abbasiden erließ der Kalif keine Gesetze, sondern er beschränkte sich auf Verordnungen in Verwaltungsfragen. Die Osmanen verbanden das Verwaltungsrecht (qanun) mit der Scharia. Sie konnten demzufolge praktisch Gesetze erlassen (bzw. Verordnungen mit Gesetzescharakter), wenn sie sich auf den religiös neutralen Bereich beschränkten.

Überkommene Lehrsätze wurden angesichts sich verändernder Zeiten erneut problematisiert, neu interpretiert oder verworfen. So blieb das Verhältnis von göttlicher Allmacht und menschlicher Handlungsfreiheit umstritten. Unter den Umaijaden mußten Theoretiker, die sich zur Willensfreiheit des Menschen bekannten, ihre Ansichten mit dem Leben bezahlen. Um 700 wurde Ma'bad al-Dschuhani hingerichtet. Wenig später Ghailan, der auch lehrte, daß der Imam (Kalif) nicht dem Stamm der Kuraisch angehören müsse. Dschahm ibn Safwan, der die Willensfreiheit bestritt, aber erklärte, daß der Koran nicht ewig, sondern erschaffen sei, verlor 745 sein Leben. Unter den drei abbasidischen Kalifen al-Mahdi, al-Hadi und Harun al-Raschid kam es zu einer regelrechten Inquisition gegen die »zanadiqa«, Ketzer, die des Dualismus (Manichäismus) verdächtigt wurden.

Die Mu'taziliten führten griechische Begriffe und eine gewisse rationalistisch-dialektische Denkweise in die islamisch-theologische Diskussion ein. Ihr Name ist bislang nicht eindeutig geklärt, wahrscheinlich waren sie »die sich Distanzierenden, Absondernden« oder auch die »Neutralen«. Charakteristisch für sie war ein konsequenter Monotheismus. Gottes Wesen war in ihren Augen einzig und unteilbar. Die ihm im Koran zugeschriebenen Eigenschaften mußten deshalb, sollte jede Vielheit ausgeschlossen werden, mit ihm identisch sein.

Ihr strenger Monotheismus stellte die Mu'taziliten vor die Frage: Wie verhält es sich mit dem Koran, d. h. Gottes Wort? Ihre Antwort: Allah allein ist ewig und unergründlich, sein Wort hingegen erschafft er, und es ist dem menschlichen Verstand zugänglich – also interpretierbar. Der Kalif al-Ma'mun erhob 833 die Lehre von der Erschaffenheit des Korans zum Staatsdogma. Bis 851 war ein Gerichtshof tätig, der für die Einhaltung dieses Dogmas zu sorgen hatte.

In der Bestimmung des Verhältnisses von Gott und Mensch neigten die Mu'taziliten zu einem Kompromiß. Gott verkörpert für sie Gerechtigkeit. Willkür ist seinem Wesen fremd. Wenn es Böses in der Welt gibt, dann allein durch den Menschen. Dieser ist voll für seine Taten verantwortlich, was seine Willens- und Handlungsfreiheit voraussetzt, wodurch wieder begrenzt die göttliche Allmacht eingeschränkt wird.

Abu'l-Hassan al-Asch'ari (gest. 935), in der Tradition der Mu'taziliten stehend, grenzte sich von diesen ab. Er bestand darauf, daß der Koran unerschaffen sei. Auch lehnte er es ab, den Menschen Willens- und Handlungsfreiheit zuzubilligen. Die menschlichen Handlungen gehen seiner Überzeugung nach auf Gott und die göttliche Schöpfung zurück.

Die von al-Asch'ari verfochtene Richtung setzte sich durch und gilt als der sunnitische Islam bis heute als verbindlich.[7] Ihre Repräsentanten blickten, in deutlicher Abgrenzung zu den rationalistischen Tendenzen der Mu'tazila, zur islamischen Frühzeit zurück. Die Zeit der ersten vier Kalifen wurde für sie zum goldenen Zeitalter des Islam. Die Entscheidung über deren etwaige Sünden überließen sie dem Jüngsten Gericht, im Vertrauen auf Allahs Gnade. Im übrigen sollten Sünden den Glauben nicht beeinträchtigen und das Gebet gültig sein, selbst wenn ein sündiger Imam es leitete. Damit wurde es möglich, jeden Herrscher anzuerkennen. Man tröstete sich mit dem Gedanken, daß nach dem Willen Gottes seit den Tagen Muhammads keine Generation so vollkommen wäre wie ihre Vorgängerin. Auch die Werkfrömmigkeit fand nun ihren Platz in der Lehre: Glaube wurde als Überzeugung, Wort und Tat definiert, als inneres Fürwahrhalten der Lehren, gesprochenes Bekenntnis und Befolgung des Religionsgesetzes. Das entsprach den Aussagen des Korans über die Zunahme des Glaubens, denn gute Werke konnten ihn vermehren, Ungehorsam ihn mindern, ohne daß das eine oder andere indessen die Glaubensüberzeugung beeinflußte. Spekulationen über das Wesen Gottes, über seine Attribute usw. fanden ein Ende. Der Wortsinn des Korans galt als verbindlich. Gott hat alles vorherbestimmt, hieß es. Allerdings milderten die Theologen diese starre Aussage durch die Übernahme der volkstümlichen Vorstellungen von der Fürsprache, die Muhammad am Jüngsten Tag für den Sünder einlegen werde. Auch andere Vorstellungen aus dem Glauben des Volkes wurden akzeptiert – die beiden Engel, die die Verstorbenen am Grabe verhören und gegebenenfalls züchtigen, das Auftreten des Antichrist, die Wiederkunft Jesu, die Erneuerung des wahren Glaubens durch den Mahdi, das Fegefeuer.[8]

Zur Zeit der Abbasiden wirkten bedeutende Theologen, darunter neben al-Asch'ari auch al-Tahawi (gest. 933), al-Maturidi (gest. 944), al-Baqillani (gest. 1013) und schließlich al-Mawardi (gest. 1058), der das Staatsrecht systematisch darstellte.

Als größter Theologe des Islam gilt bis heute Abu Hamid al-Ghazali (gest. 1111). Er setzte sich mit islamischen Philosophen auseinander, die unter dem Einfluß der griechischen Philosophie standen, darunter mit Avicenna, bediente sich jedoch selbst streckenweise neuplatonischer Begriffe. Ihm ging es vornehmlich darum, mystische Ethik und strengen Gesetzesglauben in einer für die Masse der Sunniten annehmbaren Weise zu verbinden. »Der Schlüssel zur Erkenntnis Gottes ist die Selbsterkenntnis«, meinte er.[9] Hier sei vor allem das Herz gefordert. Es sei geschaffen für die jenseitige Welt, und seine Aufgabe sei das Suchen seiner Glückseligkeit. »Seine Glückseligkeit aber besteht in der Erkenntnis Gottes.«[10] Der menschlichen Vernunft sprach al-Ghazali die Fähigkeit ab, das Wesen der Dinge zu ergründen. Die Wahrheiten der Religion könnten deshalb von der Theologie nicht bewiesen werden. Deren Aufgabe sei es vielmehr, Koran und Sunna in aller Reinheit zu bewahren und gegen Irrlehren zu sichern. Die Rechtsgelehrten sollten sich darauf beschränken, die für das Leben der Gläubigen wichtigen Vorschriften systematisch darzustellen. Al-Ghazali »erfüllte den orthodoxen Islam, seine Dogmatik und seine Pflichtenlehre mit der Glut sufischer (mystischer – d. A.) Glaubensinnigkeit«, schreibt Johann Fück. »Er . . . überzeugte durch eine pragmatische Darstellung auch diejenigen von der Wahrheit des Islams, denen die religiöse Ekstase unerreichbar blieb . . . Er teilte viele Meinungen der Orthodoxie seiner Zeit bis hin zum Heiligenkult und dem Glauben an Zauberei. Bei alledem fühlte er sich als einer der Erneuerer der Sache der Religion, deren Auftreten nach dem Glauben der Gemeinde Muhammad für den Anfang eines jeden Jahrhunderts vorausgesagt hatte.«[11]

Al-Ghazali leistete hier eine gewisse Pionierarbeit. Islamische Mystik (tasawwuf, Sufismus, von suf »Wolle«, dem wollenen Gewand der Asketen und Mystiker) gab es schon lange; sie ist fast so alt wie der Islam. Im Koran bereits finden sich gewisse asketische und mystische Züge. Doch zunächst war die »Orthodoxie« mißtrauisch gegenüber den Mystikern, weil diese sich nicht mit dem geradezu kahlen Lehrgebäude des Islam begnügten, sondern es mit ihren visionären Vorstellungen ausschmückten. Al-Ghazali versöhnte den Sufismus mit der Theologie. Nach ihm fanden, bis ins 15. Jh. hinein, die großen Werke der Sufis weite Verbreitung.

Der Sufi glaubt – wie alle Mystiker –, in seiner Gefühlswelt Gott zu entdecken, womit er dieser ein Vermögen zur Transzendenz unterstellt. Er übt sich zunächst in Demut und Geduld, in der Tugend der Hinnahme allen Schicksals und der inneren Zustimmung (zum Willen Gottes). Das mystische Erleben im engeren Sinne ist gekennzeichnet durch »Zustände«, die den Sufi ohne sein Zutun überkommen und die »Abwesenheit« bewirken. In der Ekstase wird das Ziel dann erreicht.

Der einzelne braucht einen sicheren »Weg« (tariqa) und als Führer auf diesem einen Scheich. Stufenweise verpflichtet er sich dem Scheich gegenüber zu absolutem Gehorsam. Aus derartigen Gruppen, die einer bestimmten Methode (tariqa) folgten, gingen im Laufe der Zeit Organisationen hervor, die ebenfalls tariqa heißen. Oft ist auch von »Derwischorden« die Rede, nach dem persischen »darwisch« für den »Armen« (arabisch faqir, »Fakir«).

Die Zahl solcher Orden ist außerordentlich groß. Besonders bekannt wurden die Qadirija des Bagdader Mystikers Abd al-Qadir al-Dschilani (gest. 1166), die in der ganzen islamischen Welt verbreitet ist, die ebenfalls aus dem Osten stammende Naqschbandija des Baha al-Din Naqschband (gest. 1389), in Ägypten die Ahmadija, die auf Ahmad al-Badawi (gest. 1276) zurückgeht, in der Türkei die Maulawija des Dschalal al-Din al-Rumi (gest. 1273) und die Bektaschija des Bektasch Wali (gest. 1337).

Sufis und Sufismus füllen die Lücken, die das Gesetz über die Pflichten offenläßt. Sie ersetzen die individuelle Seelsorge, die der Islam offiziell nicht kennt. Persönliches Gebet tritt neben das Pflichtgebet, individuelle Predigt neben die Predigt des Gottesdienstes am Freitag in der Moschee. Eine umfangreiche Erbauungsliteratur entstand.

Auch Bräuche und Vorstellungen des Volkes gingen in den Islam ein, wofür manche Autoren den problematischen Begriff »Volksislam« verwenden.[12] Zwischen den »Pfeilern der Religion« fanden so Heiligenverehrung, Gräberkult, Geisterglaube und Magie ihren Platz. »Heilig« waren und sind einfache Menschen von lokaler Größe und Bekanntheit ebenso wie Glaubenskämpfer, Fromme oder Gelehrte aus der Vergangenheit. Ihre Gräber sind Wallfahrtsstätten, und die Bräuche, die mit ihrem Besuch verbunden sind, weisen oft in die vorislamische Zeit. Gläubige berühren die Grabstätten mit Händen oder Lippen, um Kräfte des Heils auf sich zu übertragen. Auch schreiben sie Heiligen Briefe, in denen sie von ihren Sorgen und Nöten berichten. Besonders gefeiert – mit mystischen Tänzen, religiösen Gesängen und Gebeten – werden bis heute die Geburtstage (maulid) der Heiligen.

Islamischer Fundamentalismus

Die Einfälle der Kreuzritter und der Mongolen lösten in den Reihen der Sunniten eine Selbstbesinnung aus, die im Zeichen eines rigorosen Fundamentalismus stand. Taqi al-Din Ahmad ibn Abd al-Halim ibn Taimija (1263–1328), ihr bedeutendster Vertreter, hatte die Schrecken des Krieges kennengelernt, als sein Vater mit der Familie nach Damaskus floh. Danach befand er sich bei den ägyptischen Truppen, die 1303 dem Gegner bei Damaskus eine Niederlage beibrachten. Den Einfall der Mongolen verstand er als Strafe Gottes, und sein Ziel war es, seine Zeitgenossen aufzurütteln. Wiederholt geriet er mit den Mächtigen seiner Zeit in Konflikt.

Ibn Taimija ließ nur Koran und Sunna in ihrem wörtlichen Sinn, ohne übertragene Bedeutungen und Auslegungen, gelten. Er räumte den frommen Vorfahren (salaf) aus der Zeit des Propheten grundsätzlich ein, daß sie der Wahrheit näher standen als die gegenwärtige Generation. Neuerungen – oder das, was er dafür hielt – lehnte er ab. Für sich beanspruchte er das Recht, Entscheidungen zu treffen (idschtihad), und stand dazu, selbst wenn er sich Feinde machte. Sekten und Abspaltungen, von den Charidschiten bis zu den Ismailiten und der Mu'tazila, bekämpfte er. Den Dschihad bezeichnete er als beste Form, Gott zu dienen.

Ibn Taimija ergriff grundsätzlich die Partei der Mamluken, die sich in Ägypten und Syrien hatten etablieren können, gegen die Mongolen. Doch hatten letztere Ende des 13. Jh. begonnen, den sunnitischen Islam anzunehmen. Ließ sich da der Kampf gegen sie noch als Dschihad begreifen? Ibn Taimija bejahte diese Frage. Ein Herrscher, der sich nicht an das islamische Gesetz in seiner Gesamtheit hielt, war seiner Auffassung nach ein Ungläubiger, auch wenn er sich zum Islam bekannte und fünfmal am Tage betete. Folglich war ein Dschihad gegen ihn gerechtfertigt.

Das war neu. Das traditionelle Islamverständnis verlangte vom Gläubigen, sich den gegebenen Herrschaftsstrukturen einzuordnen. Der Dschihad richtete sich gegen Andersgläubige. Jetzt sollte er auch innerhalb der islamischen Gemeinschaft möglich sein. Das klang, zumindest vom Ansatz her, nach Rebellion, nach Umsturz eingefahrener Vorstellungen und Verhältnisse.

Nach der Eroberung Bagdads durch die Mongolen und dem Ende des Abbasiden-Kalifats gab es nur noch Sultane und Emire. Nach der Art, wie sie mit dem Vermögen der Untertanen umgingen, unterschied Ibn Taimija drei Gruppen von Herrschern. Da waren diejenigen, die glaubten, üppige Geschenke verteilen zu müssen. Ibn Taimija nannte sie Plünderer aus Furcht. Andere unterließen aus Ehrfurcht vor der göttlichen Ordnung alles, was Unrecht war. Ibn Taimija hielt Kompromisse für unumgänglich. Deshalb rühmte er diejenigen Herrscher, die Geld und Güter für die Menschen aufwenden. »Sie verteilen ihre Gaben entsprechend dem Bedürfnis nach geordneten politischen Umständen und zur Erhaltung der göttlichen Ordnung und des Diesseits, das die Voraussetzung für diese Ordnung bildet, und zur Wahrung der Redlichkeit ihrer eigenen Person. Sie nehmen also nicht, was ihnen nicht zusteht, und vereinen auf diese Weise Gottesfurcht und Güte nach dem Koranvers ›Gott ist mit denen, die ihn fürchten und Gutes tun‹.«[13]

Ibn Taimija konnte sich zu seiner Zeit nicht durchsetzen. Er starb in der Haft auf der Zitadelle von Damaskus. Doch er und seine Schüler Ibn Qaijm al-Dschauzija (gest. 1390) und Ibn Kathir (1300–1372/73) konzipierten das Grundmodell des Fundamentalismus, das im 18. Jahrhundert die Wahhabiten und in der Gegenwart sunnitische Vorkämpfer der Reislamisierung aufgriffen.

Genealogie Muhammads, der ersten Umaijaden und Abbasiden und der Imame der Schia

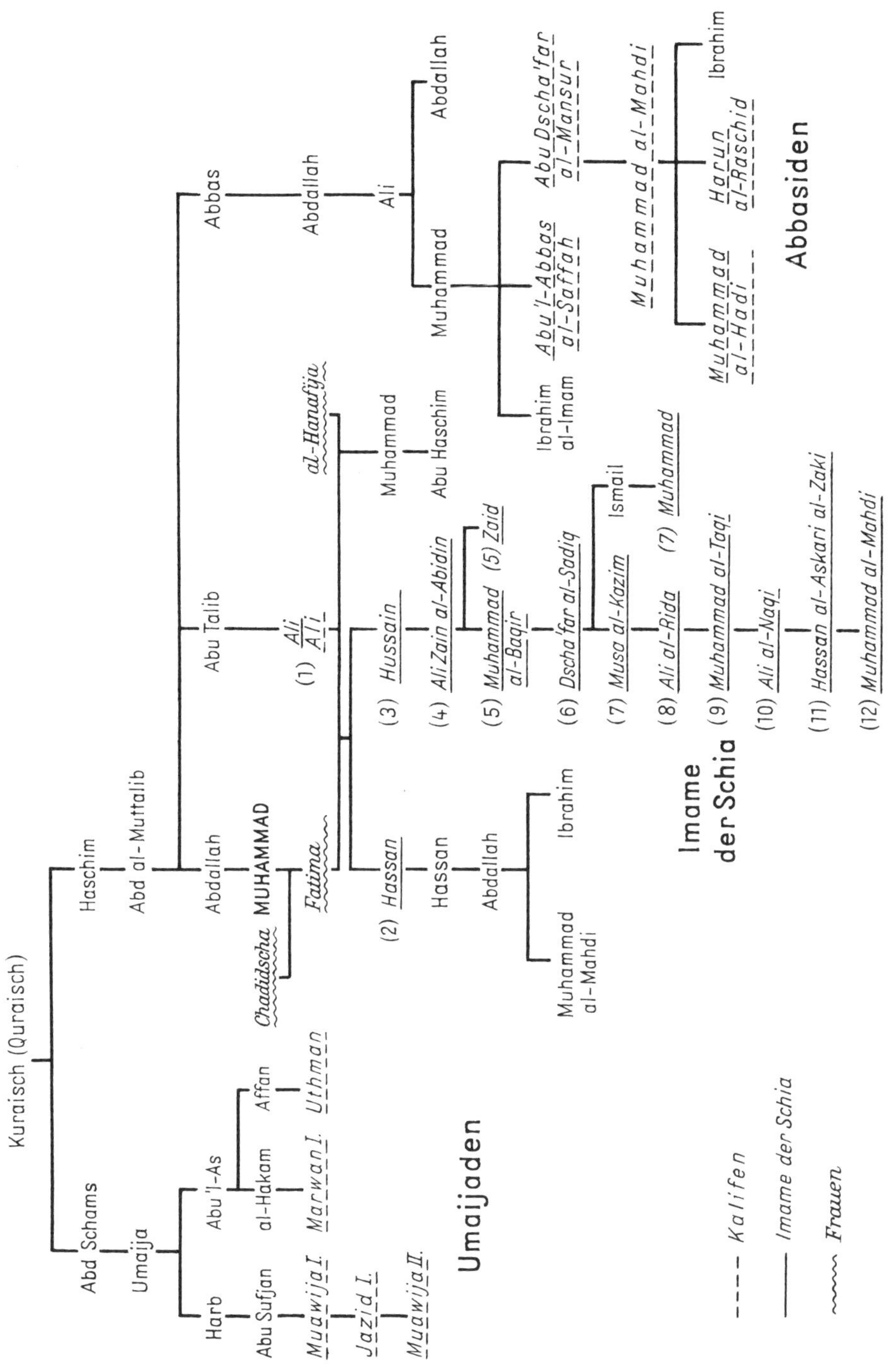
Kuraisch (Quraisch)
Abd Schams
Haschim
Umaija
Abd al-Muttalib
Harb
Abu'l-As
Abdallah
Abu Talib
Abbas
Abu Sufjan
al-Hakam
Affan
MUHAMMAD
Chadidscha
Muawija I.
Marwan I.
Uthman
Fatima
(1) Ali
Ali
al-Hanafija
Abdallah
Jazid I.
Muawija II.
(2) Hassan
(3) Hussain
Muhammad
Ali
Hassan
(4) Ali Zain al-Abidin
Abu Haschim
Muhammad
Abdallah
Abdallah
(5) Muhammad al-Baqir
(5) Zaid
Muhammad al-Mahdi
Ibrahim
(6) Dscha'far al-Sadiq
Ismail
Ibrahim al-Imam
Abu'l-Abbas al-Saffah
Abu Dscha'far al-Mansur
(7) Musa al-Kazim
(7) Muhammad
Muhammad al-Mahdi
(8) Ali al-Rida
(9) Muhammad al-Taqi
Muhammad al-Hadi
Harun al-Raschid
Ibrahim
(10) Ali al-Naqi
(11) Hassan al-Askari al-Zaki
(12) Muhammad al-Mahdi
Umaijaden
Imame der Schia
Abbasiden
Kalifen
Imame der Schia
Frauen

AUSBILDUNG EINER »PERIPHERIE«

Der Islam, auf der Arabischen Halbinsel entstanden, erreichte Regionen fern von seinem Ursprungsgebiet: Süd-, Südost- und Ostasien ebenso wie das subsaharische Afrika. Ein Weg dorthin war der Krieg. Die Araber eroberten neue Gebiete und unterwarfen andere Völker. Später unternahmen auch nichtarabische Muslims Eroberungszüge. Die kriegerische Missionierung und ihre Folgen gruben sich tief in das Geschichtsbewußtsein der betroffenen Völker ein. Der Islam breitete sich indessen auch friedlich aus. Muslimische Kaufleute, zumeist Araber, erschlossen ihm neue Gebiete, ebenso missionierende muslimische Mystiker. Er war einbezogen in allgemeinere kulturelle Bewegungen und Begegnungen.

Was dabei in seinem Namen geschah, war widersprüchlich: Raubzüge islamischer Herrscher und Staaten und die Zerstörung von Kulturschöpfungen eroberter Völker einschließlich der Versklavung und Massenvernichtung von Menschen gingen einher mit hervorragenden kulturellen Leistungen und gewichtigen Beiträgen zum Zivilisationsfortschritt. In Regionen, in denen die neue Religion auf relativ festgefügte klassengesellschaftliche Zustände traf, fand in der Regel eine wechselseitige Befruchtung statt, aus der Neues hervorging. Militärische Eroberer islamischen Glaubens etwa, die – wie die über mehrere Jahrhunderte aus Zentral- und Südwestasien nach Südasien einfallenden Dynastien – auf einer vergleichsweise niedrigeren Stufe der gesellschaftlichen Entwicklung standen, wurden kulturell von den fortgeschritteneren besiegten Völkern weitgehend aufgesogen. Selbst im politisch-staatlichen Bereich, für den der Islam eindeutige Grundsätze vorgab, vollzogen sich mit seiner Verbreitung bedeutsame Veränderungen. Der islamische Staat entwickelte sich etwa vom theokratischen Staatswesen der Araber zu einer Form der despotischen Monarchie im feudalen Indien. In beiden Fällen leiteten die Repräsentanten der Macht ihre Legitimation aus den Grundsätzen der Religion her.

Eine »islamische Peripherie« entstand – »peripher« im Hinblick auf die arabisch-islamischen »Kernlande«. Charakteristisch für sie war und blieb: Der Islam bekam in ihr mit anderen Religionen zu tun, die teilweise fortexistierten, die ihn auf jeden Fall stark beeinflußten, u. a. dadurch, daß Elemente aus ihnen in ihn eingingen.

Südasien: Koexistenz mit Hinduismus

Hatte der Islam im arabischen Raum wesentlich zur Herausbildung des Feudalismus beigetragen, so traf er in Südasien auf bereits mehr oder weniger ausgebildete feudale Verhältnisse. Er wurde zudem mit Buddhismus und Hinduismus, zwei weit älteren Hochreligionen, konfrontiert.

»Wasser nur spärlich, Räuber gefährlich«

Unter dem Kalifen Umar stießen muslimische Vorhuten bis nach Makran und ins untere Industal vor. Über ihren Vorstoß berichteten sie:

»Wasser nur spärlich,
Räuber gefährlich;
ein kleines Heer wird verschwinden,
ein großes kein Futter finden.«

Der Kalif fragte erstaunt, ob dies ein sachlicher Bericht oder Reimprosa sei.[1]

Die eigentliche Islamisierung Indiens setzte Jahrhunderte später ein. Im Jahre 711, als arabische Heere im Westen über die Meerenge von Gibraltar setzten, um Spanien zu erobern, drangen im Osten militärische Verbände im Auftrag des Gouverneurs von Basra in das Gebiet von Sind ein. Im folgenden Jahr überschritten sie den Indus. Zu Beginn des 8. Jh. – etwa zeitgleich mit der Gründung einer neuen Provinz östlich des Amu-Darja in Mittelasien – entstand eine islamische Provinz im unteren Industal, auf dem Territorium des heutigen Pakistan. Arabische Gouverneure leiteten sie, und in ihr siedelten auch arabische Kolonisten.

Der Islam folgte auch den Handelsrouten.

Arabische Seefahrer und Händler behaupteten seit dem Zerfall des Römerreiches eine führende Position in den Handelsbeziehungen zwischen Westasien und Indien. Sie nutzten traditionelle Seerouten, die – neben den Karawanenstraßen auf dem Festland – seit der Ptolemäer-Herrschaft in Ägypten und dem Zeitalter der griechischen und römischen Reiche Süd- und Westasien miteinander verbanden und den Zugang zum Mittelmeerraum öffneten. Oman und das Golfgebiet sowie Jemen waren wichtige Zwischenstationen. Arabische Kaufleute hatten sich in den Häfen von Gudscharat und Malabar, an der Koromandelküste und Bengalen bis nach Tschittagong im heutigen Bangladesh wie auf Sri Lanka niedergelassen. Dort lebten auch aus Westasien stammende Juden und Christen. Mit seiner Expansionskraft belebte der Islam den indoarabischen Handel und dehnte ihn aus. Muslimische Kaufleute verfügten über Verbindungen bis nach Süd-, Südost- und Ostasien. Sie betrieben den Überseehandel als Küstenschiffahrt. Zugleich nutzten sie die Monsunwinde für Routen über die hohe See.

Der Handel war von einem kulturellen Austausch begleitet. Neben Gewürzen, Luxusprodukten und Waffen kam das Zahlensystem aus Indien, das mit dem Attribut »arabisch« nach Europa vermittelt wurde, in die arabischen Kernlande, ebenso das Schachspiel. Arabische Gelehrte schätzten indische Mathematik, Astronomie und Medizin. Anregungen für »Tausendundeine Nacht« entstammen Südasien genau wie das Erzählwerk »Pantschatantra« (»Fünfbücherwerk«) – bekannt auch als Geschichte von Kalila und Dimna –, das, der Lebensklugheit und der Politik gewidmet, über eine persische Fassung und arabische Varianten in den europäischen Ländern zu einem der meist verbreiteten Texte des Mittelalters werden sollte.

Die Muslims, die sich in Südasien ansiedelten, integrierten sich in die jeweilige Gesellschaft. Häufig erfreuten sie sich des direkten Patronats örtlicher Despoten und frühfeudaler Herrscher, die aus dem Handel Nutzen zogen und Abgaben eintrieben. Unter dem Hindu-Herrscher von Kalikat an der Malabarküste, dem Samorin, stiegen Araber in höchste Staatsämter auf. Auch Befehlshaber der Flotte stellten sie. Etwas anderes kam hinzu. Die Neuankömmlinge heirateten Frauen aus der örtlichen Bevölkerung. Ihre Nachkommen wurden zum Kern von Bevölkerungsgruppen, die bis heute erkennbare arabische Einflüsse in Kultur und Lebensweise bewahrt haben. Dazu gehören in Indien die Mappilla in Kerala, die Labbais in Tamilnadu, die Konkani-Muslims und die Navayats von Kanara.

Mit den Muslims wurde der Islam in Südasien heimisch. Vielfach traten zu ihm zunächst Personen über, die für arabische Kaufleute arbeiteten, darunter Seeleute und Handwerker. Doch zog er auch immer mehr andere Menschen in seinen Bann. Besonders attraktiv war seine Lehre von der Bruderschaft und der Gleichheit aller Gläubigen. Angehörige derjenigen Schichten, die auf der untersten Stufe in der sozialen Hierarchie des gerade in Südindien rigoros ausgeprägten Kastensystems standen, fühlten sich zu ihm hingezogen. Konnten sie sich vom Übertritt zum Islam nicht eine Verbesserung ihrer sozialen Situation erhoffen?

Der Islam, erst einmal in Südasien bodenständig geworden, strahlte nach außen. Seine Anhänger trugen zur endgültigen Islamisierung der Bewohner der Malediven bei. (Ihre Herrscher hatte im Jahre 1153 ein marokkanischer Heiliger zum Übertritt vom Buddhismus zum Islam veranlaßt.) Aus Südasien kommende muslimische Kaufleute brachten ihre Religion nach der malaiischen Halbinsel und nach Indonesien (Atjeh auf Nordsumatra). Sie folgten Wegen, auf denen zuvor neben Gütern hinduistische und buddhistische Kulturelemente nach Südostasien gelangt waren. Auch trugen sie zur Entstehung einer muslimischen Minderheit in Sri Lanka bei, deren Angehörige bis heute als »Moors« bezeichnet werden.

Islamische Dynastien

Seit Beginn des 11. Jh. drangen islamische Dynastien von Afghanistan aus über die Gebirgspässe im Nordwesten als Eroberer in den nördlichen Teil des Subkontinents ein. Mahmud von Ghazna und seine Krieger machten den Anfang. Mit der Gründung des Sultanats von Delhi an der Wende vom 12. zum 13. Jh. begann die Errichtung feudaler islamischer Reiche auf indischem Boden. Der Machtbereich der neuen Herrscher erstreckte sich zunächst auf das Pandschab. Er dehnte sich dann in der Gangesebene, nach Radschastan und Gudscharat aus. Schließlich schloß er Bengalen im Osten und im Süden den Dekhan ein. Im 14. Jh. stand der größte Teil des Subkontinents zeitweise unter der politischen Oberhoheit des Delhi-Sultanats.

Die Dynastien, die sich da etablierten, kamen aus türkischen Stämmen, die ursprünglich in Zentralasien saßen und zum Islam übergetreten waren. Sie hatten ihre Eroberungszüge als heilige

Kriege zur Verbreitung des Islam geführt. Der sunnitischen Glaubensrichtung zugehörig, anerkannten sie wie die Seldschuken und Mamluken in Westasien nominell die Oberhoheit des Kalifen von Bagdad. Tatsächlich gab es damals auch im östlichen Verbreitungsgebiet des Islam schon keine politische Einheit und echte Zugehörigkeit zum früheren Kalifenreich mehr. Die dennoch formal beibehaltene Bindung an das Kalifat war für die Herrscher ein Mittel der Selbstidentifikation in einer für sie fremden Umwelt. Das zeigte sich u. a. darin, daß die Sultane von Delhi noch nach der Ermordung des letzten Kalifen von Bagdad dessen Namen auf ihre Münzen prägen ließen. Oder Sultan Iltutmisch (1210–1236) ließ in den Torbogen einer aus den Überresten zerstörter Hindu- und Dschaina-Tempel in Adschmir errichteten Moschee folgende arabische Inschrift meißeln: »Dieses Gebäude wurde auf Befehl des Sultans errichtet, des hohen, des gerechten, des großen, des erhabensten Schahanschah, des Gebieters über die Häupter der Menschen, des Herrn der Könige der Türken und Perser, des Schattens Gottes auf Erden ... Abu al-Muzaffar Iltutmisch, der Gehilfe des Kalifen Gottes, der Verteidiger des Prinzen der Gläubigen.«[2]

Die neuen muslimischen Herrscher sanktionierten, nachdem sie die hinduistischen Feudalkräfte unterworfen hatten, mit ihrer Religion ihre Macht. Doch führte dies nicht dazu, daß der Hinduismus als religiös-philosophisches und als soziales System verschwand. Die Bevölkerung in den islamischen Reichen bestand in ihrer Mehrheit weiterhin aus Nichtmuslims, vorwiegend aus Hindus. Es war dies eine für den Islam neue Situation.

Wegen der Behandlung der Hindus gab es dann auch in der Frühphase des Delhi-Sultanats Konflikte zwischen orthodoxen Ulama und den Regierenden. Erstere forderten, die idolverehrenden Hindus in Übereinstimmung mit der Mehrheit der Begründer islamischer Rechtsschulen als »Ungläubige« zu betrachten. Demgegenüber setzte sich der Wesir des Sultans Iltutmisch dafür ein, die Hindus als »Dhimmis« einzustufen, d. h. als schutzbefohlene, mit der Kopfsteuer für Nichtmuslims belegte Untertanen des islamischen Staats. Indien sollte fortan nicht als dar al-harb, als »Haus des Krieges«, gelten, dessen Bevölkerung entweder den Islam annimmt oder zu vernichten ist, sondern als ein »Vertragsgebiet« (dar al-sulh), dessen Bewohner der Religion ihrer Ahnen die Treue bewahrten. Die islamischen Herrscher wie die meisten Muslims akzeptierten weitgehend diese Einstellung.

Das vorgefundene feudalstaatliche Grundeigentum blieb in den islamischen Dynastien bestehen. Es bildete die Basis für die Unterhaltung starker Armeen und die Sicherung der politischen Macht. Abgaben vom Kronland flossen direkt in die Staatskasse. Daneben wurden Mitgliedern der herrschenden Klasse bestimmte Ländereien mit dem Recht der Steuereintreibung zugesprochen. Auch für die Bauern, die in Dorfgemeinden lebten, änderte sich wenig; sie hatten, wie schon zuvor, für alles aufzukommen. Dem Sultan Balban (1266–1287) schrieb ein Chronist aus dem 14. Jh. den weisen Ausspruch zu: »Der Bauer ist das Rückgrat des Staates, und während man ihm nicht erlauben darf, zu einem reichen potentiellen Rebellen zu werden, würden übertriebene Abgabenforderungen einen Rückgang in der Landwirtschaft und die nachfolgende Verarmung des Staates bewirken.«[3] – Trotz der Einsicht des Sultans wuchsen die Lasten, die die Bauern zu tragen hatten.

Allmählich bildete sich innerhalb der überkommenen Feudalstrukturen landesweit eine neue herrschende Klasse heraus, die aus Muslims bestand. Aus ihren Reihen kamen die meisten Offiziere und Soldaten, und ihre Repräsentanten besetzten die höheren Posten in der Verwaltung des Staates sowie in den Städten. Die Steuerbeamten in den übernommenen Institutionen, die Händler und Geldverleiher ebenso wie die Bauern waren in ihrer überwiegenden Mehrzahl Hindus. Innerhalb der islamischen Staatswesen gab es abhängige und tributpflichtige hinduistische Radschas – Mitglieder der ehemaligen herrschenden Klasse –, die Herren ihrer Untertanen und ihrerseits Vertreter des Hinduismus blieben.

»Hindustani-Muslims«

Südasien wurde mit dem Delhi-Sultanat in die damalige religiöse und kulturelle Welt des Islam einbezogen. Zugleich begann sich hier eine kleinere islamische Welt eigener Prägung zu entfalten.

Widersprüchliches vollzog sich. Die islamischen Eroberer wurden nicht – wie andere Eroberer vor ihnen – von der eroberten Gesellschaft völlig absorbiert. Der Islam wiederum paßte sich den Bedingungen der Umgebung an. Gruppen, die zu ihm übertraten, behielten die ursprüngliche Sprache des Siedlungsraumes bei, ebenso Traditionen im sozialen wie im rituell-kulturellen Bereich.

So durchdrang das Kastensystem den indischen Islam. Entgegen der islamischen Soziallehre bildete sich eine deutliche soziale Schichtung unter den indischen Muslims heraus: Muslims »höherer« Abstammung begannen sich als Aschraf – »Edle« – von Angehörigen ihrer Glaubensgemeinschaft »niederer« Herkunft – den Adschlaf –, mit denen sie keine Heiratsbeziehungen eingingen, zu unterscheiden. Noch weiter ging die ständeartige Gliederung der Oberschicht indischer Muslims. Hier wurde unterschieden zwischen Saijids (Nachkommen des Propheten), Scheichs, Mughals und Pathanen. Kriterium der Unterscheidung war die angenommene oder überlieferte Abstammung. Die beiden ersten Kategorien beanspruchten arabische Herkunft. Mughal stand für türkisch-mongolischen Ursprung. Und die Pathanen leiteten sich von afghanischen Dynastien oder Stämmen ab.

Der Islam gewann so einen spezifisch indischen Charakter. Seit der Khaldschi-Dynastie (1290–1320) sprechen Geschichtsschreiber von den »neuen« oder »Hindustani-Muslims«.

Ungeachtet ihres religiösen Gegensatzes koexistierten Islam und Hinduismus auf indischem Boden lange Zeit. Die Angehörigen beider Religionen besuchten einander bei ihren religiösen Festen. Es fand eine wechselseitige Beeinflussung statt, die verschiedene Bereiche des gesellschaftlichen Lebens durchdrang und vor allem im Alltagsleben des Volkes tiefe Spuren hinterließ. Legendäre Heilige – Pir genannt – mit islamischen Namen wurden und werden in Nordindien bis heute verehrt, nicht nur von Muslims, sondern auch gleichermaßen von Hindus. Die üblichen Kultformen entsprechen eher hinduistischen als islamischen Traditionen.

Die Muslims in Indien waren zunächst zersplittert. Diejenigen, die unter indischen Radschas in Südindien oder in Gudscharat lebten, hatten keinen sozialen Kontakt mit ihren Glaubensbrüdern in Nordindien. Das änderte sich, als ihre Regionen von den Armeen der Sultane überrannt und die Oberhoheit der feudalen Herrscher in Delhi über ihr Gebiet errichtet wurde. Im Beherrscher des Reichs konzentrierte sich jetzt alle Macht. Er galt als Verteidiger des islamischen Glaubens und als Wahrer des islamischen Rechts und symbolisierte damit bis zu einem gewissen Grad die Einheit der Muslims des Landes. »Wer dem Sultan gehorcht, gehorcht dem barmherzigen Gott«, ließ Sultan Muhammad Tughlak auf seine Münzen prägen. Der Staat selbst behielt jedoch einen »rein säkularen Charakter«.[4] Im Gebrauch des Titels Sultan sehen Historiker einen Hinweis dafür, daß es sich hier um den Übergang von dem gewissermaßen theokratischen Kalifat zu einer säkularen Institution handelte.[5] Faktisch brachte der indische Islam, ungeachtet vorhandener Zentralisierungstendenzen, keine umfassende Organisation für seine Anhänger hervor. Er besaß auch nie einen allgemein anerkannten obersten religiösen Repräsentanten, selbst wenn später in der Mughal-Periode Herrscher solche Ansprüche erhoben.

Die herrschende Klasse feudaler islamischer Staaten saß vorwiegend in Delhi und anderen großen Städten. Dorthin flossen die Abgaben in Form von landwirtschaftlichen Produkten an die Inhaber der Lehen. Dort entwickelten sich Handwerk und Handel, unterhielt der Staat Werkstätten, in denen freie und hörige Handwerker für die Bedürfnisse der Herrschenden arbeiteten.

Die Städte wurden, wie schon im arabisch-islamischen Weltreich, zu Zentren einer aufblühenden Kultur. In ihr setzte sich, nachdem auch im östlichen Verbreitungsgebiet des Islam die persisch-islamische Macht das Erbe der Araber auf politischem und kulturellem Gebiet angetreten hatte, persischer Einfluß durch. Persisch wurde zur offiziellen Sprache im Delhi-Sultanat. Eine umfangreiche Literatur entstand in dieser Sprache, darunter eine neue Gattung: die historischen Chroniken. Das Persische leistete auch einen wichtigen Beitrag zum Entstehen einer neuen Sprache, des Urdu. Auf dem Westhindi fußend, besitzt es eine aus dem Sanskrit abgeleitete Grammatik, bezog seinen Wortschatz zum erheblichen Teil aus dem Persischen und Arabischen und erhielt seine literarische Gestalt durch die persisch-arabische Schrift. Amir Khusrau (1253–1325), der bedeutendste Dichter der Periode, schrieb neben Persisch auch in einer Frühform des Urdu, das er Hindawi nannte.

Die indoislamische Baukunst, verkörpert in großartigen Bauwerken, brachte neue Stilelemente in die Architektur des Landes. Herrscher ließen Moscheen im Hofstil mit vorgebautem Minarett errichten. Ein hervorragendes Beispiel dafür ist die Qutb-Moschee bei Delhi. Ihr Minarett wurde um 1200 fertiggestellt und blieb bis heute erhalten.

Während im 16. Jh. im östlichen Teil der islamischen Welt die Türkei und Iran zu Großreichen aufstiegen – das erstere unter den sunnitischen Osmanen, letzteres unter einer einheimischen schiitischen Dynastie –, bot Südasien ein Bild politischer Desintegration. Der Machtbereich des Delhi-Sultanats war erheblich geschrumpft. In Nordindien und im Dekhan existierte eine Anzahl selbständiger islamischer Feudalstaaten. Daneben gab es größere von Hindu-Dynastien regierte Staaten im zentralen Teil Indiens und im Süden.

In dieser Situation drang im Norden eine aus Mittelasien stammende islamische Dynastie türkisch-mongolischer Herkunft ein: die Mughal (früher meist als Moghul bekannt). Die Bezeichnung Mughal, d. h. »mongolisch«, rührte daher, daß ihr Begründer Babar neben seiner Abstammung von Timur auch eine entferntere Verwandtschaft mit dem anderen großen Eroberer Zentralasiens, mit Tschingis Khan, beanspruchte. Die neue Dynastie errichtete, beginnend 1526, ein mächtiges Reich. Zur Zeit seiner größten Ausdehnung im 17. Jh. umschloß es nahezu ganz Indien von Kaschmir bis fast zur Südspitze Indiens und außerdem Afghanistan. Von seinem kontinentalen Zentrum aus vermochte es sich die sozialökonomisch weiter fortgeschrittenen Teile des Subkontinents, darunter die Küstenregionen von Gudscharat, einzuverleiben. Das war möglich, weil innere Widersprüche und das Auftreten europäischer frühkapitalistischer Handelsgesellschaften – die die Inder bald völlig aus dem Überseehandel verdrängten – die dortigen feudalen Staaten erheblich geschwächt hatten. (Soldaten einer portugiesischen Flotte hatten 1535 Diu an der indischen Westküste besetzt. Die englische Ostindiengesellschaft eröffnete ihre erste Handelsniederlassung in Surat an der Westküste im Jahre 1612. Als Botschafter des englischen Königs James I. schloß Thomas Roe 1615 einen Handelsvertrag mit dem Mughal-Herrscher Dschahangir. Im September 1618 erhielt er von dessen Statthalter in Gudscharat eine Erlaubnis, die ihm dort das Recht auf Handelstätigkeit einräumte.)

Das Mughal-Reich war ein indisch-islamischer Großstaat. Seine Herrscher, Schahanschah und später Padschah tituliert, beanspruchten, Kalifen zu sein, unabhängig von jeder anderen Gewalt.

Im Jahre 1553 nahmen die Mughal anläßlich einer Indien-Expedition eines türkischen Admirals direkte Beziehungen zum osmanischen Hof auf. Durch sie sollten »königliche Perlen des Vertrauens auf den Faden der Zuneigung gereiht« und »Ketten der Eintracht und Liebe geknüpft« werden. Die ihm übermittelte Botschaft bezeichnete den türkischen Sultan Sulaiman respektvoll als »jenen, der das erhabene Amt des Kalifats« erlangt hatte. Doch zugleich ließ man ihn wissen, nunmehr habe »den Sitz des Sultanats und den Thron des Khilafats im Bereich von Hind und Sind« ein Herrscher inne, dessen Herrlichkeit der des Salomon gleich sei.[6] Die Mughal unterhielten Beziehungen mit dem Schah von Persien, pflegten den Austausch diplomatischer Gesandtschaften mit dem Scherifen von Mekka, dem Herrscher von Hadramaut, dem türkischen Gouverneur von Jemen und Basra, mit Regenten in Zentralasien und sogar mit dem christlichen König von Äthiopien.

Seine Blüte erreichte das Mughal-Reich unter Akbar (1556 bis 1605). »Sultan des Islam, Zuflucht des Volkes, Befehlshaber der Gläubigen, der Schatten Gottes über der Menschheit« – so lauteten einige seiner Beinamen.

Akbar wollte, um den Staat zu stabilisieren, die Zentralgewalt durch Reformen stärken. Insbesondere ging es um das staatliche Grundeigentum. Es war im Mughal-Reich Basis der feudalen Macht; deshalb sollte es gefestigt werden. Der Boden in den eroberten Territorien ging in staatlichen Besitz über. Daraus vergab der Padschah Ländereien – Dschagir – mit dem Recht der Steuereinnahme und mit der Auflage, ein bestimmtes Truppenkontingent aufzustellen und zu unterhalten. Eine straffe militärische Organisation sollte die feudale Macht gegen Gefährdungen von außen und von innen absichern. »Da gleichermaßen diese Welt ein Ort unerwarteter Wechselfälle ist und niemand weiß, was die Zeit für ihn bereithält oder aus welcher Richtung eine Rebellion auftauchen wird, müssen die Herrscher die Aufstellung einer großen Streitmacht zu ihrem Hauptanliegen machen und müssen sie stets gerüstet und zum Krieg bereit halten sowie, nachdem Gehilfen und Säulen des Reiches (damit sind bestimmte Kategorien von Inhabern staatlicher Ämter gemeint – d. A.) ernannt und bestätigt sind, jedem, entsprechend seinen Verdiensten, seinen Rang und ein Dschagir verleihen, damit er ein angemessenes Kontingent unterhalten kann.«[7] Die Dschagir sollten nicht vererbbar sein. Alle drei bis vier Jahre waren sie gegen entsprechende Ländereien in anderen Gebieten auszutauschen.

Die zivile Bürokratie des Mughal-Staates war analog der militärischen Hierarchie in Ränge gegliedert. Jeder Rang bedeutete theoretisch das Kommando über eine bestimmte Anzahl Reiter und regelte den Umfang der persönlichen Bezüge des Inhabers analog Dschagir-Bedingungen. An der Spitze der Provinzen standen Militärgouverneure. Die Provinzterritorien wiederum waren in Bezirke eingeteilt und in Distrikte untergliedert, die aus der Verwaltungspraxis vorislamischer Staaten Indiens übernommen worden waren.

Beiden Einheiten stand jeweils ein Militärbefehlshaber und ein ziviler Beamter (als Steuereinnehmer) vor, wobei letzterer vom Staat ernannt und von den Inhabern der Dschagir unabhängig sein sollte. Durch ein Netz von Steuerbeamten – meist Hindus – war der Staat mit den Dorfgemeinden verbunden, über deren Vorsteher, unterstützt vom Dorfschreiber, in traditioneller Weise die Abgaben von landwirtschaftlichen Produzenten eingezogen wurden. Die hierarchisch gegliederte Beamtenschaft des Staatsapparates unterstand direkt dem Herrscher des Reiches.

Mit dem System der Dschagir und den Rängen sollte eine Konsolidierung der ethnisch heterogenen feudalen Klasse – man unterschied Turaner, Iraner, Afghanen, indische Muslims und Radschputen – erreicht werden. Zugleich war beabsichtigt, die Verwurzelung von Angehörigen der Mughal-Aristokratie in einem bestimmten Territorium des riesigen Reiches zu verhindern.

Es gab indessen Tendenzen, die einer Festigung des Staatseigentums zuwiderliefen. Die Inhaber der Dschagir – Angehörige der herrschenden Klasse – gaben in der Regel nur einen Teil ihrer Einkünfte für den Unterhalt militärischer Verbände aus. Unterworfene Hindu-Radschas leisteten Tribut und erhielten gewöhnlich ihre früheren Besitzungen zu Bedingungen eines Dschagir zugesprochen. Das System enthielt dadurch starke Elemente für eine Entwicklung in Richtung des privaten feudalen Grundeigentums, das sich im 17. Jh. in Gestalt erblicher Dschagir auch ausbildete.

Der Repräsentant der englischen Ostindiengesellschaft in Bengalen bewertete Mitte des 18. Jh. die Staatsverwaltung des Mughal-Reiches bis zum Einfall des Perserkönigs Nadir Schah nach Indien 1739 als die beste der damaligen Welt. »Die Gewerbe, Handel und Ackerbau gediehen aufs beste; und niemand spürte die Hand der Unterdrückung außer jenen, die infolge ihres Reichtums und ihrer Macht gefährlich wurden.«[8]

In seiner Grundstruktur überlebte dieses Verwaltungssystem den Sturz der politischen Macht der Mughal. Es blieb – einschließlich der Bezeichnung für Beamtenkategorien – bis in die nachkoloniale Periode erhalten.

Um die Hindu-Mehrheit zu gewinnen und dadurch die soziale Basis seiner Macht zu erweitern, setzte Akbar religiöse Reformen durch. So befreite er Hindus von Abgaben, die sie bei Wallfahrten zu entrichten hatten, sowie alle Nichtmuslims von der Kopfsteuer. Vertreter der orthodoxen islamischen Lehre widersetzten sich dieser Religionspolitik. Ungeachtet dessen rückte der Padschah immer weiter vom sunnitisch-orthodoxen Islam ab. Er führte hinduistische Bräuche am Hof ein. Und er ließ Repräsentanten sowohl verschiedener islamischer Sekten als auch nichtislamischer Religionen (Parsen, Dschainas, Christen – darunter Jesuitenpater aus Goa) kommen und ihre Ansichten darlegen. Akbar begründete eine als »göttlichen Glauben« (Din-i-Ilahi) bezeichnete neue Religion, die ein Einheitsglauben sein sollte und in deren Mittelpunkt er sich selbst als den »gerechten Herrscher« stellen ließ, der das weltliche wie das geistige Oberhaupt verkörpert. In einer Erklärung von 1579 bestätigten Ulama an Akbars Hof dem Herrscher ausdrücklich diese Rolle. Falls aus der unterschiedlichen Interpretation des islamischen Rechts religiöse Probleme erwachsen würden und der Padschah geruhte, »mit seinem durchdringenden Verstand und seiner reinen Weisheit« Partei zu ergreifen in der Absicht, das Wohl des Volkes und die rechte Ordnung dieser Welt zu befördern, so sei diese Entscheidung, so die Ulama, für alle bindend, und jedermann habe sie zu befolgen.[9]

Die Aristokratie und die islamische Geistlichkeit nahmen indessen die neue Lehre nicht an; lediglich unter ärmeren Bevölkerungsschichten fand sie einen gewissen Widerhall. Nach Akbars Tod lebte sie eine Zeitlang als Religion einer kleinen Sekte weiter.

Seine Nachfolger setzten Akbars politische Linie nicht fort. In der zweiten Hälfte des 18. Jh. kam es unter Aurangzeb angesichts der zunehmenden Bedrohung für die Existenz der Mughal-Herrschaft, die durch Volksbewegungen entstand, sogar zu entschiedenen Versuchen, die feudale Zentralgewalt mit Hilfe des Rückgriffs auf eine konservative Praxis des Islam und Repressivmaßnahmen gegen Hindus und den Hinduismus noch einmal zu stabilisieren. Dennoch erlangte die Idee der Synthese – statt der Konfrontation – von unterschiedlichen religiös-weltanschaulichen Auffassungen in der weiteren Entwicklung des Landes grundlegende Bedeutung.

Die sozialen Gegensätze im Mughal-Reich waren kraß und augenfällig. Die Bauern lebten in ständiger Angst vor Hungersnöten. Chronisten berichten, daß während der Hungerjahre 1556 bis 1557 in der Gegend um Agra, 1573 bis 1574 in Gudscharat und 1630 bis 1632 auf dem Dekhan Fälle von Kannibalismus vorgekommen sein sollen. In Städten wohnten einfache Menschen in strohgedeckten Erdhütten.[10] Die Mughal-Aristokratie liebte demgegenüber die Prachtentfaltung. Das Haus eines Aristokraten hatte, wie François Bernier berichtet, »seine Höfe, Gärten, Bäume, Wasserbecken, kleine Springbrunnen in der Halle oder am Eingang und schöne unterirdische Zimmer, die mit großen Fächern ausgestattet sind und wegen ihrer Kühle zum Ausruhen von mittags bis vier oder fünf Uhr benutzt werden ... Im Innern eines guten Hauses ist der ganze Boden mit einer vier Zoll dicken Baumwollmatratze belegt. Darüber wird im Sommer ein feines weißes Tuch gebreitet, und im Winter ein seidener Teppich ... Fünf oder sechs Fuß über dem Boden sind in die Wände des Zimmers verschieden geformte, geschmackvolle und wohlproportionierte Nischen eingelassen, in denen Porzellanvasen und Blumentöpfe zu sehen sind. Die Decke ist vergoldet und bemalt, aber ohne Darstellungen von Menschen und Tieren«.[11] Beim Festmahl eines Aristokraten gab es zwischen zwanzig und fünfzig Gerichte. In großen Städten war Prostitution üblich. Zu den Prostituierten gehörten neben armen oder verwaisten Mädchen freigelassene Sklavinnen.

Die Kultur – die islamische wie die hinduistische – erlebte in der Mughal-Periode einen bedeutenden Aufschwung. Die Mughal-Architektur – sie prägte die Städte Fatehpur Sikri und Agra – verschmolz mit sich wandelnder Gewichtung des einen oder andern persische und indische Stilelemente. Zu ihren Höhepunkten zählt Tadsch Mahal, ein aus weißem Marmor in Agra errichteter achteckiger Bau mit einem Durchmesser von 55 m, der von vier Minaretten umgeben ist und über dem sich eine Zwiebelkuppel erhebt. Der Überlieferung nach ließ ihn Schah Dschahan (1630–1648) für seine Lieblingsfrau Mumtaz-e Mahal errichten, nachdem diese nach der Geburt ihres 14. Kindes gestorben war. Die Miniaturmalerei, von Persern wie Indern ausgeführt, diente zunächst zur Illustration von Handschriften. Zunehmend gewann sie eigenständige Bedeutung. Ihre Schöpfungen, darunter Blumen, Tiere und Frauengestalten, wurden zu Alben zusammengestellt. Auch Musik und Literatur erblühten. Persisch war die Staatssprache und die Sprache des islamischen intellektuellen Lebens an den Höfen. Das Persische diente zugleich als einigendes Band nicht nur für die ethnisch heterogene muslimische Aristokratie, sondern auch zwischen den muslimischen und hinduistischen Angehörigen der herrschenden Klasse.

Antifeudale Volksbewegungen

Der Islam unterstützte in Südasien nicht nur feudale Macht; in ihm artikulierten sich auch andere – darunter antifeudale – Bewegungen. Dabei ebnete die antifeudale Stoßrichtung nicht selten Grenzen zum Hinduismus ein.

Seit dem 11. Jh. traten in Nordindien Sufis, islamische Mystiker, mit religiös-reformerischen Aktivitäten auf. Nach der Errichtung des islamisch-feudalen Delhi-Sultanats verbreiteten sie sich über das ganze Land. Der berühmteste unter ihnen wurde Khwaja Mu'in ud-Din Chishti aus der ostpersischen Provinz Sistan. Ihm sei, so heißt es, auf einer Pilgerfahrt nach Medina der Prophet erschienen und habe ihn geheißen: »Der Allmächtige hat dir das Land Indien anvertraut. Gehe dorthin und lasse dich in Adschmir nieder. Mit Gottes Hilfe möge der Glaube des Islam durch deine und deiner Anhänger Frömmigkeit in jenem Lande verbreitet werden.«[12] Von den sufischen Orden wurden in Indien die der Suhrawardija, Chishtija, Naqschbandija und Qadirija besonders einflußreich.

Die Sufis predigten Auffassungen, die auf die Überwindung sozialer, religiöser und ethnisch-kultureller Abgrenzungen hinausliefen. Damit gewannen sie – im unmittelbaren Kontakt mit den hinduistischen Massen stehend – dem Islam vor allem im 14. und 15. Jh. zahlreiche neue Anhänger aus der einheimischen Bevölkerung. Darüber hinaus entwickelten die Sufis in der Tendenz eine Haltung der Toleranz gegenüber dem Hinduismus, wodurch sie eine Annäherung hinduistischer und islamischer Ideen förderten. Weil sie eher den Ansichten der zu geistig-religiösen Führern ihrer Orden aufgestiegenen Scheichs als der scholastischen Interpretation des Korans folgten, gerieten sie in Konflikt mit den muslimischen Theologen, den Ulama.

Der Sufismus hinterließ in Indien bleibende Wirkung. Doch artikulierte er hier nicht in erster Linie einen sozialen Protest gegen die feudale Ordnung; er trug eher zur Verklammerung breiterer Schichten des Volkes mit dem herrschenden System bei.

Eine Opposition gegen die feudale Hierarchie und feudale Privilegien, die bald landesweites Ausmaß annahm, entwickelte sich im 13. Jh. aus der Bhakti-Bewegung. Sie ergriff Hindus wie Muslims. Im 16. Jh. trugen breite Schichten städtischer Händler und Handwerker die Bewegung. Mitte des 17. Jh. schlossen sich ihr auch Bauern an.

Die Bhakti-Bewegung trug religiös-reformerischen Charakter. Sie propagierte die Gleichheit der Menschen vor Gott – unabhängig davon, ob ihre Anhänger sich diesen hinduistisch oder islamisch geprägt vorstellten. Dadurch lieferte sie einen religiös-philosophischen Ansatz, um die Einheit von Hindus und Muslims im feudalen Indien zu begründen. Antifeudale Oppositionelle machten sich ihre Lehre zu eigen. Indem die Repräsentanten der Bhakti-Bewegung in der Sprache ihrer jeweiligen Nationalität, d. h. in der Sprache des Volkes, redeten und schrieben, trugen sie wesentlich zur Entwicklung der neuindischen Sprachen bei.

Bereits im 15. Jh. war unter städtischen muslimischen Kaufleuten und Handwerkern in Gudscharat eine Mahdi-Bewegung entstanden. Sie trat für die Rückkehr zu den demokratischen Grundsätzen des frühen Islam ein und forderte für alle Muslims einen gleichen Eigentumsstatus. Immer wieder erhoben sich formierende Sekten Forderungen dieser Art. Die Überwindung sozialer Gegensätze verstanden sie zumeist als Wiederbelebung des ursprünglichen Islam. Da sie im allgemeinen eine oppositionelle Haltung zur Mughal-Herrschaft einnahmen, wurden sie von den Herrschenden, einschließlich Akbar, bekämpft und unterdrückt.

Die Bewegung der Sikhs hatte einen ähnlichen Ausgangspunkt. Hinduistischen Traditionen wie islamischen Ansichten verpflichtet, entstand sie in Anlehnung an die spätere Bhakti-Bewegung. In der zweiten Hälfte des 16. Jh. breitete sie sich zunächst unter Händlern und Handwerkern des Pandschab aus. Akbar nahm sie positiv auf. Er soll den Sikhs sogar das Land geschenkt haben, auf dem sie in

Amritsar ihr Hauptheiligtum, den Goldenen Tempel, errichteten. Im 17. Jh. indessen wurde aus der Bewegung – vor allem durch Zustrom von Dschat-Bauern – eine ernsthafte politisch-militärische Gegenkraft zur feudalen Mughal-Herrschaft.

Ausgangspunkt für die oppositionellen Bewegungen war meist der Protest gegen die Verletzung religiöser Gefühle. Das gilt besonders für die Regierungszeit Aurangzebs in der zweiten Hälfte des 17. Jh., als die Bemühungen um eine Stabilisierung der Feudalmacht von einer Verfolgungswelle gegenüber Hindus, ihrer gesellschaftlichen Diskriminierung und der Zerstörung ihrer Kultstätten begleitet waren. Die Auseinandersetzungen konnten deshalb leicht als lediglich religiöse Konflikte erscheinen. Im wesentlichen ging es in ihnen jedoch um soziale Fragen. Der Opposition war oft eine antiislamische Tendenz eigen, die das Verlangen der Massen nach Befreiung von der feudalen Mughal-Herrschaft ausdrückte. Unter den gegebenen Bedingungen förderten die oppositionellen Bewegungen den Zusammenschluß ihrer Teilnehmer auf der Basis der Nationalität – das gilt für die Bewegung der Marathen – oder die Herausbildung einer religiös-politischen Einheit wie bei den Sikhs. In ihnen zeichneten sich Ansätze eines nationalen Bewußtseins ab.

Insgesamt schwächten die Volksbewegungen die Macht des Mughal-Reiches. Der Islam büßte als Ideologie feudaler politischer Macht erheblich an Wirksamkeit ein.

Ende der Mughal-Periode

Durch innere soziale Widersprüche geschwächt, begann das Mughal-Reich zu zerfallen. In der ersten Hälfte des 18. Jh. errichteten mehrere Subadare (Gouverneure) in ihren Territorien eine weitgehend selbständige Macht mit eigenen Höfen: der Subadar des Dekhan (mit dem Titel eines Nizam) in Haidarabad, der Subadar von Bengalen (als Nawab) in Murschidabad und der Nawab Wasir (der erste Beamte des Reiches), der Lakhnau zu seiner Hauptstadt machte. Diese faktischen Nachfolgestaaten des Mughal-Reiches imitierten die Pracht des Mughal-Hofes von Delhi oder Agra und brachten in ihren Metropolen die indoislamische Kultur noch einmel zu hoher Blüte. Im Süden war inzwischen in Maisur ein neuer islamischer Staat unter Haidar Ali und später Tipu Sultan entstanden, der die Küstengebiete von Malabar einschloß. Im westlichen und in Teilen Zentralindiens bildete sich die Marathen-Konföderation, während im Pandschab die Sikhs einen Staat schufen. Im Norden schließlich formierte sich der Staat der Gurkha entlang des Himalaja zwischen Dardschiling im Osten und Simla im Westen.

Die Nachfolger von Aurangzeb, des letzten bedeutenden Padschahs der Mughal, waren in der ersten Hälfte des 18. Jh. nur noch machtlose Figuren in den Händen rivalisierender feudaler Gruppierungen.

In dieser Situation blieb in vielen Staaten Indiens der Islam die Ideologie der herrschenden feudalen Kräfte. Doch waren die Muslims sozial heterogen, und auch politisch und religiös stellten sie keine Einheit dar. Und die meisten Inder waren nach wie vor Hindus.

Im östlichen Teil Indiens trat Mitte des 18. Jh. die britische East India Company als neue Territorialmacht auf. Durch einen militärischen Erfolg im Jahre 1757 eignete sie sich die reale Macht an. Daraufhin übertrug der Mughal-Statthalter in Murschidabad 1765 formal das Recht der Steuereinnahme (Diwani) in der bengalischen Suba an die britische East India Company. Seitdem unterwarf sich die britische – und vorübergehend auch noch die mit ihr rivalisierende französische – Ostindiengesellschaft nacheinander einzelne indische Staaten. Dennoch blieb die Vorstellung – genauer Illusion –, die Mughal-Herrschaft existiere im indischen Kernland fort. Sie wurde dadurch begünstigt, daß die Briten ihre Kolonialherrschaft schrittweise errichteten und mit dem alteingesessenen Herrscherhaus »Verträge« abschlossen. Indische feudale Kreise hielten an dieser Fiktion selbst dann noch fest, als die Briten 1803 Delhi eingenommen hatten und der Mughal-Regent kaum mehr als ein Vasall der Kolonialherren war.

Ost- und Südostasien: Neigung zum Synkretismus

Araber, die Handel und Seefahrt trieben, hatten bereits in vorislamischer Zeit südchinesische Häfen erreicht.

Der Islam folgte auch hier den Handelsrouten auf dem Lande wie zu Wasser. Muslimische Kaufleute hauptsächlich brachten ihn nach Ost- und Südostasien. Zwar gelang es dem Islam, dort bodenständig zu werden. Doch stärker noch als in Südasien unterlag er dem Einfluß bereits vorhandener Kulte und Religionen; eine Neigung zum Synkretismus machte sich in ihm geltend.

In China »Hui-Hui« genannt

China erlebte unter der Tang-Dynastie (618–906) eine Blüte der Feudalgesellschaft. Die Zentralgewalt festigte sich. Die Städte wuchsen. Die Kultur nahm einen Aufschwung. In dieser Zeit fand der Islam in China Eingang. Doch wann genau war das? Legende und Wahrheit sind hier miteinander verwoben.

Nach einer Überlieferung chinesischer Muslims gelangte der Islam noch zu Lebzeiten Muhammads nach China. Der Prophet soll einen Missionar mit bereits niedergeschriebenen Teilen des Korans in das fernöstliche Land gesandt haben mit dem Versprechen, die noch fehlenden Teile nachzuliefern. Eine andere Überlieferung besagt, daß im Jahre 757 4000 Muslims dem chinesischen Kaiser halfen, gegen einen inneren Aufstand vorzugehen. Sie hätten sich dann in China niedergelassen und Chinesinnen geheiratet. Dadurch seien sie zu Vorfahren der chinesischen Muslims geworden. Sicher ist, daß die Araber bei ihren Eroberungszügen auf Chinesen trafen. 751 besiegten sie bei Samarkand ein chinesisches Heer. Durch chinesische Gefangene soll die Papierherstellung in der arabischen Welt bekannt geworden sein. Von der Mitte des 8. Jh. lebten Muslims in Kanton. Geschichtsschreiber dieser Zeit berichteten über sie: »Sie trinken keinen Wein ... Sie beten fünfmal am Tage zum Himmelsgeist ...«[1]

Zunächst bildeten die Muslims – der chinesische Terminus für sie war »Hui« oder «Hui-Hui« – kleinere Gemeinschaften in den Städten. Nach einem Sulaiman dem Kaufmann zugeschriebenen Reisebericht hatten sie im 9. Jh. in Kanton einen eigenen Richter. Dort auch fiel 879 die muslimische Gemeinde, die größte ihrer Art, einem Massaker zum Opfer.

Unter der Herrschaft der mongolischen Yuan-Dynastie im 13. und 14. Jh. erlangte der Islam in China größere Verbreitung. Muslims leisteten Großes in der Astronomie wie in der Medizin. Hohe Staatsämter standen ihnen offen.

Im Ergebnis seiner Ausbreitung wurde der Islam in innerchinesische Auseinandersetzungen einbezogen. Minoritäten wie die Uiguren, Kasachen, Kirgisen, Tadshiken und Usbeken suchten in ihm Identität und Rückhalt.

Zwischen 1855 und 1873 rebellierten Muslims in Yunnan gegen die Herrschaft der im Niedergang begriffenen Mandschu-Kaiser. Sie waren zunächst siegreich. Ihr Panthay-Sultan Sulaiman Du Wenxiu herrschte in Dalifu. Doch Verrat und Spaltung stürzte die muslimischen Rebellen in die Niederlage und Katastrophe. Der Panthay-Sultan vergiftete im Januar 1873 sich, seine Frauen und seine Töchter. Vergebens hatte er für seine Anhänger um Erbarmen gebeten. Bei einem Massaker sollen 60 Prozent der Stadtbevölkerung Yunnanfus ums Leben gekommen sein. Anderswo vergifteten die Muslims sich und ihre Familien oder starben inmitten von Flammen, um nicht den Siegern in die Hände zu fallen. Insgesamt sollen eine Million Menschen bei diesen Ereignissen den Tod gefunden haben.

Nach der Niederschlagung von Rebellionen wurde es mancherorts Muslims verwehrt, innerhalb der Stadtmauern zu wohnen und Ladenhandel zu betreiben. Muslimische Gemeinschaften siedelten so getrennt. Einige Berufe waren in ihnen besonders verbreitet: Gastwirtschaft, Karawanengeschäft, Schlächterei, Lederhandel, Juwelierarbeit, Raritätenverkauf.

Auch in China drangen einheimische Traditionen in den Islam ein und modifizierten ihn. Moscheen entstanden im Baustil chinesischer Tempel. Liu Zhi (um 1720) stellte den Islam in der Gedanken- und Vorstellungswelt des Konfuzianismus dar.

Der Zentralstaat beschränkte den Einfluß des Islam auf verschiedene Randvölker im Westen und Süden des chinesischen Reiches. Dadurch fiel es dem Islam insgesamt schwer, in China heimisch zu werden. Erst 1931 wurde der Koran aus dem Arabischen ins Chinesische übersetzt.

»Du bist eben doch ein Javane!«

Auf ihren Wegen nach südchinesischen Häfen dürften arabische Kaufleute und Seefahrer bereits in vorislamischer Zeit malaiischsprachige Häfen besucht haben. Der Handel hauptsächlich ebnete dann auch dem Islam den Weg auf dem malaiisch-indonesischen Archipel. (Es handelt sich hierbei um die malaiische Halbinsel sowie über 10 000 Inseln und Eilande, von denen Sumatra, Borneo, Java und Celebes die größten sind.) Muslims siedelten bereits im 7. Jh. entlang der Straße von Malakka, einer der wichtigsten Handelsrouten in Südostasien wie in der Welt überhaupt (sie verbindet den Indischen mit dem Stillen Ozean). Muslimische Siedlungen entstanden in den folgenden Jahrhunderten auf Sumatra wie auf Java.

Eine durchgreifende Islamisierung setzte auf dem malaiisch-indonesischen Archipel im 13. und 14. Jh. ein. Sie erfolgte hauptsächlich von Indien aus, so von Gudscharat, Malabar, der Koromandelküste und Bengalen. Sufi-Mystiker hatten an ihr beträchtlichen Anteil; die im Hinduismus verbreiteten pantheistischen Vorstellungen wie lokale animistische Kulte begünstigten ihr Wirken. 1205 soll ein Dschahan Schah eine islamische Dynastie in Atjeh (Nordsumatra) begründet haben. Er »kam aus dem Westen«, heißt es in einer Überlieferung, heiratete eine Einheimische und »bekehrte viele«. Als der venezianische Kaufmann Marco Polo (1254–1324) Sumatra besuchte, traf er in den Hafenstädten an der Nordküste zahlreiche Muslims. Er berichtet: Muslimische Kaufleute, die häufig kamen, begannen, die Eingeborenen zum Gesetz des Propheten zu bekehren. Allerdings gelte dies nur für die Menschen in der Stadt. Die Bewohner der Bergregionen lebten noch wie wilde Tiere, äßen Menschenfleisch und andere unreine Dinge. Überdies seien sie höchst abergläubisch. So würden sie das, was sie beim Aufwachen zuerst erblickten, für den Rest des Tages anbeten und verehren.[2] Der marokkanische Forschungsreisende Ibn Battuta (1304–1377), der um 1346 Sumatra bereiste, machte ähnliche Erfahrungen. Unter anderem traf er im Hafen von Sumatra auf Personen, die persische Namen trugen. Chinesische Quellen aus dem Jahre 1409 besagen, daß die Malaien von Malakka Muslims waren.[3]

Im 15. Jh. erreichte die Islamisierung einen Höhepunkt. Malakka auf der malaiischen Halbinsel, ein bedeutender Umschlagplatz des internationalen Handels, wurde eine islamische Großmacht und zu einem Zentrum für islamische Studien. Von dort aus breitete sich der Islam weiter auf dem malaiisch-indonesischen Archipel aus: über Java zu den weiter östlich gelegenen Inseln bis hin zu den Molukken.

Nachdem die Portugiesen 1511 Malakka erobert hatten, trat Atjeh in Nordsumatra dessen Erbe als islamische Großmacht der Region an. Im Kampf gegen Portugal – es ging um den Glauben wie um Gewürzrouten – erhielt es osmanische Militärhilfe. Unter Sultan Iskandar Muda (1608–1637) erreichte Atjeh den Höhepunkt seiner wirtschaftlichen Entwicklung; es wurde zu einer bedeutenden Seemacht. Die Stadt umfaßte zu diesem Zeitpunkt sieben- bis achttausend Häuser, zahlreiche Moscheen und Schulen, zwei Marktplätze und den großen Sultanspalast, zu dessen Bewachung auch Frauengarden Dienst taten.[4]

Zunächst bekannten sich vor allem Händler zum Islam. Der Handel hatte die neue Religion nicht nur gebracht – er nahm in ihrem Gesellschaftsbild auch eine gehobene Position ein, so daß diejenigen, die ihn betrieben, auf ein erhöhtes Sozialprestige hoffen konnten. Indem er zum gemeinsamen Bekenntnis wurde, erleichterte der Islam zudem die Verständigung zwischen Kaufleuten unterschiedlicher ethnischer Herkunft. Händler waren Pioniere der Islamisierung. Ihnen folgten Menschen aus den ausgebeuteten Klassen und Schichten.

Das beförderte eine gesellschaftliche Umwälzung von großer Tragweite. Hinduismus und Buddhismus, die bis dahin weit verbreitet waren, verloren allmählich an Boden. Der Islam einigte Malaien, Javaner und andere Völker. Das trug, wie anderswo, wesentlich zur Entfaltung feudaler Verhältnisse und zur Entstehung größerer Feudalreiche bei. Indem sie der Propagierung der neuen Religion diente, breitete sich die malaiische Sprache aus. Sie übernahm dabei Wörter aus anderen Sprachen, insbesondere aus dem Arabischen. 1945 bzw. 1949 wurde sie als »Bahasa Indonesia« (Sprache Indonesiens) – dieser Terminus war 1928 erstmals gebraucht worden – zur offiziellen Staatssprache Indonesiens.

Es war der sunnitische Islam, der auf dem malaiisch-indonesischen Archipel Aufnahme fand. Von den Rechtsschulen setzte sich die schafi'itische durch.

Die Sufi-Mystik, anderswo verfolgt, ging aufgrund des Anteils ihrer Vertreter bei der Islamisierung in der Region weitgehend in den islamischen Volksglauben ein, teilweise verschmolzen mit vorislamischen Glaubenselementen. Die Grabinschrift des ersten muslimischen Sultans von Pasai (Nordwestsumatra) – sie stammt aus dem Jahre 1297 oder 1307 – tut kund: Die Welt ist sterblich und hat keine Stabilität – wie ein aus Spinnweben gebautes Haus. Die den Gütern dieser Welt Nachjagenden werden ermahnt, sich mit der bloßen Subsistenz zu begnügen. Denn jeder, der in diese Welt komme, müsse sie wieder verlassen. In einer Beschwörungsformel aus Perak ist die gnostische Vorstellung von der Gottgleichheit des Menschen enthalten. »Nur falls Allah Schaden erleidet, nur dann kann ich Harm erleiden, mein überlegenes Ich, ich Herr über die

Sterblichen ..., Pfeiler Gottes«, heißt es in ihr. In einer Liebeszauberformel wird gesagt: »Es gibt keinen Gott außer Gott. Ich bin Gott, die göttliche Wirklichkeit.«[5]

In Atjeh, das mit der Mehrung seiner wirtschaftlichen und militärischen Macht zum Zentrum auch religiösen Denkens geworden war – seine muslimische Gemeinde unterhielt enge Beziehungen zu Mekka und Medina, und es galt als »Pforte des Heiligen Landes« –, fanden Auseinandersetzungen um das rechte Verständnis des Islam statt. Scheich Schams-ud-Din, der im ersten Drittel des 17. Jh. wirkte, betrachtete unter dem Einfluß des maurischen, neuplatonisch orientierten Gnostikers Ibn al-Arabi (1165–1240) den Menschen als potentiell wesensgleich mit Gott. Der vollkommene Mensch sollte sich über die Erscheinungswelt erheben und zu Gott aufsteigen. Seine Individualität würde sich dann im Ewigen auflösen wie die Welle im Ozean, der allein wahrhaft existiert und dem alles zufließt. Das islamische Glaubensbekenntnis sollte demnach nichts anderes bedeuten als: »Es gibt kein Wesen außer der absoluten Realität.« Der von 1637 bis 1644 gleichfalls in Atjeh wirkende Araber Nur al-Din al-Raniri ging gegen diese »pantheistische Ketzerei« vor. Doch behielt die Idee einer Wesensgleichheit von Mensch, Welt und Gott Anhänger. Einer von ihnen wurde 1853 in Atjeh von »Rechtgläubigen« getötet.[6]

Die Ulama in Atjeh trugen wesentlich dazu bei, daß der Islam auf dem malaiisch-indonesischen Archipel bodenständig wurde. Die Eingeborenen fanden in ihm eine neue Identifikationsmöglichkeit. Als Muslims grenzten sie sich gegenüber den »Ungläubigen« ab.

So große Fortschritte die Islamisierung auf dem malaiisch-indonesischen Archipel auch machte – sie stieß auf Grenzen. Nicht nur, daß nichtislamische Religionen fortbestanden. Im islamischen Verbreitungsbereich blieben vorislamische Institutionen und Vorstellungen bestehen. Der Islam selbst wandelte sich durch Aufnahme und Verarbeitung vorgefundener Traditionen. Muslims auf Sumatra etwa verwandten das traditionelle Männerhaus als islamische Lehranstalt, und zum Gebet riefen sie mit Trommelzeichen. Zur Urteilsfindung diente weithin das adat, das alte Gewohnheitsrecht, das, ebenso wie der Islam, alle wesentlichen Bereiche der Gesellschaft betraf. Helden und Heilige, die bereits populär waren, fanden weiterhin Verehrung. Beliebt blieb das wayang, das javanische Schattenspiel, in dem hinduistische Epen des Mahabharata und Ramayana zur Aufführung gelangten.

Das Fortbestehen vor- und nichtislamischer Vorstellungen und Praktiken läßt sich aus den Schriften muslimischer Gelehrter herauslesen. Abd al-Samad al-Palimbani (18. Jh., Südsumatra) polemisierte gegen das Transvestitentum, das Darbringen kleiner Opfer zur Beschwichtigung gefährlicher Mächte und das Aufrichten von Puppen, die als Stellvertreter für einen von Unheil Bedrohten fungierten. Der Mystiker Hamza Fansuri wehrte sich gegen die Pflege hinduistischer Yogapraktiken.[7]

Auf Java äußerten Muslims ein Selbstbewußtsein, das sich vom Arabisch-Islamischen abgrenzte. In der »Schrift der höchsten Erkenntnis« aus der zweiten Hälfte des 19. Jh., die einem jungen javanischen Adligen Ratschläge für das Leben erteilt, heißt es:

»Solltest Du danach streben,
des Propheten Beispiel zu folgen,
so wirst Du, Junge, Dein Ziel nicht erreichen.
Du bist doch eben ein Javane!«

Etwas später lautet der Text:

»Weil ich ein Adliger bin,
würde es um mich als frommem Muslim schlimm bestellt sein.
... Besser sei es, die Gesetze der Ahnen ehrfürchtig zu befolgen
von den ältesten Zeiten an bis heute.«[8]

Diejenigen Muslims, die sich zu einem eher synkretistischen Islam bekannten – sie machten die Mehrheit der Bevölkerung auf dem malaiisch-indonesischen Archipel aus –, galten als abangan. Ihnen standen die santri gegenüber, die ihre Religion schärfer von der überkommenen religiösen Umwelt abgrenzten.

1602 wurde die niederländische Ostindische Kompanie begründet. Damit begannen die Niederlande in Ostasien Fuß zu fassen und Kolonien zu erobern. Unbeabsichtigt förderte die niederländische Kolonialherrschaft die Ausbreitung des Islam: durch eine Vereinheitlichung der Administration, die sie bewirkte, wie durch das Bestreben der einheimischen Bevölkerung, sich mit dem Islam und in ihm gegenüber der Kolonialmacht abzugrenzen und ihn zur Plattform des gemeinsamen antikolonialen Kampfes zu machen.

Muslims, die vom malaiisch-indonesischen Archipel und von Arabien kamen, brachten den Islam auf die Philippinen. Ein islamisierter Radscha aus Minangkabau (Sumatra) soll um 1390 den Sulu-Archipel besucht haben. Scharif Mohammad Kabungsuwan, ein aus Hadramaut stammender Nachkomme des Propheten Muhammad, gilt als Begründer der Dynastie von Mindanao. Zunächst soll er nicht vorgehabt haben, dort zu landen. Doch die Einheimischen, die ihn begrüßten, hätten versprochen, Muslims zu werden. Um 1475 schuf offenbar Saijid Abu Bakr, ein Enkel Kabungsuwans, das islamische Sultanat Sulu. Es kam zu Massenbekehrungen zum Islam. Moscheen wurden gebaut.

Der Islam gab auch hier seinen Anhängern Kraft zur Einheit und zur Expansion. Stämme, die ihn nicht akzeptierten, wurden aus fruchtbaren Tälern in Berggegenden abgedrängt. Es fanden Kriegszüge nach Nordborneo und gegen »heidnische« Stämme statt.

Als die Spanier im letzten Drittel des 16. Jh. darangingen, die Philippinen zu erobern (1571 nahmen sie Manila in Besitz), widersetzten sich ihnen die Moros, die philippinischen Muslims. Die Auseinandersetzungen währten nahezu drei Jahrhunderte. Die Moros errangen Siege – und mußten Niederlagen hinnehmen. Positionen, die sie eroberten, suchten die Spanier dadurch zu festigen, daß sie die einheimische Bevölkerung – zum Teil gewaltsam – zum Christentum bekehrten und christliche Kirchen errichteten. (Die Spanier gaben den verschiedenen muslimischen Stämmen die gemeinsame Bezeichnung »Moro«, denn so – d. h. Mauren – hießen die Muslims, die sie bereits kannten. Der Name wurde lange Zeit als beleidigend empfunden.[9])

Gegen Ende des 19. Jh. lösten die USA die Herrschaft der Spanier ab. An der feindseligen Haltung der vorangegangenen Kolonialmacht gegenüber den Moros hielten sie fest. Sie veranstalteten Strafexpeditionen gegen diese und siedelten christliche Philippinos in den fruchtbaren südlichen Gebieten an.

Subsaharisches Afrika: Begegnung mit Naturreligionen

Die Klassendifferenzierung im subsaharischen Afrika war, als der Islam seinen Siegeszug antrat, noch nicht so weit fortgeschritten wie in Asien. Weithin herrschten noch urgemeinschaftliche Verhältnisse. Naturreligionen waren verbreitet, denen eine religiöse Hierarchie fehlte. Diese Situation begrenzte zunächst die islamische Expansion – und bot ihr auch Chancen. Der Islam verkörperte einen gesellschaftlichen Vorsprung.[1] Als im subsaharischen Afrika die Entwicklung danach drängte, die Stammesgrenzen zu sprengen und Staaten zu bilden, vermochte er diesen Prozeß erheblich zu fördern. Das wiederum sicherte ihm Resonanz und Ausbreitung, vornehmlich in östlichen Randgebieten Afrikas wie in der Sahelzone.

Religion von Sklavenhändlern?

In vorislamischer Zeit bestanden bereits Verbindungen zwischen der Arabischen Halbinsel und dem subsaharischen Afrika. Auf den Territorien der heutigen Staaten Äthiopien und Sudan kreuzten sich Handelswege, die aus dem Innern Afrikas kamen. Von hier führten sie zum Mittelmeerraum – entweder entlang dem Nil oder auf dem Roten Meer – oder in die Karawanenpisten der Arabischen Halbinsel. Schiffahrtsverbindungen reichten bis Indien. Von der ostafrikanischen Küste – vom Gebiet des heutigen Somalia, Kenia und Tansania – gelangten Schiffe über den Golf von Oman bis nach Irak. Zu den hauptsächlichsten Handelswaren gehörten neben Gold und Elfenbein afrikanische Sklaven.

Die Beziehungen zwischen Afrika und der Arabischen Halbinsel waren nicht auf den Handel beschränkt. Staatengründungen altorientalischen Typs beeinflußten sich wechselseitig. Einer Legende zufolge leitete die äthiopische Herrscherdynastie ihre Herkunft von Menelik her, einem angeblichen Sohn von König Salomon und der Königin von Saba. Als das südarabische Königreich Saba im 2. Jh. zerfiel, erlebte das Königreich Aksum einen Aufschwung.

Aksum, im Norden des heutigen Äthiopien gelegen, war Krönungsort der äthiopischen Herrscher. Seine Könige profitierten besonders von dem Monopol im Gold- und Elfenbeinfernhandel. Im 4. Jh. übernahm König Ezana von Priestern aus Syrien das Christentum, um damit die königliche Zentralgewalt zu festigen. Es dauerte jedoch drei Jahrhunderte, bis die neue monotheistische Religion, durch die sich das Königreich von den umliegenden Reichen unterschied und auch distanzierte, außerhalb der herrschenden Adelsschicht im Volk Verbreitung fand.

Das Königreich von Aksum gewann vom 4. Jh. an die Kontrolle über die Handelsschiffahrt im Roten Meer und nach Indien. Es ging noch einen Schritt weiter. Im 6. Jh. eroberten seine Soldaten den Jemen und stießen bis nach Mekka vor. Doch konnte die Herrschaft über die eroberten Gebiete nur wenige Jahrzehnte aufrechterhalten werden.

Nach seinem Rückzug blieb das Reich von Aksum ein in Südarabien beachteter politischer Faktor. Muhammad empfahl seinen in Mekka verfolgten Anhängern, ». . . sie sollten nach Abessinien auswandern. Über die Abessinier herrsche ein guter König namens al-Nagasi (d. h. der Negus), in seinem Land litt niemand Unrecht, und er wurde seiner Aufrichtigkeit wegen gepriesen«.[2]

Bei dem Rückzug Aksums aus Südarabien gerieten viele Afrikaner in Kriegsgefangenschaft und damit in die Sklaverei. Sie dürften ein Drittel aller Sklaven gestellt haben, und die Araber zogen sie zum Viehhüten und zu anderen Dienstleistungen heran. Zum Sklavenhalter bestand noch eine gewisse persönliche Beziehung. Große, separate Sklavengruppen von Afrikanern wurden nur im Irak zu landwirtschaftlichen Arbeiten im Euphrat-Tigris-Gebiet eingesetzt. Zu den afrikanischen Sklaven gehörten Frauen. Dadurch vermehrte sich die Zahl der Mischlinge. (Der afrikanische Sklave und seine Nachkommen hatten, selbst wenn sie Mischlinge waren, gegenüber den Sklaven aus anderen Ländern einen entscheidenden Nachteil: Aufgrund ihrer Hautfarbe und anderer negrider Merkmale fielen sie sofort ins Auge. Jeder Afrikaner galt daher erst einmal als Sklave. Selbst Freigelassenen hing aufgrund ihrer Hautfarbe der Sklavenstatus an.)

Der Islam akzeptierte prinzipiell die Sklaverei, die er vorfand. Allerdings modifizierte er sie, indem er eine Versklavung religiös Gleichgesinnter, also anderer Muslims, im Gefolge von Kriegszügen ausschloß. Und er wandte sich gegen jede Rassendiskriminierung. Ungeachtet dessen brauchten die Ausbeuter Sklaven, und ihr Interesse setzte sich gegen die Gleichheitsvorstellungen der neuen Religion durch. Es genügte für einen Sklaven keinesfalls, sich zum Islam zu bekennen, um seine Freiheit zu erhalten. Er blieb nach dem Übertritt Sklave, gleichfalls seine Nachkommen, bis sich der muslimische Sklavenhalter aus freiem Willen oder aus auferlegter Strafe zu etwas anderem entschloß. Die Sklavenfreilassung hatte zudem ihre Kehrseite: Sie vergrößerte bei den Ausbeutern die Nachfrage nach neuen Sklaven, weitete somit den Sklavenfernhandel und den Sklavenfang im Gefolge von Kriegszügen aus.

Dort, wo im subsaharischen Afrika die Klassendifferenzierung vorangeschritten war, erwies sich der Islam als geeignet, von den herrschenden Kräften zur Überwindung der Stammesbindungen eingesetzt zu werden. Daß vor Allah die Hautfarbe nicht zählte, begünstigte angesichts der ethnischen Vielfalt seine Verbreitung.

Gleichzeitig hielt der Sklavenfernhandel aus Afrika in die arabisch-islamische Welt bis ins 19. Jh. an. Es wurden Kriegszüge durchgeführt, um die Nachfrage nach Sklaven zu befriedigen. Araber waren vielfach mit Sklavenfang und Sklavenhandel befaßt. Der Islam erschien dadurch vielen Afrikanern als Religion von Fremdlingen und Sklavenhändlern. Zwar bot der Islam auch dem afrikanischen Muslim Schutz vor Versklavung durch andere Muslims, was für viele Afrikaner ein gewichtiger Grund sein mochte, sich zum Islam zu bekennen, doch hatte nicht selten der Bedarf an Sklaven Vorrang vor religiösen Bedenken. Überliefert ist ein Schreiben des Herrschers von Bornu (heute Nordnigeria), Abu Amr Uthman ibn Idris, aus dem Jahre 1391/92, in dem er sich beim Mamlukensultan in Kairo al-Zahir Barquq beschwerte. Darin hieß es: »Wir senden zu euch als Gesandten unseren Vetter Idris ibn Muhammad wegen des Unheils, das wir und unsere Könige erduldet haben; die Gudam, genannt Araber und andere, nahmen nämlich unsere freien Frauen, Jünglinge und schwache Männer sowie unsere Verwandten und andere Muslims gefangen, während unter ihnen Polytheisten und Abweichler (vom wahren Glauben) sind. Wegen eines Streits zwischen uns und unseren Feinden überfielen sie die Muslims und richteten ein großes Gemetzel an . . . Die Araber haben unser gesamtes Land und alles in Bornu bis heute zugrunde gerichtet, die muslimischen Edlen und Verwandten gefangengenommen und an Sklavenhändler aus Ägypten, Syrien und andere Länder verkauft.«[3]

Selbst dort, wo der Islam die afrikanischen Muslims vor Verkauf schützte, wirkte das Gift des Sklavenfernhandels: Hatten afrikanische Herrscher den Islam übernommen, dann führten sie ihrerseits den Dschihad gegen andere afrikanische Stämme, und dieser »heilige Krieg« diente oft zur Bemäntelung von Sklavenfangzügen.

Der Islam breitete sich hauptsächlich auf vier Wegen in Afrika aus.

Zunächst einmal folgte er, wie anderswo, jahrhundertealten Verbindungen: Muslimische Händler brachten ihn von der Arabischen Halbinsel ans gegenüberliegende Ufer. Die Muslims gingen indessen auch gewaltsam vor. Sie rissen die Kontrolle über die Schiffahrt auf dem Roten Meer und auf der Indienroute an sich. Im 8. Jh. zerstörten sie Adulis, den Haupthafen von Aksum am Roten Meer, und gewannen die Kontrolle über wichtige Häfen wie Berbera, Zagla, Massawa am Horn von Afrika.

Der Verlust der Hochseeschiffahrt schwächte das Reich Aksum. Es mußte sich schrittweise aus den Küstenregionen am Roten Meer zurückziehen und geriet in eine zunehmende Isolierung. Vom 8. bis 13. Jh. sind kaum Überlieferungen über Aksum vorhanden. Im 13. Jh. verlegte der König seine Residenz in die Kerngebiete Äthiopiens, die damals die Hälfte des heutigen Äthiopien ausmachten. Künftig war nur noch vom äthiopischen (abessinischen) Reich, nicht mehr von Aksum die Rede.

Im Küstengebiet am Roten Meer – im Gebiet der heutigen Staaten Somalia und Djibouti – hatten die nomadischen Stämme bereits im 8. Jh. den Islam übernommen und lokale Fürstentümer begründet. Von hier aus drang die neue Religion auf dem Landwege südwärts vor und erfaßte die somalischen Nomaden. Dort jedoch – im Gebiet des heutigen Kenia –, wo andere Sozialstrukturen begannen, endete ihr Vordringen.

Die islamischen Fürstentümer in der Küstenregion am Roten Meer konnten die Oberhoheit von Aksum abwerfen. Mit türkischer Unterstützung erzielten sie 1527 gewichtige militärische Erfolge. Sie eroberten und zerstörten Aksum sowie die östlichen und zentralen Provinzen Äthiopiens. Doch letztlich behauptete sich das äthiopische Reich – und mit ihm das Christentum, das zur staatstragenden Religion geworden war. Der Islam stieß auf Grenzen. Es war kennzeichnend für eine veränderte internationale Situation, daß an der Abwehr des türkisch-islamischen Vorstoßes nach Äthiopien im 16. Jh. 400 portugiesische Söldner teilnahmen, die von der ostafrikanischen Küste kamen.

Dem »Sprung«, den der Islam von der Arabischen Halbinsel zum gegenüberliegenden Ufer unternahm, blieb so über Jahrhunderte hinweg ein größerer Erfolg versagt. Nur in einem verhältnismäßig kleinen Küstenbereich übernahm ihn die vorwiegend nomadische Bevölkerung.

Der zweite Weg, den der Islam nach Afrika nahm, folgte ebenfalls Verbindungen Arabiens aus vorislamischer Zeit. An mehreren Orten der ostafrikanischen Küste, vor allem auf dem Territorium der heutigen Staaten Kenia und Tansania, zum Teil auch Somalia und Moçambique, hatten sich Kaufleute aus der islamischen Welt, besonders aus dem Gebiet von Oman, niedergelassen. Die persische Niederlassung Kilwa Kisiwani beherrschte im 13./14. Jh. den ostafrikanischen Handel.[4] Die von Afrikanern dichter besiedelten Gebiete lagen mehrere hundert Kilometer entfernt im Landesinnern, wo größere Niederschlagsmengen bzw. Wasservorkommen Ackerbau und Viehzucht ermöglichten. Elfenbein, Gold und Sklaven wurden von dort ans Meer gebracht, um verschifft zu werden. In der arabisch-islamischen Welt war diese Küste als »Bilad al-Zandsch« bekannt. Unter den Zandsch, heute noch als Wortteil in »Sansibar« enthalten, wurden alle Bantuvölker zusammengefaßt.

Mit den muslimischen Kaufleuten kam der Islam in die Küstenorte. In Lamu, Mombasa, Malindi, Sansibar, Kilwa, Sofala und anderen Orten entstanden Stadtstaaten feudalen Typs. Dort, wo sich wie im Gebiet des heutigen Somalia muslimische Kaufleute und somalische Nomaden vereinigten, erhielt der Islam ein »Hinterland«. Doch weithin unterblieb das. Zwar vermischten sich die Muslims auch anderswo mit der ansässigen afrikanischen Bevölkerung, doch hatte die direkte Seeverbindung zu ihren »Mutterländern« zur Folge, daß immer wieder Landsleute in die ostafrikanischen Staaten zuwanderten, während andere in ihre ursprüngliche Heimat zurückkehrten.

In der Endkonsequenz blieb der Islam vielfach mit den Arabern und mit dem von ihnen von der Küste gesteuerten Fern- und Sklavenhandel verbunden. Wenn der Marokkaner Ibn Battuta im 14. Jh. von einem ständigen »heiligen Krieg« Kilwas gegen die Ungläubigen spricht, so handelt es sich bei diesem Terminus um eine Rechtfertigung der Sklavenfangzüge.

Ohne Rückzugsgebiet ins Landesinnere unterlagen die islamischen Stadtstaaten, als sie im April 1498 von portugiesischen Schiffen unter Vasco da Gama angegriffen wurden. Seit 1505 errichtete Portugal die direkte Herrschaft über die Gebiete von

Sofala (Moçambique) bis Mogadishu (Somalia). Unterwarf sich ein Sultan der neuen Herrschaft, so konnte er, ungeachtet seiner religiösen Einstellung, in seiner Position bleiben, wie der Sultan von Malindi (Kenia). Islamische Herrscher entschieden sich unter diesen Gegebenheiten unterschiedlich, die einen für Widerstand, andere für Kollaboration. Viele orientierten sich an der Situation in arabischen Ländern.

Bis zum ersten Drittel des 18. Jh. vertrieben die Afrikaner die portugiesischen Herrscher aus allen ostafrikanischen Küstenstädten, mit Ausnahme der Gebiete von Moçambique. Das war nicht allein das Ergebnis eines lokalen Widerstandes. Auf den Hilferuf der islamischen Oberschichten der Stadtstaaten schickte ihnen der Sultan von Maskat seine Kriegs- und Handelsflotte zur Unterstützung. Die Stadtstaaten tauschten indessen die Befreiung vom portugiesischen Joch mit der Abhängigkeit von einem arabischen Sultanat ein.

Im 18. und 19. Jh. verstärkten sich die politischen, kommerziellen und religiösen Bindungen der ostafrikanischen Stadtstaaten an die arabische Welt. Im Jahre 1840 verlegte der Sultan Saijid Sa'id seine Residenz von Maskat auf die Insel Sansibar. 1856 legte er sich den Titel Sultan von Sansibar zu. Diese Schritte verstärkten die eigenständige politische Entwicklung im ostafrikanischen Bereich. Der Sultan erhob auch Ansprüche auf die der Insel gegenüberliegende ostafrikanische Küste. Karawanen, finanziert und geführt von islamisch-arabisch-swahilischen Großhändlern der Küstenorte, drangen über Hunderte von Kilometern ins Landesinnere vor, um die traditionellen Exportwaren, darunter wiederum Sklaven, zu holen. Der Islam erreichte somit Gebiete, die ihm zuvor verschlossen waren. Aber der Ruf, Religion der Araber und der Sklavenhändler zu sein, behinderte ihn zugleich.

Trotz eines mehrere Jahrhunderte währenden Einflusses konnte der Islam in Ostafrika nur in begrenzten Gebieten ein Übergewicht erhalten. Er blieb auch hier in einer Randzone stecken.

Den Lauf des Nil entlang

Die anderen Wege, die der Islam in das subsaharische Afrika nahm, begannen im nordafrikanischen Raum.

Da war der Nil. Auf seinen 6000 km durchfließt er unterschiedliche Vegetationszonen. Die an seinen Ufern lebenden Völker sahen sich durch ihn verbunden; sie richteten ihre Blicke zur Mündung bzw. zu den sagenumwobenen Quellen.

Im 8. Jh. v. u. Z. eroberten Ägypter Nubien (Sudan). Um die Zeitenwende versuchten die Römer, den Nil entlang vorzustoßen. Auch die Araber folgten dieser Route. Bereits ein Jahrzehnt nach der Eroberung Ägyptens unternahm der ägyptische Statthalter Abdallah ibn Saas einen Kriegszug nach Süden. In dem mit Nubien abgeschlossenen Abkommen hieß es: »Ihr habt jährlich 360 Stück von den besten Sklaven eures Landes, dazu fehlerlos, an den Imam der Muslims abzuliefern, Männer und Weiber, worunter sich weder hinfällige Greise noch alte Weiber noch unreife Kinder befinden dürfen. Die liefert ihr ab an den Präfekten von Assuan.«[5] Dieser Vertrag wurde später auf 500 Sklaven erweitert, und er bestand bis zum Beginn der Mamlukenherrschaft fort. Ibn Chaldun berichtet: Wenn die Nubier »zuweilen diesbezüglich säumig waren, unternahmen die Soldaten der Muslims Ägyptens Razzien gegen sie, bis sie gehorchten«.[6]

Quellen zeigen die Auswirkungen der erzwungenen Sklavenlieferungen: Die Nubier, seit 1316 unter einer muslimischen Herrschaft, führten ihrerseits Kriege, um möglichst die dabei Gefangenen und nicht Angehörige des eigenen Volkes als Sklaven abzuliefern.

Für die Muslims blieb die Möglichkeit, entlang dem Nil gen Süden vorzustoßen, in den folgenden Jahrhunderten bedeutungsvoll. Sie konnten hier auf dem Landweg die militärische Expansion durchführen und andere ethnische Einheiten islamisieren. Das arabische Wort »Sudan« (Substantivbildung des Plurals von aswad, »schwarz«) wurde zum Kennzeichen einer ganzen Region und gab 1956 der unabhängig gewordenen Republik Sudan den Namen. Ihre heutigen Gegebenheiten im religiösen und ethnischen Bereich entstanden vor Jahrhunderten durch die Kombination von Islam mit Sklavenfernhandel: Zwei Drittel der Bevölkerung der Republik, und zwar die im Nordteil lebenden Araber bzw. die arabisierte Bevölkerung, bekennen sich zum Islam; die im südlichen Waldgebiet lebende negride Bevölkerung hängt weiterhin vor allem Naturreligionen an.

Da waren schließlich die Handelsrouten, die die Sahara durchquerten. Sie hatten ihre Ausgangspunkte im Gebiet der heutigen Staaten Ägypten, Libyen, Tunesien, Algerien und Marokko. Sie endeten in jener Zone, die unter dem Namen Sahel weltweit bekannt geworden ist. Das arabische Wort »Sahel« (Küste) bezieht sich hier nicht auf ein an ein Meer angrenzendes Gebiet, sondern auf jene »Küste«, die die Reisenden nach Durchquerung des Wüsten»meeres« erreichten: die Baumsavanne. Wie ein breites Band erstreckte sie sich von der Küste des Atlantiks in Mauretanien und Senegal bis ans Hochland von Äthiopien, im Norden begrenzt durch die Sahara, im Süden durch den tropischen Regenwald.

Im 4. Jh. entstand in der Sahelzone das Reich Ghana, und zwar auf den Territorien der heutigen Staaten Mauretanien und Mali. Wie Ausgrabungen von Moscheen in der alten Hauptstadt Kumbi Saleh, 350 km nördlich vom Bamako gelegen, beweisen, geriet es frühzeitig unter den Einfluß des Islam. (Den Namen Ghana übernahm 1957 der erste unabhängig gewordene Staat südlich der Sahara, obwohl er sich nicht auf dem Gebiet des gleichnamigen alten Reiches befindet.)

Dem Ghana-Reich folgte das Reich Mali mit seiner Blüte im 13. und 14. Jh. Am Mittellauf des Niger entfaltete im 15. Jh. das Songhai-Reich seine größte Macht. Es entstanden die Mossi-Königreiche, die Hausa-Stadtstaaten und das Reich Bornu-Kanem. Zwar umfaßte keiner dieser Staaten die gesamte Sahelzone, in ihrem jeweiligen Abschnitt jedoch das Territorium zwischen Wüste und tropischem Regenwald.

An den Enden der Transsahararouten gelegen, waren die Reiche der Sahelzone wichtige Zentren des Fernhandels. Im Austausch gegen Metallwaren und Textilien lieferten sie für die nordafrikanischen, arabischen und europäischen Märkte Gold und Sklaven.

Aufgrund dieser ihrer Position waren diese Reiche immer wieder Angriffen ausgesetzt. Arabisch-islamische Staaten Nordafrikas versuchten über die Sahara hinweg ihre Einflußzone auszudehnen und Gebiete der Sahelzone zu erobern. Das gelang beispielsweise den Truppen des Sultans von Marokko al-Mansur im Jahre 1691. Doch konnten sie das Songhai-Reich und dessen Hauptstadt Gao nur für wenige Jahre besetzt halten. Vom oberen Nil stießen islamische Stämme gleichfalls in die Sahelzone vor.

Gefahren drohten auch aus der Region Westafrikas, die südlich der Sahelzone lag. Seit dem 16. Jh. exportierten Holland, Großbritannien, Frankreich, Portugal und Dänemark von ihren Stützpunkten an der westafrikanischen Atlantikküste in rasch anwachsendem Maße Sklaven für ihre Plantagen und Bergwerke in Amerika, Zehntausende jährlich. Sklavenfang und Sklavenhandel betrafen zunächst nur den küstennahen Bereich. Bald war aber durch das Gebiet des tropischen Regenwaldes die Sahelzone erreicht. Denn afrikanische Königreiche im Regenwaldgebiet, besonders die neugegründeten wie Aschanti und Dahome, trugen der neuen Situation Rechnung. Sie schützten ihre Bevölkerung vor dem transatlantischen Sklavenhandel, indem sie für ihn durch Kriegszüge Menschen anderer Stämme fingen.

Diese Gefahren führten in den islamisierten Gebieten der Sahelzone im 18. Jh. zu einer islamischen Renaissance. Ibrahim Musa (gest. 1751) rief im Gebiet der Futa Jalon (Guinea) zum Dschihad gegen die Susu Jalonke. Der Islam drang, indem er die Menschen in Abwehr einer äußeren Bedrohung einte, in breitere Volksschichten ein.[7]

Tatsächlich vermochten die afrikanischen Reiche des Tropenwaldes nicht in die Sahelzone vorzustoßen. Die in Waldkämpfen erfahrenen Krieger des Königs von Aschanti waren den Reiterarmeen der islamischen Savannenreiche nicht gewachsen. Letztere hielten ihre politische Souveränität bis zum Ende des 19. Jh. aufrecht.

Der transatlantische Sklavenhandel der kapitalistischen Mächte bewirkte in den islamischen Reichen indessen nicht nur Abwehr. Seit Jahrhunderten waren die afrikanischen Herrscher durch den islamisch-arabischen Sklavenfernhandel an den Menschenverkauf gewöhnt. Ein wachsender Strom von Sklaven wurde von islamischen Händlern nach den Exportzentren an der westafrikanischen Atlantikküste gebracht: Erwachsene, vielfach aber auch Kinder und Halbwüchsige, einzeln oder in kleinen Gruppen. Da dies im Vergleich zum bewaffneten Sklavenfang als friedlich erschien, sprachen die Europäer in Westafrika vom »stillen Sklavenhandel«. Europäische Händler in den westafrikanischen Küstenforts und afrikanisch-muslimische Fernhändler gewöhnten sich an den Handel miteinander, auch als mit dem 19. Jh. der transatlantische Sklavenhandel zu Ende ging. Der Handel befaßte sich fortan mit anderen Waren.

Für den Islam eröffneten sich seit dem 19. Jh. neue Möglichkeiten, in südlicher Richtung bis an die Atlantikküste vorzudringen. Was die islamischen Reiche mit Waffengewalt nicht hatten erreichen können, schafften die muslimischen Fernhändler, nach einem vorrangig mit Fernhandel befaßten Stamm auch Hausahändler genannt. Bald formierten sich an den Küstenorten am Atlantik sogenannte Hausa-Songhos, und in diesen Wohnvierteln wurden die ersten Moscheen gebaut. Auch in den Hauptorten entlang den Handelsrouten zur Küste durch das Gebiet des Regenwaldes gründeten die Hausa separate Niederlassungen.

Das Vordringen dieser Muslims bedeutete jedoch keine wirkliche Ausbreitung des Islam. Die Hausasiedlungen blieben praktisch Enklaven. Die Eingeborenen im Gebiet des Regenwaldes und des Küstensaumes hingen weiterhin Naturreligionen an. Sie waren traditionell tolerant gegenüber einem neuen Gott. Für die muslimischen Fernhändler gab es deshalb keinen Grund, die Bevölkerung der von ihnen durchzogenen Gebiete missionieren zu müssen. Zwischen beiden Seiten herrschte ein gütliches Einvernehmen.

Die Afrikaner, die zum Islam übertraten, mußten die Allmacht Allahs anerkennen. Zugleich konnten sie manche vertrauten Vorstellungen und Praktiken aus den Naturreligionen beibehalten. Einiges, was vielerorts üblich war – wie die Polygamie –, fand in der neuen Religion seine Bestätigung. Das hatte zweierlei Konsequenzen. Vielen Afrikanern fiel es relativ leicht, Muslim zu werden. Und der Islam wandelte sich. In ihn gingen überkommene Riten, Heiratsbräuche, Volksfeste u. a. m. ein, ebenso die Ahnenverehrung. Er wurde, wie Thea Büttner feststellt, zur afrikanischen Volksreligion.[8] Mystische Bruderschaften erlebten – besonders im 19. Jh. – einen Aufschwung und gewannen politischen Einfluß, so etwa in Senegal. Ihre Tänze zielten auf eine mystische Vereinigung mit Gott – eine Praxis, die dem ursprünglichen Islam fremd war.

KONFRONTATION MIT KOLONIALISMUS

Im 16. Jh. begann eine neue Gesellschaftsformation Gestalt anzunehmen, der Kapitalismus. In den folgenden Jahrhunderten setzte er sich weltweit durch. Ein neues Zeitalter begann, gekennzeichnet durch die Begriffe Demokratie, Liberalismus und Sozialismus.

Höchst Widersprüchliches vollzog sich. Die Produktivkräfte – Stichwort: industrielle Revolution – nahmen einen unerhörten Aufschwung. So dynamisch hatten sie sich nie zuvor entwickelt. Das Bürgertum ersetzte die Feudalherrschaft durch seine Demokratie. Von Menschenrechten war die Rede, von Freiheit, Gleichheit, Brüderlichkeit. Doch hatte das Ganze auch eine Kehrseite. Die Arbeiter vor allem zahlten durch harte, erschöpfende Arbeit und miserable Lebensumstände für den Fortschritt. Die Welt polarisierte sich. Die Staaten, in denen sich die kapitalistische Ordnung voll herausbildete – sie befanden sich vornehmlich in Westeuropa und Nordamerika –, nutzten den dadurch gewonnenen sozialökonomischen Vorsprung, um sich nahezu die gesamte übrige Welt als Kolonien, Halbkolonien oder abhängige Länder zu unterwerfen. Für die betroffenen Menschen veränderte sich ihre historische Grundsituation. Äußere Abhängigkeit zerstörte bzw. deformierte die gesellschaftlichen Verhältnisse, unter denen sie lebten. Materielle Werte, von ihnen erzeugt, flossen in die Kolonialmetropolen. Ein zunächst vorhandener historischer Rückstand verwandelte sich aufgrund der strukturellen Fremdbestimmung und der institutionalisierten Ausbeutung in Unterentwicklung.

Zu den Widersprüchen gehörte auch: Der Kapitalismus brachte Kräfte hervor, die ihn in Frage stellten. In seinen Zentren formierten sich Bewegungen, die mit dem Sozialismus eine ausbeutungs- und unterdrückungsfreie Gesellschaft erstrebten. In den kolonial abhängigen Gebieten nahmen Befreiungsbewegungen Gestalt an, die zunächst Mitspracherecht, dann Eigenstaatlichkeit verlangten.

Auch die meisten Muslims wurden kolonial versklavt – zunächst die, die als Minderheiten in der »islamischen Peripherie« lebten, dann jene in den islamischen Kernlanden. Das wurde für sie zu einer Herausforderung von großer Tragweite: Nicht nur, daß sie der Fremdherrschaft ferner – europäischer – Mächte unterworfen waren, die zudem einen anderen Gott verehrten; die neuen Herren verkörperten zugleich eine höhere Gesellschaftsordnung. Ebenso wie Angehörige anderer Religionsgemeinschaften in ihren Ländern widersetzten sich Muslims der Kolonialherrschaft, unter die sie geraten waren oder zu geraten drohten. Nicht selten, so in Afrika und Indonesien, trugen sie damit zur weiteren Verbreitung des Islam bei. Ihr Widerstand hatte am Anfang zumeist religiöse Formen. Sehr oft standen Theologen oder zumindest religiös gebildete Vertreter der Stammes- und Feudalaristokratie an seiner Spitze.

Der Islam erwies sich als besonders geeignet, den antikolonialen Kampf zu motivieren und zu inspirieren. Entsprechend dem islamischen Weltbild war infolge der kolonialen Besetzung durch die »Ungläubigen« aus dem »Haus des Islam« ein »Haus des Krieges« geworden, was die »Auswanderung« und/oder den »heiligen Krieg« gegen die Eindringlinge gebot. Hieß es doch im Koran: »Diejenigen, die glauben, und diejenigen, die ausgewandert sind und sich auf dem Weg Gottes eingesetzt haben, dürfen auf die Barmherzigkeit Gottes hoffen. Und Gott ist voller Vergebung und barmherzig.«[1] Und hatten die Muslims in der Vergangenheit nicht Großes vollbracht, ein Weltreich geschaffen, Wissenschaft und Kunst zur Blüte gebracht? Konnte ihr Glaube sie nicht befähigen, auch mit der neuen Herausforderung fertig zu werden, besonders dann, wenn sie sich dem Alten, Einfachen und Klaren zuwandten? Schon im 11. und 12. Jh. hatten die aus den Wüsten Nordafrikas herandrängenden puritanischen Glaubenskämpfer der Almoraviden und Almohaden drohende Fremdherrschaft abwehren, staatlichen Zerfall aufhalten und blühende Reiche errichten können. Warum sollte dies nun, da die Fremdherrschaft der Osmanen auf arabischen Völkern lastete und die der Portugiesen, Spanier, Niederländer, Franzosen und Briten andere Völker Asiens und Afrikas immer mehr bedrückte, nicht wiederum möglich sein?

Muslims setzten sich, als sie durch kapitalistische Kolonialherrschaft bedroht wurden, zunächst vorwiegend mit den Formen dieser Bedrohung auseinander: Den im Namen des Christentums auftretenden Eroberern stellten sie ihre Religion, den Islam, entgegen, und den Widerstand gegen sie begriffen sie als religiöse Pflicht. Der antikoloniale Kampf gestaltete sich dadurch für sie zumeist als Dschihad, als »heiliger Krieg«.

Bereits im 18. Jh. entstand auf der Arabischen Halbinsel mit den Wahhabiten eine Bewegung, die mit Waffengewalt die Befreiung von osmanischer Herrschaft erkämpfte und – auch in Kämpfen mit Portugiesen und Briten – ein unabhängiges Reich von beträchtlichem Ausmaß schuf. Ähnlich wie zu gleicher Zeit der muslimische Theologe Schah Walijullah in Indien, propagierten sie als Orientierung einen erneuerten Islam. Künftige antikoloniale Bewegungen, darunter die Fara'izi- und die »Mudschahidun«-Bewegung in Indien, der Atjeh-Krieg in Indonesien und der algerische Widerstand um Abd al-Qadir, ließen sich dadurch inspirieren. In islamisch motivierten antikolonialen Kämpfen spielte zudem – so vor allem im sudanesischen Mahdi-Aufstand – die Erwartung eines von Gott gesandten Erlösers, eines Messias oder – wie in Indonesien – eines »gerechten Fürsten« eine wesentliche Rolle, der die Völker zum Sieg über die Fremdherrscher führen und ihnen ein Leben in Sicherheit und Gerechtigkeit verschaffen würde.

So leidenschaftlich und opferreich diese »heiligen Kriege« gegen den kapitalistischen Kolonialismus auch geführt wurden – sie scheiterten, weil der damalige Gegner ökonomisch wie militärisch überlegen war. Er ging rücksichtslos und grausam vor. Die antikolonialen Bewegungen waren demgegenüber nicht nur militärisch unterlegen; vielfach fehlte ihnen der notwendige Zusammenhalt. Und die zu jener Zeit an ihrer Spitze stehenden Vertreter der muslimischen Stammes- und Feudalaristokratie waren zuallererst um ihren eigenen Vorteil besorgt. Sie neigten deshalb, je härter der Kampf wurde, um so mehr zum Kompromiß mit der Kolonialmacht, und in vielen Fällen wurden sie zu ihren willigen Gehilfen. Doch auch dort, wo Siege errungen und – zumindest für kurze Zeit – unabhängige Staatswesen errichtet werden konnten, vermochte die Losung vom »heiligen Krieg« die Widersprüche in der eigenen

Klassengesellschaft nicht zu lösen. Im Gegenteil. Die reaktionäre Politik der Herrschenden, für die sich auch »Begründungen« durch muslimische Theologen finden ließen, vertiefte die sozialen Spannungen in der Gesellschaft, enttäuschte die im Kampf einst von den Idealen der Freiheit und Gerechtigkeit geleiteten Massen und schwächte somit die Widerstandskraft des Gemeinwesens.

Der Puritaner aus dem Nadschd

In den vierziger Jahren des 18. Jh. erregte im zentralarabischen Nadschd ein Mann Aufsehen, als er in der Oase Ujaina mit Gleichgesinnten das Grabmal eines als Heiligen verehrten Gefährten des Propheten Muhammad dem Erdboden gleichmachte. Als er die Steinigung einer Ehebrecherin veranlaßte, stieß er auf Protest. Er mußte den Ort verlassen.

Der Mann, der diese Aufregung verursacht hatte, war Muhammad ibn Abd al-Wahhab (1703–1787) aus Ujaina. Seine religiöse Ausbildung hatte er auf Reisen im Hidschas und in der Hasa sowie nach Basra vervollkommnet, bevor er sich in der Oase Huraimala bei al-Riad niederließ. Dort verkündete er seit 1730 seine Lehre. Sie war einfach und klar. In ihrem Mittelpunkt stand das Bekenntnis zum Monotheismus, zum »tauhid«. »Wisse«, schrieb Ibn Abd al-Wahhab in einem seiner Traktate, »daß dies Bekenntnis das unterscheidende Merkmal zwischen Unglauben und Islam ist; es ist das Bekenntnis der Gottesfurcht und der festeste Halt.«[1] Diejenigen, die sich zu dieser Lehre bekannten, nannten sich – wie einst die Almohaden – »al-Muwahhidun« (Bekenner des tauhid). Alle anderen waren in ihren Augen »Ungläubige«, auch wenn diese selbst sich als Muslims betrachteten.

Ibn Abd al-Wahhabs Verständnis des Monotheismus war strikt. »Wisse«, erklärte er, »daß dies Bekenntnis (zum tauhid – d. A.) eine Negation neben der Affirmation enthält: die Negation der Eigenschaft als Gott bei allen Geschöpfen, die nicht Allah sind, selbst bei Muhammad und Gabriel, geschweige denn bei sonstigen Heiligen und Frommen. Wenn du das verstanden hast, denke über diese Göttlichkeit nach, die Allah sich selbst vorbehalten und von der er Muhammad und Gabriel und allen andern selbst soviel wie ein Senfkörnchen verwehrt hat.«[2] Ibn Abd al-Wahhab wandte sich hier gegen die Heiligenverehrung, wie sie sich unter den Muslims im Laufe der Jahrhunderte als ein elementarer Ausdruck der Volksfrömmigkeit verbreitet hatte. Die Zerstörung des Grabmals in Ujaina war nur eine logische Folge dieser seiner Überzeugung.

Ibn Abd al-Wahhab verurteilte alle »Neuerungen« (bida), die – zumeist durch den »idschma«, den Konsensus der Religionsgelehrten – Eingang in die religiöse Praxis des Islam gefunden hatten. Sein Sohn Abdallah machte das deutlich. »Zu unserer Lehre gehört ferner«, schrieb er im Jahre 1803, »daß die Neuerungen, d. h. das, was nach den ersten drei Jahrhunderten (des Islam) eingeführt worden ist, absolut tadelnswert sind; wir weichen also von denen ab, die schöne und schlechte (Neuerungen) unterscheiden, und von denen, die sie in fünf Kategorien einteilen – wenn man sich nicht dahin einigen will, daß man unter den schönen diejenigen versteht, die die frommen Vorfahren übten, die dann in pflichtmäßige, empfohlene und erlaubte zerfallen (so daß man sie nur im übertragenen Sinne Neuerungen nennen kann), und unter den schlechten alle anderen, die dann in verbotene und mißbilligte zerfallen: gegen diese Einigung ist nichts einzuwenden ... Wir verbieten übrigens nur die Neuerungen auf dem Gebiete der Religion und Frömmigkeit; was die andern anlangt, wie den Kaffee, das Rezitieren von Ghazelen-Gedichten und das Lob der Könige, so verbieten wir es nicht, solange es sich nicht mit anderm vermischt ...; auch jedes erlaubte Spiel ist gestattet.«[3]

Ibn Abd al-Wahhab wandte sich mit seiner Lehre – darin seinen Vorbildern Ibn Taimija und Ibn Qaijim al-Dschauzija aus dem 14. Jh. folgend – gleichermaßen gegen die verinnerlichte Frömmigkeit der Mystiker, den Intellektualismus der Philosophen und die Scholastik der Religionsgelehrten, der Ulama. Er verurteilte Üppigkeit im Materiellen wie im Geistigen, Laxheit und Genuß. Hingegen empfahl er Einfachheit, Genügsamkeit, Demut – und vor allem Gesetzestreue. Ibn Abd al-Wahhab reduzierte den Islam – hier zeigt sich besonders seine Verpflichtung gegenüber der hanbalitischen Rechtsschule – auf einen »knochentrockenen« Gesetzesislam, in dessen Mittelpunkt die peinlich genaue Befolgung der Scharia steht. Die Steinigung der Ehebrecherin in Ujaina war folglich ein Glaubensbeweis, auch wenn die im Koran dafür vorgesehene Strafe »nur« die Geißelung war.[4]

Die neue Lehre drückte die allgemeine Mißstimmung über die politischen Verhältnisse der Arabischen Halbinsel aus – die Unterwerfung ihrer Randgebiete durch die Osmanen, die Mängel in der Verwaltung, die Unsicherheit der Verbindungswege, überhaupt die innere Anarchie, die es Portugiesen und Briten erleichterte, sich im Süden und Osten Arabiens festzusetzen. Im Zusammenhang damit enthielt sie den Appell an das Gleichheitsideal des frühen Islam. Dennoch fand Ibn Abd al-Wahhab zunächst nur wenig Anhänger. Er stieß namentlich bei den einflußreichen Ulama, die seine Gefährten abschätzig »Wahhabiten« nannten, was sich dann einbürgerte, auf Unverständnis, ja Feindschaft. Er mußte Huraimala und dann auch Ujaina verlassen.

In der Oase Dar'ija, wohin er sich 1744 wandte, kam es zur Wende. Der dort ansässige Emir Muhammad ibn Saud erkannte die Potenzen der neuen Lehre für seine politischen Absichten. Ihre Einfachheit entsprach den kärglichen Lebensbedingungen der Nomaden und Seßhaften des Nadschd. Ihr Rigorismus – schließlich befahl sie den Dschihad gegen alle Nichtwahhabiten – ließ rasch Anhängerschaft erhoffen. Dies um so mehr, als Ibn Abd al-Wahhab das Versprechen des Korans erneuerte: »Und wißt: Wenn ihr etwas erbeutet, so gehört ein Fünftel davon Gott und dem Gesandten, und den Verwandten, den Waisen, den Bedürftigen, dem Reisenden, so ihr an Gott glaubt und an das, was Wir auf unseren Diener am Tag der Unterscheidung hinabgesandt haben ...«[5] Das bedeutete – auch dies gehörte zu dem Versprechen –: Die übrigen vier Fünftel der jeweiligen Beute blieben den Kriegern vorbehalten.

Derart gerüstet, machten sich die Wahhabiten, dabei die saudische Dynastie begründend, daran, durch Krieger und Propagandisten der neuen Lehre ein Staatswesen auf der Arabischen Halbinsel aufzurichten. Nach der Einnahme al-Riads (1773), des Kasim (1782), der Hasa (1793) und der Vernichtung der schiitischen Heiligtümer in Kerbela (1801) fiel ihnen – die Begründer ihrer Bewegung waren längst gestorben – 1803 der Hidschas zu. Mekka wurde von den »Neuerungen« gesäubert. Abdallah fand dazu die Worte: »Wir haben das Haus der Saijida Chadidscha und das Kuppelgebäude der Geburt (Muhammads – d. A.) und einige nach gewissen Heiligen genannte Kapellen zerstört, um diesen Punkt kurz abzumachen und vom Polytheismus gegen Allah möglichst stark abzuschrecken, weil das wichtig ist.«[6] Dem Hidschas folgten Asir, Kuwait und – nach Auseinandersetzungen mit der britischen East India Company – Oman und Bahrain.

Im ersten Jahrzehnt des 19. Jh. geboten die Wahhabiten mit Ausnahme des Jemen über die gesamte Arabische Halbinsel.

Die Hohe Pforte war stark beunruhigt. Sie beklagte vor allem den Verlust der heiligen Stätten in Mekka und Medina, als deren Hüter sich die osmanischen Sultane betrachteten und weswegen sie in der islamischen Welt Prestige genossen. Mehrfach hatte die Pforte ihre Statthalter, namentlich den Pascha von Bagdad und den Scherifen von Mekka, aufgefordert, den Wahhabiten entgegenzutreten. Auch die Ulama des Reiches hatten es an Verurteilungen der »Ketzer« nicht fehlen lassen. Doch es bedurfte erst des Machtantritts Muhammad Alis als Statthalter in Ägypten, ehe ernsthafte Gegenaktionen unternommen wurden. 1811 landete eine von ihm entsandte und von seinem minderjährigen Sohn Tusun geführte Expeditionsarmee bei Janbu im Hidschas. Muhammad Ali, der offiziell im Auftrage seines Souveräns, des osmanischen Sultans, handelte, verfolgte indessen vor allem eigene Ziele: Ein Sieg über die Wahhabiten versprach nicht nur territorialen Gewinn, sondern auch Zuwachs an Prestige in der islamischen Welt, der ihm in seinem Unabhängigkeitsstreben von der Pforte nur förderlich sein konnte. Zudem litten die ägyptischen Kaufleute, wichtige Geldgeber also, unter der drastischen Einschränkung des Pilgerverkehrs nach Mekka und Medina, die von den Wahhabiten verfügt worden war.

Sieben Jahre benötigte Muhammad Ali, ehe er – verbündet mit der ebenfalls über die gesunkenen Einnahmen aus dem Pilgerverkehr erbosten Aristokratie des Hidschas – mit der Einnahme von Dar'ija am 11. September 1818 seine Gegner in die Knie zwingen konnte. Die Wahhabiten scheiterten am eigenen Sektierertum, das selbst Glaubensgenossen zu »Ungläubigen« machte, am Fehlen einer soliden sozialen Basis sowie an der militärischen Überlegenheit Muhammad Alis, dessen Heer unter anderem von französischen Offizieren beraten wurde. Dennoch vermochten sie, obgleich grausam verfolgt, ihre Idee und die sie tragende Dynastie am Leben zu erhalten. Letztere begann 1902 mit der neuerlichen Einnahme von al-Riad wieder ein wahhabitisches Reich, das heutige Saudi-Arabien, zu begründen.

Die wahhabitischen Ideen, die den ersten nennenswerten Versuch arabischer Emanzipation vom osmanischen Joch motivierten, drangen über die Grenzen der Arabischen Halbinsel hinaus. Sie vermittelten, direkt oder indirekt, vor allem den antikolonialen Bewegungen, die sich in Indien, Indonesien, im subsaharischen Afrika sowie in Nordafrika unter islamischer Flagge formierten und entfalteten, kräftige Impulse.

Die britischen Eroberer entrissen zunächst der herrschenden Klasse des indischen Subkontinents die politische Macht. Dann begannen sie, die sozialökonomische Struktur in den eroberten Territorien, den Bedürfnissen der kapitalistischen Produktionsweise der Metropole entsprechend, umzugestalten, was die Zerstörung der überkommenen Wirtschaftsstruktur bedeutete. Die verschiedenen Klassen und Schichten der einheimischen Bevölkerung, darunter die Muslims, waren davon unterschiedlich betroffen. In den zuerst unterworfenen Gebieten – sie sind identisch mit der nachmaligen Präsidentschaft Bengalen und den heutigen Unionsstaaten Westbengalen, Bihar und Orissa sowie dem größten Teil von Bangladesh – versetzte der 1793 eingeführte »Permanent Settlement Act«, die sogenannte Ständige Veranlagung des Bodens, der herkömmlichen feudalen Schicht der Zamindare und damit dem Kern der muslimischen Aristokratie in der Region einen schweren Schlag: Sie wurde als gesellschaftliche Kraft erheblich geschwächt und in der Folge sogar eliminiert. Es entstand eine neue Schicht privater Grundeigentümer, die oft aus früheren Steuerbeamten hervorgingen und zumeist Hindus waren. Viele der zumeist muslimischen Handwerker, in erster Linie Weber, verloren ihre bisherige Erwerbsquelle. Die forcierte Einführung von Marktkulturen in die Landwirtschaft – wie Jute und Indigo – beeinträchtigte ernsthaft die Existenzbedingungen von Bauern und kleinen Händlern, unter denen im östlichen Bengalen die Muslims einen hohen Anteil stellten.

Bauern, Handwerker und Soldaten wehrten sich. Es entbrannten antikoloniale, häufig auch antifeudale Kämpfe, die im Zeichen des Islam standen.

Schah Walijullah (1703–1762) versah die muslimischen Antikolonialisten mit dem geistigen Rüstzeug. Als Oberhaupt der mystischen Naqschbandi-Bruderschaft in Delhi hatte er eine Lehre entwickelt, die der des Arabers Ibn Abd al-Wahhab sehr ähnelte, jedoch, darin seiner Umwelt verpflichtet, den Mystizismus nicht verurteilte. Er übertrug den Koran ins Persische. Denn er war der Meinung, daß seine Glaubensgenossen sich zu sehr auf Korankommentare stützten, statt auf den Text des heiligen Buches selbst zurückzugreifen.[7]

Der Sohn Walijullahs, Schah Abd al-Aziz (1746–1824), der zu den religiösen Autoritäten des islamischen Indien gehörte, führte die

Lehre seines Vaters fort. Und er brachte sie in die sozialen und politischen Kämpfe seiner Landsleute und Glaubensgenossen ein. Im Jahre 1803 erklärte er in einem Fatwa, einem Rechtsgutachten, Indien habe aufgehört, ein »Haus des Islam« zu sein. Das Land, das nun der Macht der »Ungläubigen« ausgeliefert sei, böte Sicherheit weder für Muslims noch für Dhimmis, sei also zu einem »Haus des Krieges« geworden.

Die Fara'izi-Bewegung nahm zuerst das Signal auf, das von diesem Fatwa ausging. Der bengalische Mystiker Hadsch Schariat Allah (1781–1840) hatte sie 1804 begründet. Seine religiöse Ausbildung hatte er vor allem in Arabien genossen. Mit seiner Forderung nach strikter Beachtung des Monotheismus und nach Bekämpfung der »Neuerungen« stand er den Wahhabiten nahe, weshalb seiner Bewegung auch – zumeist von den Kolonialherren – diese seinerzeit furchteinflößende Bezeichnung beigelegt wurde. Ihren Höhepunkt erreichte die Fara'izi-Bewegung unter Führung von Dudu Mijan (1819–1861), dem Sohn ihres Stifters, in den dreißiger und vierziger Jahren des 19. Jh. Sie wandte sich, dem frühislamischen Gleichheitsideal verpflichtet, gegen die Macht der Besitzenden sowie gegen die Steuerforderungen. Ferner trat sie für die Enteignung der Grundherren ein. Sie verband damit antikoloniale mit antifeudalen Forderungen. Ihr stellten sich dann auch gleichermaßen britische Indigo-Pflanzer, Kolonialbehörden, muslimische Feudale und die neuen hinduistischen Grundeigentümer entgegen.

Saijid Ahmad Barelawi (1786–1831), ein Schüler des Schah Abd al-Aziz, suchte die Lehre des Schah Walijullah in politische Aktionen umzusetzen. Er war in Mekka gewesen und dort mit der Wahhabiten-Bewegung in Berührung gekommen. Obwohl er dieser theoretisch nahestand, hielt er keine Verbindung zu ihr. 1820 begründete er in Patna die Tariqa-i Muhammadi (»Pfad Muhammads«), eine den Bruderschaften ähnelnde Organisation, deren ideologisches Rückgrat indessen das Bekenntnis zum Monotheismus (tauhid) war. 1826 rief Saijid Ahmad seine Getreuen, die »Mudschahidun«, die »Streiter in Allahs Weg«, zur »Auswanderung« in den Norden Indiens auf. Von dort wollte er den Dschihad gegen die »Ungläubigen«, die in Indien die Macht an sich gerissen hatten, führen. Als er 1830 in Peschawar sein unabhängiges »Kalifat« proklamierte, strömten ihm zahlreiche Bauern, Händler und Handwerker zu. In der Schlacht von Balakot

(1831) im Pandschab erlitten die Mudschahidun eine schwere Niederlage und verloren ihre Führer, darunter Saijid Ahmad. Dennoch dauerte es noch mehr als 50 Jahre, ehe die britische Kolonialmacht 1883 den Widerstandswillen dieser mit den Anhängern des Dudu Mijan gemeinsam operierenden islamischen antikolonialen Bewegung brechen konnte.

Von 1857 bis 1859 erschütterte der erste große Volksaufstand (»Sepoy-Aufstand«) die britische Herrschaft in Indien. Er begann damit, daß sich Soldaten der sogenannten Bengalischen Armee in der Garnison von Mirat gegen britische Offiziere erhoben. Sie stammten zumeist aus landbesitzenden bäuerlichen Familien oder gar aus der feudalisierten dörflichen Oberschicht in Nordindien und waren Brahmanen, Radschputen und Dschat, also Hindus, wie muslimische Saijids und Pathanen. Obwohl sie sich Ideen der Wahhabiten zu eigen gemacht hatten, waren sie auf planmäßige Aktionen nicht vorbereitet. Der Aufstand erhielt Unterstützung durch die Bauern und die Dorfarmut des umliegenden Gebiets. Er breitete sich in Nordindien schnell aus, als aufständische Truppen Delhi einnahmen, den letzten Vertreter der Mughal auf dem Thron, Bahadur Schah (1775–1862), zum Herrscher Indiens proklamierten und ihn damit zum Symbol für die erstrebte Selbständigkeit des Landes machten. Muslimische Geistliche riefen zum Dschihad gegen die Engländer auf. Die Kämpfe, die folgten, waren überaus erbittert. Schließlich siegte die Kolonialmacht.

Wie kam es dazu?

Auf indischer Seite beteiligten sich hauptsächlich Bauern und Handwerker an den Kämpfen. Sie wurden von den Ulama unterstützt. Vertreter einer neuen Intelligenz, die westliche Bildung genossen hatten und im Dienst der Briten standen, beeinflußten ihre Ideologie. Vertreter des alten – und zwar vorwiegend des muslimischen – Adels hatten indessen die Leitung des Aufstandes in Händen. Sie waren unfähig, einen nationalen Befreiungskampf zu führen, sondern hatten lediglich die Wiederherstellung der alten Mughal-Herrlichkeit im Sinn. Die meisten von ihnen wandten sich von den radikalisierten Volksmassen und dem Aufstand ab, nachdem die britische Königin Victoria Ende 1858 die Regierung Indiens der britischen Krone unterstellt, die East India Company aufgelöst und zugleich eine Amnestie für Angehörige der Aristokratie verkündet hatte, die sich den Aufständischen angeschlossen hatten, verbunden mit der Versicherung, daß das neue Regime die Eigentumsrechte der indischen Feudalherren respektieren würde.

Damit waren die Weichen gestellt. Die Kolonialmacht stützte sich fortan auf die alten und neuen Repräsentanten der künstlich wiederbelebten feudalen Klasse. Das kam nicht nur den bereits erprobten Kollaborateuren – wie dem Nizam von Haidarabad – zugute, sondern letztlich allen überlebenden Mitgliedern der muslimischen Aristokratie. Allerdings hegten die Kolonialherren eine Zeitlang antiislamische Vorbehalte wegen der führenden Rolle, die ein Teil dieser Schicht im Zentrum des antibritischen Aufstandes in Nordindien gespielt hatte.

... und in Indonesien

Holländische Kolonialherren hatten im 17. Jh. damit begonnen, das indonesische Inselreich in Konkurrenz zu Portugiesen und Briten zu erobern, sich seiner natürlichen Reichtümer – darunter der Gewürze – zu bemächtigen und es schließlich in ein Anbaugebiet gewinnträchtiger Exportkulturen zu verwandeln. Ihre Methoden waren vielfältig; sie reichten von nackter militärischer Gewalt über Betrug und Bestechung bis zum Abschluß einseitiger »Verträge« mit einheimischen Herrschern. Im 18. Jh. waren große Teile Indonesiens trotz des erbitterten, jedoch sporadischen Widerstands der Bevölkerung unter holländische Kolonialherrschaft geraten, darunter die islamischen Fürstentümer auf Java. Den Holländern war es gelungen, die muslimischen Fürsten – u. a. durch Einmischung in ihre Thronstreitigkeiten – in Abhängigkeit zu bringen und durch Reichsteilungen – 1755 wurde beispielsweise Mataram in die autonomen Fürstentümer Yokyakarta und Surakarta gespalten – ihre Widerstandskraft zu schwächen.

Zu Beginn des 19. Jh. wurde die Situation für die Einheimischen unerträglich. Die Kolonialmacht tastete nicht nur die territoriale Integrität der Fürstentümer an und nahm muslimischen Herrschern ihre Privilegien; durch Aufhebung von Steuererleichterungen wuchs die soziale Not unter der Bevölkerung.

In dieser Situation brach 1825 der javanische Volksaufstand aus. Er wurde im Namen des Islam geführt: Enttäuschte muslimische Feudale und Geistliche standen an seiner Spitze, und verelendete muslimische Bauern fochten ihn aus. Held des Aufstands war der muslimische Aristokrat Prinz Pangeran Diponegoro (1785–1855).

Mit seiner Person verband sich die im javanischen Volk tief verwurzelte Hoffnung auf Ankunft eines Messias, eines »ratu adil«, eines »gerechten Fürsten«, der die Befreiung von der Fremdherrschaft bringen würde. Sein Name wurde – ähnlich dem des sudanesischen Mahdi einige Jahrzehnte später – zum Symbol des antikolonialen Widerstands. Eng an seiner Seite stand der muslimische Rechtsgelehrte Kiyayi Mojo. Unter seinem Einfluß nahm Diponegoro den Titel eines Sultans und des panatagama (Oberhaupt) von Mataram an. Kurz nach Ausbruch des Aufstands nannte er sich Sultan Sjech Abdul Hamid Erutjakra (der javanische Messias), Großer der Gläubigen, Statthalter des Gesandten Gottes und Haupt der Religion Javas. Er rief seine Anhänger auf, den »heiligen Krieg« gegen die europäischen Eindringlinge zu führen.

Der Aufstand, dessen Zentrum das Fürstentum Yokyakarta war, breitete sich schnell über andere Gebiete Javas bis zur Küstenregion im Norden aus. Er dauerte fünf Jahre. Obwohl die Holländer gerade in den ersten beiden Kriegsjahren Rückschläge hinnehmen mußten, endete er mit einer blutigen Niederlage der Javaner – 200 000 von ihnen fanden den Tod. Die antikoloniale Stoßrichtung des Aufstandes konnte die inneren Gegensätze nicht überdecken: Die muslimische Feudalaristokratie nahm eine zwiespältige, schließlich kompromißlerische Haltung gegenüber der Kolonialmacht ein; Rivalitäten untereinander schwächten überdies die Position der Aufständischen.

Mit Einführung des Zwangsanbaus von Gewürzen, Kaffee, Zuckerrohr und Tabak im Jahre 1830 wurden Vertreter der einheimischen Oberschicht mehr und mehr in das System der Kolonialherrschaft integriert; ein kolonialer Beamtenadel konstituierte sich. Die Bauern, von Landverlust und Verschuldung betroffen, verarmten. Als Reaktion darauf nahmen in der zweiten Hälfte des 19. Jh. zahlreiche bäuerliche Bewegungen den Kampf gegen die Kolonialmacht auf. Er war getragen von Haß gegen die Kolonialherren, auch von der Hoffnung, daß sich mit Vertreibung der Fremdherrscher soziale Gerechtigkeit einstellen werde. Immer wieder konzentrierten sich die Erwartungen auf charismatische Persönlichkeiten, in denen man den erwarteten Messias erblickte.

Zu einem neuen Höhepunkt des antikolonialen Kampfes auf dem malaiisch-indonesischen Archipel kam es im letzten Drittel des 19. Jh. auf Nordsumatra. Bis 1873 hatte Atjeh seine Selbständigkeit gegenüber der Kolonialmacht behauptet. Mit dem sogenannten

Sumatra-Vertrag zwischen England und Holland aus dem Jahre 1871 sollte sich das ändern. Die Holländer erhielten die Möglichkeit, ihre Herrschaft auf Atjeh auszudehnen. 1873 landeten sie dort und besetzten die Residenz des Sultans. In der Folgezeit gelang es ihnen, zu einem Teil die Fürsten der Küstenstaaten in ihre Abhängigkeit zu bringen. Damit glaubten sie den Widerstand der Bewohner von Atjeh gebrochen zu haben. Doch darin hatten sie sich getäuscht. Eine Volksbewegung formierte sich. Aus ihren zunächst spontanen Aktionen entwickelte sich ein über 30 Jahre währender Krieg gegen die holländische Kolonialmacht (»Atjeh-Krieg«, 1873–1907). Die Ulama spielten in ihm eine hervorragende Rolle. Sie riefen zum »heiligen Krieg« gegen die »Ungläubigen« auf, »denen man nicht vertrauen sollte«. Ihre Kriegskasse war die von der Bevölkerung eingebrachte Zakat-Steuer.

Herausragende Führer des Kampfes waren Mohammad Saman und Teuku Umar. Saman entstammte einer Theologen-Familie aus Tiro, das als Zentrum religiöser Studien in Atjeh bekannt war. Bei einem Aufenthalt in Mekka hatte er sich mit der wahhabitischen Lehre vertraut gemacht. Unter ihrem Einfluß erstrebte er einen Staat, der sich auf demokratische Traditionen des frühen Islam gründen sollte. In diesem Sinne rief er die Muslims zum Kampf gegen die Kolonialmacht auf. Gleichzeitig griff er die lokalen Fürsten an. Mitte der achtziger Jahre des 19. Jh. gelang es den »Samanisten«, die Holländer aus Groß-Atjeh und einigen angrenzenden Gebieten zu verdrängen. Saman starb 1891. Danach begann seine Bewegung allmählich auseinanderzufallen. Teuku Umar leistete den Holländern auch noch nach dem Tode Samans Widerstand. Mit seinen Gefährten zog er sich in schwer zugängliche Berggebiete zurück, wo er mit einer Art Guerilla-Taktik operierte. Nach seinem Tode im Jahre 1899 löste sich seine Bewegung ebenfalls auf. Doch in Einzelaktionen setzten die Aufständischen ihren Kampf fort und konnten endgültig erst im ersten Jahrzehnt des 20. Jh. von der Kolonialmacht geschlagen werden.

Abd al-Qadir, der Mahdi und die Sanussi-Bruderschaft

Im Jahre 1830 landeten französische Truppen bei Algier. Den Franzosen gelang es, den Dey von Algier, einen Vasallen des osmanischen Sultans, sowie seine türkischen Truppen zu vertreiben. Sie nutzten die Verwirrung und Uneinigkeit der Algerier aus und besetzten wichtige Positionen an der Mittelmeerküste sowie im Hinterland von Algier.

Die Algerier widersetzten sich den Franzosen. Am 21. November 1832 erkoren die Stämme Westalgeriens den vierundzwanzigjährigen Marabut Abd al-Qadir (1808–1883) zu ihrem Führer. Sie leiteten damit eine neue Phase im antikolonialen Kampf der Algerier ein.

Abd al-Qadir war der Sohn eines Scheichs der Qadirija-Bruderschaft, eines mystischen Ordens, der bereits im 12. Jh. entstanden und vor allem in Nordafrika verbreitet war. Unter Anleitung seines Vaters hatte er eine solide religiöse Ausbildung genossen, die er auf Reisen nach Bagdad und Kairo vervollkommnete. Während seiner Pilgerfahrt nach Mekka war er mit dem Wahhabismus in Berührung gekommen.

Unmittelbar nach seiner Proklamierung zum Führer der westalgerischen Stämme verkündete Abd al-Qadir den Dschihad gegen die französischen Kolonialherren. Es gelang ihm in Kürze, eine schlagkräftige Stammeskonföderation zusammenzubringen. Frankreich mußte bereits 1834 im Desmichels-Vertrag Frieden mit ihm schließen und ihn als Herrn über große Teile Westalgeriens anerkennen. Abd al-Qadir nannte sich in dem Vertrag wie die Kalifen von Bagdad »Befehlshaber der Gläubigen«. Drei Jahre später dehnte er seine Herrschaft auf die Provinz Oran und Teile der Provinz Algier aus. Bis 1839 vermochte er noch fast ganz Ostalgerien seinem Staatswesen einzuordnen.

Abd al-Qadir war bestrebt, in seinem Herrschaftsbereich Grundsätze seiner religiösen Überzeugung zu verwirklichen; der französische Orientalist Charles-Robert Ageron spricht von einer »im wesentlichen theokratischen Regierung«.[8] Die Zentralgewalt sollte, damit sie den Franzosen widerstehen könne, gestärkt werden. Deshalb suchte Abd al-Qadir partikularistische Bestrebungen der Stammesaristokratie und der mystischen Bruderschaften zu brechen. Zwar sollte er nicht, wie die Wahhabiten, eine neue Lehre entwickeln, doch ließ er sich von diesen anregen. Er betonte, dabei gewiß die Einheit und Ordnung im Diesseits vor Augen, das Bekenntnis zum »tauhid« und zur strikten Beachtung der Scharia. »Unglauben« sowie »Neuerungen« verurteilte und bekämpfte er, namentlich den von den Bruderschaften – besonders der Tidschanija – geförderten Heiligenkult. Er stützte sich dabei vor allem auf die Ulama. Bei ihnen auch holte er für seine politischen Entscheidungen religiöse Beratung ein. So verlangte er mehrfach – auch von marokkanischen und ägyptischen Ulama – Rechtsgutachten zur Frage, ob durch die französische Besetzung das »Haus des Islam« zum »Haus des Krieges« geworden und was nun eher geboten sei: Auswanderung oder Dschihad. Auch seinen Kampf gegen Kollaborateure mit dem Feind ließ er sich sanktionieren; er holte Fatwas darüber ein, wie sich der Muslim, wählte er nicht die Auswanderung oder den Dschihad, im »Haus des Krieges« zu verhalten habe. Selbst in den praktischen Fragen der Verwaltung war er darum besorgt, Grundsätze der Scharia ohne Fanatismus durchzusetzen: Er schaffte den »charadsch«, eine ursprünglich vom Boden »Ungläubiger« erhobene Steuer, die dann als »Neuerung« auch von Muslims eingezogen wurde, ab; stattdessen führte er die vom Koran gebotene Zakat sowie die Kriegssteuer (ma'una) wieder ein.

Abd al-Qadir konnte sich indessen nicht behaupten. Zunehmender Partikularismus und wachsende Kompromißbereitschaft der algerischen Stammes- und Feudalaristokratie wie der Bruderschaften machten ihm zu schaffen. Die französischen Kolonialherren waren militärisch überlegen und suchten ihn durch eine barbarische Kriegführung zu bezwingen. Am 23. Dezember 1847 mußten Abd al-Qadir und seine letzten Getreuen sich dem Gegner ausliefern.

Der Kapitulation waren fürchterliche Massaker an der algerischen Zivilbevölkerung und verzweifelte Versuche neuerlichen Aufbegehrens vorangegangen. So groß war die Verzweiflung und so tief die Sehnsucht großer Massen der Bevölkerung, daß die Ankündigung der marokkanischen Taijibija-Bruderschaft, der Mahdi, der von Gott geleitete Erlöser aus der Familie des Propheten, werde kommen, auf fruchtbaren Boden fiel: In Westalgerien erhoben sich 1845 die Stämme unter Führung eines gewissen Bu Ma'za, der beanspruchte, aus der Familie des Propheten zu stammen, und der als der lang erwartete Mahdi angesehen wurde. Doch auch er, der Abd al-Qadir die Führung des Aufstands anbot, konnte das bittere Ende nicht abwenden. Viele seiner Gefolgsleute wurden von den französischen Kolonialeroberern in den Höhlen des Dahra-Massivs auf grausame Weise umgebracht.

Erfolgreicher war im Sudan Muhammad Ahmad. Er war 1844 in der Provinz Dongola als Sohn eines Bootsbauers geboren worden, erhielt in seiner Heimat eine religiöse Ausbildung, und als sich ihm die Möglichkeit bot, seine Studien an der Kairoer Azhar-Universität fortzusetzen, wählte er das Leben eines Mystikers, eines Sufi. Er schloß sich der Sammanija-Bruderschaft an, die im 18. Jh. im Hidschas gegründet worden war. Von nun an lebte er der Entsagung und strenger Frömmigkeit.

Sein Land geriet inzwischen durch die Kolonialmächte immer mehr in Abhängigkeit. Seit den zwanziger Jahren des 19. Jh. hatten sich die Ägypter, damals noch unter Muhammad Ali, in dem an Bodenschätzen reichen Lande festgesetzt. Seit den sechziger Jahren drangen die Briten, die ihrerseits Ägypten schrittweise in eine Halbkolonie verwandelten, sozusagen »auf ihrem Buckel« in das Land, um dort ihre Herrschaft in Konkurrenz mit den französischen Kolonialisten zu begründen. 1877 war der britische General Charles G. Gordon von ägyptischen Chediwen, einem Vasallen des osmanischen Sultans, sogar zum Generalgouverneur ernannt worden. Er und die ägyptischen Provinzgouverneure, die zumeist türkischer Abkunft waren, unterwarfen die Bevölkerung des Sudan einem drückenden Steuerjoch und anderen Zwangsmaßnahmen.

Im Lande gärte als Reaktion auf diese Entwicklung die Unzufriedenheit; der Haß vor allem auf die ägyptisch-türkischen Bedrücker, die auch Muslims waren, wuchs. Hoffnung keimte auf, als Nachrichten über den Urabi-Aufstand eintrafen, der 1879 in Ägypten gegen die Feudalaristokratie des Landes, die türkischen Würdenträger und den wachsenden britischen Einfluß ausgebrochen war. Als die Erhebung im Nachbarland ihren Höhepunkt erreichte, am 29. Juni 1881, ließ sich Muhammad Ahmad, der viel in seinem Lande herumgekommen und über das Elend seiner Landsleute informiert war, auf der Nilinsel Aba zum Mahdi erklären.

Der neue Generalgouverneur Muhammad Ra'uf Pascha entsandte daraufhin Truppen zur Insel Aba. Der Mahdi jedoch brachte mit seinen Anhängern, die sich – wie die medinensischen »Helfer« des Propheten – Ansar nannten, der Strafexpedition eine empfindliche Niederlage bei. Danach rief er, ähnlich wie seinerzeit der Inder Saijid Ahmad Barelawi, seine Gesinnungsgenossen zur »Auswanderung« (hidschra) in das Nuba-Gebirge im Süden der Provinz Kordofan auf. Von seinem Hauptquartier auf dem Berge Kadir aus gelang ihm im Dezember 1881 die Zerschlagung einer Streitmacht des Gouverneurs der südlich gelegenen Provinz

Faschoda. Im Mai 1882 bereiteten seine 1500 Stammeskrieger dem ägyptischen Truppenkontingent des Jusuf Pascha al-Schalali eine vernichtende Niederlage.

Nun erst, nachdem sichtbare Erfolge eingetreten waren und im Lande starken Widerhall gefunden hatten, proklamierte der Mahdi den Dschihad gegen die »Ungläubigen«. Ungläubig waren nach seiner Überzeugung – und da zeigten sich Ähnlichkeiten mit den Wahhabiten – alle, die seinen Anspruch, der Mahdi zu sein, nicht anerkannten, vor allem aber die »Türken«. »Ich bin der Mahdi«, hieß es in einem seiner zahlreichen Sendschreiben – er nannte sie »Ermahnungen« – an die Muslims des Sudan, »der Nachfolger des Propheten Gottes. Zahlt keine Steuern mehr an die ungläubigen Türken und tötet jeden Türken, den ihr findet, denn die Türken sind Ungläubige.«[9]

Bauern, Handwerker, Kleinhändler, Beduinen und Sklaven strömten dem Mahdi zu. Sie hofften, ihr schweres Los durch Kampf erleichtern zu können.

Im September 1882 – im selben Monat, da britische Truppen den Urabi-Aufstand niederwarfen und Ägypten in eine Halbkolonie verwandelt wurde – wagte der Mahdi den ersten Angriff auf al-Ubaid, die Hauptstadt der Provinz Kordofan. Nach schweren Kämpfen kapitulierte die ägyptische Garnison am 19. Januar 1883. Diesem wichtigen Sieg folgten weitere. Im November desselben Jahres zerschlugen die Ansar, unterstützt von der »Dschihadija«, einer aus ehemaligen (nichtarabischen) Regierungssoldaten formierten Truppe, eine ägyptische Expeditionsarmee unter Führung des britischen Obersten William Hicks. Am 16. Januar 1885 fiel die von General Gordon gehaltene Landeshauptstadt Khartum.

Der Mahdi konnte sich dieses Triumphes nicht lange erfreuen; er erlag am 22. Juni dem Typhus.

Sein Nachfolger, der »Kalif« Abdallah al-Ta'a'ischi, war tatkräftig bemüht, das Reich des Mahdi zu erweitern und zu festigen; er fügte ihm große Gebiete im Osten und Süden des Sudans hinzu. Dennoch überlebte dieses Reich seinen Begründer nur um dreizehn Jahre. Die Ursachen seines Zusammenbruchs lagen zum großen Teil in ihm selbst begründet. Die Gleichheitsideale des Mahdi, die so viele begeistert und mit Hoffnung erfüllt hatten, verkümmerten rasch in der Realität einer feudalen Ausbeuterordnung, die auch durch die Einführung der Zakat und das Bekenntnis zum »tauhid« nicht gemildert werden konnte. Die partikularen Bestrebungen der Stammes- und Feudalaristokratie, die der Dschihad für kurze Zeit zu kämpfen vermochte, brachen erneut durch und schwächten die Widerstandskraft des jungen Staates. Hinzu kam die relative Isolation, in die der Mahdi sich und seine Anhänger gebracht hatte, indem er nur diejenigen, die seinen Anspruch anerkannten, als Muslims betrachtete. Fatwas, die dies als Ketzerei verdammten, fielen bei vielen Muslims auf fruchtbaren Boden. In einem, verfaßt von Ulama der Azhar-Universität, hieß es: »Dieser Betrüger behauptet, daß der Allmächtige ihm das große Kalifat ... verliehen und dem Propheten kundgetan hätte, daß er der Mahdi sei, dem er ein besonderes Zeichen und durch den Erzengel Azrael eine feurige Standarte gegeben. Dies ist alles unbegründet, und dieser Mensch ist wahrlich im Irrtum ... Was nun den Anruf an die Gläubigen betrifft, die Türken zu bekriegen, samt ihren Anhängern, die er als Ungläubige bezeichnet, indem er ihre Güter, Habe und Kinder als gute Beute erklärt, so sind dies eitle, zornerregende Worte, welche eine Beleidigung gegen Gott und den Propheten sind, denn sie sind im Widerspruch mit allen Gesetzen und den Schriften der Gelehrten des Islams.«[10]

Britische Truppen unter dem Kommando Lord Kitcheners versetzten am 2. September 1898 in der Schlacht bei Omdurman dem Staat des Mahdi den Todesstoß. Etwa 11 000 Ansar starben auf dem Schlachtfeld. Die Gebeine des Mahdi wurden auf Kitcheners Geheiß ausgegraben und bis auf den Schädel in den Nil geworfen.

Unter denen, die den Feldzug der Briten gegen die Anhänger des sudanesischen Mahdi befürworteten und sogar propagandistisch unterstützten, befand sich mit Muhammad al-Mahdi ibn al-Sanussi (1844–1902) ein muslimischer Würdenträger, der auch den Titel des »Mahdi« führte. Er war das Oberhaupt der Sanussi-Bruderschaft, die über sechzig Jahre zuvor von seinem Vater Muhammad ibn Ali ibn al-Sanussi (1791–1859) begründet worden und unter den Stämmen Libyens, Ägyptens und einiger Gebiete südlich der Sahara verbreitet war.

Die Sanussi wiesen in ihrer auf strenge Frömmigkeit und Gesetzestreue weisenden Lehre starke Ähnlichkeiten zu der der Wahhabiten auf, wenngleich sie auf den mystischen Weg der Vereinigung mit Gott bzw. seinem Propheten Muhammad keineswegs verzichteten. Deswegen wurden sie auch, analog der Bewegung des Inders Saijid Ahmad Barelawi, »tariqa Muhammadija« genannt. Die Führer der Sanussi-Bruderschaft unterhielten darüber hinaus –

auch dies unterschied sie von den Wahhabiten – enge Beziehungen zu den Osmanen, deren Sultan sie als weltlichen Souverän wie als geistliches Oberhaupt anerkannten. Die Osmanen wiederum realisierten ihre Politik gegenüber den Stämmen Libyens über die Sanussi, denen sie eine relative Unabhängigkeit in ihrem Verbreitungsgebiet zugestanden. Daraus sowie aus theologischen Gründen erklärte sich das befremdlich erscheinende Verhalten des Sanussi-Führers angesichts des britischen Kolonialterrors gegen die Ansar im Sudan.

Indessen waren die Sanussi recht bald gezwungen, klare Positionen zu kolonialer Eroberung zu beziehen. Bereits 1901 erhoben sich im Westsudan Sanussi-Stämme gegen französische Eindringlinge. Zehn Jahre später fielen italienische Truppen in Libyen ein. Die Italiener hofften, bei ihrem Eroberungszug die Unterstützung der Sanussi gewinnen zu können, deren Verhältnis zu den Osmanen sich seit der Jungtürkischen Revolution von 1908 verschlechtert hatte. (Die Sanussi-Führer mißbilligten die Absetzung des Sultans Abd al-Hamid II. und fürchteten als Vertreter einer konservativen Stammesaristokratie die von den Jungtürken angekündigten Reformen.) Die Rechnung der italienischen Kolonialherren schien zunächst aufzugehen: Die in Libyen stationierten türkischen Truppen erlagen sehr rasch dem Ansturm der Eroberer. Da rief am Anfang des Jahres 1912 das neue Oberhaupt der Sanussi-Bruderschaft Saijid Ahmad al-Scharif (1873–1933) die Stämme der Cyrenaica zum Dschihad auf. »Gott, Gott, ihr Anbeter Gottes!« hieß es in dem Aufruf, »Befreit Euere Herzen und Euere Ehre aus den Händen der Ungläubigen! Waschet, Ihr Einsichtigen, die Gewänder Euerer Mannheit rein von der Schmach und kämpfet unter Daransetzung von Gut und Blut, denn der Dirhem für den heiligen Krieg wiegt 7000 andere auf! Seid wie ein Mann in gegenseitiger Unterstützung und gutem Einvernehmen und freuet Euch der Verkündigung göttlicher Hilfe und naher Eroberung. Gott hat den Dschihad nur befohlen, um auf den rechten Pfad zu leiten, und die Zungen mit dem Gebote bewegt, damit Er Erfüllung schenke. Keiner von Euch ruhe, bis daß der Krieg seine Waffen niederlegt.«[11]

Bis in das erste Jahr des ersten Weltkrieges hinein vermochten die Sanussi, dem Rufe ihres Oberhauptes folgend, der Kolonialherrschaft weitgehend zu widerstehen und eigene Formen staatlicher Organisation zu entwickeln. Hierbei war Saijid Ahmad al-Scharif – ähnlich wie seinerzeit der Algerier Abd al-Qadir – bemüht, die Grundsätze der Scharia durchzusetzen und den Rat der Ulama einzuholen. Er benutzte sogar Fatwas, die bereits Abd al-Qadir zur Entscheidungsfindung vorgelegen hatten.

Während des ersten Weltkrieges, der auch Nordafrika zum Kriegsschauplatz machte, wurden die Sanussi in die Rivalitäten der imperialistischen Mächte hineingezogen. In ihrem kurzsichtigen Streben, diese Mächte gegeneinander auszuspielen, korrumpierten sich ihre Führer in wachsendem Maße: Während Saijid Ahmad al-Scharif auf das deutsch-türkische Bündnis setzte und 1918 an Bord eines deutschen U-Bootes flüchtete, arrangierte sich sein Vetter Saijid Muhammad Idris (1890–1983), der spätere König Libyens, mit den Briten und Italienern.

Die Bruderschaft spielte noch einmal eine wichtige Rolle im antikolonialen Kampf, als sich die Stämme der Cyrenaica unter Führung des Sanussi-Scheichs Umar al-Muchtar (1862–1931) gegen den Vernichtungsfeldzug des italienischen Faschismus stemmten. Nach dem Tode des Patrioten jedoch – er wurde öffentlich gehenkt – brach der bewaffnete Widerstand zusammen. Umar al-Muchtar erklärte nach seiner Gefangennahme, er habe gekämpft, auch wenn er keine Hoffnung auf Sieg gehabt habe. »Ich kämpfte für meinen Glauben, und das war mir genug. Das übrige lag in der Hand Allahs.«[12]

Ende des islamischen Antikolonialismus?

War dies das Ende des islamischen Antikolonialismus?

Keineswegs. Doch zeichneten sich hier Grenzen von Bewegungen ab, an deren Spitze Vertreter der Stammes- und Feudalaristokratie standen. Diesen Kräften ging es vor allem um die Sicherung und Verteidigung ihrer Privilegien. Dabei konnten sie sich ebenso an die Spitze der antikolonialen Bewegung stellen wie den Kompromiß mit dem Kolonialherrn auf Kosten der Geführten suchen; für das eine wie das andere fanden sich Fatwas williger Ulama.

Das war bereits in Indien sichtbar geworden. Auch in Algerien, wo es 1871 unter Führung der Rahmanija-Bruderschaft noch einmal zu einem Aufstand der Stämme gekommen war, sanken die Stammesführer und Feudalen sowie ihnen nahestehende muslimische Theologen in ihrer Mehrheit zu Handlangern der

Kolonialmacht herab. Im Sudan verkamen die Ansar des Mahdi unter Führung seines Sohnes Abd al-Rahman al-Mahdi (1886–1959) sogar zu einer probritischen Sekte, deren politische Organisation, die 1945 gegründete Umma-Partei, von den antikolonialen Kräften des Landes bekämpft wurde. Hier wie dort suchten die Kolonialmächte die widersprüchliche Haltung der traditionellen muslimischen Führungskräfte in ihrer Politik des »Teile und herrsche« auszunutzen, und oft hatten sie damit Erfolg.

Hinzu kam das konservative, ja reaktionäre Gesellschaftsideal, das Stammes- und Feudalkräfte unter Berufung auf den Islam verkündeten und in die Praxis umzusetzen trachteten. Obwohl ursprünglich gegen die Eroberungsabsichten der Kolonialisten gerichtet, vermochte es aufgrund seines nicht minder ausbeuterischen Charakters auf die Dauer nicht die Unterstützung der breiten Volksmassen, der Ausgebeuteten also, zu finden. Darüber hinaus lud die ihm von Anfang an innewohnende Morschheit die Kolonialisten zuweilen direkt ein, ihre räuberischen Absichten zu verwirklichen.

Reformation oder Modernisierung?

Bereits zu Ausgang des 19. Jh. – der ägyptische Urabi-Aufstand war dafür symptomatisch – begannen bürgerliche und kleinbürgerliche Kräfte die Führung des antikolonialen Kampfes in Asien und Afrika zu übernehmen. In kritischer Betrachtung der jüngsten Vergangenheit und nicht selten »von außen«, von fortschrittlichen Ideen des kapitalistischen Europas, angeregt, unternahmen ihre intellektuellen Vertreter Versuche, den Islam in einem neuen Licht zu sehen. Durch eine Reform wollten sie ihn den veränderten Bedingungen anpassen und damit auch zu einer wirksamen Waffe im antikolonialen Kampf machen.

Renan, al-Afghani: »Islam und Wissenschaft«

Am 29. März 1883 hielt der seinerzeit berühmte französische Philosoph und Orientalist Ernest Renan an der Pariser Sorbonne einen Vortrag zu dem Thema »Der Islam und die Wissenschaft«. Er beklagte die »gegenwärtige Inferiorität der mohammedanischen Länder, den Niedergang der vom Islam beherrschten Staaten, die geistige Nichtigkeit der Rassen«[1], die dort lebten. Als Ursache für diese trostlose Situation benannte er den Islam. Durch seine gesamte Geschichte hindurch habe dieser der menschlichen Vernunft geschadet und sich als Feind der Wissenschaft erwiesen. »Was in der Tat den Muselmann wesentlich kennzeichnet«, so Renan, »das ist der Haß der Wissenschaft, die Überzeugung, daß die Forschung unnütz, frivol, ja fast gottlos sei: die Wissenschaft als Eingriff in die Attribute Gottes, die Geschichtswissenschaft, weil sie als Beschäftigung mit den dem Islam vorausgegangenen Zeiten zu den ehemaligen überwundenen Irrtümern zurückführen könnte.« Renan schlußfolgerte: »Indem er die Wissenschaft tötete, tötete er sich selbst; verurteilte er sich in der Welt zu einer kläglichen Inferiorität.«[2]

Es waren harte Worte – sie wurden zuerst im »Journal des Débats« abgedruckt –, die Renan gebrauchte. Doch hatten sie angesichts der Situation, in die der Islam durch die Konfrontation muslimischer Völker mit der Kolonialherrschaft europäischer Völker geraten war, nicht den Augenschein für sich?

Einige Wochen nach ihrer Veröffentlichung erhielt die Redaktion des »Journal des Débats« einen in Arabisch abgefaßten Brief. Der Verfasser war Dschamal al-Din al-Afghani. Nachdem er Renan höflich seine Reverenz erwiesen hatte, stellte er – ähnlich wie dieser – die Frage, wie es wohl gekommen sei, »daß die arabische Zivilisation, nachdem sie einen so lebhaften Glanz über die Welt verbreitet, plötzlich erloschen ist, warum jene Fackel seither sich nicht neu entzündet und warum die arabische Welt stets in tiefe Finsternis gehüllt bleibt«. Er beantwortete sie – auch hierin Renan folgend – mit dem bitteren Eingeständnis: »Hier tritt uns voll und ganz die Verantwortlichkeit der mohammedanischen Religion entgegen. Es ist klar, daß diese Religion überall da, wo sie sich festgesetzt, die Wissenschaften zu ersticken sucht.«[3]

Doch nach der Ansicht von al-Afghani, und hier ging er über Renan hinaus, rührte das Übel keineswegs »einzig und allein von der mohammedanischen Religion selber« her, sondern »von der Art und Weise ihrer Verbreitung in der Welt, vom Charakter, den Sitten und natürlichen Anlagen der Völker ..., die jene Religion angenommen oder denen sie gewaltsam aufgedrängt worden« war.[4] Es sei zwar leider wahr, daß der Islam durch Behinderung wissenschaftlicher Erkenntnis den zivilisatorischen Fortschritt verzögert habe. »An das Dogma, dessen Sklave er ist, wie ein Ochse an den Pflug gespannt, muß der gläubige Muslim ewig in derselben ihm von den Auslegern des Gesetzes vorgezeichneten Furche einherschreiten. Dazu noch überzeugt, daß seine Religion alle Moral und alle Wissenschaften in sich enthalte, schließt er sich ihr auf das Entschiedenste an und bemüht sich durchaus nicht, über sie hinaus zu gehen.«[5] Doch, so fragt al-Afghani zurück, dabei Gerechtigkeit für seine Religion fordernd: »Wenn es wahr ist, daß die mohammedanische Religion ein Hindernis für die Entwicklung der Wissenschaften ist, kann man deshalb auch behaupten, daß dieses Hindernis nicht eines Tages verschwinden wird? Worin unterscheidet sich die mohammedanische Religion in diesem Punkte von anderen Religionen? Alle Religionen sind intolerant, jede auf ihre Weise. Die christliche Religion, ich will sagen die Gesellschaft, welche ihren Ideen und Lehren folgt und die sie nach ihrem Bilde gestaltet hat, ist aus der ersten Periode (der Barbarei – d. A.) hervorgegangen ... Später frei und unabhängig, scheint sie rasch auf der Bahn des Fortschritts und der Wissenschaft voranzukommen, während die muselmännische Gesellschaft sich noch nicht von der Vormundschaft der Religion befreit hat. Wenn ich nun aber bedenke, daß die christliche Religion um mehrere Jahrhunderte früher in der Welt aufgetreten ist als die mohammedanische, dann kann ich mich der Hoffnung nicht entschlagen, daß auch die mohammedanische Gesellschaft eines Tages dazu gelangen wird, ihre Fesseln zu brechen und entschlossen auf der Bahn der Zivilisation fortzuschreiten nach dem Beispiel der abendländischen Gesellschaft, für welche der christliche Glaube trotz seiner strengen Gesetze und seiner Intoleranz kein unüberwindliches Hindernis gewesen ist. Nein, ich kann nicht gestatten, daß diese Hoffnung dem Islam geraubt werde. Ich verteidige hier vor Herrn Renan nicht die Sache der mohammedanischen Religion, sondern diejenige mehrerer hundert Millionen Menschen, die ihm zufolge verurteilt wären, in der Barbarei und Unwissenheit fortzuleben.«[6]

Der Hoffnung, die al-Afghani hier äußerte, stand eine bedrückende Realität gegenüber. Im selben Jahre, da er Renan antwortete, unterwarf Frankreich den tunesischen Staat seiner Herrschaft. Im Jahr zuvor war der Urabi-Aufstand von England mit Waffengewalt niedergeworfen und Ägypten zur Halbkolonie gemacht worden. In Algerien konnte Frankreich seine Kolonialdespotie festigen, nachdem es den Volksaufstand von 1871 niedergeschlagen hatte. Im osmanischen Kernland sowie in Iran wuchs der Einfluß der europäischen Mächte. Und Indien war längst, spätestens seit der Niederwerfung des »Sepoy-Aufstands«, an die Briten gefallen. Die Kolonialherrschaft griff tief in das Leben der Betroffenen ein und gefährdete auch die überkommene kulturelle Identität. In Indien etwa hatten die britischen Behörden 1837 entschieden, »englische« Bildung im Lande einzuführen und das Persische als offizielle Sprache durch das Englische oder die jeweilige Landessprache zu ersetzen. Der Anteil der Muslims bei der Besetzung von Posten in den unteren Rängen des Staatsapparates war daraufhin beträchtlich gesunken. Die Einführung der britischen Zivilstrafgesetzgebung in die indische Justizpraxis ab 1861 entzog den muslimischen Richtern die Grundlage ihrer Tätigkeit und nahm damit einer weiteren Gruppe der muslimischen Bevölkerung eine sozial gewichtige Funktion.

»Salafija«: Orientierung an den Altvorderen

Der in Iran geborene al-Afghani (1839–1897) hatte die Demütigung und Knechtung muslimischer Völker persönlich kennengelernt. Häufig beteiligte er sich auch am Widerstand der Unterworfenen. Er befand sich in Indien, als der »Sepoy-Aufstand« ausbrach. In den siebziger Jahren lebte und wirkte er in Ägypten, bis er 1879 wegen öffentlich bekundeter Sympathie zu den Patrioten um al-Urabi des Landes verwiesen wurde. Anfang der achtziger Jahre in Paris disputierte er nicht nur mit Renan, sondern suchte auch, wenngleich erfolglos, zwischen Großbritannien und dem sudanesischen Mahdi zu vermitteln. Etwa zehn Jahre später kämpfte er in Iran aktiv gegen den Schah und den wachsenden britischen Einfluß. Nach Istanbul verschlagen, starb er, kurz bevor ihn die Herrschenden an Iran ausliefern konnten, wo einer seiner ehemaligen Diener im Jahr zuvor Schah Nasir al-Din umgebracht hatte.

Al-Afghani machte den europäischen Kolonialismus, dessen Überlegenheit seiner Meinung nach vor allem aus fortgeschrittener Wissenschaft und Technik herrührte, für den Niedergang der islamischen Welt verantwortlich, aber ebenso die Schwäche des Islam, genauer: die Unfähigkeit der Ulama, die ihn jahrhundertelang »verwaltet« und zu einem erstarrten Monstrum hatten verkommen lassen. Letzteren warf er vor: »Sie fragen nicht: wer sind wir, und was ist angemessen für uns? Sie fragen nie nach [den

Ursachen] der Elektrizität, nach [dem Funktionieren von] Dampfschiffen und Eisenbahnen.«[7] Der Ausweg lag auf der Hand. Nur eine Vereinigung von wissenschaftlich-technischem Fortschritt, wie ihn das Abendland hervorgebracht hatte, mit dem Islam vermochte den – möglichst in einem einheitlichen islamischen Staat zusammengefaßten – muslimischen Völkern die Kraft zu geben, fremder Herrschaft und Unterdrückung zu widerstehen und sich zu neuer Größe aufzuschwingen.

Al-Afghani äußerte diese Hoffnung immer wieder in Reden und Schriften. Der Islam war seiner Meinung nach »von allen Religionen der Wissenschaft und dem Wissen am nächsten: es gibt keine Unvereinbarkeit zwischen diesen und den Prinzipien des Islam«.[8] Er müsse nur von den Fesseln der Vergangenheit befreit werden. Das werde ihn befähigen, bei der Beseitigung von kolonialer Herrschaft hilfreich zu sein.

Der ägyptische Religionsgelehrte Muhammad Abduh (1849–1905) sorgte sich gleichfalls um den Islam und die muslimischen Völker. Er hatte seine Ausbildung an der Azhar-Universität in Kairo erhalten. Dort auch war er – in den siebziger Jahren – mit al-Afghani zusammengetroffen und zu dessen Schüler geworden. Im Jahre 1882 wurde Abduh wegen Beteiligung am Urabi-Aufstand aus Ägypten ausgewiesen. Er schloß sich in Paris al-Afghani an. 1884 gab er gemeinsam mit diesem die Zeitschrift »al-Urwa al-wuthqa« (Das unauflösliche Band) heraus. Ein Jahr darauf begann er in Beirut mit den Arbeiten an seinem Hauptwerk »Risalat al-tauhid« (Traktat über den Monotheismus), in dem er seine Grundgedanken für eine Reform des Islam niederlegte.

Abduh erstrebte in seinem reformatorischen Bemühen zunächst – hier folgte er dem Vorbild der Wahhabiten sowie anderer religiöser Erneuerungsbewegungen vor ihm – eine Rückkehr zum Ur-Islam, zum Islam der »Altvorderen«. Seine Reformbewegung wurde deshalb auch Salafija (von salaf, »Altvordere«) genannt. Das schloß die Ablehnung der »bida«, der Neuerungen, ebenso ein wie die des »idschma« der Religionsgelehrten, der sie zumeist hervorbrachte. Doch im Unterschied zu Wahhabiten und anderen Fundamentalisten blieb Abduh hier nicht stehen, sondern forderte und praktizierte das Recht, den am Gemeinwohl orientierten Verstand zu benutzen und sich des »idschtihad«, der freien Interpretation des Korans und der Sunna, zu befleißigen. Denn nach seiner und al-Afghanis Auffassung bildeten Vernunft und Offenbarung im

Islam keinen Gegensatz. Ganz im Gegenteil. »Wir definieren (die Offenbarung) nach unserer Methode als Wissen, das die Einzelperson in sich vorfindet mit der Sicherheit, daß es von Allah stammt, sei es mittelbar, sei es unmittelbar ...«, erklärte Abduh. »In jedem Falle darf man die Religion nicht zu einem Hindernis machen, das den Geist davon abhält, sich das Wissen über das Wesen der existierenden kontingenten Dinge nach Maßgabe der Möglichkeit zu verschaffen – eine Fähigkeit, mit der Allah ihn ausgezeichnet hat –, sondern die Religion muß ihn zum Streben nach dem Wissen aneifern ... Der Verstand ist es, der die Beweise (der Offenbarungsinhalte) prüft, um dadurch zu ihrer Kenntnis und zu der Überzeugung zu gelangen, daß sie von Allah stammen.«[9]

Diese neue Sicht des Islam brachte auch ein neues Bild vom »wahren Gläubigen« hervor. Nach Abduhs Worten handelt es sich hierbei um einen Menschen, der »an das heilige Buch und die in ihm enthaltenen Vorschriften für das Handeln glaubt, aber die geheimnisvollen Nachrichten (über das jenseitige Leben) nach ihrem äußeren Wortsinn schwer verstehen kann und sie mit seinem Verstande durch Wahrheiten, die er beweisen kann, zu erklären sucht, dabei jedoch an ein Leben nach dem Tode und die Belohnung und Bestrafung für das Handeln und den Glauben glaubt, so daß seine Erklärung den Wert der (göttlichen) Versprechungen und Androhungen in nichts vermindert und das Gebäude der Scharia in der Pflichtenlehre in nichts erschüttert«[10].

Nach der Rückkehr in sein Heimatland wurde Abduh 1889 zum ägyptischen Mufti, d. h. zum höchsten islamischen Rechtsgelehrten, ernannt. Dadurch erhielt er die Möglichkeit, zumindest einige seiner reformatorischen Grundgedanken in die Praxis umzusetzen. Das betraf vor allem die Reformierung der Scharia, die er an die modernen gesellschaftlichen Umstände anzupassen suchte. Daneben widmete er sich einer modernistischen Koranauslegung.

1895 erhielt auf Veranlassung des Chediwen die Azhar-Universität einen Verwaltungsrat. Abduh nutzte das neue Gremium, um eine Reform der hohen geistlichen Bildungsstätte einzuleiten.

Seit 1898 gab Abduh gemeinsam mit seinem Schüler, dem Libanesen Muhammad Raschid Rida (1865–1935), die Zeitschrift »al-Manar« heraus. Sie gewann beträchtlichen Einfluß auf die junge muslimische Intelligenz in den arabischen wie in anderen islamischen Ländern.

Die Bemühungen um eine Reformierung des Islam, wie al-Afghani und Abduh sie unternahmen, blieben aufgrund der sozialen und ökonomischen Verhältnisse der muslimischen Völker auf eine relativ dünne »Bildungsschicht« beschränkt. Dennoch fanden sie, das ist der quantitative Gesichtspunkt, große Resonanz – von Nordafrika bis nach Niederländisch-Indien, dem heutigen Indonesien. Zu bedeutenden Verfechtern einer islamischen Reform gehörten Abu Schuaib al-Dukkali (1878–1937) in Marokko, Abd al-Hamid Ben Badis (1889–1940) in Algerien sowie Ahmad Dahlan (1868–1923) und Agus Salim (1884–1955) in Indonesien.

In Indien bildete sich zu gleicher Zeit eine vom direkten Einfluß al-Afghanis und Abduhs weitgehend unabhängige, ihnen jedoch inhaltlich sehr nahestehende islamische Reformbewegung heraus. Sie wurde von Saijid Ahmad Khan (1817–1898) begründet. In Amir Ali (1849–1928), Muhammad Iqbal (1876–1938), Muhammad Ali Jinnah (1876–1948), Salah al-Din Khuda Bakhsch (1877–1931) und Abul-Kalam Azad (1888–1958) hatte sie ihre – politisch unterschiedlich orientierten – Hauptvertreter.

Die Bewegung zur Reformierung des Islam beförderte in weiten Bevölkerungskreisen, das war ihr qualitativer Aspekt, ein neues »islamisches Bewußtsein«. Es gründete sich auf den wiederbelebten Glauben an die Lebenskraft und Ebenbürtigkeit, ja sogar Überlegenheit der eigenen Religion und Kultur. Und es wurde, wie von al-Afghani beabsichtigt, im antikolonialen Kampf wirksam. Aus den Reihen der Muslims gingen zahlreiche namhafte Vertreter der nationalen Befreiungsbewegung hervor. Muslimische Religionsgelehrte beteiligten sich direkt – wie die Azhar-Theologen in der ägyptischen Revolution von 1919 – oder im Rahmen politischer Organisationen am Kampf gegen koloniale Unterdrückung.

Die Bewegung zur Reformierung des Islam hatte sich indessen noch einer anderen Herausforderung zu stellen. In Teilen Nordafrikas, in Ägypten, der Levante, in Indien und Indonesien entwickelte sich punktuell Kapitalismus. Teils geschah dies aus autochthonen Ansätzen heraus, zumeist jedoch infolge der Einbeziehung der betreffenden Länder in den Reproduktionszyklus der Kolonialmetropole, was den »Import« kapitalistischer Strukturen nach sich zog. So formierten sich Bourgeoisie und Kleinbürgertum. Viele ihrer muslimischen Vertreter empfanden den überkommenen Islam als ein Hemmnis für ihre soziale, wirtschaftliche und politische Entfaltung als Klasse. Der indische Reformer Khuda Bakhsch klagte: »Unser ganzes System ist so unglücklich gestaltet, daß es unmöglich scheinen kann, unter ihm mit Erfolg voranzugehen oder einen einzigen Schritt vorwärts zu tun. Unser Erbrecht ist so eingerichtet, daß es die reichste Familie in einer oder zwei Generationen in enge Verhältnisse, wenn nicht in größte Bedürftigkeit bringt. Und doch dürfen wir unsere ungeheiligten Hände nicht daranlegen ... Dann das Verbot, für Geld Zins zu nehmen. Es ist für die kaufmännische Aktivität verhängnisvoll, denn man kann kein Kapital aufnehmen, wenn man keine Vergütung dafür versprechen kann; und so wird das Zusammenarbeiten, das die Grundlage für die modernen Unternehmungen bildet, ausgeschlossen. Ob dies Verbot wirklich eine religiöse Vorschrift ist, bezweifle ich stark ...«[11]. Das muslimische Bürgertum war den Bemühungen der Reformer gegenüber aufgeschlossen. Erwartete es doch von ihnen, daß sie den Islam, indem sie sich den Erfordernissen der neuen Zeit stellten, den – wie nach Friedrich Engels Reformationen dies allgemein taten – »veränderten ökonomischen Bedingungen und der Lebenslage der neuen Klasse« anpaßten.[12]

Doch so erfolgreich das islamische Reformwerk sich in seinem Beginn gestaltete – es blieb unvollendet. Seine Ergebnisse verkümmerten spätestens seit dem Ende der zwanziger Jahre dieses Jahrhunderts zu den Dogmen einer neuen Orthodoxie.

Wie kam es dazu?

Die Reformer waren keineswegs persönlich unfähig, sich der Herausforderung zu stellen. Sie stießen in den gesellschaftlichen Verhältnissen, unter denen sie wirkten, auf Grenzen. Sie sahen sich einem Kapitalismus gegenüber, der »importiert« wurde und der eigenständige Ansätze kapitalistischer Entwicklung dort, wo sie bestanden, abbrach oder deformierte. Die Bourgeoisie, die er hervorbrachte, war als Klasse nur ansatzweise – vor allem im Hinblick auf ihren Antikolonialismus – revolutionär. Sie vermochte es nicht, jenes geistige Selbstgefühl aufzubringen, das die junge Bourgeoisie des Kapitalismus in seiner Aufstiegsphase auszeichnete und das das Denken und die Gesellschaft umwälzte. Das zeigte sich auch im islamischen Reformwerk. Seine Initiatoren schreckten als intellektuelle Vertreter einer abhängigen Bourgeoisie – abhängig vom Vorkapitalismus, in dem sie nach wie vor wurzelte, und von der gehaßten wie bewunderten Bourgeoisie der Kolonialmetropolen – vor einer rationalistischen Infragestellung ihrer Religion zurück; trotz heftiger Kritik an ihren äußeren Gebrechen beschränkte sie sich auf die Modernisierung überkommener Institutionen. Seinen theologischen Ausdruck fand das darin, daß Vernunft und Offenbarung im Islam als miteinander vereinbare Größen postuliert wurden. Die Errungenschaften der modernen Wissenschaft galten dadurch lediglich als Abzweigung der Offenbarung, deren ewige Gültigkeit durch diese Deutung bestätigt wurde.

Konfliktlos verlief das freilich nicht. Al-Afghani und Abduh waren durchaus vom rationalistischen Zweifel »angekränkelt« und zumindest zeitweise agnostischen, pantheistischen und deistischen Gedanken zugeneigt. Noch in seiner Polemik mit Renan hatte al-Afghani erklärt: »Keine Verständigung, keine Aussöhnung ist zwischen den Religionen und der Philosophie möglich. Die Religion auferlegt dem Menschen ihren Glauben, während die Philosophie ihn ganz oder zum Teil davon befreit ... Solange die Menschheit lebt, wird der Kampf zwischen dem Dogma und der freien Forschung, zwischen Religion und Philosophie nicht aufhören ...«[13] Es waren die unausgereiften gesellschaftlichen Verhältnisse, die al-Afghani hinderten, hier weiterzudenken.

Etwas anderes kam hinzu. Der Islam war Symbol des Antikolonialismus geworden: Mußte da nicht jeder Abstrich an ihm das antikoloniale Engagement mindern oder gar gefährden? Viele Reformer hatten offenbar Bedenken dieser Art. Sie »opferten« den Rationalismus – nach Friedrich Engels die Religion des »liberalen und radikalen Bourgeois«[14] – der orthodoxen Apologetik.

Das wiederum führte zu Auseinandersetzungen.

Rationalismus gleich Pro-Kolonialismus?

Manche muslimischen Reformer, namentlich in Britisch-Indien, verbanden eine bisweilen gar radikale Umdeutung ihrer Religion mit einer nicht minder deutlichen Loyalität gegenüber der Kolonialmacht. Zu ihnen gehörten Saijid Ahmad Khan, der 1875 das »Muhammadan Anglo-Oriental College« in Aligarh begründete, sowie weitere Reformer seiner Schule. Sie verfochten ein Programm für die soziale Entwicklung des muslimischen Bevölkerungsteils in Indien. Der Islam sollte ihrer Meinung nach rationalistisch werden und durch Übernahme westlicher Wissenschaft und Bildung eine Renaissance erleben. Saijid Amir Ali schrieb: »Die gegenwärtige Erstarrung der muslimischen Gemeinschaften kommt hauptsächlich von der Vorstellung, die sich der Gesamtheit der Muslims eingeprägt hat, daß das Recht, sein eigenes Urteil zu betätigen, mit den frühen Gesetzeskundigen aufgehört hat, daß seine Betätigung in der Gegenwart eine Sünde ist und daß ein Muslim, um als orthodoxer Anhänger Muhammads zu gelten, der einen oder anderen der von den Gelehrten des Islam begründeten Schulen angehören und sein Urteil einschränkungslos vor den Interpretationen von Leuten beugen müsse, die im 9. Jh. lebten und von den Bedürfnissen des 20. keine Ahnung haben konnten ...«[15] Saijid Ahmad Khan und seine Anhänger befürworteten zugleich die Zusammenarbeit mit den britischen Kolonialbehörden und boykottierten – nach anfänglicher Unterstützung – den »Indischen Nationalkongreß«, die größte Organisation der indischen nationalen Befreiungsbewegung. Dieser sei, argumentierten sie, von einem »Hindu-Nationalismus« beherrscht. Und überhaupt sei den Muslims und ihrer Wohlfahrt in diesem Lande eine politische Betätigung nicht förderlich.

Andere muslimische Reformer waren empört über diese Haltung. Während seines Indien-Aufenthalts 1879 bis 1882 schrieb al-Afghani in einem Artikel mit deutlicher Anspielung auf Saijid Ahmad Khan: »Warum nennt man einen, der den Lebensgeist eines Volkes zerstört, einen Wohltäter, warum sieht man in einer Person, die für den Niedergang ihres Glaubens arbeitet, einen Weisen? Was ist das für eine Ignoranz?«[16] Einige Jahre später klagte er den indischen Reformer in der Zeitschrift »al-Urwa al-wuthqa« offen an: »Seine Lehre erfreute die englischen Herrscher, und sie sahen in ihr das beste Mittel, um die Herzen der Muslims zu korrumpieren. Sie fingen an, ihn zu unterstützen, ihn zu ehren und ihm zu helfen, ein College in Aligarh zu errichten, das Muhammadan College genannt wurde und als eine Falle diente, in der die Söhne der Gläubigen gefangen werden sollten, um sie im Geiste dieses Mannes zu erziehen, im Geiste Ahmad Khan Bahadurs.«[17]

Al-Afghani und andere sahen einen ursächlichen Zusammenhang zwischen der rationalistischen Islam-Deutung Saijid Ahmad Khans und seiner pro-kolonialen Attitüde. Doch irrten sie hier. Sie übersahen, daß die politische Haltung eines Saijid Ahmad Khan in erster Linie aus den besonderen Existenz- und Entwicklungsbedingungen der indischen Muslims, genauer der indomuslimischen Bourgeoisie, erwuchs. Letztere, zu einer, wenngleich großen, Minderheit im multikonfessionellen Indien gehörend, befand sich in einer komplizierten Lage: einerseits in Abhängigkeit vom Seniorpartner in der britischen Kolonialmetropole – da teilte sie das Schicksal der abhängigen Bourgeoisie in anderen Ländern –, andererseits in Konkurrenz mit der »Hindu-Bourgeoisie« im Lande selbst. Saijid Ahmad Khan sah in der Abgrenzung gegenüber der »Hindu-Bourgeoisie« bei gleichzeitiger Loyalität zur britischen Herrschaft den besten Weg, der – religiös aufgeklärten – muslimischen Bourgeoisie seines Landes zu relativer Prosperität zu verhelfen.

Eine eigene Position vertrat Muhammad Raschid Rida, der Schüler Abduhs. Als Alternative zum Kapitalismus der Kolonialmächte wie zum Sozialismus empfahl er in seiner »ökonomischen Ethik« des »dritten Weges« in bürgerlicher Neuinterpretation von Organisation und Geist der Gemeinde des Propheten eine spezifisch islamische gesellschaftliche Entwicklung. Praktisch war ihm an einem »nationalen« Kapitalismus gelegen. Das Konzept scheiterte in der Praxis. Sein Scheitern veranlaßte manchen muslimischen Bourgeois zu rascher Kompromißbereitschaft mit der Kolonialbourgeoisie. Doch noch heute verbirgt sich hinter dem Konzept eines »Islamo-Kapitalismus« die Hoffnung auf eine selbständige kapitalistische Entwicklung in Asien und Afrika.

Für das islamische Reformwerk erwies sich die vermeintliche Gleichung »Rationalismus gleich Pro-Kolonialismus« als ein Verhängnis. Erschien doch so jegliche konsequent rationalistische Deutung des Islam als ein Angriff auf ihn, als ein Versuch nämlich, diesen bewährten und angesichts verschärfter kolonialistischer Bedrückung mehr denn je zu bewahrenden Schutzschild gegen fremde Herrschaft zu zerstören und die muslimischen Völker zu entwaffnen.

Nationale Muslimorganisationen

Die aufstrebenden nationalbürgerlichen und kleinbürgerlichen Kräfte unter den Muslims, die die Führung im antikolonialen Kampf zu übernehmen begannen, schufen sich – dieser Prozeß setzte zu Beginn des 20. Jh. ein – nationalstaatlich orientierte politische Organisationen. Sie verfolgten damit zwei Ziele. Zum einen wollten sie – ob nun mehr religiös oder nationalistisch motiviert – ihre vorwiegend ökonomischen und politischen Interessen gegenüber den hinduistischen, buddhistischen oder christlichen Konkurrenten im eigenen Lande durchsetzen. Nationale Muslimorganisationen entstanden deshalb zuerst in Ländern der »islamischen Peripherie«. Zum anderen artikulierte das muslimische Bürgertum und Kleinbürgertum seine Belange gegenüber den Kolonialmächten. Seine politischen Organisationen waren deshalb mehr oder weniger stark antikolonial orientiert. Das schloß widersprüchliche Positionen und Aktionen vor allem in multikonfessionell gegliederten Ländern nicht aus.

Für alle nationalen Muslimorganisationen war bezeichnend, daß sich ihre Begründer und Führer auf den Reformislam eines Saijid Ahmad Khan oder Muhammad Abduh bezogen und ihm damit eine politische Dimension verliehen.

Allindische Muslimliga

Die erste wichtige Organisation dieser Art entstand in Indien: die »Allindische Muslimliga« (All India Moslem League), kurz »Muslimliga« genannt. Sie wurde im Jahre 1906 als politische Organisation der indischen Muslims gegründet und ging auf die Aligarh-Bewegung Saijid Ahmad Khans zurück.

Widersprüchliches machte sich geltend. Eine neue Entwicklungsphase Indiens wie der nationalen Befreiungsbewegung überhaupt hatte eingesetzt. Nicht nur die indische bürgerliche Klasse insgesamt hatte sich gefestigt. Städtische kleinbürgerliche Demokraten, die auf breitere werktätige Schichten – auf die junge Arbeiterklasse sowie auf Bauern – Einfluß gewannen, griffen aktiv in die nationale Bewegung des indischen Volkes gegen die Kolonialherrschaft ein. Der radikale Flügel der Befreiungsbewegung forderte Selbstregierung im Rahmen des Empire analog dem Status Australiens oder Kanadas.

Die Kolonialregierung sann auf Gegenwehr. Konnten, diese Erwägung drängte sich ihr auf, hierbei nicht Muslims und Hindus gegeneinander ausgespielt werden? Die Mitglieder beider Religionsgemeinschaften neigten ohnehin dazu, ihre Identifikation in der Abgrenzung gegeneinander zu suchen. Behörden wie Ideologen der Kolonialmacht nutzten dies, um mit der Einführung von »repräsentativen Körperschaften« – also quasi-parlamentarischen Organen – Muslims und Hindus nicht nur als einander ausschließende religiöse Gruppierungen zu fixieren, sondern sie gleichzeitig in einander feindlich gegenüberstehende politische Einheiten zu verwandeln.

Damit trat eine Erscheinung des politischen Lebens Indiens in den Vordergrund, die mit dem Begriff »Kommunalismus« bezeichnet wird. Kommunalistische Regungen wurden bereits in der zweiten Hälfte des 19. Jh. sichtbar, als einige hinduistische Führer der nationalen Bewegung gegen den Gebrauch des Urdu auftraten und eine Propagandakampagne zugunsten des Hindi entfachten. Dabei war Urdu nicht nur die Sprache der gebildeten Muslims und all derer, die in den Diensten der ehemaligen muslimischen Feudalklasse gestanden hatten. Es war längst verbreitetes Kommunikationsmittel in Nordindien unter Menschen unterschiedlicher Konfession und wie die Urdu-Literatur sowohl Produkt der komplexen kulturellen Entwicklung des eigentlichen Hindustan wie ein Teil des nationalen kulturellen Erbes des gesamten indischen Volkes geworden.

Der britischen Kolonialmacht kam noch ein anderer Umstand entgegen. In der Ideologie derjenigen Repräsentanten der kleineren und mittleren Bourgeoisie Indiens, die eine radikale antikolonialistische Zielstellung verfochten, waren in stärkerem Maße feudalpatriarchalische Elemente vorhanden als etwa in den Auffassungen der großbürgerlichen Kreise. So hielten Züge eines Hindu-Revivalismus bei Führern des radikalen Flügels der Befreiungsbewegung muslimische Kreise von der Annäherung an den Indischen Nationalkongreß ab. Innerhalb der Muslimgemeinschaft konnten sich Persönlichkeiten, die gegen einen politischen Separatismus auftraten, nicht durchsetzen. Neue Führungskräfte, wie der Führer der Ismailiten, Agha Khan, drängten nach vorn und beanspruchten die Interessenvertretung der indischen Muslims in dem von der Kolonialmacht gebotenen Rahmen.

Als sich zunehmend Vertreter aus dem Kleinbürgertum und der Intelligenz an der Bewegung der Muslims beteiligten, kam in ihr eine demokratische Tendenz zur Geltung. Zu den führenden Persönlichkeiten, die sie verfochten, gehörte Abul-Kalam Azad, der – obgleich Befürworter einer Reform des Islam – frühzeitig die politische Konzeption von Saijid Ahmad Khan abgelehnt hatte. Ein von ihm und den Brüdern Muhammad und Shaukat Ali geführter Flügel drängte auf eine veränderte politische Orientierung der

Muslimliga. Er erreichte, daß die Organisation im Jahre 1913 die Selbstregierung im Rahmen des Empire als ihr politisches Ziel annahm.

Damit wurde die Bahn frei für das Abkommen von Lakhnau, das 1916 zwischen dem Indischen Nationalkongreß und der Muslimliga geschlossen wurde. Es sah die Aktionseinheit im Ringen um Selbstregierung vor. Das Abkommen trug Kompromißcharakter. Es sprach der Muslimliga das Recht zur separaten Vertretung der muslimischen Bevölkerung in den gesetzgebenden Organen zu. Dennoch war es ein Meilenstein auf dem Weg zur Einheit von Hindus und Muslims im nationalen Befreiungskampf.

Die damalige Lage Indiens zeichnete sich nach den Worten Jawaharlal Nehrus »durch eine sonderbare Mischung von Nationalismus, Politik, Religion, Mystizismus und Fanatismus aus, (die) durch Bauernunruhen und eine zunehmende Bewegung der Arbeiterklasse in den großen Städten (bedingt war). Der Nationalismus und ein unbestimmter, aber starker, das ganze Land umfassender Idealismus suchte all diese verschiedenen und sich manchmal gegenseitig widersprechenden Unzufriedenen zu sammeln . . . Trotzdem stellte dieser Nationalismus an sich eine Mischung ungleichartiger Kräfte dar, hinter dem sich ein Hindu-Nationalismus und ein Moslem-Nationalismus verbargen, die zum Teil über die Grenzen Indiens hinausblickten . . .«[1]

Als die antiimperialistisch-demokratische Bewegung abflaute, kamen in den beiden großen Religionsgemeinschaften Indiens rückwärtsgewandte, orthodoxe und religiös-chauvinistische Strömungen mit entsprechenden Organisationen auf. Sie wurden von Teilen des Kleinbürgertums wie von den reaktionärsten Fraktionen des Feudaladels und des Großgrundbesitzes unterstützt. Unter ihrem Einfluß verweigerte die Führung der Muslimliga 1921 die Mitarbeit an der Kampagne des »Bürgerlichen Ungehorsams«. Danach verfolgte sie wieder die Linie des religiösen Separatismus in der Politik. Dem erneuten Aufschwung der nationalen Befreiungsbewegung in den Jahren 1929 bis 1933 stand sie nicht nur unbeteiligt, sondern sogar feindlich gegenüber. Kommunalistische Aktivitäten vergifteten das politische Leben des Landes und lösten eine Reihe blutiger Zusammenstöße zwischen 1924 und 1927 aus.

Bürgerlich-demokratische Kreise im Indischen Nationalkongreß und unter den indischen Muslims setzten sich demgegenüber für die politische Einheit der Angehörigen der beiden großen

Religionsgemeinschaften ihres Landes ein. Nur so, darin waren sie sich einig, könne Indien von der Fremdherrschaft befreit werden.

Abul-Kalam Azad gründete 1929 die »Nationalistische Muslim-Partei«. Ihr vorrangiges Ziel bestand darin, den Patriotismus unter den Muslims zu wecken. Die Beseitigung der britischen Herrschaft war für Abul-Kalam Azad die erste Voraussetzung, um die politischen und ökonomischen Bestrebungen der indischen Muslims zu realisieren. Zugleich setzte er sich, um den Weg zu sozialem Fortschritt zu ebnen, für die Beseitigung feudaler Verhältnisse ein.

Abul-Kalam Azad und seine Anhänger lehnten einen Muslim-Nationalismus ab. Für sie konnte es nur eine Gemeinschaft der Gläubigen und ein indisches Nationalbewußtein geben. Sie kamen damit dem Konzept sehr nahe, das der bürgerlich-demokratische Flügel der indischen Unabhängigkeitsbewegung entwickelte und als Leitlinie im Indischen Nationalkongreß durchgesetzt hatte. Danach sollten im gesellschaftlich-politischen Leben Indiens säkulare Prinzipien verwirklicht werden. Und für die Zukunft sollte ein säkularer Staat erstrebt werden, der die nationalen Interessen wahrzunehmen und sich den Religionsgemeinschaften gegenüber neutral zu verhalten hätte.

In der indomuslimischen Bevölkerung fanden die Ideen Abul-Kalam Azads nur verhältnismäßig geringen Widerhall.

Einen größeren Einfluß gewann hier der indische Dichter und Philosoph Muhammad Iqbal. Er war vom Panislamismus beeinflußt. Nach seiner Meinung bot ein auf nationaler Basis organisierter und in der Form letztlich multinationaler Islam die günstigsten Existenzbedingungen für den Fortbestand der Religion. Er versuchte begrifflich zwischen »nationaler Gemeinschaft« (qaum) und »religiöser Gemeinschaft« (millat) zu unterscheiden; die indischen Muslims betrachtete er als nationale Einheit innerhalb des indischen Volkes. 1930 schlug er die Schaffung eines islamischen Staates innerhalb einer Indischen Union vor.

Iqbal ist später von den Verfechtern eines separaten Pakistan als geistiger Vorläufer beansprucht worden. Gewiß, er lieferte die ideologische Begründung für das Pakistan-Konzept der Muslimliga. Tatsächlich trat er aber bis zu seinem Tod 1938 nicht für die staatliche Teilung Indiens ein. Für ihn war die angestrebte Autonomie der Muslims im Rahmen einer indischen Föderation nur denkbar, wenn sich ganz Indien aus der Kolonialunterdrückung befreite und die Selbständigkeit errang.

Religionsgrenzen werden zu Staatsgrenzen: Indien, Pakistan

In Vorbereitung auf Wahlen zu gesetzgebenden Provinzversammlungen 1937 wurde unter Führung Muhammad Ali Jinnahs die Muslimliga wiederbelebt. Sie trat jetzt im Unterschied zu früher für den antiimperialistischen Massenkampf ein und erklärte die völlige politische Unabhängigkeit Indiens zu ihrem Ziel.

Die Muslimliga entwickelte sich schnell zur einflußreichsten politischen Organisation unter den indischen Muslims. Doch in ihrer Programmatik traten auch immer stärker die Konturen eines »Muslim-Nationalismus« hervor. Sie forderte Autonomie für Provinzen mit muslimischer Mehrheit innerhalb einer künftigen Indischen Föderation. Bald propagierte sie die Ansicht, daß der Indische Nationalkongreß vorwiegend eine Organisation der Hindus sei und nicht die nationalen Interessen Indiens vertrete.

Am Vorabend des zweiten Weltkrieges gaben die Führer der Muslimliga die Idee einer Indischen Föderation auf. Sie nahmen den britischen Vorschlag für eine Teilung des Landes auf der Grundlage der Religionszugehörigkeit der Bevölkerung als angeblichen Lösungsweg vordringlicher innerer Probleme an. 1940 forderte Jinnah offiziell im Namen der Muslimliga einen separaten islamischen Staat Pakistan. Im Jahr darauf nahm die Muslimliga die These von Muslims und Hindus als zwei Nationen in ihr Programm auf. In einem künftigen freien und einheitlichen Indien würden angesichts der zahlenmäßigen Dominanz der Hindus, so begründete sie diesen Schritt, Gefahren sowohl für den Fortbestand der religiös-kulturellen Traditionen des Islam wie der muslimischen Gemeinschaft selbst bestehen.

Wer aber war eigentlich an einem separaten islamischen Staat in Südasien interessiert? Es waren dies die muslimischen Grundbesitzer, vor allem aber die meisten Angehörigen der muslimischen Großbourgeoisie. Diese befand sich aufgrund historischer Umstände gegenüber der hinduistischen Konkurrenz in einer schwächeren Position. Sie befürchtete, in einem befreiten Indien unter Führung des Indischen Nationalkongresses nur eine untergeordnete Rolle spielen zu können. Intellektuelle, die den muslimischen Grundbesitzern wie der muslimischen Großbourgeoisie verbunden waren, popularisierten die Pakistan-Idee. Unter breiten Schichten der indischen Muslims dominierte schließlich die Illusion, daß die Bewegung für einen islamischen Staat der bestmögliche Weg sei, um Unabhängigkeit zu erringen und die Interessenkonflikte zwischen den »Nationen« der Hindus und Muslims zu überwinden.

Aus dem erfolgreichen antikolonialen Kampf in Südasien gingen schließlich zwei Staaten hervor: Indien und Pakistan. Religionsgrenzen wurden zu Staatsgrenzen. Es war dies mit blutigen Auseinandersetzungen zwischen Hindus und Muslims verbunden, was die Freude über den Erfolg, künftig in souveränen Staaten zu leben, zunächst trübte.

Pakistan wurde zur Islamischen Republik. Über 95 Prozent seiner Bevölkerung sind Muslims.

Im selbständigen Indien verblieben Muslims unterschiedlicher Klassenzugehörigkeit als eine beträchtliche Bevölkerungsminderheit (über 10 Prozent). Die Regierenden bemühen sich seitdem, sie auf der Grundlage bürgerlich-demokratischer Prinzipien in den Staat zu integrieren.

Organisationen in Ost- und Südostasien

Im Jahre 1912, nach der unvollendet gebliebenen bürgerlich-demokratischen Revolution von 1911 und im gleichen Jahr, als sich die Guomindang formierte, gründete Wang Haoran (1848–1918) in Peking die erste nationale Organisation der Muslims in China, die »Chinesische Islamische Gegenseitige Fortschrittsgesellschaft«. Sie wuchs rasch, und nach einem Jahrzehnt hatte sie 3000 Ortsgruppen. Sie publizierte eigene Zeitschriften. Modernistische Ideen fanden Resonanz. Schriften von Muhammad Abduh wurden ins Chinesische übertragen. Chinesische Muslims suchten verstärkt Anschluß an die chinesische Nationalbewegung. In ihren Reihen meldeten sich Stimmen, die bestritten, nicht zu den Chinesen zu gehören. Der Terminus »Hui«, argumentierten sie, bezeichne keine ethnische, sondern lediglich eine religiöse Gruppe.

In Indonesien entstand, ebenfalls im Jahre 1912, der »Sarekat Islam«. Seine Losung war: »Vereint unter dem Banner des Islam sind wir stark.«[2] Mit ihr begeisterte er Angehörige aller Klassen und Schichten unter den indonesischen Muslims: Kaufleute, Unternehmer, Theologen, Arbeiter, vor allem aber die Masse der Bauern, die sich Befreiung vom Kolonialjoch und soziale Sicherheit erhofften.

Der Sarekat Islam paßte sich anfangs in das System der holländischen Kolonialpolitik, in die sogenannte »ethische Politik«, ein, in der von »moralischen Verpflichtungen« der Kolonialmacht gegenüber der indonesischen Bevölkerung die Rede war. Sein Grundgedanke »Kooperation unter den Gläubigen für Fortschritt und Wohlergehen der gesamten Bevölkerung«[3] schien im Sinne der Kolonialmacht formuliert zu sein. Doch der Sarekat entwickelte sich von einer Interessenvereinigung muslimischer Händler unter Führung von Omar Said Tjokroaminoto (1882–1934) zur bedeutendsten nationalen Befreiungsorganisation seiner Zeit. Sein Aufruf zur Einheit der Muslims war praktisch identisch mit dem Aufruf zur nationalen Einheit.

Mit dem wachsenden Einfluß, den revolutionär-demokratische Kräfte in ihm gewannen, erfuhr der Sarekat Islam eine Radikalisierung. Immer akzentuierter erhob er politische und soziale Forderungen an die Kolonialmacht. In den Jahren des ersten Weltkrieges führte eine verstärkte koloniale Ausbeutung dazu, daß sich die soziale Lage der Werktätigen rapide verschlechterte. Unter diesen Bedingungen sowie unter dem Eindruck, den der Sieg der Oktoberrevolution in Rußland hervorrief, breiteten sich die Gedanken der Non-Kooperation mit der Kolonialmacht und des Kampfes um Selbstverwaltung für das indonesische Volk rasch aus.

Nach dem ersten Weltkrieg zählte der Sarekat Islam ungefähr 2,5 Millionen Mitglieder. Er war zur Hauptkraft im antikolonialen Kampf geworden. Er organisierte Meetings und Demonstrationen. Unter seiner Führung fanden Streikkämpfe statt und wurde die Gewerkschaftsbewegung aktiviert, insbesondere durch die Errichtung einer einheitlichen Gewerkschaftszentrale im Dezember 1919. Der Antikolonialismus gewann an Konsequenz, und in ihm zeichneten sich antikapitalistische Züge ab.

Im Zusammenhang mit dieser Entwicklung kam es im Sarekat Islam zu Differenzierungen und Polarisierungen. Die im Interesse der nationalen Bourgeoisie agierenden kleinbürgerlichen Kräfte suchten die Radikalisierung im Befreiungskampf zu stoppen. Linkskräften ging es demgegenüber darum, über die Eigenstaatlichkeit hinaus sozial-ökonomische Veränderungen in der indonesischen Gesellschaft durchzuführen. Der Sarekat Islam war dieser Belastung nicht gewachsen. Er brach als Massenorganisation auseinander.

Gesellschaft der algerischen Ulama

Im Jahre 1931 entstand in Algerien die »Gesellschaft der algerischen Ulama«. Sie war eine Organisation besonderer Art: Zum ersten Male in der Geschichte des Islam vereinigten sich muslimische Religionsgelehrte zu einer politischen Gemeinschaft, um aktiv in den antikolonialen Kampf einzugreifen.

Was veranlaßte die Ulama zu diesem folgenschweren Schritt?

Mehr als hundert Jahre bereits währte die französische Kolonialherrschaft im Lande. Sie hatte aus Algerien eine »Provinz« Frankreichs gemacht. Das algerische Volk war nicht nur politisch unterdrückt und sozial ausgebeutet, es war zudem kulturell entmündigt worden. Zahllose und opferreiche Versuche, darunter solche bewaffneter Art, das fremdherrschaftliche Joch abzuwerfen, waren gescheitert. Ermutigt durch den Sieg der russischen Oktoberrevolution, hatte sich zu Beginn der zwanziger Jahre eine von bürgerlich-demokratischen und kleinbürgerlichen Kräften geführte Bürgerrechtsbewegung formiert, die – zunächst mit einer Politik der »kleinen Schritte« – die Gleichstellung der Algerier mit den im Lande lebenden Franzosen erstrebte.

Eine Gruppe muslimischer Religionsgelehrter, die unter dem Einfluß des Reformislam Abduhs und Ridas standen, reihte sich in diese Bewegung ein und suchte sie mit einem besonderen Beitrag zu bereichern: mit einem Bildungswerk zur Wiedererlangung national-kultureller Identität, die unter dem kolonialen Joch allmählich verschüttet worden war. Seit 1924 erschien die Zeitschrift »al-Muntaqid« (Der Kritiker). Nach den Worten ihres Herausgebers Abd al-Hamid Ben Badis – des Hauptvertreters des islamischen Modernismus im Lande – verfolgte sie das Ziel, »die Aufmerksamkeit der muslimischen Algerier auf ihr Recht (zu lenken), unter den Völkern Platz zu nehmen, ihnen zu zeigen, daß sie eine Nation bilden, die ihre eigene Rasse, Sprache, Religion und Geschichte hat, . . . daß sie darüber hinaus zu einem großen Volk gehören (dem arabischen Volk), das sich einer ruhmreichen Geschichte, einer hohen Zivilisation, einer organisierten Verwaltung rühmen kann«.[4] Fünf Jahre später veröffentlichte Mubarak al-Mili

(1880–1945) in Algier den ersten Band einer »Geschichte Algeriens im Altertum und in unseren Tagen«. Im Vorwort verurteilte er die Opportunisten aus den eigenen Reihen, die »jede Beziehung zur Vergangenheit ihres Vaterlandes verloren« hatten. An den Leser richtete er den Ruf: »Ich will, daß Du Dein Land so kennst, wie es es verdient, und daß Du, indem Du es kennst, in Dir fühlst, wie sich Deine Liebe und Ergebenheit zu ihm verdoppeln.«[5] Als im Jahre 1930 die französische Kolonialmacht mit herausforderndem Hochmut und mit Menschenverachtung den 100. Jahrestag des Falls von Algier feierte, reifte unter Ben Badis und seinen Gesinnungsgenossen die feste Überzeugung: »Sie feiern ihre erste Hundertjahrfeier, doch die zweite werden sie nicht feiern!«[6] Mit der Gesellschaft der algerischen Ulama wollten sie den organisatorischen Rahmen ihres Kampfes schaffen.

Die Gesellschaft beschränkte sich im Anfang ihrer Existenz – auch bedingt durch die Mitgliedschaft konservativer Kräfte – auf »unpolitische« Ziele: Bekämpfung der mystischen Bruderschaften – hier stand sie unter dem Einfluß des Wahhabismus –, Einrichtung muslimischer Bildungseinrichtungen, vor allem Aufbau von Koranschulen, sowie Förderung des Unterrichts in arabischer Sprache. Sehr rasch jedoch offenbarte sich die politische Brisanz dieser Orientierung. Die Bruderschaften bzw. ihre Führer waren nach dem Scheitern ihres Widerstandskampfes zu Hauptstützen des französischen Kolonialismus in Algerien herabgesunken. Deshalb die Forderung, sie zu bekämpfen. Die Einrichtung muslimischer Bildungsstätten war gegen das kolonialistische Bildungsmonopol gerichtet, das u. a. die Unterweisung in der islamischen Religion durch reformerisch und national gesinnte Ulama unterband und wesentlich zur kulturellen Entmündigung der Algerier beitrug. Die Kampagne für den Unterricht der arabischen Sprache wandte sich gegen eine der bedrückendsten Erscheinungsformen kolonialer Entfremdung: die Unfähigkeit einer wachsenden Zahl von Algeriern, ihre Muttersprache Arabisch sprechen und schreiben zu können.

Andere antikoloniale Kräfte in Algerien verfolgten die Bemühungen der Gesellschaft um die Entwicklung eines Nationalbewußtseins mit Aufmerksamkeit und Hochachtung. 1935 schrieb das Organ der algerischen Kommunisten: »Wir konstatieren mit Freude diesen Wunsch, der unter unseren Brüdern geboren wird, sich ins Arabische, die Nationalsprache, einführen zu lassen, unsere Kultur und unsere Einheit zu verteidigen. Unsere Arabische Kommunistische Partei hilft ihnen mit aller Kraft, die Forderungen der großen Masse Algeriens zum Erfolg zu führen.«[7]

Es war eine logische Folge ihres Bemühens um das nationale Bewußtsein ihrer Landsleute, daß die Gesellschaft aktiv in die politischen Kämpfe um die nationale Unabhängigkeit Algeriens eingriff. 1936 erklärte Ben Badis, sich dabei von zögernden Elementen der bourgeoisen Bürgerrechtsbewegung seines Landes abgrenzend: »Die Unabhängigkeit ist ein natürliches Recht, das allen Völkern der Erde gehört. Wir sagen daher nicht wie gewisse Leute, daß Algerien dazu verurteilt ist, immer das zu bleiben, was es gegenwärtig ist. Denn genau so, wie es seinen Status im Verlaufe der Geschichte sich hat ändern sehen, genauso wahrscheinlich ist es, daß es sich mit der Geschichte noch weiter entwickeln wird.«[8] Die Gesellschaft schloß sich denjenigen patriotischen Kräften an, die neben nationaler Unabhängigkeit und demokratischen Freiheiten auch soziale Rechte für die Ausgebeuteten forderten und sich im Sommer 1936 – ermutigt durch die Volksfront in Frankreich – zum Algerischen Muslimischen Kongreß zusammenfanden. Sie blieb fortan dieser ihrer Bündnispolitik gegenüber Nationalisten wie Kommunisten treu. Als 1954 algerische Patrioten den bewaffneten Befreiungskampf aufnahmen, schloß sich die Gesellschaft ihnen an; 1956 trat sie der FLN, der Nationalen Befreiungsfront Algeriens, bei.

Fundamentalistische »Alternative«

An einem Frühlingstag des Jahres 1928 – manche Quellen nennen auch das Jahr 1929 – kamen in der ägyptischen Stadt Ismailia sieben Männer zusammen. Der Hausherr war ein gewisser Hassan al-Banna (1906–1949), ein Grundschullehrer, Sohn eines Uhrmachers aus dem Nildelta. Die anderen sechs Männer, ägyptische Angestellte in Dienststellen der britischen Kolonialmacht, waren voller Sorge und Zorn. »Wir haben dieses Leben satt«, klagten sie, »dieses Leben in Ketten und Erniedrigung. Du siehst doch, daß die Araber und Muslims in diesem Lande weder Rang noch Achtung besitzen; ihre Stellung ist noch geringer als die der Angestellten, die von diesen Ausländern bezahlt werden. Wir haben nichts zu bieten als unser Blut, unser Leben, unseren Glauben, unsere Ehre und die paar Piaster, die wir vom Unterhalt unserer Kinder abgespart haben. Wir kennen nicht den Weg, der zur Aktion führt, noch wissen wir, wie wir unserem Lande, unserer Religion und unserem Volk dienen können, wie Du es tust. Alles was wir wollen, ist, Dir anzubieten, was wir haben, damit wir unserer Verantwortlichkeit vor Gott gerecht werden können und damit Dich gewinnen, für uns und unsere Pflichten Verantwortung vor Gott zu übernehmen.« Die Männer schworen, »Brüder im Dienste des Islam«[9] zu sein. Damit begründeten sie die »Gesellschaft der muslimischen Brüder«.

So schildert ihr Begründer, der genannte Hassan al-Banna, die Entstehung der »Muslimbruderschaft«. Durch anachronistische Gesellschaftsideale und extremistische Aktionen wurde sie über die Grenzen Ägyptens hinaus bekannt und zu einem Symbol des »islamischen Fundamentalismus«.

Die Umstände, unter denen die Muslimbruderschaft entstand, waren tatsächlich bedrückend. Ägypten war, obwohl seit 1922 formal unabhängig, fest in den Händen des britischen Kolonialismus verblieben. In Ismailia am Suezkanal spürte man das besonders: Dort war der Sitz der von Briten und Franzosen beherrschten Suezkanal-Gesellschaft und ein Zentrum britischer Militärpräsenz. Dort waren selbst die »Straßennamen im arabischen Viertel«, wie al-Banna zornerfüllt in seinen Erinnerungen schrieb, »in der Sprache dieser ökonomischen Besatzung geschrieben; sogar die Moscheestraße nannte sich ›Rue de la Mosquée‹ . . .«[10] Zur politischen und wirtschaftlichen Unterdrückung und Ausbeutung kamen die drastischen Auswirkungen, die die Weltwirtschaftskrise auf die ohnehin erbarmungswürdige soziale Lage der ägyptischen Bevölkerung hatte. Die politischen Verhältnisse in anderen arabischen Ländern boten gleichfalls wenig Anlaß zur Hoffnung auf ein baldiges Ende der Kolonialherrschaft. 1926 hatte der fünfjährige bewaffnete Befreiungskampf der marokkanischen Rifkabylen unter Abd al-Krim mit einer Niederlage geendet. Ein Jahr später ertränkten die französischen Kolonialisten den Befreiungskrieg des syrischen Volkes im Blut.

Die Reaktionen der Menschen auf diese Vorgänge waren unterschiedlich. Während einige sich zu neuer Tat aufrafften, verfielen die meisten in Resignation. Andere wiederum, zumeist jugendliche Muslims, wandten sich voller Inbrunst ihrem Glauben zu. Sie schufen Gemeinschaften wie 1927 die »Vereinigung muslimischer junger Männer« in Ägypten, die sich der Unterweisung im

Glauben, frommen und karitativen Taten sowie körperlichen Übungen widmeten.

Die Muslimbruderschaft, die unter ihrem »Obersten Führer« al-Banna 1932 ihren Sitz in Kairo nahm, reihte sich hier zunächst ein. Im »Dienste des Islam« gründete sie Schulen, Moscheen, Kindergärten und Musterfarmen, die gerade in Zeiten sozialer Verelendung großen Zulauf aus den Reihen der Armen und Deklassierten, vor allem aber der Bauern fanden. Die erforderlichen Mittel brachte sie durch Sammlungen, Spenden und schließlich auch durch erfolgreich betriebene wirtschaftliche Unternehmungen auf. Ihre Bildungs- und Sozialarbeit verband sie mit religiöser Unterweisung, für die sie schrittweise die Massenmedien nutzte. Besonderes Augenmerk legten die Führer der Bruderschaft auf die Gewinnung Jugendlicher; die Werbung erfolgte vor allem durch eigene Pfadfinderorganisationen, die »Kaschschafa« und die »Dschawwala«, die den Kern späterer paramilitärischer Einheiten bildeten. Die angeschlossene »Gesellschaft der Muslimschwestern« warb und organisierte Frauen und Mädchen.

Erst in der Mitte der dreißiger Jahre wurde der ideologische und politische Standort der straff organisierten, hierarchisch gegliederten und von al-Banna nahezu diktatorisch geführten Muslimbruderschaft deutlicher. In die vor allem in Palästina geführten antikolonialen Kämpfe hineingezogen, bezog sie Position. Sie forderte die Befreiung Ägyptens, aller arabischen Länder sowie aller muslimischen Völker von fremder Herrschaft, die Beschränkung bzw. Ausschaltung jeglichen ausländischen Einflusses auf das politische, wirtschaftliche und kulturelle Leben der Muslims, Wohlstand für alle, soziale Gerechtigkeit, Kampf gegen Krankheit und Analphabetentum. Das alles – und das machte ihre Besonderheit aus – glaubte die Muslimbruderschaft nur in einem Staat bzw. Staatenbund verwirklichen zu können, der ausschließlich auf den Prinzipien des Islam beruht. Damit formulierte sie das Prinzip des modernen islamischen Fundamentalismus.

Al-Banna, der die Ideologie der Muslimbruderschaft formte, knüpfte hierbei namentlich an Rida an. Dieser hatte spätestens seit der Kalifats-Diskussion seine reformerische Attitüde aufgegeben und sich – bei wachsender Sympathie für die Wahhabiten Ibn Sauds – einem Neo-Hanbalismus zugewandt. Auch bei al-Afghani und Abduh machte al-Banna wichtige Anleihen; vom ersteren übernahm er dessen panislamische Orientierung, vom anderen die modernistische Koran-Interpretation. So gestaltete sich ein Gesellschaftsbild, das so einfach wie rigoros war: Der Koran – auf ihn und das Schwert wurden die Kandidaten eingeschworen – bildete neben der Sunna des Propheten gleichsam die Verfassung eines Staatswesens, dessen politisches, wirtschaftliches und geistiges Leben das islamische Gesetz, die Scharia, regelt. Das schloß das Verbot aller Parteien und Gewerkschaften ebenso ein wie das Gebot, soziale Unterschiede nicht durch Kampf, sondern mittels der Almosensteuer (zakat) zu lösen.

Der islamische Fundamentalismus der Organisation räumte dem »heiligen Krieg« für die Sache Allahs einen wichtigen Platz ein. Ihn galt es vornehmlich gegen jene »Ungläubigen« zu führen, die das Land der Muslims unter ihrem Joch hielten, auch wenn das Blut kosten sollte. Daraus erwuchs die zunehmende Militanz der Muslimbruderschaft, die sie besonders seit Beginn der vierziger Jahre gegen innenpolitische Gegner – vorwiegend kompromißlerische Führer der nationalistischen Parteien – und gegen Personen und Einrichtungen der Kolonialmacht richtete.

Im Jahre 1946 forderte al-Banna seine Gefolgsleute, die jetzt auch in Syrien, Libanon, Palästina, Transjordanien und im Irak zu finden waren, dazu auf, nach dem Gebet die Formel zu sprechen: »O Gott, Beherrscher der Welten, Sicherheit der Furchtsamen, Demütiger der Stolzen, Unterjocher der Tyrannen, nimm unser Gebet an, antworte uns, gib uns unser Recht, gib uns Freiheit und Unabhängigkeit zurück. O Gott, diese britischen Usurpatoren haben unser Land besetzt, leugnen unsere Rechte, tyrannisieren unser Land, haben Korruption darin vermehrt. O Gott, deshalb nimm von uns ihre Tyrannei, verderbe sie, strafe sie und die, die ihnen helfen und mit ihnen verhandeln. Strafe sie durch deine Macht. O Gott, wende dich gegen sie, überziehe sie mit Unrecht, erniedrige ihren Staat und nimm ihnen die Autorität über dein Land. Laß sie kein Mittel gegen einen der Gläubigen haben.«[11] Im selben Jahr verlangte die Muslimbruderschaft in Treue zum ägyptischen König die Aufhebung des anglo-ägyptischen Vertrages von 1936 sowie den vollständigen Abzug der britischen Kolonialmacht aus Ägypten.

Es blieb nicht bei Worten. 1948/49 gehörten Mitglieder der Muslimbruderschaft zu denen, die am energischsten im arabisch-israelischen Krieg für die Sache der Palästinenser fochten. Und als sich die Niederlage der Araber deutlich abzeichnete, richteten sie ihre Waffe gegen die, denen sie die Schuld daran gaben: Am 28. Dezember 1948 erschoß ein Student der Veterinärmedizin, der der Bruderschaft seit 1944 angehörte, den ägyptischen Ministerpräsidenten Mahmud al-Nuqraschi. Nur wenig später ereilte den Obersten Führer der Bruderschaft ein ähnliches Schicksal: Al-Banna fiel am 12. Februar 1949 unter den Schüssen einer Spezialtruppe des Regimes. Mitglieder der Muslimbruderschaft beteiligten sich an den bewaffneten Kämpfen, die in der Suezkanalzone zwischen britischen Besatzern und ägyptischen Patrioten ausbrachen. Ihre Führung hatte den Dschihad ausgerufen.

Die Muslimbruderschaft bot das Modell für ähnliche fundamentalistische Organisationen in anderen islamischen Ländern, darunter für die »Dschama'at-i Islami« (Islamische Gesellschaft), die 1941 in Indien entstand und seit 1947 in Pakistan wirkt. Ihr Begründer, Abu'l-A'la al-Maududi (1903–1979), hatte bereits 1939 – ähnlich wie al-Banna – unter Anspielung auf die liberalen muslimischen Reformer geklagt: »Die politische Theorie des Islam ist ein veritables Puzzle geworden, ein Mischmasch zahlreicher Ingredienzien, aus dem man alles herausnehmen und der Welt vorzeigen kann, was der Markt im Augenblick zu bieten hat.« Er schlug statt dessen vor, »auf einer wissenschaftlichen Basis vorzugehen, um die politische Theorie des Islam zu analysieren«.[12] Seine Auffassung vom »islamischen Staat« formulierend, stellte er fest: »(1) Keine Person, Familie, Klasse oder Gruppe, noch die ganze Bevölkerung des Staates als Ganzes kann Souveränität beanspruchen. Gott allein ist der wirkliche Souverän; alle anderen sind nur seine Untertanen. (2) Alle legislative Gewalt liegt ebenfalls bei Gott. Die Gläubigen können kein Gesetz für sich schaffen, noch können sie irgendein Gesetz verändern, das Gott niedergelegt hat, selbst dann, wenn der Wunsch nach einer solchen Gesetzgebung oder nach einer Änderung einstimmig ist. (3) Der islamische Staat muß in jedem Fall auf das Gesetz gegründet sein, das von Gott durch seinen Propheten niedergelegt wurde. Die Regierung, die diesen Staat verwaltet, wird Anspruch auf Gehorsam haben, insofern – und nur insofern – sie als politische Agentur fungiert, die eingesetzt wurde, um die Gesetze Gottes durchzusetzen.«[13]

So lautete die »Alternative«, die muslimische Fundamentalisten am Vorabend der Unabhängigkeit ihrer Länder den Gesellschaftsvorstellungen nationalistischer bzw. sozialistischer Kräfte entgegensetzten.

Panislamismus: Der Traum vom Kalifat

In Reaktion auf die drohende und sich ausbreitende Kolonialherrschaft europäischer Mächte setzten Bestrebungen ein, die verlorengegangene islamische Einheit erneut zu beleben. Der Panislamismus entstand, der alle Muslims auffordert, sich über Länder- und Staatsgrenzen hinweg zusammenzuschließen. Allerdings flossen unterschiedliche Ambitionen in ihm zusammen – und kollidierten miteinander. Dynastien versuchten mit dem Anspruch, die Einheit der Muslims zu verkörpern, sich zu legitimieren und so ihren Einfluß zu erweitern. Gleichzeitig trachteten Panislamisten danach, die Sache der nationalen Befreiung mit dem Islam zu verknüpfen, konkret: religiöse Gemeinsamkeiten in eine gemeinsame antikoloniale Haltung umzumünzen.

Ruf zur Vereinigung aller Muslims

Am Ende der siebziger Jahre des 19. Jh. schrieb al-Afghani – er hielt sich zu dieser Zeit in Ägypten auf – einen in persischer Sprache abgefaßten Brief an einen hohen, namentlich nicht bekannten Würdenträger des Osmanischen Reiches. Darin äußerte er seine große Besorgnis über die Lage der islamischen Welt angesichts kolonialistischer Unterwerfung durch europäische Mächte sowie die Hoffnung, daß der osmanische Sultan und Kalif als weltliches und geistliches Oberhaupt der sunnitischen Muslims eine Änderung zum Guten herbeiführen möge. Er, al-Afghani, sei bereit, das Seine hierfür beizutragen. »Als ich die Lage der erhabenen Osmanischen Regierung in diesem Jahrhundert studiert und den Zustand der islamischen Nation betrachtet hatte«, schrieb er in dem Brief, »da riß mir die Geduld, und mich überkamen bange Gedanken und Visionen von allen Seiten. Wie ein Besessener habe ich Tag und Nacht darüber nachgedacht und die Mittel für die Reform und Errettung dieser Nation zu meiner Leidenschaft gemacht. Um ein Mittel zu finden, diesen schrecklichen Schwierigkeiten entgehen zu können, habe ich die Lage früherer Völker und Staaten sowie die Ursache ihres Aufstiegs und Niedergangs, ihrer Entwicklung und Stagnation studiert und die großen Taten untersucht, die von einzelnen unternommen wurden und Bewunderung und Ehrfurcht verdienen.« Al-Afghani erbot sich, im Auftrage des osmanischen Herrschers nach Indien, wo die Muslims – obgleich bemittelt und stark im Glauben – »in Nachlässigkeit verfallen und im Bett der Ignoranz versunken sind«, sowie in den Mittleren Osten zu gehen, um »das Banner der Einheit des Islam auf meiner Schulter in diese Gebiete (zu) tragen und auch zum religiösen Krieg (zu) rufen«.[1] Denn die Einheit des Islam, das heißt die Vereinigung der muslimischen Völker in einem Gemeinwesen, war für ihn neben einer Reformierung der Religion ein angemessenes Mittel, um fremder Herrschaft entgehen und einstigen Glanz wiedererlangen zu können.

Die »Jungen Osmanen« um Namik Kemal (1840–1888) – in einem Geheimbund zusammengeschlossene türkische Intellektuelle – hatten, enttäuscht von den Auswirkungen der Tanzimat-Reformen, die mittels einer kapitalistischen »Modernisierung« den Niedergang des Reiches aufhalten sollten, ihn jedoch nur noch beschleunigten, bereits eine Erneuerung des osmanischen Reichsgedankens empfohlen. Al-Afghani knüpfte hier an. Er propagierte – 1884 in der Zeitschrift »al-Urwa al-wuthqa« und 1892 auch in Gesprächen mit dem osmanischen Sultan Abd al-Hamid II. – die Vereinigung aller muslimischen Völker in einem Kalifat unter osmanischer Führung.

Der Aufruf al-Afghanis fand in der islamischen Welt ein unterschiedliches Echo. Während Abd al-Hamid II. nach anfänglichem Zögern und – nach seinem Sturz – die Jungtürken ihn als reichserhaltende Losung aufgriffen, traf er bei den Arabern auf wenig Gegenliebe. Der Grund war leicht zu erkennen. Seit dem Ende des 19. Jh. verstärkte sich in den verbliebenen arabischen Provinzen des Osmanischen Reichs, namentlich in der Levante, die von bürgerlichen und kleinbürgerlichen Kräften geführte und vom Nationalismus inspirierte Unabhängigkeitsbewegung gegen die Despotie der Hohen Pforte. Der Panislamismus – deshalb auch das wachsende Interesse der Osmanen und Jungtürken an ihm – war diesem Bestreben geradezu entgegengesetzt: Er fungierte faktisch als Ideologie osmanischer Herrschaftsansprüche in Arabien. Das stärkste Echo auf den panislamischen Appell kam deshalb aus Regionen, die entweder bereits unter europäischer Kolonialherrschaft standen – wie Nordafrika – oder die nicht zum Osmanischen Reich gehörten – wie Rußland und Indien.

Als 1918 das Osmanische Reich im Ergebnis des ersten Weltkriegs endgültig zusammenbrach und die Araber von der einen unter die andere Kolonialherrschaft gerieten, organisierten in Indien muslimische Intellektuelle und Ulama die Bewegung der »Khilafatisten« (von arab. chilafa, »Kalifat«). Sie stand unter der Führung des kleinbürgerlichen Flügels der Allindischen Muslimliga, der sich 1918 verselbständigt hatte. Sie setzte sich für die Rechte des osmanischen Kalifen als Oberhaupt aller sunnitischen Muslims ein. Ihre Repräsentanten, die Brüder Muhammad (1878–1931) und Shaukat Ali (1873–1938), vertraten diesen Anspruch sogar vor der Pariser Friedenskonferenz 1919.

Viele indische Muslims in Stadt und Land schlossen sich der Bewegung an. Ihr Interesse an der Kalifatsfrage war nicht so sehr religiös als vielmehr politisch motiviert: Sie wurden beflügelt von der unter den indischen Volksmassen damals allgemein vorhandenen antiimperialistischen Aktionsbereitschaft. Für sie verband sich der faktische Sturz des osmanischen Kalifen mit der Politik der imperialistischen Weltmächte, vor allem Großbritanniens, in ihrer eigenen Region. Zu dieser Gedankenverbindung trug auch das im Namen der Bewegung enthaltene Wort »chilaf« (Gegensatz) bei, das als Gegensatz zur britischen Kolonialmacht gedeutet wurde.

Zur gleichen Zeit hatte sich unter Führung Mahatma Gandhis die Kampagne der Nichtzusammenarbeit entwickelt. Zwischen den »Khilafatisten« und den Gandhisten kam es zu einer engen Kooperation. Das Ergebnis war eine bemerkenswerte Aktionseinheit weiter Kreise der hinduistischen und muslimischen Bevölkerung Indiens im antiimperialistischen Kampf in den Jahren 1919 bis 1922. Die Kolonialbehörden sahen sich ernsthaften Schwierigkeiten gegenüber.

Nach dem Abbruch der Kampagne der Nichtzusammenarbeit durch Gandhi und der Abschaffung des Kalifats 1924 durch die bürgerlich-demokratische Revolution in der Türkei fielen beide Bewegungen schnell in sich zusammen. Ihnen fehlte ein hinreichend stabiles politisch-ideologisches Profil wie ein vorwärtsweisendes Programm.

Muhammad und Shaukat Ali gaben indessen nicht auf. Sie schlossen sich der 1924 einsetzenden panislamischen Kongreßbewegung an. Gemeinsam mit Muhammad Raschid Rida begannen sie in ihr eine führende Rolle zu spielen.

Am 3. März 1924 schaffte die türkische Nationalversammlung die Institution des Kalifats ab, nachdem sie zwei Jahre zuvor dem Sultanat ein ähnliches Schicksal bereitet hatte. Der Ex-Kalif Abd al-Madschid ging ins Schweizer Exil. Von dort rief er seine erregten Anhänger in der islamischen Welt auf, seinen Ansprüchen wieder Geltung zu verschaffen.

Nicht nur unter den Panislamisten rief die Abschaffung des Kalifats Unruhe hervor; schließlich ging es um eine Kernfrage islamischen Staatsrechts – um die Rechtmäßigkeit des geistlichen Oberhaupts der »umma«.

Bereits 1923 hatte Rida in einem Buch mit dem Titel »Das Kalifat oder Groß-Imamat« die Notwendigkeit eines – gewiß modernen Bedürfnissen angepaßten – Kalifats hervorgehoben und damit den Anhängern der Kalifats-Idee wesentliche Argumente geliefert. Bald griff auch die Azhar-Universität in Kairo in die Diskussion ein. Es ging nun nicht mehr nur um ein theologisches Problem, sondern um machtpolitische Interessen: Am 5. März 1924 hatte sich Hussain, der König des Hidschas, die Kalifenwürde angeeignet. Damit rief er den Unwillen der Azhar-Theologen hervor.

Auch Ibn Saud (1880–1953) widersetzte sich dem eigenmächtigen Akt Hussains. Er hatte 1802 den Staat der Wahhabiten neu begründet. Im Herbst 1924 eroberte er den Hidschas, vertrieb den »Kalifen« Hussain und meldete eigene Ansprüche auf die geistliche und weltliche Führung in der islamischen Welt an.

Es gab indessen noch mehr Prätendenten auf die Kalifenwürde. Der Ex-Kalif Abd al-Madschid hatte auf seine Ansprüche keineswegs verzichtet. Und auch der ägyptische König sowie der Emir von Transjordanien, ein Sohn Hussains, verfügten über eine Lobby unter den Anhängern des Kalifats.

Am 25. März 1924 kündigte eine Theologenkommission der Azhar-Universität an, im Jahr 1925 in Kairo einen Kalifatskongreß einzuberufen. Zugleich wies sie, damit politisch Position beziehend, die Ansprüche des ehemaligen osmanischen Kalifen Abd al-Madschid zurück. Das wiederum rief den Protest der Inder Agha Khan (1877–1957) und Amir Ali hervor, die Abd al-Madschids Verlangen unterstützten, ohne zu berücksichtigen, daß der osmanische Panislamismus namentlich bei den arabischen Muslims diskreditiert war.

In diese durch dynastische Ansprüche angeheizte Kalifats-Diskussion griff 1925 Ali Abd al-Raziq (1888–1966), namhafter Vertreter der Azhar-Theologen, mit seinem Buch »Der Islam und die Grundlagen der Macht« ein. Er stellte darin von der Position eines konsequent verstandenen Reformislam aus das Kalifat grundsätzlich in Frage. »Die Wahrheit ist«, schrieb er, »daß die islamische Religion mit jenem Kalifat, zu dem sich die Muslims bekennen, nichts zu tun hat und auch mit dem Eifer und der Ehrfurcht und mit der Macht und der Stärke, mit der sie es umwoben haben, nichts zu tun hat. Das Kalifat gehört in nichts zu den religiösen Einrichtungen, ebensowenig das Amt des Kadi und andere Regierungsposten und zentrale Staatsstellen; vielmehr sind das alles rein politische Einrichtungen, mit denen die Religion nichts zu tun hat, die sie weder anerkennt noch abstreitet, weder befiehlt noch verbietet, die sie uns vielmehr überlassen hat, damit wir uns in ihnen nach dem Urteil des Verstandes, der Erfahrung der Völker und den Regeln der Politik richten.«[2]

Abd al-Raziq rief mit seiner Auffassung den stürmischen Protest anderer Azhar-Theologen, der Panislamisten sowie selbst von muslimischen Modernisten hervor. Sein Buch wurde verboten, er selbst relegiert. Eine Flut von Schriften überschwemmte den Markt, die das Kalifat verteidigten und Abd al-Raziq als Verderber des Islam anklagten. Auch Rida, letzte noch lebende Symbolfigur des islamischen Modernismus, wandte sich gegen Abd al-Raziq. Er machte damit den Niedergang des islamischen Reformwerks – seine Verwandlung in eine neue Orthodoxie – deutlich sichtbar.

Mit einjähriger Verspätung trat im Mai 1926 der Kalifatskongreß in Kairo zusammen. Anwesend waren etwa 35 Theologen aus 13 Ländern. Das Unternehmen, von den indischen Panislamisten Muhammad und Shaukat Ali unterstützt, bekräftigte zwar die Notwendigkeit eines Kalifats, traf aber in personeller Hinsicht keine Entscheidungen. Zu tief waren auch hier die dynastischen Widersprüche; während Rida den Anspruch Ibn Sauds vertrat, orientierten die Inder auf Abd al-Madschid.

Wenig später, im Sommer 1926, ließ Ibn Saud in Mekka den »Kongreß der Islamischen Welt« veranstalten. Anders als in Kairo waren hier auch offizielle Delegationen anwesend, aus den Territorien, die Ibn Saud kontrollierte, sowie aus der Türkei, Afghanistan, Jemen und Ägypten. Unter den nichtoffiziellen Teilnehmern waren Vertreter der Muslims aus der Sowjetunion. Ohne die delikate Kalifatsfrage zu berühren, ließ Ibn Saud Fragen der Pilgerfahrt zu den heiligen Stätten des Islam, deren Hüter er nunmehr war, diskutieren. Er festigte dadurch seine religiöse Position in der islamischen Welt und bereitete zugleich diskret den Boden für seinen politischen Führungsanspruch. Zu den Themen des Kongresses gehörte die Hidschas-Bahn, die in den Jahren 1901 bis 1908 zwischen Damaskus und Medina (1302 km) für die Pilger gebaut, im ersten Weltkrieg aber teilweise zerstört worden war. Großbritannien und Frankreich, die die Bahn in einer Deklaration am 27. Januar 1923 als »religious object« anerkannt, doch nichts unternommen hatten, sie in muslimische Hände zu übergeben, wurden aufgefordert, ihre Kontrolle über die Bahn zu beenden. Zum Bau der Bahn waren Spenden aus der ganzen islamischen Welt eingegangen, deshalb sollte sie als religiöse Stiftung gelten. Für den Fall, daß die beiden Mächte sich weigerten, der Aufforderung nachzukommen, war vorgesehen, den Internationalen Gerichtshof in Den Haag anzurufen. Der Kongreß beschloß, jährliche Tagungen abzuhalten und sich auch mit allgemeinen islamischen Fragen zu befassen. Gegen den Widerstand der Inder wurde Arabisch, die Sprache des Korans, zur Konferenzsprache bestimmt.[3]

»Allgemeiner Islamischer Kongreß« in Jerusalem

Zum wohl bedeutendsten panislamischen Ereignis in der Periode des antikolonialen Kampfes wurde der Allgemeine Islamische Kongreß, der vom 7. bis 17. Dezember 1931 in Jerusalem tagte. Muhammad Amin al-Hussaini, der Mufti von Jerusalem, und Shaukat Ali hatten die Initiative zu ihm ergriffen. Beide hatten sich beim Begräbnis von Shaukats Bruder Muhammad im Januar 1931 in Jerusalem getroffen. Mit dem geplanten Kongreß verfolgten sie indessen unterschiedliche Ziele. Al-Hussaini, seit 1922 Vorsitzender des Obersten Islamischen Rates, ging es vor allem darum, die immer dringlicher werdende Palästinafrage zum Anliegen aller Muslims zu machen und gleichzeitig seine führende Position in der palästinensischen Nationalbewegung zu festigen, die den Kampf gegen die britische Mandatsherrschaft und die zionistische Kolonisation führte. Shaukat Ali erstrebte demgegenüber die Bildung einer Kalifatskörperschaft unter Beteiligung des osmanischen Ex-Kalifen sowie die Schaffung einer Islamischen Universität in Jerusalem anstelle der nach seiner Ansicht im Islam nicht mehr führenden Azhar. Er erwog den Gedanken, führende Zionisten wie Chaim Weizmann und Nahum Sokolow für den Kongreß zu interessieren. (In diesem Punkt wurde drastisch die Distanz einflußreicher Kalifatsanhänger zur nationalen Befreiungsbewegung – vor allem der arabischen Völker – sichtbar.)

Die britische Regierung unternahm große Anstrengungen, den Kongreß zu verhindern. Zweimal tagte im November 1931 eine gemischte Kommission des Foreign Office, des Colonial Office und des India Office. Der High Commissioner Sir Arthur Wauchope kam zweimal mit Amin al-Hussaini zusammen. Letzterer sagte zu, die Diskussion politischer Fragen – dazu gehörten das Kalifat, die italienische Kolonialherrschaft in Tripolitanien und das Auftreten der Zionisten in Palästina – zu verhindern.

Unter den ungefähr 130 Teilnehmern des Kongresses waren namhafte Persönlichkeiten: Muhammad Iqbal aus Indien, Zija al-Din al-Tabataba'i aus Iran, der spätere syrische Präsident Schukri al-Kuwatli, der Palästinenser Auni Abd al-Hadi sowie Muhammad Raschid Rida und Abd al-Rahman Azzam, der spätere erste Generalsekretär der Arabischen Liga, aus Ägypten. Amin al-Hussaini konnte seine Zusage, politische Fragen nicht diskutieren zu lassen, nicht einhalten. Al-Azzam trug eine scharfe Anklage gegen den italienischen Kolonialismus in Tripolitanien vor, woraufhin die britischen Behörden ihn des Landes verwiesen. Der Kongreß faßte mehrere Beschlüsse, gerichtet gegen Zionismus und Kolonialismus. So rief er zum Boykott aller zionistisch-palästinensischen Waren in der ganzen islamischen Welt auf und richtete einen Appell an die Muslims, gegen jüdische Einwanderung und Landkauf in Palästina einzutreten (eine zu gründende Gesellschaft sollte den Verkauf von Land verhindern). Und er erklärte: »Der Kongreß mißbilligt scharf jede Art von Kolonialismus in einem islamischen Land, weil er mit dem universellen Recht und mit den Prinzipien der islamischen Religion unvereinbar ist; er protestiert gegen jede Autorität, die ihren Einfluß und ihre Macht dazu benutzt, die religiöse Freiheit aufzuheben und Gesetze zu erlassen, die die Menschen von ihrer Religion, ihrer Sprache und ihren Traditionen abbringen.«[4] Der Kongreß befürwortete die Gründung einer Islamischen Universität in Jerusalem. Auch die Hidschas-Bahn stand wieder auf der Tagesordnung; sie wurde zu einer religiösen Stiftung erklärt, die usurpiert sei.[5] Der Kongreß verstand sich als Ausgangspunkt weiterer panislamischer Aktivitäten. Er beschloß, eine ständige panislamische Organisation zu gründen, gab sich ein Statut und wählte eine Exekutive von 25 und ein Ständiges Büro von 7 Mitgliedern. Tagungen sollten alle zwei Jahre stattfinden.

Grenzen des Panislamismus

Der Jerusalemer Kongreß 1931 war nicht nur ein Höhepunkt panislamischer Aktivitäten – diese fanden mit ihm vorerst auch ein Ende. Das mag auf den ersten Blick verwundern. Waren vom Islam nicht angesichts kolonialer Bedrohung belebende Impulse ausgegangen? So bei der Entstehung des Staates Saudi-Arabien, bei der Formierung antikolonialer Bewegungen in Indien, Indonesien, Algerien, Sudan und Libyen. Doch genau die genannten Beispiele – andere ließen sich hinzufügen – verdeutlichen die Problematik. Der Islam wurde hier reaktiviert in Bewegungen, denen es um Eigenstaatlichkeit ging. Konnte da gleichzeitig Panislamismus gefragt sein, der sich konzeptionell gegen nationalstaatliche Unabhängigkeitsbestrebungen richtete und dessen Verfechter machtpolitisch vielfach Rivalen waren? Hier dominierte Nationalismus. Islam wurde wirksam, insofern und soweit er sich ihm – zumindest funktional – einordnete. Panislamischen Intentionen waren enge Grenzen gezogen zu einer Zeit, da die gesellschaftliche Entwicklung – vor allem durch die einen größeren Markt erheischenden Bedürfnisse der kapitalistischen Produktion – den Nationalstaat auf die Tagesordnung setzte.

Das Schicksal des Jerusalemer Kongresses ist bezeichnend. Er wurde, und hierin liegt seine Bedeutung, zu einer Manifestation der Solidarität von Muslims mit den Palästinensern. Zugleich war er von politischen Rivalitäten überschattet. Die Familie Naschaschibi, die mit der Familie Hussaini, aus deren Reihen der Mufti von Jerusalem kam, konkurrierte, hatte bereits die Kongreßvorbereitungen zu stören versucht. Staatlich vertreten war nur der Jemen. Die Repräsentanten anderer Staaten waren nicht zuletzt deshalb ferngeblieben, weil sie befürchteten, Rivalen könnten die Kalifatsfrage aufwerfen. Am Rande des Kongresses fanden separate Treffen statt. Auf Initiative Abd al-Hadis kamen arabische Nationalisten zusammen und nahmen eine »Arabische Charta« gegen Imperialismus und für arabische Einheit und Unabhängigkeit an. Die Gegner al-Hussainis im palästinensischen Lager versammelten sich um Raghib al-Naschaschibi, um die Briten aufzufordern, den vom Mufti geleiteten Obersten Islamischen Rat in seinen Rechten einzuschränken. Abdallah, der Emir von Transjordanien, lud Kongreßteilnehmer nach Amman ein, um dort haschimitische Führungsansprüche ins Spiel zu bringen. Die Ulama von al-Azhar in Kairo äußerten ihren Unmut darüber, daß eine weitere Islamische Universität gegründet, ihr Monopol auf diesem Gebiet also gebrochen werden sollte.

Aufgrund politischer Rivalitäten hatte der Kongreß auch keine weiterreichenden Auswirkungen (bis auf den Umstand, daß in seinem Namen 1934 eine Delegation tätig wurde, um im Krieg zwischen Saudi-Arabien und Jemen zu vermitteln). Weder für die Universität noch für die Landgesellschaft wurde das erforderliche Geld aufgebracht. Der Beschluß, den Kongreß in einem Rhythmus von zwei Jahren zusammentreten zu lassen, blieb auf dem Papier.

Allerdings blieb eine Landesgrenzen überschreitende solidarische Haltung von Muslims im antikolonialen und antiimperialistischen Kampf. So befürchteten britische Regierungskreise, eine Entscheidung hinsichtlich Palästinas, die zu Lasten der arabischen Bevölkerung gehe, werde in der muslimischen Gemeinschaft Indiens einen Sturm der Entrüstung entfesseln. In einem von Lord Wavell verfaßten internen Bericht vom 3. Juli 1945 hieß es, auch der Indische Nationalkongreß könne sich hier engagieren, um darzutun, daß er nicht nur Hindu-, sondern auch Musliminteressen vertrete. »Eine höchst gefährliche Situation könnte entstehen, der vergleichbar, die die Khilafat-Agitation 1919 hervorrief.«[6]

ERNEUT WELTMACHT?

Der Islam hat heute ungefähr 1 Milliarde Anhänger. Er steht damit, was die Größe der Anhängerschaft betrifft, im Weltmaßstab nach dem Christentum (1,2 Milliarden Anhänger) an zweiter Stelle, gefolgt von Hinduismus und Buddhismus. Im Bereich der Entwicklungsländer ist er die am weitesten verbreitete Religion.

Der Islam dominiert im arabischen Raum. In einigen Staaten, darunter in Saudi-Arabien, Katar, der Jemenitischen Arabischen Republik, Oman, Libyen und in den Vereinigten Arabischen Emiraten, sind ihm nahezu 100 Prozent der Bevölkerung zuzurechnen. Anderswo liegt der Prozentsatz zumeist über 90; Ausnahmen bilden Syrien, Libanon (dort ist die knappe Hälfte der Bevölkerung Christen), Bahrain und Kuwait (in den beiden letztgenannten Staaten gehören viele der zahlreichen Ausländer einer anderen Religionsgemeinschaft an).

Obwohl der Islam seinem Ursprung nach arabisch ist, leben die meisten seiner Anhänger heute in nichtarabischen Ländern. Auch dort ist er in einigen Staaten vorherrschend. In Afghanistan bekennen sich 100 Prozent der Bevölkerung zu ihm. In der Türkei sind es 98 Prozent, in Pakistan 77 Prozent, in Iran 95 Prozent, in Indonesien – dem Land mit den meisten muslimischen Einwohnern – 90 Prozent, in Bangladesch 80 Prozent, in Somalia 99 Prozent, in Niger 85 Prozent, in Senegal 75 Prozent bis 80 Prozent. Einen beträchtlichen Bevölkerungsanteil stellen Muslims in weiteren Staaten. In Guinea sind es 60 Prozent, im Tschad 50 bis 60 Prozent, in Äthiopien 40 Prozent, in Sierra Leone 33 Prozent. Nennenswerte muslimische Minderheiten gibt es in Jugoslawien (16,5 Prozent der Gesamtbevölkerung), Indien (10 Prozent), in der Sowjetunion (etwa 45 Millionen), in Bulgarien (1,5 Millionen), in Albanien (2 Millionen) sowie in der VR China. In Frankreich und Großbritannien hat der Islam jeweils 2,5 Millionen Anhänger, in den USA und in der BRD jeweils 2 Millionen.

Diese Zahlen gleichen einer Momentaufnahme. Was sie nicht aussagen: Der Islam erweist sich heute als eine außerordentlich dynamische Religion. Seine Anhängerschaft wächst; sie dürfte zu Beginn des kommenden Jahrtausends die des Christentums übertreffen. Und immer mehr Muslims entdecken in ihrer Religion die Kraft, die ihr gesellschaftliches und individuelles Leben entscheidend gestalten soll. Von Reislamisierung ist die Rede. Nicht wenige Wissenschaftler und Publizisten warfen, mit ihr konfrontiert, die Frage auf: Steigt der Islam – wie seinerzeit unter den Abbasiden – erneut zur Weltmacht auf?

Eigenstaatlichkeit, Unterentwicklung, Islam

Völker Asiens und Afrikas, kolonial oder halbkolonial unterdrückt, liquidierten nach dem zweiten Weltkrieg das politische Kolonialsystem und errangen die staatliche Souveränität bzw. bauten diese aus, falls sie sie schon besaßen. Erneut veränderte sich, wie schon einmal, da sie dem Kolonialismus unterworfen worden waren, ihre historische Grundsituation.

Wie sah das dieses Mal konkret aus?

Die neuen Staaten – für sie bürgerte sich der Begriff Entwicklungsländer ein – gewannen außenpolitisch einen neuartigen Bewegungsraum und beteiligten sich zunehmend an der Gestaltung der internationalen Beziehungen. Der Neubeginn war indessen von der Vergangenheit überschattet. Den Entwicklungsländern blieb aus der Kolonialzeit Unterentwicklung, die historischen Rückstand sowie neokoloniale Ausbeutung und Abhängigkeit einschließt. Die betroffenen Menschen verurteilt sie zu Armut, Hunger, Krankheit und Analphabetentum.

Das ist der elementare Widerspruch, der die Situation der Entwicklungsländer – in ihrer Gesamtheit auch als Dritte Welt bezeichnet – charakterisiert. Und eine Herausforderung. Eigenstaatlichkeit, verstanden als Aufbruch, heißt vor allem, daran zu arbeiten, Unterentwicklung zu überwinden.

Der antikoloniale Kampf erbrachte hier bereits Vorentscheidungen. In ihm begann sich nicht nur der Weg zur Eigenstaatlichkeit, sondern auch deren Ausgestaltung abzuzeichnen. Mannigfache Faktoren und Zusammenhänge zeitigten dabei Wirkung. Da waren die Befreiungsbewegungen: Aus welchen sozialen Gruppen rekrutierten sie sich, wofür engagierten sie sich und mit welcher Konsequenz? Die Begriffe Reform und Revolution deuten die in ihrer Programmatik mögliche Polarität an, nicht im Sinne einer abstrakten Ausschließlichkeit, sondern einer dialektischen Vermittlung. Zum anderen: Wie verhielten sich die Kolonialherren? Verharrten sie auf überkommenen Positionen, oder waren sie anpassungsfähig und -bereit? Beide Seiten wiederum beeinflußten in ihrer Haltung einander, wobei die jeweiligen Einflußnahmen wesentlich vom Kräfteverhältnis in den Kolonien und Kolonialmetropolen, in der Region wie in der Welt abhingen.

Der antikoloniale Siegeszug, der nach dem zweiten Weltkrieg einsetzte, entwickelte sich außerordentlich dynamisch. Das begann in Asien. Nach 1945, im Jahr des Sieges der Antihitlerkoalition, errangen die Völker in Vietnam, Korea und Indonesien die staatliche Souveränität. Zwei Jahre später bildeten sich auf dem indischen Subkontinent zwei neue Staaten: Indien und Pakistan. Es folgten Burma und Ceylon (1948) sowie China (1949), das volkreichste Land der Erde. Der Siegeszug setzte sich in Nahost und Nordafrika fort. Nachdem Syrien und Libanon staatlich souverän geworden waren, ergriffen 1952 in Ägypten die »Freien Offiziere«, eine Geheimorganisation patriotischer Militärs unter Führung von Gamal Abdel Nasser, die Macht. In Algerien begannen Patrioten 1954 den bewaffneten Befreiungskampf, der sich erbittert gestaltete, eine Million Todesopfer forderte (bei einer Gesamtbevölkerung von 9 Millionen) und nach achtjähriger Dauer mit dem Sieg endete (»Verträge von Evian«). Im subsaharischen Afrika hielt sich politische Kolonialherrschaft am längsten. Dafür ging ihre Zerschlagung um so rascher vonstatten. Die britische Kolonie Goldküste wurde 1957 als Ghana staatlich souverän. Im Folgejahr tat Guinea diesen Schritt. 1960 dann, im »afrikanischen Jahr«, erlangten die meisten afrikanischen Länder die Eigenstaatlichkeit.

Die einzelnen Unabhängigkeitsbewegungen flossen hier zu einem Gesamtprozeß zusammen (die Nichtpaktgebundenen sprechen von einer »antikolonialen Weltrevolution«). Das gerade verlieh ihnen ihre Dynamik und Durchschlagskraft. Anders formuliert: Für sich genommen war jede einzelne Unabhängigkeitsbewegung ihrem Gegner unterlegen; doch ihr Zusammenfluß machte dieses Defizit wett.

Der Übergang zur Eigenstaatlichkeit wies zugleich in jedem einzelnen Fall spezifische Züge auf; hier machten sich u. a. im antikolonialen Kampf gefallene Vorentscheidungen – oder, wie man es auch nennen könnte: vorgenommene Weichenstellungen – geltend. In einigen Ländern, darunter in Indien, Nigeria und Tunesien, erlangten bürgerliche Kräfte die Eigenstaatlichkeit durch Kompromisse mit der Kolonialmacht. Sie konnten dadurch bereits errungene ökonomische und politische Positionen behaupten und ausbauen. In anderen Ländern, darunter in Algerien, Angola und Moçambique, sahen sich Befreiungsbewegungen gezwungen, zur bewaffneten Gewalt zu greifen. Das allein bedeutete noch keine größere Konsequenz in gesellschaftspolitischer Hinsicht. Doch die damit verbundene Radikalisierung des Kampfes beschleunigte Lernprozesse, stärkte das Selbstbewußtsein der Kämpfer und ließ sie den Versuch unternehmen, auch mit der Gesellschaftsordnung zu brechen, die die Kolonialmacht verkörperte.

Immer – ungeachtet der Wege, die jeweils beschritten wurden – war die Erringung der Eigenstaatlichkeit ein revolutionärer Akt. Sie beendete politische Fremdherrschaft. Einheimische Kräfte übten in den souverän gewordenen Staaten fortan die Macht aus. Es oblag in hohem und zunehmendem Maße ihnen, die Unabhängigkeit zu fundieren und auszugestalten und im Zusammenhang damit die Überwindung von Unterentwicklung anzupacken.

In einer Reihe von Ländern – genannt seien, um ihre Verschiedenartigkeit darzutun, China, Ägypten und Angola – entschieden sich die neuen Führungskräfte für den Sozialismus oder eine sozialistische Orientierung. Sie waren dabei in hohem Maße von der Siegeszuversicht erfüllt, die von der »antikolonialen Weltrevolution« ausging. Und sie hatten gute Gründe für ihre Entscheidung. Entsprach es nicht der inneren Logik gesellschaftlicher Entwicklung, die nationale durch die soziale Revolution zu vollenden? Mußte der Bruch mit dem Kolonialismus, sollte er entschieden sein, nicht auch die Gesellschaftsordnung betreffen, die hinter diesem stand? Schloß Unabhängigkeit, sollte sie stabil sein und von jedem als Fortschritt empfunden werden, nicht ein hohes Maß an sozialer Gerechtigkeit ein? Doch die Hindernisse, die dann auftraten, waren enorm. Die überkommene Unterentwicklung bot keine Ansatzpunkte für den Sozialismus. Starke Widerstände machten sich geltend, seitens konservativer Kräfte wie in Gestalt der Trägheit, die sich tendenziell in überkommenen Verhaltens- und Denkweisen abzeichnete. Sozialistische Staaten, zu sehr mit sich selbst beschäftigt und zunehmend in Stagnation verfallend, konnten kaum helfen. Die Ratschläge, die sie erteilten, erwiesen sich nicht selten als schädlich, da sie zu sehr davon ausgingen, sich als Vorbild oder Modell zu repräsentieren und zu wenig das Eigenständige in den Entwicklungsländern in Rechnung zu stellen. Sozialistische und sozialistisch orientierte Entwicklungen erlitten Deformationen – u. a. in China und Kampuchea –, gerieten in Krisen oder scheiterten (so in Ägypten und Indonesien).

Kapitalistische Entwicklungen gelangten so in Entwicklungsländern weithin zur Dominanz. Insofern sie vielfach bereits in der Kolonialzeit eingesetzt hatten, wohnte auch dem eine gewisse innere gesellschaftliche Logik inne. Auch wirkten sich Potenzen, die der Kapitalismus in seinen Zentren freisetzte, auf die »Peripherie« aus, in der sich im Zusammenhang damit beträchtliche Differenzierungen vollzogen.

Der Kapitalismus, dies zeigt sich, vermag in Entwicklungsländern Fortschritte zu bewirken. Er bringt Bewegung in erstarrte gesellschaftliche Verhältnisse. Mit einer – wenngleich vielfach nur punktuellen – Förderung der Produktivkräfte trägt er zumindest zur, und das ist nicht gering zu schätzen, Minderung von Unterentwicklung bei.

Doch zeichnen sich hier auch ihm innewohnende Grenzen ab. Vielfach zerstört bzw. deformiert der Kapitalismus überkommene gesellschaftliche Verhältnisse, ohne etwas Konstruktives an ihre Stelle zu setzen. Er verstärkt weithin ohnehin schon extreme soziale Ungerechtigkeiten. Und ebensowenig wie der Sozialismus bietet er bislang für globale Menschheitsprobleme praktikable Lösungen. 770 Millionen Menschen auf der Erde haben nicht genug zu essen, um ein aktives Arbeitsleben führen zu können. Weitere 800 Millionen vegetieren in »absoluter Armut« (Robert McNamara) dahin. Jedes Jahr verhungern 14 Millionen Kinder.[1]

Das Durchsetzungsvermögen des Kapitalismus darf also nicht als sein Triumph ge- bzw. mißdeutet werden. Es bleibt die Frage nach Alternativen.

Muslims beteiligen sich an der Suche nach ihnen. Dabei bewegten sie sich zunächst – vor allem im Kalten Krieg – weithin in den Alternativen, die der Ost-West-Konflikt bot. Viele sahen sich dann in ihren Hoffnungen getäuscht, von Kapitalismus oder Sozialismus eine Lösung ihrer Probleme zu erfahren. Sie lehnten die Einflüsse beider als »Verwestlichung« ab und fragten nach einer »islamischen Alternative«. Diese Frage blieb. Sie könnte verstärkt gestellt werden, nachdem inzwischen der Sozialismus vorerst scheiterte und der Kapitalismus – ohne ihn als Alternative und Korrektiv – an seiner partiellen Zivilisierung Abstriche vornehmen könnte.

»Solche Menschen sind wie Gesetzesbrecher«

Konservative Kräfte in Entwicklungsländern nutzten und nutzen den Islam für sich.

Zunächst kommt ihnen die spontane Wirkung zugute, die vom Islam ausgeht und die seine Anhänger dazu anhält, überkommene Gesellschaftsstrukturen als natürliche Ordnung der Dinge hinzunehmen. »Islam« – das meint hier »Ergebung« in ein Schicksal, wie es der konkrete Gesellschaftsverlauf für den einzelnen wie für Menschengruppen bereit hält.

In der Gesellschaft selbst reift indessen auch das Bedürfnis nach grundlegenden Veränderungen heran. Angesichts dessen geben sich Konservative nicht mit dem Beharrungsvermögen zufrieden, das dem Islam ohnehin innewohnt; sie möchten aus ihm eine Barriere gegen gesellschaftlichen Fortschritt machen.

Dabei operieren sie zweigleisig.

Einmal machen sie sich zunutze, daß traditionell im Islam Religion und Gesellschaft weitgehend zusammengehören. Allein eine Gesellschaft, in der der Islam herrscht, ist gesund, behaupten sie. Damit erheben sie das Überkommene – der Begriff »Traditionalismus« ist am ehesten geeignet, dieses Vorgehen zu kennzeichnen – zum absoluten Maßstab für Gegenwart und Zukunft. Sind in einer Gesellschaft islamische Prinzipien verwirklicht, so ihre letzte Folgerung, hat der Kommunismus in ihr keine Chance.

Den Feind, gegen den das »Eigene« zu verteidigen ist, charakterisieren Konservative gleichfalls aus einem traditionalistischen Islamverständnis heraus. Apostasie, d. h. »Abfall« vom Glauben, galt seit jeher als ein schweres Vergehen. Früher war es mit dem

Tode bestraft worden. Bei ihm auch stand von vornherein ewige jenseitige Verdammnis fest.[2] Konservative Kräfte werfen, dies einkalkulierend, ihren Gegnern vor – es wurde dies zu einem allgemeinen Argumentationsmodell, angewandt von Indonesien bis Marokko –, »Ungläubige« zu sein. Die so Beschuldigten erscheinen als Menschen, die sich von der Gesellschaft und ihren Normen losgesagt haben, mit denen sich folglich ein Muslim, der auf sich hält, nicht abgeben darf. Politisch kann dies ein Todesurteil, sozial den Ruin bedeuten.

Muslimische Rechtsradikale gehen hier am weitesten. Sie sprechen dem Islam – dafür steht der Begriff »Islamismus« – absolute Geltung zu. Im Sinne des Fundamentalismus treten sie für die Restaurierung des Kalifats und die Wiedereinführung der Scharia, des islamischen Gesetzes, ein. Auch das Feindbild ist bei ihnen radikal. Menschen, die sich weigern, die Oberherrschaft Gottes anzuerkennen, so der Pakistaner Abu'l-A'la al-Maududi, der namhafteste Theoretiker des Islamismus, sind Rebellen. »Auch wenn sie sich nicht schlecht benehmen und weder Verderben noch Gewalttätigkeit verbreiten, bleiben sie Aufrührer, und ihre scheinbar guten Taten sind von geringem Wert. Solche Menschen sind wie Gesetzesbrecher.«[3] Maududi gab hier den Fundamentalisten eine Argumentation, gegen jeden – auch gegen Muslims – vorzugehen, der nicht ihre Auffassung teilt.

Muslimische Radikale verfügen über Organisationen, die teilweise paramilitärisch aufgebaut sind. Hierzu gehören die Muslimbruderschaft und verwandte Organisationen im Nahen Osten und in Süd- und Südostasien, darunter die Nationale Heilspartei und die Grauen Wölfe in der Türkei, die Dschama'at-i Islami (Islamische Gesellschaft) in Pakistan, die Dschama'at-i Hind in Indien und der Darul-Islam (Haus des Islam) in Indonesien.

Dabei ist islamischer Radikalismus nicht von vornherein und punktuell als fortschrittsfeindlich anzusehen. Die Muslimbrüder in Ägypten beispielsweise hatten sich im antikolonialen Kampf hervorgetan und die Machtergreifung der »Freien Offiziere« unter Gamal Abdel Nasser im Juli 1952 begrüßt. Dann sahen sie eine Chance, ihr anachronistisches Gesellschaftsideal in die Tat umzusetzen, und ihr Oberster Führer Hassan al-Hudaibi, Richter von Beruf, verlangte ultimativ, die Scharia in Kraft zu setzen. Nasser lehnte ab. Die Muslimbrüder nahmen daraufhin zunehmend eine Gegenposition zu der antiimperialistischen und antifeudalen Revolution ein, die begonnen hatte, und griffen das neue Regime haßerfüllt an. Eines ihrer Mitglieder, Mahmud Abd al-Latif, verübte am 26. Oktober 1954 in Alexandria ein Attentat auf Nasser. Es schlug fehl. Die Organisation wurde verboten. Sechs ihrer Mitglieder, darunter der Attentäter, erhielten die Todesstrafe. Tausende, darunter Hudaibi, mußten ins Gefängnis.

Islam, Revolution, Sozialismus

Die Konservativen konnten den Islam indessen nicht monopolisieren. Muslims bezogen ihre Religion auch in ihr Engagement für Unabhängigkeit und gesellschaftlichen Fortschritt ein.

Revolutionäre Demokraten, unter ihnen Gamal Abdel Nasser und algerische Führungskräfte, erstrebten eine als Sozialismus verstandene größere soziale Gerechtigkeit. Sie gingen dabei von politischen Überlegungen und Einsichten aus. Zugleich glaubten sie sich in Übereinstimmung mit Idealen des ursprünglichen Islam.

Nasser identifizierte, nachdem sich 1961 unter seiner Führung in Ägypten eine sozialistische Orientierung durchgesetzt hatte, wiederholt Islam und Revolution bzw. Islam und Sozialismus. Er tat dies besonders in Reden, die er in der Republik Jemen hielt. Dort war und ist der Islam noch sehr stark verwurzelt, weshalb Nasser seine Ideen mit islamischen Vorstellungen verband. Zugleich hatte er sich mit der saudischen Propaganda auseinanderzusetzen, die ihn als einen »Ungläubigen« in Verruf bringen wollte. Nasser nannte in einer Rede, die er am 25. April 1964 in Jemen hielt, den Islam die »Religion der Revolution«. Er führte weiter aus: »Unsere Revolution ... machte sich die Losungen zu eigen, die der Islam der Welt verkündet hatte – zuvorderst die Freiheit, die Freiheit des einzelnen und des Vaterlandes ... Die Botschaft, die wir verkünden, ist der Sozialismus, Brüder. Sozialismus ist die Grundlage der Gleichheit, Sozialismus bedeutet, daß niemand sich über einen anderen Macht anmaßen soll, und der Islam war die erste Religion, die den Sozialismus propagierte. Muhammad – Allah segne ihn und gebe ihm Heil – sagte: ›Die Menschen haben Teil an drei Dingen – Wasser, Feuer und Weideland.‹ Der Prophet meinte damit alle Quellen des Reichtums auf der Arabischen Halbinsel zu jener Zeit. Daher ist der Islam die erste Religion, die Sozialismus, Gleichheit und Abschaffung der Tyrannei und der Unterdrückung predigte.«[4]

Algerische Führungskräfte verstanden den Sozialismus, auf den sie orientierten, gleichfalls als eine Konsequenz des Islam, wie sein Stifter ihn verstanden wissen wollte. »Die muslimischen Völker werden sich ... immer mehr dessen bewußt«, heißt es in der Nationalcharta, die 1976 in einer Volksabstimmung gebilligt und durch den damaligen Präsidenten Houari Boumediene in Kraft gesetzt worden war, »daß sie nur durch die Verstärkung ihres Kampfes gegen den Imperialismus und durch entschiedenes Engagement auf dem Wege des Sozialismus den Geboten ihres Glaubens am besten entsprechen ...«[5] Der Sozialismus hat nach der Darstellung der Charta ein dreifaches Ziel: Konsolidierung der nationalen Unabhängigkeit; Errichtung einer Gesellschaft, in der es keine Ausbeutung durch den Menschen gibt; Förderung und freie Entfaltung des Menschen.

Chalid Muhji al-Din, einer der ägyptischen »Freien Offiziere«, mühte sich um größere Konsequenz im islamischen Fortschrittsverständnis. »Die Maßstäbe der Gerechtigkeit und die Ideale, die die erste islamische Revolution schuf ...«, erklärte er im März 1968, »sind für uns der Ausgangspunkt, von dem aus wir unter Berücksichtigung unserer Epoche und Gesellschaft mit ihren Gesetzen ... zum Sozialismus kommen, und zwar als natürliche Fortsetzung des revolutionären Experiments des Islam.«[6] Muhji al-Din versuchte, den Islam, der für ihn religiöses Bekenntnis bleibt, mit dem historischen Materialismus zu verknüpfen, um auf diese Weise ein wissenschaftliches Instrumentarium zur Analyse und Veränderung der Gesellschaft zu erhalten. (Im Christentum hat dies eine Parallele in der »Theologie der Befreiung« in Lateinamerika.)

Der ägyptische Intellektuelle Mustafa Mahmud sah hier einen Versuch, Unvereinbares zusammenzubringen. Der Marxismus, argumentierte er, ohnehin in Ägypten ein Fremdkörper, sei theoretisch und praktisch gescheitert. Muhji al-Din wolle ihn retten, indem er ihn in opportunistischer Weise mit seinem erklärten Gegner, dem Islam, verbinde.[7] Mahmud griff im Zusammenhang damit das Miteinander von Marxisten und Muslims in der sich formierenden Vereinigten Nationalen Progressiven Partei (VNPP) an.

Er suche keinen »opportunistischen Frieden« zwischen Marxismus und Islam, erwiderte Muhji al-Din. Ihm gehe es um ein sachgemäßes Verständnis des Islam, das dazu beitrage, die drängenden Probleme der ägyptischen Gesellschaft zu lösen. Entscheidend sei, ob der Islam im Interesse der Reichen oder der Armen, der Minderheit oder der Mehrheit interpretiert werde. Gott gebe das Licht, damit die Gläubigen sich orientieren könnten, doch überlasse er es ihnen, ihren Weg selbst zu wählen.[8]

Es ging in der Tat nicht darum, Unvereinbares zu vereinbaren. Menschen können vielmehr in Umbrüchen, die sich in Gesellschaften anbahnen, vorgefundene Überzeugungen beibehalten und zugleich um klarere Sicht ringen. Entscheidend ist die Bewegungsrichtung. Der Drang zum Neuen kann sich da im Traditionellen Geltung verschaffen. Vorwärtsweisende Impulse aus dem Ringen zwischen Fortschritt und Reaktion, das im Islam Tradition hat, werden dann für aktuelle Entscheidungssituationen erschlossen.

In Libyen versuchte Muammar al-Gaddafi, die Ziele der Revolution, die 1969 unter seiner Führung begann, unter Rückgriff auf die Tradition zu untermauern. »Das ursprüngliche Gesetz einer jeden Gesellschaft beruht auf Tradition und auf Religion«, schreibt er im »Grünen Buch«, einer aus drei Teilen bestehenden programmatischen Schrift. »Jeder andere Versuch, irgendeiner Gesellschaft außerhalb dieser beiden Quellen Gesetze zu geben, ist unrechtmäßig und unlogisch.«[9]

Gaddafi spricht hier allgemein von Tradition und Religion. Jedem Volk räumt er das Recht ein, seine eigene Authentizität zur Geltung zu bringen und ihr gemäß zu leben. Die »dritte Universaltheorie«, die er in seinem »Grünen Buch« entwickelt, wendet sich demgemäß nicht nur an die Araber oder Muslims, sondern an alle Menschen.

Gaddafi selbst versteht sich als Muslim und will den Islam revolutionär verstanden wissen. »Wenn ›links sein‹ bedeutet, sich der Reaktion und dem Imperialismus zu widersetzen, na, dann glaube ich, extrem links zu sein; niemand könnte weiter nach links gehen als ich«, erklärte er am 28. April 1973 in der Universität von Benghasi. Er fügte hinzu: »Wenn ›links‹ ›Sozialismus‹ heißen soll, beim Himmel, dann erkläre ich, daß der Sozialismus von unserer Religion und unserem Heiligen Buch ausgegangen ist; wir sind die Verwahrer des Sozialismus, und der Prophet ist der Imam aller Sozialisten.« Soziale Gerechtigkeit ist nach Gaddafis Worten »der wirkliche Eckstein unseres Sozialismus, wo keine Klasse eine andere beherrschen kann, wo es keine Leute gibt, die sich an die Spitze klammern, während sich andere unten krümmen, auch keine

Klassen, die etwas besitzen, ohne dafür zu arbeiten, während andere arbeiten, ohne etwas zu besitzen,«.[10] Gaddafi lehnt dabei einen »rein arabischen oder islamischen Sozialismus« ab und betont, daß der Sozialismus seinem Wesen nach universal sei und in jedem Land angewandt werden könne.[11]

Gaddafi sucht im »Grünen Buch« ein gesamtgesellschaftliches Konzept zu bieten. Im ersten Teil, der der politischen Problematik gewidmet ist, fordert er, das Volk solle sich nicht »vertreten« lassen, weder durch Parteien noch durch Parlamente, sondern in einer »direkten Demokratie« unmittelbar die Macht ausüben – durch die Volkskongresse, die Volkskomitees, die Gewerkschaften und Berufsverbände. Die sozialistische Gesellschaft, so Gaddafi, müsse die politische Demokratie ergänzen und untermauern. Sie sei, schreibt er im zweiten Teil des »Grünen Buches«, »die dialektische Konsequenz der in dieser Welt vorherrschenden ungerechten Beziehungen. Sie hat die natürliche Lösung geschaffen, nämlich das Privateigentum zur Befriedigung der Bedürfnisse, ohne andere dazu zu benutzen, und das sozialistische Eigentum, bei dem die Produzenten Partner in der Produktion sind«.[12] Der Sozialismus setze ein mit einer gerechteren Verteilung des gesellschaftlichen Reichtums. Und er führe dahin, daß die Menschen ihre materiellen Bedürfnisse befriedigen könnten. Schließlich geht es nach Gaddafi darum – damit befaßt er sich im dritten Teil seines »Grünen Buches« –, daß die verschiedenen gesellschaftlichen Gruppen ihr Zusammenleben miteinander regeln. Die Elementarzelle der menschlichen Gesellschaft sei die Familie; diese weite sich – als jeweils größerer »politischer Schirm« des Individuums – zum Stamm, zur Nation und schließlich zur Weltgemeinschaft. Harmonisch wie in der Familie müsse es in den zwischenmenschlichen Beziehungen insgesamt zugehen.[13]

Gaddafi läßt sich offenbar stark von den Realitäten und Idealen der Nomadengesellschaft leiten, deren Traditionen in Libyen noch stark sind. Illusionen sind da unvermeidbar. Doch hat – ungeachtet mancher Ungereimtheiten – die Besinnung auf das Traditionelle in Libyen auch dazu geführt, in der Verteilung des Nationaleinkommens, das zu einem großen Teil aus den Erdöleinnahmen kommt, ein bemerkenswertes Maß an sozialer Gerechtigkeit walten zu lassen.

In den süd- und südostasiatischen Ländern Pakistan, Indien, Bangladesch, Sri Lanka, Thailand, Malaysia, Indonesien und Philippinen sah sich der Islam neuartigen und unterschiedlichen Bedingungen ausgesetzt. Es gab dort durchweg eine multireligiöse und multiethnische Bevölkerungsstruktur. In einigen Staaten – Pakistan, Malaysia – übernahmen ausschließlich muslimische Kräfte die Regierungsgewalt. In anderen – Sri Lanka, Malaysia, Thailand, Philippinen – waren die Muslims eine deutliche Minderheit; zudem verkörperten sie bestimmte ethnische Gruppen, so daß sich sozial-religiöse und ethnisch-nationale Faktoren überlappten.

Die Repräsentanten des Islam strebten danach, unter den mit Erringung der Eigenstaatlichkeit einschneidend veränderten Gegebenheiten die Identität ihrer Glaubensgemeinschaft neu zu bestimmen und politisch zu artikulieren.

In Pakistan – genauer gesagt: im Westteil des 1947 aus zwei geographisch weit auseinanderliegenden Territorien gebildeten neuen Staates – stellte die Muslimliga die Regierung. Die staatstragenden Kräfte steuerten eine islamische Republik an, die sie 1956 proklamierten. Der Islam wurde zur Staatsreligion des von mehreren ethnisch-nationalen Gemeinschaften bewohnten Landes und wirkte so als Integrationsfaktor. Urdu diente als Staatssprache. Die Politik der Regierenden stieß jedoch in Ostpakistan auf Widerstand. Dort hatte die ethnisch-nationale Konsolidierung der mehrheitlich bengalischen Bevölkerung einen solchen Grad erreicht, daß sich die Muslims in erster Linie als Bengalen fühlten und diese Identität in Kultur und Sprache gewahrt wissen wollten. Schon bald nach Bildung des neuen Staates, im Jahre 1949, formierte sich eine Bewegung, die die Bengali-Sprache anstelle des Urdu als offizielles Medium beibehalten bzw. einführen wollte. Zugleich gab es Bestrebungen, liberale und säkulare Grundsätze im gesellschaftlichen und staatlichen Leben durchzusetzen. Damit machten sich Faktoren geltend, die im Laufe der langen kulturellen und ethnischen Geschichte als gemeinsame Merkmale der Bengali-Nationalität entstanden und stark genug waren, um die konfessionellen Unterschiede zwischen Hindus und Muslims zu überlagern.

Im weiteren Entwicklungsverlauf vertiefte sich die Kluft zwischen den beiden Landesteilen Pakistans. Ostpakistan wies einen relativ geringen Industrialisierungsgrad auf und wurde immer mehr zum Rohstofflieferanten und zur Anlagesphäre des in Westpakistan beheimateten Kapitals. In der Verwaltung wie in der Armee waren seine Bewohner unterrepräsentiert. Als die aufstrebende bengalische Bourgeoisie die Grenze ihres Entfaltungsdrangs nicht beseitigen konnte, brach ein offener Konflikt aus. Der Staat zerfiel. Bangladesch verselbständigte sich 1971, und zwar zunächst als eine säkularen Prinzipien verpflichtete Volksrepublik. Sein politischer Kurs änderte sich nach wenigen Jahren. Die zur Macht gelangten Armeekreise suchten den Islam als politischen Integrations- und Stabilisierungsfaktor zu nutzen und schoben säkulare Prinzipien mehr und mehr beiseite. Vor dem Hintergrund extremer ökonomisch-sozialer Unterentwicklung und politischer Instabilität wurde Bangladesch – 1988 zur Islamischen Republik erklärt – zu einem Schauplatz des Ringens demokratischer Kräfte gegen Bestrebungen der ausländischen und einheimischen islamischen Orthodoxie, dem weitgehend von säkularen Grundsätzen geprägten gesellschaftlichen Leben des Landes ein islamisches fundamentalistisches Regime überzustülpen.

In Indien war die Gesellschaft multireligiös, der Staat säkular geprägt mit einem bürgerlich-parlamentarischen System. Wie sollten sich da die Muslims, die mit über 10 Prozent eine bedeutende, wenngleich keineswegs einheitliche und auch nicht geschlossen siedelnde Bevölkerungskomponente bildeten, zu Nationalismus, Demokratie und Säkularismus verhalten? Konnten sie die Grundsätze des strengen Islam mit der neuen politischen Realität, dem Mehrparteiensystem und dem bewußten Streben der regierenden Kreise nach Modernisierung des Landes in Übereinstimmung bringen? Zunächst schien es so. Nationalbewußte Muslims, die sich gegen die Betätigung der Muslimliga im unabhängigen Indien wandten, veranstalteten noch 1947, im Jahr der Unabhängigkeit, eine »Allindische Freie Muslimkonferenz«. Bis etwa 1961 vermochten sie ihre Position gegenüber orthodoxen Repräsentanten ihrer Religion zu behaupten. Letztere verlangten von ihren Glaubensbrüdern, den Islam zur alleinigen Grundlage des politischen Handelns zu machen. Die in der Verfassung verankerten Prinzipien des Säkularismus lehnten sie, weil sie die Trennung der Religion vom politischen Leben verlangten, als Ausfluß der modernen westlichen Kultur und als »unislamisch« ab. Ihre Wortführer setzten der Idee von der weltlichen indischen Nation das Konzept der Solidarität von Glaubensgemeinschaften entgegen. Aus ihrer Sicht bestimmte die Religion die Identität der Muslims, und zwar weltweit, so daß die indischen Muslims nur einen Teil der größeren länderübergreifenden Gemeinschaft all jener, die sich zu Allah bekennen, verkörperten.

Die konsequentesten unter den Konservativen waren sogar bereit, eher einen auf den Lehren der heiligen Schriften der Hindus gegründeten indischen theokratischen Staat zu akzeptieren als ein säkulares Staatswesen, das sie für »gottlos« hielten. Ihre Auffassung fand vor allem unter ihren Glaubensgenossen in Nordindien Widerhall, wo der Islam im politischen Leben am schärfsten hervortrat. Orthodox-konservative Organisationen förderten, indem sie einen besonderen Status für die Muslims propagierten, die Abgrenzung der konfessionellen Gemeinschaften. Dies begünstigte ähnliche Tendenzen unter den Hindus. Die negativen Folgen ließen nicht auf sich warten: Übergriffe und Auseinandersetzungen zwischen Angehörigen der Religionsgemeinschaften – »kommunalistische Konflikte«, wie es in Indien heißt – traten in den sechziger Jahren immer wieder auf. Die Polarisierung der Religionsgemeinschaften äußerte sich auch im Bestreben, eigene Interessengruppen innerhalb von »nationalen« politischen Parteien zu bilden oder jeweils »eigene« Kandidaten für Parlamentsmandate und politische Ämter zu unterstützen.

Indonesien gehört nach der Einwohnerzahl zu den größten islamischen Ländern. »Sein« Islam nahm im Verlauf einer vielfach nicht abgeschlossenen Synthese mit den im Volk tief verwurzelten älteren Glaubens- und Lebensformen in großem Umfang vorislamische Elemente auf. Das auch brachte eine starke bodenständige liberale Tendenz in ihm hervor. Sie zeigt sich beispielsweise in der Stellung der Frau: Die Verschleierung blieb unbekannt. Gelegentlich wurden sogar Zweifel an der Echtheit des indonesischen Islam geäußert.

Als Indonesien 1945 seine Unabhängigkeit errang, hatten seine Führer einen Kompromiß zur Gestaltung des nationalen Lebens gefunden. Er beinhaltete fünf Prinzipien (Pancha Shila): Nationalismus im Sinne eines Einheitsstaates für alle Indonesier, der Glaube an einen allmächtigen Gott, umfassende Humanität, Demokratie als Mitspracherecht aller Bevölkerungsschichten und soziale Gerechtigkeit als ein Grundsatz, der religiöse Toleranz empfiehlt und gegenseitige Rücksichtnahme einschließt in einem multikonfessionellen Staat. Die seinerzeit aktiven islamischen

Kräfte akzeptierten diese »Staatsphilosophie«. Denn sie schuf Raum für das Nebeneinanderbestehen von religiösen und nichtreligiösen Wertvorstellungen und ermöglichte es zugleich der muslimischen Bevölkerungsmehrheit, sich entsprechend ihren Glaubenssätzen am politischen Leben zu beteiligen.

In der Folgezeit zeigten sich Veränderungen im Islam. Bestrebungen zu seiner »Reinigung« traten auf; Anregungen dazu kamen zum Teil aus islamischen »Kernlanden« in Westasien, vermittelt durch dort ausgebildete Schriftgelehrte. Forderungen nach sozialer Gerechtigkeit verschafften sich Geltung. Zu denen, die sie erhoben, gehörten aufstrebende einheimische Mittelschichten, die den wirtschaftlichen Aufstieg in der Auseinandersetzung mit den herkömmlicherweise auf diesem Feld dominierenden Chinesen wollten. In der 1943 gegründeten Partei Masjumi erlangten zeitweise die »religiösen Sozialisten« um Mohammad Natsir, die sich zu Sprechern dieser Schichten machten, größeren Einfluß. Sie wollten das islamische Leben angesichts einer sich verändernden Welt erneuern und bejahten Reformen, ohne indessen die in Koran und Sunna überlieferten Glaubensgrundlagen anzutasten. Klassenkampf und Klassenhaß lehnten sie als dem Islam fremd ab. Ihr Sozialismus sollte mit individueller Initiative und Verantwortung einhergehen. Auch ein gesunder Wettbewerb, der die Produktion mehre und die Qualität bessere, sei mit ihm vereinbar. Die »religiösen Sozialisten« grenzten sich von radikaleren Glaubensgenossen ab, die Imperialismus, Kapitalismus, Liberalismus und Individualismus als ihre Feinde bezeichneten. Auf der anderen Seite zogen sich Orthodoxe, die 1926 die Nahdatul Ulama gegründet hatten, 1952 aus der Masjumi zurück.[14]

In Malaysia nutzten die regierenden muslimischen Kreise, die aus der traditionellen Feudalaristokratie stammen, den Islam zur Festigung ihrer Position gegenüber den nicht-muslimischen und zugleich anders-ethnischen – nicht-malayischen – Teilen der Bevölkerung, d. h. vor allem gegenüber den Gruppen chinesischer und indischer Abstammung, die im modernen kapitalistischen Wirtschaftssektor eine dominierende Rolle spielten. In den Philippinen diente der Islam demgegenüber einer ethnischen Minderheit, die sozial benachteiligt und unterdrückt war, nämlich den Moro auf Mindanao, als Identitätsfaktor. In gewisser Hinsicht ließ sich damit die Situation in den muslimischen Südprovinzen Thailands vergleichen, die über Jahrzehnte ein ständiger Unruheherd blieben.

Ende der sechziger, Anfang der siebziger Jahre dieses Jahrhunderts setzten – inzwischen hat sich dafür der Begriff »Reislamisierung« eingebürgert – im Islam Bestrebungen ein, ihn zu reaktivieren. Der alte Ruf »Allahu akbar« – »Allah ist der Größte« – war mancherorts drängender, mitunter auch militanter, als zuvor zu vernehmen.

Einem aufmerksamen Beobachter mochte schon zuvor aufgefallen sein, was sich da anbahnte. Ian Dixon Scott, Erster Sekretär der britischen Botschaft in Beirut, schrieb 1956 an das Foreign Office in London, daß sich in Reaktion auf die Palästinafrage und den Algerienkrieg (der zwei Jahre zuvor begonnen hatte) unter Muslims eine Solidarisierung und Fanatisierung vollziehe. Finde man für beide Probleme keine Lösung, würden sich die Christen in Libanon im Verlauf weniger Jahre gegenüber den muslimischen Landsleuten in einer schwierigen Situation befinden.[1]

Das »Schlüsselerlebnis«, das die Reislamisierung als umfassenderen Prozeß in Gang brachte, war die militärische Niederlage, die arabische Armeen im Juni 1967 gegen Israel erlitten. Viele Araber quälten damals Selbstzweifel, und sie hielten Ausschau nach einem geeigneten Ansatz für einen Neubeginn. Konservative Kräfte machten einen angeblichen Abfall vom Glauben, den sie den Fortschrittskräften – hauptsächlich um Gamal Abdel Nasser – anlasteten, für den Rückschlag verantwortlich. Arabische Muslims besannen sich auf ihre nichtarabischen muslimischen Glaubensbrüder – es waren damals über 500 Millionen – und suchten in der Konfrontation mit Israel und dessen Bundesgenossen deren Beistand.

»Islamische Revolution« in Iran (1978/79)

Machtvoll, einem Fanfarenstoß vergleichbar und weltweit Aufmerksamkeit heischend, zeigte sich die Reislamisierung in der antimonarchischen und antiimperialistischen Revolution, die 1978/79 in Iran stattfand und die das Attribut »islamisch« erhielt.

In den sechziger Jahren hatte Schah Mohammad Reza Pahlawi versucht, durch bürgerliche Reformen, in ihrer Gesamtheit als »Weiße Revolution« propagiert, Widersprüche der traditionellen iranischen Gesellschaft zu lösen oder zumindest zu mildern. Das gelang ihm bis zu einem gewissen Grade. Doch die forcierte Entwicklung kapitalistischer Verhältnisse, für die seit dem vierten arabisch-israelischen Krieg im Oktober 1973 aufgrund der Preiserhöhungen für das Erdöl enorme Summen zur Verfügung standen, brachte neue Widersprüche hervor bzw. verschärfte vorhandene. Die wachsende Abhängigkeit von westlichen Industriestaaten, insbesondere von den USA, die mit einer feindseligen Haltung gegenüber progressiven arabischen Staaten und einer allgemeinen »Verwestlichung« einherging, verletzte die patriotischen Gefühle vieler Iraner. Das Regime unterdrückte grausam jede oppositionelle Regung. Fast alle Klassen und Schichten der Gesellschaft waren mit ihm unzufrieden; eine Ausnahme bildeten die mit dem Auslandskapital zusammenarbeitende Gruppe der Großbourgeoisie und die verbürgerlichten Großgrundbesitzer, die – in Kollaboration mit Mitgliedern der kaiserlichen Familie, der Generalität, Technokraten und hohen Beamten – auch durch gesetzwidrige Aktionen enorme Gewinne erzielten.

Mitte der siebziger Jahre zeichnete sich eine ernste gesellschaftliche Krise ab.

Die Opposition intensivierte ihre Tätigkeit. Zu ihr – sie war heterogen – gehörten religiöse Organisationen, darunter die linksradikalen Modschahedin des Iranischen Volkes und die Bewegung der Freiheit Irans. (»Modschahed« – Plural: »Modschahedin« – kommt aus dem Arabischen und bedeutet »Streiten in Allahs Weg«. Es war dies auch die gebräuchliche Bezeichnung für die bewaffneten Revolutionäre in der bürgerlichen Konstitutionellen Revolution Irans 1905 bis 1911.) Daneben gab es nicht-religiöse Oppositionelle, so die Tudeh-Partei, die linksextremistischen Selbstlosen Guerillas des Iranischen Volkes und die bürgerlich-liberale Nationale Front.

Die religiöse Opposition hatte Vorteile: Ihr standen Tausende von Moscheen im Land zur Verfügung, in denen sich ihre Angehörigen ziemlich gefahrlos treffen konnten und von deren Kanzeln Geistliche den Sorgen und Nöten wie dem Protest des Volkes in verständlicher und einprägsamer Sprache Ausdruck verliehen. Die säkulare Opposition, insbesondere ihr linker Flügel, hatte demgegenüber keine Möglichkeit, legal zu arbeiten, sondern war schweren Repressalien ausgesetzt. Die Linke war zudem ideologisch, politisch und organisatorisch zerrissen.

Unter diesen Gegebenheiten übernahmen Geistliche die Führung der Anti-Schah-Bewegung und schlossen alle oppositionellen

Kräfte in einer de-facto-Einheitsfront zusammen. Ajatollah Ruhollah al-Mussawi al-Chomeini, bereits in den sechziger Jahren mit dem Schahregime in Konflikt geraten und 1964 in die Türkei deportiert, von wo aus er in den Irak übersiedelte, stand an ihrer Spitze. Er hatte seine programmatischen Auffassungen Jahre zuvor in der theologisch-politischen Schrift »Der islamische Staat« dargelegt. Nach seinem Verständnis bietet der Islam einen Verhaltenskodex, der in jeder Hinsicht, zu allen Zeiten und unter allen Umständen für alle Menschen gültig ist. Er forderte deshalb, zunächst auf nationaler und später auf supranationaler Ebene einen »islamischen Staat« zu errichten. »Die Muslime können nur dann in Sicherheit und Ruhe leben und ihren Glauben und ihre moralische Würde bewahren, wenn sie im Schutze einer gerechten und gesetzlichen Regierung leben«, erklärte er. »Im Islam sind die Eigenschaften, die Arbeitsweise und die Gesetze für einen islamischen Staat festgelegt. Wir haben heute die Aufgabe, diesen Entwurf in die Tat umzusetzen.«[2]

Im Jahre 1978 griff die offiziöse Zeitung Ettela'at Chomeini an. Seine Anhänger reagierten prompt und heftig. In Ghom, dem religiösen Zentrum Irans, kam es zu Protestdemonstrationen und zu blutigen Straßenschlachten. Die Bilanz waren 6 Tote und 9 Verletzte – nach offiziellen Angaben. Die Opposition nannte wesentlich höhere Zahlen.

Die Ereignisse in Ghom bildeten den Auftakt für Protestaktionen, die im Laufe einiger Monate das ganze Land ergriffen. Das Regime reagierte meist hart und brutal. Chomeini rief das Volk auf, seinen Kampf zu intensivieren. An den ausgeprägten Märtyrerkult der schiitischen Strömung des Islam anknüpfend, lautete die Losung des Tages: »Das Blut besiegt das Schwert.« Die Zahl der Demonstranten wuchs: Anfangs strömten Hunderte, dann Tausende, später Hunderttausende und Millionen Menschen auf die Straße. Sie begannen, staatliche Einrichtungen zu zerstören, Kinos, Kasinos, Nachtklubs, Hotels, Supermärkte und Banken in Brand zu setzen usw.

Am 27. August 1978 entließ der Schah den Ministerpräsidenten Dschamschid Amuzgar. Sein Nachfolger wurde Dscha'far Scharif-Emami, dem man zwar gute Beziehungen zu Teilen der Geistlichkeit zuschrieb, der aber ansonsten als Verkörperung der Korruption und Vetternwirtschaft des Regimes galt. Er rief das Volk zur »nationalen Versöhnung« auf und versprach, den Regierungsstil zu modifizieren. Doch seine versöhnlerischen Bemühungen schlugen fehl. Daraufhin verhängte er den Ausnahmezustand über Teheran und andere Zentren der Bewegung. Als Bürger in der Hauptstadt dennoch demonstrierten, metzelten Armee-Einheiten viele von ihnen buchstäblich nieder. In anderen Städten fanden gleichfalls blutige Auseinandersetzungen statt.

Als Reaktion auf das Massaker von Teheran setzte eine Welle von Streiks ein. Sie ergriff auch die Erdölzentren von Chuzestan.

Am 5. November wandte sich der Schah an die Armee, die ihrem Oberbefehlshaber noch immer gehorchte, und ernannte Generalstabschef General Gholam-Reza Azhari zum Chef einer Militärregierung. Diese sollte »Ruhe und Ordnung« im Lande wiederherstellen. Der General war dazu jedoch ebensowenig wie sein Vorgänger in der Lage. Auf Streiks von Industriearbeitern folgten Arbeitsniederlegungen von Angestellten, Beamten, Angehörigen der freien Berufe, Basarhändlern. Die Zeitungen stellten ihr Erscheinen ein. Die meisten Mitarbeiter von Rundfunk und Fernsehen blieben ihrer Arbeit fern. Selbst in den Streitkräften begann es zu gären. Während das Offizierskorps noch zusammenhielt, häuften sich unter den einfachen Soldaten Fälle von Gehorsamsverweigerung und Desertion. Schließlich verdichteten sich die zahllosen Streikaktionen zum Generalstreik, der das gesamte gesellschaftliche Leben paralysierte.

Die Opposition forderte »Freiheit« und »Unabhängigkeit«. Dabei setzte sich in ihren Reihen allmählich die Auffassung durch, daß diese Ziele nur ohne den Schah, d. h. in einer Republik, verwirklicht werden könnten. Die Geistlichkeit erkor die »islamische Republik« zu einer zentralen Forderung. Der Hauptstoß der Bewegung richtete sich gegen die Person des Schah, den man mit einem dem Koran entlehnten Begriff als »Taghut« bezeichnete. (»Taghut« bedeutete ursprünglich soviel wie »Götzenbild« und wurde später als Symbol für Tyrannei, Ungerechtigkeit, Verkommenheit usw. verwendet.) Ajatollah Chomeini wurde zu einer Art Anti-Schah-Symbol. Als solches akzeptierten ihn alle oppositionellen Kräfte als Führer ihrer Bewegung.

Am 31. Dezember 1978 trat die Regierung unter General Azhari zurück. Schapur Bachtiar, einer der Führer der Nationalen Front und bis dahin Oppositionspolitiker – er bezeichnete sich selbst als Sozialdemokraten –, erklärte sich bereit, eine neue Regierung zu bilden. Doch er scheiterte. Das Volk stellte sich hinter Ajatollah

Chomeini, der seit einigen Monaten in Paris lebte. Die Erdölarbeiter bekundeten Anfang Januar 1979 ihre Entschlossenheit, mit ihren Streiks, die das Schahregime empfindlich trafen, die Ziele der islamischen Bewegung verwirklichen zu wollen. »Wir können erst dann mit Gewißheit den Sieg feiern«, erklärte die Allgemeine Gewerkschaft der Beschäftigten der iranischen Erdölindustrie, »wenn wir die tiefen Wurzeln des Imperialismus abgeschnitten und in völliger Freiheit die gerechte islamische Republik errichtet haben.«[3]

Am 16. Januar 1979 verließ der Schah Iran. Am 1. Februar traf Chomeini nach über vierzehnjährigem Exil in Teheran ein. Millionen Menschen bereiteten ihm einen triumphalen Empfang. Chomeini lehnte jeden Kontakt mit der Regierung Bachtiar ab und ernannte Mehdi Bazargan, einen Politiker mit religiös geprägten bürgerlich-liberalen Auffassungen, zum Ministerpräsidenten einer Provisorischen Revolutionären Regierung.

Am 9. Februar überfielen Einheiten der Kaiserlichen Garde einen Luftwaffenstützpunkt bei Teheran, um die mit Chomeini sympathisierenden Luftwaffentechniker dort zu disziplinieren. Bald breiteten sich die Auseinandersetzungen in Teheran aus und wuchsen in einen bewaffneten Aufstand hinüber. Die Generalität schwankte. Einige hohe Offiziere traten dafür ein, den Aufstand unter Einsatz aller militärischen Mittel niederzuschlagen. Andere steuerten einen Gegenkurs.

Am 10. Februar erklärte der »Armeerat«, ein eilig aus hohen Offizieren einberufenes Gremium, die politische Neutralität der Streitkräfte. Er befahl den Armee-Einheiten, in ihre Kasernen zurückzukehren. Die revolutionären Kräfte machten jedoch nicht vor den Kasernentoren halt, sondern besetzten einige Kasernen und erbeuteten große Mengen an Waffen und Munition. Der letzte vom Schah ernannte Ministerpräsident, Bachtiar, tauchte unter. Die Provisorische Revolutionäre Regierung übernahm die Macht.

Die US-Regierung suchte sich dem Gang der Ereignisse zu widersetzen. Noch am 4. Januar entsandte sie General Robert E. Huyser, den Stellvertretenden Oberbefehlshaber der US-Streitkräfte in Europa, nach Teheran. Er sollte mit Hilfe des iranischen Militärs dafür sorgen, daß, wenn schon der Schah nicht zu halten war, zumindest eine »amerikafreundliche« Regierung an seine Stelle trat. Huyser scheiterte mit seiner Mission. Doch auch da gab die Carter-Administration noch nicht auf. Am 11. Februar 1979, Huyser war in sein Stuttgarter Hauptquartier zurückgekehrt, fragte der Stellvertretende Verteidigungsminister Charles Duncan aus Washington bei ihm an, ob er bereit sei, sich erneut nach Teheran zu begeben und einen Militärputsch zu leiten. Doch wurden sich die Beteiligten, als sie die Situation und die Erfolgsaussichten eingehender erörterten, darüber klar, daß es dafür zu spät sei. »Es ist das traurige Ende einer makabren Geschichte« resümierte Huyser. »Die Vereinigten Staaten verloren einen engen und entschlossenen Verbündeten, der für den Schutz der westlichen Interessen am Persischen Golf sorgte.«[4]

Chomeini verstand den Kampf, den das iranische Volk gegen das Schahregime und die imperialistische Präsenz im Lande aufgenommen hatte, als »Anstrengungen, unternommen für den Islam«. Niemand, meinte er, werde sein Blut vergießen, um billigere Wohnungsmieten oder eine Umgestaltung der Landwirtschaft zu erreichen. »Es ist für den Islam, daß man sein Leben opfern kann.«[5]

Moscheenbesetzung in Mekka, Attentat auf Anwar al-Sadat . . .

Am 20. November 1979 drangen einige hundert rebellierende Muslims, gut bewaffnet, in die Große Moschee in Mekka ein. Dort befanden sich gerade 150 000 Pilger. Die Rebellen hatten König Chalid darunter vermutet und ihn gefangennehmen wollen. Doch der König, er fühlte sich unpäßlich, war nicht gekommen. Die Rebellen nahmen daraufhin einige tausend Pilger als Geiseln und zogen sich mit diesen in die Kellergewölbe der Moschee zurück. Die Herrschenden und die Reichen, so erklärten sie in Reden, die sie über Moscheelautsprecher in der Stadt verbreiteten, würden ein unislamisches Leben führen. Heuchelei und Korruption hätten sich ausgebreitet. Erforderlich sei die Rückkehr zur Herrschaft der Gerechtigkeit, wie es sie in der Frühzeit des Islam gegeben habe. Im Zusammenhang damit verlangten sie das Verbot von Fernsehen und Fußball und die Ausweisung nichtmuslimischer Gastarbeiter aus Saudi-Arabien.[6]

Am 21. und 22. November versuchten Regierungstruppen, die Moschee zu stürmen, doch sie scheiterten. Erst ein am 4. Dezember durchgeführter Angriff, an dem jordanische und ägyptische Einheiten teilgenommen haben sollen und bei dem auf Empfehlung von Spezialisten der französischen GIGN (Group d'Intervention de la Gendarmerie Nationale) Sprengstoffladungen zum Öffnen der Kellertüren und Giftgas eingesetzt wurden, hatte Erfolg. Die Verluste unter Angreifern, Verteidigern und Geiseln waren hoch; die Rede war von einigen tausend Toten. Rebellen, die überlebten, wurden in verschiedenen Städten des Landes öffentlich hingerichtet.

Die Rebellion blieb so im Ansatz stecken. Muslimische Ideologen in Saudi-Arabien bemühten sich, die erregten Gemüter zu beruhigen. Die eigene Regierung, behaupteten sie, sei die vortrefflichste, die die Welt seit Muhammad und den rechtgeleiteten Kalifen kenne. Sie habe nichts getan, was die Rebellen rechtfertigen könne.[7] Doch die Schockwirkung blieb, auch die Ungewißheit, was, gegenwärtig noch verborgen, an sozialen Erschütterungen heranreife.

Knapp zwei Jahre danach, am 6. Oktober 1981, ließen muslimische Radikale in Ägypten die Welt aufhorchen: Bei einer Militärparade töteten sie den Präsidenten Anwar al-Sadat.

Sadat hatte die revolutionäre Entwicklung in Ägypten, die 1952 mit der Machtergreifung der »Freien Offiziere« unter Nasser begonnen hatte, abgebrochen. Mit seiner Politik der »Öffnung« setzte er, das eine hing mit dem anderen zusammen, innenpolitisch auf die Förderung des Kapitalismus und außenpolitisch auf eine Allianz mit westlichen Großmächten, insbesondere mit den USA. Beides war verhängnisvoll für das Land. Eine rasch wachsende Schicht von Neureichen – die Zahl der Millionäre stieg von 500 im Jahre 1975 auf 17 000 im Jahre 1981 – ruinierte durch ihr Parasitentum die Volkswirtschaft. Ein immer größer werdender Anteil des Bruttosozialprodukts wurde verwandt, um Konsum- und hier wiederum vor allem Luxusgüter zu importieren, während Investitionen zu kurz kamen. Korruption, Vetternwirtschaft und Machtmißbrauch breiteten sich aus; Mitglieder der Präsidentenfamilie beteiligten sich an diesen Praktiken. Auf der Gegenseite vegetierten immer mehr Ägypter unter dem Existenzminimum dahin. Durch die mit dem Stichwort »Camp David« gekennzeichneten Separatabkommen mit Israel (1978) hatte Ägypten sich in der arabischen Welt weitgehend isoliert, was in weiten Kreisen der Bevölkerung Unzufriedenheit und Empörung hervorrief.

Unter ägyptischen Muslims vollzog sich eine Radikalisierung. Die Muslimbruderschaft, die lange Zeit hatte illegal wirken müssen, erlangte mit saudi-arabischer Hilfe größeren Einfluß. Gegenläufige

Tendenzen trafen dabei zusammen. Die Herrschenden förderten die Reislamisierung, um die sich zuspitzenden sozialen und politischen Probleme zu überdecken. Auf den Islam beriefen sich indessen auch oppositionelle Kräfte. Die Regierungspolitik, das brachten sie vor, gründe sich nicht auf den Islam, sondern auf eine Allianz mit den USA und einen Separatfrieden mit Israel. Zunehmend formierten sich neue muslimische Gruppen außerhalb des religiösen Establishments, radikaler als die Muslimbruderschaft, in ihrer Gesamtheit bekannt als »Islamische Gesellschaften«. Hauptsächlich junge Muslims – darunter viele Studenten –, die in der allgemeinen gesellschaftlichen Misere für sich keine Perspektive fanden, schlossen sich ihnen an; sie verstanden und praktizierten den Islam in seiner Radikalisierung als eine Art Gegengesellschaft.

Verschiedene Male hatten muslimische Radikale aufbegehrt. 1974 war eine Gruppe junger Männer von der in mehreren arabischen Ländern im Untergrund tätigen »Partei der Islamischen Befreiung« in Kairo zum Gebäude der Arabischen Sozialistischen Union marschiert, um Sadat und seine Gefährten zu töten und selbst die Macht zu übernehmen. Das Unternehmen war aussichtslos. Einige Rebellen wurden bei dem Gefecht, das begann, getötet, ihr Führer Salih Sarrija, ein junger Doktor der Philosophie, später gehängt.

In der ersten Hälfte der siebziger Jahre hatte sich die »Gemeinschaft der Muslims« formiert. Ihre Mitglieder lehnten die »Verwestlichung« ebenso ab wie die Institutionen des etablierten Islam. Die Gesellschaft apostrophierten sie als »ungläubig«, weshalb man, so ihre Folgerung, aus ihr auswandern müsse. Von den Sicherheitsbehörden erhielten sie den Namen »Gemeinschaft der Bezichtigung des Unglaubens und der Auswanderung«. Im Juli 1977 entführte die Gemeinschaft Muhammad Hussain al-Dhahabi, einen ehemaligen Minister für religiöse Angelegenheiten, und ermordete ihn.

In den Reihen der Islamischen Gesellschaften reifte zu Beginn der achtziger Jahre der Gedanke, Sadat zu töten. Ein Mufti war gefragt worden: »Ist es erlaubt, das Blut eines Herrschers zu vergießen, wenn dieser nicht den Geboten Gottes entsprechend regiert?« Er antwortete, dies sei erlaubt. Weder in der Frage noch in der Antwort war indessen ein bestimmter Name genannt worden.[8]

Die Attentäter gehörten einer kleinen Gruppe an, von denen es viele gab. (Jede Gruppe sollte selbständig sein, so daß bei einem Mißerfolg andere nicht in Mitleidenschaft gezogen wurden.) Muhammad Abd al-Salam Faradsch, das religiöse Oberhaupt der Gruppe, hatte in einem Büchlein »Die verborgene Pflicht« gefordert, die eigene Gemeinschaft in Ordnung zu bringen, bevor man sich dem äußeren Feind zuwende. Herrscher, falls sie heuchlerische Muslims seien, müßten folglich beseitigt werden. (Der Titel der Schrift bezieht sich auf die Pflicht zum Dschihad gegen den ungerechten Herrscher, die die Ulama nach Meinung des Verfassers verschweigen.)[9] Chalid Ahmad al-Islambuli, Oberleutnant und führender Kopf der Attentäter, hinterließ vor dem Attentat seiner Familie einen Brief, der erst nach seiner Verhaftung gefunden wurde und in dem es hieß: »Bitte, versteht mich. Ich habe kein Verbrechen begangen. Was ich tat, tat ich für Gott, den Barmherzigen, den Mächtigen.«[10] Nach seiner Verhaftung nannte Islambuli drei Motive für seine Tat: Die Gesetze des Landes stimmten nicht mit dem islamischen Gesetz überein, worunter die Muslims zu leiden gehabt hätten; die Separatabkommen von Camp David; die Einkerkerung und Mißhandlung muslimischer Führer.[11] (Sadat hatte, um seine Position zu behaupten, am 3. September 1981 über 3000 wirkliche oder potentielle Gegner verhaften lassen, darunter prominente Muslims.)

Nach dem Tode Sadats erhoben sich muslimische Radikale in Assiut, an dessen Universität die Islamischen Gesellschaften starke Positionen hatten. Sie hofften, damit den Anstoß für eine Erhebung im ganzen Land zu geben. Die Auseinandersetzungen verliefen blutig – über 100 Polizisten fanden den Tod –, doch in ihrer Spontaneität blieb die Aktion ohne größere Resonanz.

Die beiden Prozesse, die dem Attentat auf Sadat folgten, gaben weiteren Aufschluß über Hintergründe und Motive. Die Angeklagten suchten sich vor allem damit zu rechtfertigen, daß Sadat ein ungerechter, tyrannischer und ungläubiger Herrscher, ein »Pharao«, gewesen sei, den zu töten das islamische Recht erlaube. Das Gericht schloß sich dieser Auffassung nicht an. Im ersten Prozeß gegen die am Attentat unmittelbar Beteiligten sprach es fünf Todesurteile aus, die am 15. April 1982 vollstreckt wurden.

Der zweite Prozeß dauerte länger. Das Gericht hielt von Dezember 1982 bis September 1984 insgesamt 1532 Sitzungen ab. Von den mehr als 300 Angeklagten wurden 174 freigesprochen, die übrigen erhielten Gefängnisstrafen. Die Politik Sadats kam ausführlich zur Sprache, insbesondere seine Haltung Israel und den USA gegenüber. Das Fatwa, mit dem Professoren der Azhar-Universität den Friedensvertrag zwischen Ägypten und Israel gerechtfertigt hatten – unter Hinweis auf einen Vertrag Muhammads mit den Mekkanern –, focht ein anderer Azhar-Professor an. Er verwies auf die beschränkte Souveränität Ägyptens über die Sinai-Halbinsel. Einer weiteren Stellungnahme der Azhar-Universität begegnete er mit dem Hinweis darauf, daß Israel nach dem Friedensvertrag Libanon überfallen, die palästinensische Revolution und Syrien geschlagen sowie weitere Siedlungen auf arabischem Territorium errichtet habe. Er hob hervor: »Die Verteidiger von Camp David sagen: ›Der heilige Koran erklärt, die fundamentale Beziehung zwischen allen Menschen ist der Frieden.‹ Welchen Frieden meinst du, Scheich al-Azhar? Den Frieden von Deir Yasin? Den Frieden von Sabra und Schatila?«.[12]

Islamische Bestrebungen gewannen in den letzten Jahren im politischen Leben Ägyptens an Einfluß. Vertreter der Muslimbruderschaft und der Islamischen Gemeinschaften gingen zu den Parlamentswahlen 1984 mit der gerade erst zugelassenen Neo-Wafd-Partei ein Bündnis ein. Von ihren 25 Kandidaten brachten die Muslimbrüder 8 ins Parlament; ihr Stimmenanteil war in den Ballungsgebieten von Kairo, Gisa und Alexandria besonders hoch.[13] Bei den Wahlen 1987 errangen sie 36 Parlamentssitze.

Auch im praktischen Leben anderer Länder gewannen islamische Organisationen und Parteien an Boden. Bei Kommunalwahlen in Algerien im Juni 1990 vereinigte die Islamische Rettungsfront (FIS) erst im März 1989 als politische Partei zugelassen, zwei Drittel der abgegebenen Stimmen auf sich. Sie profitierte von den starken Wurzeln, die der Islam im Lande hat, wie von dem Unwillen über die sich türmenden sozialen Probleme, der sich im Oktober 1988 bereits in einer Hungerrevolte geäußert hatte. Die Parteiführung, auf Fortsetzung des für sie günstigen Trends hoffend, verlangte nach dem Wahlsieg baldige Parlamentswahlen.

Schiitische Radikale in Libanon

Libanon, der aufgrund besonderer Beziehungen zu Europa – insbesondere zu Frankreich – und eines fast fünfzigprozentigen Anteils von Christen an der Gesamtbevölkerung ohnehin eine gewisse

Sonderstellung in der Region einnahm, spielte im Nahostkonflikt lange eine eher periphere Rolle. Als 1975 ein Bürgerkrieg ausbrach, änderte sich das jäh; nationales verschmolz mit regionalem und internationalem Konfliktpotential. Es rächte sich bitter, daß der 1943 abgeschlossene »Nationalpakt«, der das politische Miteinander der Konfessionen regelte, nicht durch ein säkulares nationales Konzept ergänzt bzw. ersetzt worden war. 1982 überfielen die Israelis das Land, um die palästinensische Nationalbewegung, die dort über starke Positionen verfügte, als politischen Faktor auszuschalten und die libanesischen Patrioten zu schwächen. Die USA suchten im Gefolge der israelischen Aggression militärisch in Libanon Fuß zu fassen. Die Folgen: Bewaffnete Überfälle, Schießereien, Sprengstoffattentate gehören zum Alltag. Unter der Bevölkerung fordert das immer wieder Tote und Verwundete. Das Land geriet an den Abgrund und droht zu zerbrechen.

In den Reihen der libanesischen Schiiten – sie stellen etwa ein Drittel der Gesamtbevölkerung Libanons, und die meisten von ihnen sind gesellschaftlich unterprivilegiert – vollzogen sich angesichts der akuten Dauerkrise Radikalisierungen. Entwicklungen in der Region begünstigten das. In Iran hatte sich an den Ideen ihrer Religion eine Revolution entzündet. Viele Schiiten mochten da im eigenen Lande keine maronitische Schicht mehr über sich dulden. Iranische Glaubensbrüder bestärkten sie in ihrer Haltung.

1971 gründete der Imam Musa Sadr, ein in Iran geborener Libanese, die »Bewegung der Besitzlosen«. Aus ihr ging 1974 die »Amal-Bewegung« hervor. Der Name »Amal« steht sowohl für das Wort »Hoffnung« als auch für die Abkürzung von »Afwadsch al-muqawama al-lubnanija« (Truppen des libanesischen Widerstandes). Die neue Bewegung setzte sich dafür ein, daß die Schiiten im Lande Gleichberechtigung erhalten. Zugleich versteht sie sich als Repräsentantin auch Unterprivilegierter anderer Konfessionen. 1975 rief sie eine eigene Miliz ins Leben (wie sie u. a. die Maroniten und die Drusen bereits besaßen). Diese zählte in der Mitte der achtziger Jahre zwischen 8000 und 10 000 Mann und verfügte über schweres Kriegsgerät, u. a. über Panzer und Raketen.

Nabih Berri, ein Rechtsanwalt – er kehrte 1975 aus den USA in den Libanon zurück –, schloß sich der Amal-Bewegung an. 1980 übernahm er ihre Führung. Er äußerte seine Sympathie für Chomeini, ohne daraus unmittelbar politische Schlußfolgerungen zu ziehen. »Chomeini wird von uns hoch geehrt. Er ist ein hoher religiöser Würdenträger. Deswegen leisten wir aber noch lange nicht ihm oder Iran politische Gefolgschaft.«[14]

Gemeinsam mit anderen libanesischen Patrioten und den Palästinensern stellten sich die Amal-Milizen 1982 den israelischen Aggressoren entgegen. Sie hatten nicht geringen Anteil daran, daß die Israelis sich weitgehend aus Libanon zurückzogen und die libanesische Seite ein im Geist von »Camp David« gehaltenes israelisch-libanesisches Separatabkommen aufkündigte.

Von Amal spaltete sich 1982 die »Islamische Amal-Bewegung« ab. Ihr Führer Hussain al-Mussawi warf Berri eine Trennung von Religion und Politik sowie »Verwestlichung« vor. Er wollte seine Bewegung einer allgemeinen, von Iran inspirierten »islamischen Revolution« eingeordnet wissen. Der Nationalen Einheitsfront blieb er fern, weil sich, wie er argumentierte, auch Kommunisten und andere säkulare Kräfte an ihr beteiligten.

Gleichfalls dem islamischen Radikalismus folgt die »Partei Gottes« (Hizb Allah). Die Zahl ihrer Kämpfer dürfte 1000 betragen. Ihr geistiger Führer Scheich Muhammad Hussain Fadlallah verfügte nach eigenen Worten über eine »alte Beziehung zu den Führern des islamischen Iran, die lange vor der Islamischen Republik begann«. »Es ist eine Beziehung der Freundschaft und des gegenseitigen Vertrauens.«[15]

Eine Geheimorganisation »Islamischer Heiliger Krieg« zeichnete für verschiedene Terrorakte verantwortlich. Ob es sie wirklich gibt oder ob sich Mitglieder anderer Gruppen lediglich dieses Namens bedienten, ist umstritten. Muslimische Radikale verübten jedenfalls am 18. April 1983 einen Sprengstoffanschlag auf die US-Botschaft in Beirut, bei dem über 60 Menschen starben. Im Oktober 1983 explodierten mit Sprengstoff beladene Lastkraftwagen – die Fahrer scheuten, in dieser ihrer Haltung den Assassinen vergleichbar, ihren Tod nicht – in Quartieren der französischen und US-Truppen sowie der Israelis. Dabei kamen 370 Menschen ums Leben. Weitere Aktionen folgten. Am 14. Juni 1985 etwa entführte ein Kommando eine Boeing 727 der US-Luftfahrtgesellschaft TWA, die sich auf dem Flug von Athen nach Rom befand, nach Beirut und nahm 40 US-Bürger als Geiseln. Es wollte erzwingen, daß 700 Schiiten aus israelischen Gefängnissen entlassen würden. Durch Vermittlung von Berri erlangten am 30. Juni 1985 39 amerikanische Geiseln ihre Freiheit; eine war in der Zwischenzeit erschossen worden. Die Israelis ihrerseits ließen gefangengehaltene Schiiten frei.

Die sich in den Reihen der Schiiten vollziehende Radikalisierung erwies sich als widersprüchlich. Sie gab dem Kampf um Unabhängigkeit kräftige Impulse. Zugleich verstärkte sie die ethnische und religiöse Zerrissenheit des Landes.

Probleme, die sich hier ergeben, wurden augenfällig, als Mitte der achtziger Jahre Amal-Milizen Palästinenserlager in Beirut angriffen. Die PLO hatte ersteren bei ihrer Formierung geholfen, u. a. durch die Überlassung von Waffen. Sie hatte gehofft, einen Bundesgenossen zu finden. Beide Seiten hatten angesichts der israelischen Aggression zusammengestanden. Ihre Attacken gegen die Palästinenserlager, die in der islamischen Welt auf heftige Kritik stießen, verteidigten Amal-Führer mit der Feststellung, sie machten weiterhin die palästinensische Sache zu ihrer eigenen, doch dürften die Palästinenser sich nicht in innerlibanesische Angelegenheiten einmischen.

Auch zwischen schiitischen Radikalen entbrannten Rivalitäten. Im März 1985 wollten Gegner im Beiruter Schiitenviertel Bir al-Abd den Führer der Partei Gottes, Fadlallah, beseitigen. Bei der Explosion kamen 92 Menschen ums Leben.

Sendungs- und Krisenbewußtsein

Weltweit wächst mit der Reislamisierung, dies stellt gewissermaßen ihren quantitativen Aspekt dar, die Zahl der Muslims. Dies geschieht durch den Geburtenzuwachs in Ländern, in denen der Islam dominiert; vielfach beträgt er zwischen 2 und 4 Prozent. Zugleich hat der Islam nennenswerte Missionserfolge, insbesondere im subsaharischen Afrika. Ihm kommt hier zugute, daß er nicht, wie das Christentum, von Kolonialherrn eingeführt wurde, sondern von Völkern kommt, die gleichfalls kolonial unterdrückt waren.

Die Reislamisierung hat auch einen qualitativen Aspekt. Immer mehr Muslims bestehen darauf, ihre Identität – unabhängig von ihrer jeweiligen Staatszugehörigkeit – vor allem aus ihrer Religion herzuleiten. Kompromißloser als zuvor wollen sie dieser Leitlinien für die Gestaltung ihres gesellschaftlichen und individuellen Lebens entnehmen.

Selbst in Ländern wie Irak und Syrien, wo die Säkularisierung relativ weit fortgeschritten war und sich die führenden Baath-

Parteien am Panarabismus orientierten, findet die Reislamisierung eine gewisse Resonanz. Saddam Hussain erklärte in seiner 1978 veröffentlichten Schrift »Ein Blick auf Religion und Tradition«: Unsere Partei verhält sich zwischen Atheismus und religiöser Gläubigkeit nicht neutral. »Sie steht für immer auf der Seite des Glaubens, ohne deshalb theokratisch zu sein oder werden zu müssen.« Abzulehnen sind, so Saddam Hussain, »Religionsfeindlichkeit im atheistischen Sinne« – doch ebenso »jede Verpolitisierung der Religion durch den Staat oder in der Gesellschaft«.[16] Christliche Ideologen der Baath-Parteien verstehen sich zwar religiös als Christen, doch zugleich huldigen sie dem islamisch-arabischen Erbe. Der Parteigründer, der Syrer Michel Aflaq, ursprünglich ein Christ, trat zum Islam über.

In Westeuropa bekennen sich zumeist ethnische Minderheiten aus Asien und Afrika zum Islam. Seit Ende der siebziger Jahre errichteten sie verstärkt Moscheen. Hauptmoscheen mit Kulturzentren entstanden u. a. in London, Brüssel, Genf, Paris und Wien. Daneben gibt es in Wohnungen oder Ladengeschäften kleine »Privatmoscheen«; 1982 dürfte ihre Zahl etwa 3000 betragen haben. Vielfach finanzieren sie sich dadurch, daß Nebenräume an Muslims vermietet werden. Ihre weit verbreitete Diskriminierung in der Diaspora bringt muslimische Gemeinden nicht selten dazu, sich enger zusammenzuschließen bei gleichzeitiger Pflege konservativen Gedanken- und Brauchtums. Muslims – vor allem jugendliche –, die Assimilation in dem Land, in dem sie leben, anstreben, gerieten dadurch wiederholt in Konfliktsituationen, in denen es auch zu tätlichen Auseinandersetzungen kam.

In den USA sind afroamerikanische Muslims in der Organisation »Black Muslims« zusammengeschlossen. Ihre Mitgliederzahl dürfte über 100 000 liegen. Sie verfügt über etwa 230 Moscheen – mitunter auch »Tempel« genannt –, eigene Unternehmungen und Schulen.

Zahlreiche Wissenschaftler und Publizisten witterten hinter und in der Reislamisierung Sensationelles. Sie sprachen und sprechen von einer »Renaissance« oder »Wiedergeburt« des Islam. Einige subsumieren alle politischen Vorgänge, in denen islamische Motive wirksam wurden, unter dem Begriff »islamische Revolution«.[17] In der Wertung des Vorganges gehen die Meinungen auseinander. Einige Autoren zeichnen apokalyptisch anmutende Feindbilder, in denen sie »den Islam« zum Sündenbock für alle möglichen

Probleme in der Welt machen. Das Ergebnis zeigte sich in der Frage der zehnjährigen Tochter eines BRD-Publizisten an ihren Vater: »Islam, das ist doch der Mann, der uns das Öl wegnehmen will?«[18] Der griechische Publizist Manousakis sieht in der Reislamisierung eine »Bedrohung der NATO«.[19] Andere Autoren glauben, der Islam lasse sich als Bollwerk gegen den gesellschaftlichen Fortschritt und für die »westliche Sicherheitspolitik« nutzen.

Aussagen dieser Art sind geeignet, Aufmerksamkeit zu erregen. Ihrem Gegenstand werden sie nicht gerecht, denn sie vereinfachen.

Da wird unterstellt, daß einem gradlinigen Niedergang des Islam in der Vergangenheit dessen steiler Aufstieg in der Gegenwart gegenübersteht. Gewiß, der Islam unterlag Säkularisierungstendenzen: Seine Bedeutung für die Gesellschaft ging – wenngleich es hier von Land zu Land starke Unterschiede gab – zurück, womit ein Verlust an religiöser Substanz verbunden war. Doch wurde er nicht, wie das Christentum in einigen entwickelten kapitalistischen Ländern, an den Rand der Gesellschaft gedrängt. Er blieb in breiten Schichten der Bevölkerung fest verwurzelt, Menschen ein Halt, die Ausbeutung, Unterdrückung, Armut und Demütigung ausgesetzt waren. Der Schriftsteller Dschalal Alahmad schrieb zu Beginn der sechziger Jahre über Iran: »Neunzig Prozent der Bevölkerung dieses Landes leben entsprechend den religiösen Kriterien, d. h., sie sind nur aufgrund ihrer religiösen Überzeugung imstande, ihr elendes Leben zu ertragen.«[20] Noch heute klammern sich Hunderte Millionen Menschen in Entwicklungsländern an die Hoffnung, Gott könne und werde ihr Schicksal zum Besseren wenden. Charakteristisch dafür sind Ausführungen, die eine Ägypterin, eine arme Frau mit acht Kindern, Tagelöhnerin in einem Krankenhaus, in einem Interview mit der ägyptischen Zeitschrift al-Tali'a machte. Auf die Frage, ob sie zufrieden sei, arm zu bleiben, antwortete sie: »Nein, arm, und später wird Gott uns reich machen. Und Gott möge uns die Kinder erhalten, und daß sie es besser haben.« Der Journalist fragte weiter: »Und wie soll Deine Lage sich verbessern, wenn die Kinder älter werden oder vorher?« Die Antwort: »Mit Gott halt. Wenn wir armen Leute miteinander reden, sagen wir, Gott möge unsere Lage verbessern und Gott schickt uns den Wohltäter, der uns dauerhaft einstellt, zum Beispiel, und alle Saisonarbeiter dauerhaft anstellt.«[21]

Die Reaktivierung des Islam ändert andererseits nichts daran, daß sich ein gewisser Substanzverlust in ihm fortsetzt. Seine Praktizierung war und ist stark sozial normiert, d. h., gefragt ist vor allem das Verhalten in der Öffentlichkeit; nach dem tatsächlichen Glauben des Praktizierenden fragt kaum jemand, und selbst in der Erfüllung der Normen kann es Abstriche geben, ohne daß es zum offenen Bruch kommt. Charakteristisch dafür ist, wie nicht wenige Muslims das Alkoholverbot handhaben: Sie beziehen es nur auf aus Trauben hergestellten Wein, nicht aber auf andere alkoholische Getränke, und befreien sich so mehr oder weniger von ihm. Ähnlich wird in anderen Fragen verfahren. Der Muslim hat dadurch nicht die Vorstellung, vorsätzlich Allahs Gebote zu verletzen; er kann vielmehr eine Art »Notstand« für sich in Anspruch nehmen, von dem im Koran die Rede ist. Im unabhängigen Indonesien verlor der Islam, obwohl er im antikolonialen Kampf das hauptsächliche einigende Band der verschiedenen Bevölkerungsgruppen war, an Einfluß auf das gesamtgesellschaftliche Leben. Säkularisierungstendenzen und vorislamische Ideen gewannen an Boden. Ferner erfuhren Hinduismus und Buddhismus, jahrhundertelang bedeutungslos, ebenso wie das Christentum eine gewisse Belebung. »Der Islam ist in Indonesien ungeachtet der überwältigenden Zahl seiner formellen Anhänger – wodurch auf dem Papier in dem Land die größte muslimische Nation lebt – eine Minoritätsreligion«, bemerkt Ruth McVey dazu.[22]

Dem Islam, dies bleibt zunächst zu registrieren, bot sich zunehmend ein geistiges Vakuum. Säkulare Ideologien – darunter »importierte«, wie Sozialreformismus und Marxismus, wie auch im eigenen Milieu entstandene, wie Baathismus und Nasserismus – hielten nicht, was sich auch viele Muslims von ihnen versprochen hatten. Da lag die Rückbesinnung auf die eigene Religion nahe. Zwei gegenläufige Tendenzen vor allem trafen und treffen sich in ihr.

Viele Muslims schöpften im antikolonialen Kampf aus ihrer Religion Kraft und Zuversicht. Das befähigte sie ihrer Überzeugung nach zum Sieg. Ihre Schlußfolgerung: Wenn wir noch fester am Islam festhalten und uns auf seinem Boden zusammenschließen, werden wir noch erfolgreicher sein. Bekräftigt ein Blick in die Vergangenheit nicht diese Überzeugung? Hatten Muslims, durch ihren Glauben in Aufbruchstimmung geraten, nicht ein Weltreich erobert und durch Pionierleistungen zum Menschheitsfortschritt beigetragen? Geriet der Islam nicht von da aus schon zur Erfolgsgarantie?

Die Reislamisierung artikuliert so ein gewachsenes und wachsendes Selbstbewußtsein vieler Muslims und geriet zu einer Art von Sendungsbewußtsein.

Hinzu trat ein ziemlich profaner Umstand. Einigen arabischen Staaten brachte Erdöl großen Reichtum. Auch das war geeignet, muslimisches Selbstbewußtsein zu stärken. Zudem standen nicht unbeträchtliche Mittel zur Verfügung, um Missionsaktivitäten zu befördern.

Doch da war und blieb Gegenläufiges. Viele Muslims knüpften an die Eigenstaatlichkeit große Erwartungen. Der lang ersehnte Tag kam. Er markierte schon einen Triumph: Er setzte der unmittelbaren Fremdherrschaft ein Ende, und die Völker gewannen mit der Eigenstaatlichkeit einen neuen Bewegungsraum. Doch am Tage darauf wurde dasselbe produziert und konsumiert wie zuvor. Koloniale Ausbeutung setzte sich im Neokolonialismus fort. Einheimische Ausbeuter bauten vielfach ihre Positionen aus. Die Kluft zwischen arm und reich blieb und nahm teilweise noch zu. Arbeitslosigkeit gewann eine neue Dimension; viele erfuhren sie als Lebensschicksal. Korruption, Amtsmißbrauch und andere dunkle Machenschaften waren allgegenwärtig.

Für Muslims war das eine neue, unerwartete Erfahrung. Sieg und Krise lagen so dicht beieinander. Die Reislamisierung geriet auch zum Krisenbewußtsein. Sie artikulierte Krise und war der Versuch, ihr unter Rückgriff auf das Überkommene und Altbewährte, eben auf den Islam, zu begegnen.

Ali Schariati, ein linksorientierter iranischer Intellektueller – er war zunächst Lehrer und hatte nach einem zusätzlichen Sprachstudium in seinem Heimatland in Paris Soziologie und Islamwissenschaft studiert und dort auch promoviert –, machte das in einem Brief deutlich, den er am 16. Mai 1977, kurz vor seinem Tode, an seinen Vater richtete. Es heißt darin: »Es ist klar, daß der Islam im Begriff ist, eine Wiedergeburt zu erleben. Die Ursachen dieser ›islamischen Auferstehung des Gewissens‹ . . . sind unterschiedlich. Hier ist nicht der Ort, diese Frage zu erläutern. Aber ich glaube, die wirksamsten Faktoren sind die Tatsache, daß die Intellektuellen dieser Epoche in eine Sackgasse geraten sind, sowie die Niederlage der Wissenschaft und die Hilflosigkeit der Ideologien, wobei insbesondere die Unzulänglichkeiten und Deformationen des marxistischen Sozialismus und der westlichen Sozialdemokratie deutlich wurden, zweier Richtungen, die bei allen Humanisten und allen, die für Gerechtigkeit eintreten und nach dem Weg zur endgültigen Rettung der Menschen suchen, große Hoffnungen erweckt hatten. Sie führten letztlich zum Stalinismus und zum Maoismus oder zu Regimen wie die von Schmidt, Guy Mollet und Callaghan. Die Wissenschaft, die ein besserer Ersatz für die Religion zu werden behauptete, führte zur Atombombe und wurde zur Sklavin des Kapitalismus und der Gewalt. Infolgedessen machte sie aus dem modernen Menschen einen unglücklichen Reichen und einen zivilisierten Wilden. Freiheit und Demokratie wurden zu einem Tummelplatz für einen zügellosen Angriff des Geldes und der Wollust, für die hemmungslose Ausplünderung der Menschen und für die Verleumdung aller menschlichen Werte. Alle diese bitteren Erfahrungen haben günstige Voraussetzungen für die Auferstehung des Glaubens geschaffen.«[23]

Schariati nimmt hier keine sachliche Analyse der Zusammenhänge vor. Doch er gibt, eine hohe Sensibilität erlaubt ihm das, eine Gestimmtheit wieder, die muslimische Intellektuelle Halt und Rettung in ihrer Religion suchen läßt.

Die Reaktivierung des Islam ist im übrigen nichts spezifisch Islamisches. In der Dritten Welt wuchs allgemein das Bemühen, in Rückbesinnung auf Traditionen die eigene Identität neu zu bestimmen und in ihrer Neubestimmung – als Authentizität – zu verteidigen. Dabei kann es um einen »Umbau« der eigenen Gesellschaft – in der Endkonsequenz weg von Ausbeutung um Unterdrückung – wie um politische und ökonomische Gleichberechtigung in den internationalen Beziehungen gehen. Die Reislamisierung ordnet sich hier ein. Sie weist in dieser Beziehung Analogien etwa zur Renaissance der Negritude in Afrika oder zur Herausbildung einer präkolumbianischen Indio-Identität in Mittel- und Südamerika auf.

Islamischer Fundamentalismus

Mit der Reislamisierung kamen vor allem Fundamentalisten – genauer: Neo-Fundamentalisten – zum Zuge, vor allem in den arabisch-islamischen »Kernlanden«, aber auch in der islamischen »Peripherie«, darunter in Süd- und Südostasien und im subsaharischen Afrika. Sie unterstellen, daß ihre Religion nur zur Zeit

Muhammads und seiner ersten vier Nachfolger, der »rechtgeleiteten Kalifen«, authentisch war. Danach habe die Geschichte sie entstellt. Heute sei die Religion von Entstellungen zu reinigen, um auf ihrer Grundlage die Gesellschaft umzugestalten, ohne indessen auf die Errungenschaften der modernen Technik und Wissenschaft zu verzichten; letztere sollen vielmehr – darin liegt beträchtliche Brisanz – der Stärkung und Weltwirkung eines in seiner ursprünglichen Reinheit wiederhergestellten Islam dienen. Radikale Neo-Fundamentalisten gehen so weit, die islamischen Gesellschaften, in denen sie leben – vor allem die Obrigkeiten –, als im Grund unislamisch zu kennzeichnen (mit dem Begriff »Dschahilija«, zu deutsch: »Unwissenheit«, der sonst auf die vorislamische Zeit Anwendung findet). Das kann sie veranlassen, den bestehenden Zuständen den Dschihad, den »heiligen Krieg«, anzusagen und unter Umständen Terror anzuwenden.

Was schreibt indessen der ursprüngliche Islam an Gesellschaftspolitik vor? Ihm lassen sich im Spannungsfeld von Restauration und Rebellion unterschiedliche Leitbilder entnehmen, je nachdem, welche Position derjenige, der nach ihnen sucht, in der eigenen Gesellschaft einnimmt.

Saudi-Arabien könnte als Modellfall realisierter fundamentalistischer Programmatik dienen. Das Land verfügt – ebenso wie Oman – über keine Verfassung; der Koran übt diese Funktion aus. Es gilt altes islamisches Recht, das als Strafen die Auspeitschung, die Steinigung, das Köpfen und das Abtrennen von Händen kennt. Fundamentalismus steht hier für die Bewahrung von Überkommenem.

Fundamentalistische Programmatik kann indessen auch gesellschaftskritisch sein. Sie fragt dann nach Alternativen, sowohl zur nichtislamischen Gesellschaft als auch innerhalb der islamischen Welt. Ihr sind im Zusammenhang damit ein hohes Oppositionspotential und beträchtliche Militanz eigen. Das zeigte sich u. a. bei der iranischen Revolution 1978/79, bei der Ermordung des ägyptischen Präsidenten Anwar al-Sadat 1981 und bei der Radikalisierung in den Reihen der libanesischen Schiiten. Im Terror, wenn sie ihn motiviert, demonstriert sie ihren Absolutheitsanspruch: Sie fordert vom Akteur, sein Leben zu riskieren, und führt ihn damit schon hier und jetzt an eine radikal andere Lebens- und Weltordnung heran. Als schwierig erweist es sich demgegenüber, den Fundamentalismus konstruktiv bei der Gestaltung von Gesellschaft umzusetzen. In Gang gekommene kapitalistische Entwicklungen wie Bedürfnisse der wissenschaftlich-technischen Revolution vor allem stehen dem im Wege.

Triumph der Konservativen?

Konservative verfochten und verfechten im Rahmen der Reislamisierung ihre Belange. Der Islam rechtfertigt in ihren Augen nicht nur überkommene gesellschaftliche Verhältnisse; er stabilisiert damit angeblich Gesellschaft allgemein. »Ich begrüße das Wiedererstarken der islamischen Orthodoxie«, erklärte Anwar al-Sadat in diesem Sinne 1976 im Zusammenhang mit einem Gesetz, das das Trinken von Alkohol in der Öffentlichkeit verbot. »Wir haben die offizielle Religion des Islam. Sie ist unsere Verfassung. ... Wir sollten zu den Hauptprinzipien unseres Erbes zurückkehren. Ich wünsche nicht, daß unsere neue Generation eine verlorene Generation wird, wie wir das in Europa und selbst in den USA sehen. In Zeiten raschen Wandels und einer technologischen Entwicklung, wie sie in Ägypten auf uns zukommen, ist Stabilität in der Kultur wie im Wertsystem vonnöten.«[1]

Noch unter Nasser formierten sich in Ägypten die Muslimbrüder, jetzt zunehmend an Maududi orientiert. Sajjid Qutb, 1906 geboren und 1966 hingerichtet, spielte dabei eine führende Rolle. 1962, noch im Gefängnis, begann er seine Schrift »Wegmarkierungen« (ma'alim fi al-tariq) zu verfassen. Der gegenwärtige Zustand der Welt ist seiner Meinung nach der Dschahilija, der vorislamischen Epoche der Unwissenheit, vergleichbar. Das könne nur ändern, wer die Scharia einführe. Dazu sei der Dschihad, der »heilige Krieg«, vonnöten, und zwar im Sinne nicht eines Verteidigungskrieges, sondern einer Offensive, die geographische und rassenbedingte Grenzen überschreitet. »Der Islam hat das Recht, die Initiative zu ergreifen. Er ist nicht das Erbe einer bestimmten Rasse oder eines bestimmten Landes; er ist Gottes Religion und für die ganze Welt da. Er hat das Recht, Institutionen und Traditionen zu zerstören, die des Menschen Freiheit einengen.«[2] Der Übergang zum Islam bedeutet nach Qutb den radikalen Bruch mit der Dschahilija. Entsprechend radikal sei der Kampf, den die Gläubigen zu führen hätten. Denn es gehe in ihm nicht, wenngleich die Ungläubigen dies so hinzustellen suchten, um politische, ökonomische oder rassenmäßige Belange, sondern um Unglauben oder Glauben, um Dschahilija oder Islam.[3]

Anders als in früheren Jahren bekennen sich führende Vertreter islamischer Organisationen zu ihren internationalen Verbindungen. Die Muslimbruderschaft richtete in den fünfziger Jahren ein Islamisches Zentrum in Genf ein. »Die Brüder sind eine Weltorganisation. Ihre Mission und ihre Struktur umfaßt die ganze Welt«, sagte Umar al-Tilmisani, der Führer der ägyptischen Muslimbruderschaft, 1985. »Eine nationale Partei hat keine Filialen in England und Amerika, während die Brüder Zweige in allen Teilen der Welt unterhalten.«[4] Für die wachsende Zahl von Muslims in Westeuropa entstand 1973 der Islamic Council of Europe.

Radikal-konservative Muslims fordern die Vertreter verschiedener Religionen auf, sich im Kampf gegen den Atheismus zusammenzuschließen. Der ägyptische Theologe Abd al-Munim al-Nimr etwa behauptet, »das marxistisch-materielle System« erweise sich »als noch schädlicher als der Kolonialismus«. »Deshalb sehen wir in der Konstituierung einer gemeinsamen Glaubens-Front gegen die atheistische Gefahr eine schicksalhafte Notwendigkeit.«[5]

Für Toleranz in den eigenen Reihen blieb da tendenziell wenig Raum. Symptomatisch dafür waren die Auseinandersetzungen, die Salman Rushdie, ein Brite indisch-muslimischer Herkunft, mit seinem 1988 erschienenen Roman »Die Satanischen Verse« auslöste.

Der Autor bezieht sich mit seinem Romantitel auf die Affäre mit den drei mekkanischen Göttinnen Allat, al-Uzza und Manat, von der der Koran und die islamische Überlieferung handelt. Mahound, gemeint ist Muhammad, erscheint seinem Helden Gibril Farishta, einem indischen Schauspieler, im Traum, oder auch: Gibril spielt ihn und sein Gegenüber, den Engel gleichen Namens (gemeint ist Gabriel). Die mekkanische Aristokratie macht ein Angebot. Wenn er, Muhammad, die genannten drei Göttinnen als Vermittlerinnen bei Allah akzeptiert, kommt er in den Stadtrat, und die Mekkaner schließen sich der neuen Religion an. Doch kann er das, ohne an seinem strikten Monotheismus Verrat zu begehen? Im Glauben, der Engel Gabriel rate ihm zu, akzeptiert Muhammad den Kompromiß. Seine Landsleute sind davon angetan. Bei einer erneuten Begegnung mit Gabriel, bei der beide bei Anbahnung homosexueller Beziehungen miteinander ringen, gewinnt er die Einsicht: Es war zuvor der Satan gewesen, der, verkleidet als Erzengel, ihm eingab, Abstriche am Monotheismus zu machen. Bei der Kaaba nimmt er die »satanischen Verse« zurück.

In dem Roman kommt auch ein Bordell in Mekka vor, dessen 12 Insassinnen sich der Phantasie ihrer Kunden zuliebe die Namen der Gattinnen Muhammads zulegten. Der Erfolg gab ihnen recht. Die Männer der Stadt zeigten sich überaus erregt. Scharenweise pilgerten sie zum »Vorhang«, so der Name des Bordells, der eine Umsatzsteigerung von dreihundert Prozent erlebte. »Da es, aus begreiflichen Gründen, unklug war, auf der Straße Schlange zu stehen, zog sich an vielen Tagen eine lange Reihe von Männern durch den Innenhof des Bordells und rings um den in der Mitte befindlichen ›Brunnen der Liebe‹, ähnlich jenen Pilgern, die, wenn auch aus anderen Gründen, um den alten Schwarzen Stein gewandert waren.«[6]

Für Muslims war Rushdie auf Grund seiner Herkunft einer der Ihren. Viele empfanden sein Buch deshalb als Blasphemie, d. h. als Gotteslästerung. Es kam zu Demonstrationen in Iran, Pakistan und Indien – aber auch in Bradford und London. Chomeini rief dazu auf, den Autor, den er als Apostaten, d. h. als Abtrünnigen betrachtete, zu töten. Am 14. Februar 1989 erklärte er: »Ich setze das stolze Volk der Moslems in aller Welt davon in Kenntnis, daß der Autor des Buches ›Die Satanischen Verse‹ ... und alle an seiner Publikation Beteiligten zum Tode verurteilt sind.«[7] Der Täter sollte umgerechnet drei Millionen Mark erhalten. Die 18. Außenministerkonferenz der Organisation der Islamischen Konferenz, die im März 1989 in Riad tagte, beschloß, die Veröffentlichung und Verbreitung der »Satanischen Verse« in islamischen Ländern zu verbieten. Verlagshäuser, die das Buch veröffentlichten, sollten boykottiert werden.[8]

Rushdie tauchte unter, bewacht von Scotland Yard.

Revolution in Iran: Zerreißprobe

In Iran erwuchs, gleichfalls im Rahmen der Reislamisierung, aus den islamisch motivierten Protestaktionen der siebziger Jahre eine antiimperialistische und antimonarchische Revolution. Sie zerbrach die Kette der aggressiven CENTO und führte zur Kündigung des Militärabkommens mit den USA und zur Ausweisung Zehntausender amerikanischer Berater. Iran schloß sich der Bewegung nichtpaktgebundener Staaten an. Die Monarchie – ihr letzter Repräsentant war stolz, in einer zweitausendfünfhundertjährigen Tradition zu stehen – wurde durch die Republik ersetzt, was mit der

Abhaltung von Wahlen, einer – wenn auch selektiven – Gewährung demokratischer Rechte und Freiheiten sowie mit gegen das Großkapital und den Großgrundbesitz gerichteten Maßnahmen verbunden war. Das iranische Volk begrüßte diese Schritte.

Die gegen das Schah-Regime kämpfenden Kräfte traten indessen nur vorübergehend einheitlich auf. Rasch setzten in ihren Reihen Differenzierungen ein. Neben den Fundamentalisten gab es einflußreiche Geistliche, die – wie Ajatollah Sejjed Kazem Schariatmadari – bürgerlich-liberale Anschauungen vertraten. Andere wiederum, darunter der im September 1979 verstorbene Ajatollah Hadsch Sejjed Mahmud Taleghani, nahmen linke Positionen ein.

Der Ministerpräsident der Provisorischen Revolutionären Regierung, Bazargan, war ein religiös gesinnter bürgerlicher Liberaler. Seine Macht war äußerst begrenzt. Ajatollah Chomeini stand als Führer der Revolution über allem. Ferner existierten verschiedene, meist von Fundamentalisten beherrschte Revolutionsorgane, die selbständig agierten und sich der Regierung gegenüber nicht rechenschaftspflichtig fühlten, darunter islamische Revolutionsgerichte und Revolutionskomitees. Die oberste Staatsgewalt übte ein Revolutionsrat aus.

Bald kam eine de-facto-Koalition gegen die Provisorische Regierung Bazargan zustande. Beteiligt waren die linken Kräfte einerseits und die Fundamentalisten andererseits. Von unterschiedlichen Standpunkten aus warfen sie den Liberalen Opportunismus und Passivität vor.

Der Kampf gegen die Liberalen dauerte neun Monate. Er erreichte mit dem Rücktritt der Regierung Bazargan seinen ersten Höhepunkt. Der fundamentalistischen Geistlichkeit gelang es in der Folgezeit, ihre Positionen weitgehend auszubauen und zu konsolidieren.

Die Auseinandersetzungen hatten sich bald auf konkrete Fragen konzentriert.

Da ging es um die Bezeichnung des neuen Staatswesens. Während die Linken für eine »demokratische Republik« oder eine »demokratische islamische Republik« plädierten, sprachen sich Liberale und Nationalisten für »Republik« ohne jeden Zusatz aus. Die Geistlichkeit mit Chomeini an der Spitze forderte mit Vehemenz eine »islamische Republik«. In dem Referendum vom 30. und 31. März 1979 stimmte die überwältigende Mehrzahl der Wähler für dieses Konzept.

Nach der Ausrufung der Islamischen Republik stand die Ausarbeitung einer neuen Verfassung auf der Tagesordnung. Welchen Charakter sollte sie tragen? Ajatollah Chomeini und die kurz nach der Revolution gegründete, auf fundamentalistischen Positionen stehende Partei der Islamischen Republik forderten eine »hundertprozentig islamische« Verfassung. Sie setzten sich durch. Kernstück der am 2. und 3. Dezember 1979 in einem Referendum gebilligten Verfassung ist das Prinzip der »Statthalterschaft des islamischen Rechtsgelehrten«. Danach untersteht das gesamte Staatswesen praktisch der Herrschaft eines Theologen bzw. – wenn kein einzelner Rechtsgelehrter die Voraussetzungen für diese Funktion erfüllt – der Herrschaft eines drei- oder fünfköpfigen Rates von Theologen, der nach einem besonderen Verfahren »anerkannt« oder »bestimmt« werden soll.

Im Januar 1980 ging Abolhassan Bani Sadr als Sieger aus Präsidentschaftswahlen hervor. Er vertrat anfangs im wesentlichen kleinbürgerlich-demokratische, später bürgerlich-liberale Auffassungen. Eine an egalitaristischen Prinzipien ausgerichtete »monotheistische Wirtschaft« wollte er als islamische Alternative sowohl zum kapitalistischen als auch zum sozialistischen Wirtschaftssystem verstanden wissen.

Zwischen Bani Sadr und der nach Alleinherrschaft strebenden Geistlichkeit brachen ernste Differenzen aus. Während die Mehrheit der Werktätigen – Teile der Arbeiterklasse, die meisten landlosen und landarmen Bauern und ein Teil der städtischen Zwischenschichten – noch immer die Fundamentalisten unterstützte, stellten sich hinter den Präsidenten vor allem die nationale Bourgeoisie und die Mehrheit der Intellektuellen, d. h. Vertreter der freien Berufe, Beamte, Lehrer, Künstler, Armeeoffiziere, Studenten usw.

Im Frühjahr 1981 spitzten sich die Auseinandersetzungen zu. Ajatollah Chomeini, der sich anfangs neutral verhalten hatte, nahm jetzt gegen Bani Sadr Stellung. In einer Blitzaktion wurde der Präsident entmachtet. Er tauchte unter, um einer Verhaftung und möglichen Hinrichtung zu entgehen. Seinen Schutz übernahmen die Modschahedin, die dem theokratischen System kurz zuvor den bewaffneten Kampf angesagt hatten. Die Staatsmacht nahm die Herausforderung an und beantwortete sie mit äußerster Härte. In kurzer Zeit fielen Tausende den Kugeln und Granaten der Modschahedin einerseits oder der Verfolgungsjagd der Pasdaran, einer aus Freiwilligen aufgestellten Volksmiliz, andererseits zum Opfer.

Ende Juli flüchteten Bani Sadr und der Führer der Modschahedin, Mas'ud Radschawi, gemeinsam nach Paris. Dort gründeten sie einen »Nationalen Widerstandsrat« und eine »Provisorische Regierung der Demokratischen Islamischen Republik Iran«, beide unter Vorsitz Radschawis.

Die Fundamentalisten, allein an der Macht, suchten die iranische Gesellschaft radikal zu islamisieren. In Abgrenzung gegenüber Kapitalismus und Sozialismus befürworteten sie einen »dritten«, »islamischen« Weg. Auch in der Außenpolitik proklamierten sie einen eigenständigen Kurs, für den die Formel steht »Weder Ost noch West, sondern Islamische Republik«. Die »islamische Revolution« wollen sie exportieren. Solange der Ruf »Es gibt nur einen Gott, und Muhammad ist sein Prophet« nicht auf der ganzen Welt gehört werde, so Chomeini, gehe der Kampf weiter.[9]

Am entschiedensten war die Islamisierung im Rechtswesen. Chomeini hatte nach der Machtergreifung erklärt: »Wenn eine der von Gott vorgesehenen Strafen (hadd) vollzogen wird, verbessert man die Gesellschaft. Wenn einigen Dieben öffentlich die Hände abgehackt werden, hört der Diebstahl auf. Wenn einige Prostituierte ausgepeitscht werden, verschwindet die Prostitution aus der Gesellschaft.«[10]

1982 traten in Iran neue Strafgesetze in Kraft, die die Normen der Scharia reaktivierten. Eine Strafart ist Ghesas, d. h. Vergeltung oder Blutrache. Sie beruht auf dem auch im Alten Testament fixierten Prinzip »Auge um Auge, Zahn um Zahn, Hand um Hand, Fuß um Fuß« (2. Mose 21,24). Ihr gemäß kann derjenige, der sich des Mordes oder der Körperverletzung schuldig macht, getötet, verletzt oder verstümmelt werden. Der jeweilige Vorgang wird im einzelnen geregelt. So muß Ghesas für Körperverletzung an der gleichen Stelle vollzogen werden, »für einen linken Körperteil an dem entsprechenden linken Körperteil des Täters«.[11] Im Klartext: Schlägt jemand einem anderen das linke Ohr ab, kann das Opfer verlangen, daß dem Täter gleichfalls das linke Ohr entfernt wird. Ferner gibt es als islamische Strafart Hadd, die als »Recht Gottes gilt«. In den entsprechenden islamischen Schriften sind für Vergehen die entsprechenden Strafen vorgesehen, darunter eine bestimmte Anzahl von Peitschenhieben, das Abhacken von Händen und Füßen oder die Steinigung. Letztere wird als Todesstrafe öffentlich bei bestimmten Fällen von »Unzucht« vorgenommen, was bedeutet: bei unerlaubtem Geschlechtsverkehr zwischen einem Mann und einer Frau. Dazu wird ein Mann bis zur Taille und eine Frau bis zur Brust in die Erde eingegraben. Die Steine, heißt es, »dürfen nicht so groß sein, daß der Verurteilte schon durch ein oder zwei Steinwürfe getötet wird; auch dürfen die Steine nicht so klein sein, daß man sie nicht als Steine bezeichnen kann«.[12] Ihre detaillierte Regelung soll sicherstellen, daß die Steinigung einige Zeit dauert und auf einen Zuschauer, der sich möglicherweise schon als sündhaft zu verurteilenden Vorstellungen hingibt, abschreckend wirkt.

Die Verstärkung antikommunistischer Tendenzen in der fundamentalistischen Geistlichkeit überlagerte Differenzen in ihren Reihen. 1983 setzte sie das Verbot der Tudeh-Partei durch. Tausende Parteimitglieder, darunter führende Funktionäre, wurden verhaftet und gefoltert, manche hingerichtet.

Im September 1980 brach zwischen Irak und Iran ein Krieg aus, den beide Seiten erbittert und mit hohen Verlusten führten, bis sie 1988 einen Waffenstillstand schlossen. Für die iranische Volkswirtschaft bedeutete das eine große Belastung. Um menschliche Ressourcen zu mobilisieren, rückte – unter Bezugnahme auf den Kampf und Tod von Muhammads Enkel Hussain im Jahre 680 bei Kerbela – ein Märtyrer-Kult ins Zentrum des öffentlichen Lebens: Jeder im Krieg Gefallene wurde als Märtyrer geehrt. Er sollte sogleich ins Paradies gelangen. Unter den Gefallenen waren viele Jugendliche, auch Kinder. Schreibern, die dazu eigens an die Front kamen, konnten sie ihren letzten Willen diktieren, gerichtet zumeist an den Imam oder an »meine liebe Mutter«. In einem Testament hieß es: »Wie arm, wie unwissend, wie unglücklich war ich all die 14 Jahre meines Lebens, die ich in Unkenntnis Allahs verbrachte. Der Imam gab meinen Augen das Licht ... Wie süß, süß, süß ist der Tod – diese Segnung Allahs für jene, die in seiner Gunst stehen.«[13]

Der Golfkrieg betraf nicht nur die unmittelbar an ihm Beteiligten. War er nicht ein erster Versuch, die »islamische Revolution« in Iran – wie dessen Führung angekündigt hatte – zu exportieren? Stellte er nicht die Legitimität von Herrschern in Frage, die sich nicht auf eine islamisch-fundamentalistische Bewegung stützen konnten? In der ohnehin instabilen arabisch-islamischen Welt wurde das weithin so empfunden. Der islamische Fundamentalismus entwickelte sich zu einem Faktor ihrer weiteren Destabilisierung.

Am 2. August 1990 besetzte der Irak widerrechtlich Kuwait. Dadurch brach die zweite Golfkrise aus, und im Januar 1991 eskalierte sie mit einem Angriff alliierter, unter US-Führung stehender Truppen, zu denen auch Kontingente arabischer Staaten gehörten, zu einem Krieg. Es ging um handfeste Belange: um Erdöl, regionale Vormacht und – nach dem Ende des Ost-West-Konflikts – eine neue Weltordnung. Doch war auch der Islam betroffen, es mehrten bzw. verstärkten sich die in ihm vorhandenen Konflikte, und der Fundamentalismus stürzte in eine ernste Krise. Denn: Muslims kämpften mit Nicht-Muslims gegen Muslims. Durch die Glaubensgemeinschaften in islamischen Ländern ging ein Riß: Während die Obrigkeiten im allgemeinen die jeweilige proalliierte Staatspolitik mittrugen, machten sich an der Basis pro-irakische Sympathien breit. Dazu trug bei, daß der Irak vorgab, sich für die Palästinenser zu engagieren, und mit Kuwait ein Land angegriffen hatte, dessen Oberschichten ihren Reichtum ungeniert zur Schau stellten, während es immer mehr Arabern schlechter ging. Saddam Hussain, der irakische Präsident, in der Vergangenheit dem Islam nicht sonderlich verbunden, rief am 10. August 1990 zum Dschihad, zum Heiligen Krieg. Mit den US-Truppen in Saudi-Arabien, begründete er seinen Schritt, würden Nicht-Muslims den Boden entweihen, auf dem sich mit Mekka und Medina heilige Stätten des Islam befinden. Ihn wiederum verurteilten 300 Gelehrte aus 60 Ländern, die sich im September 1990 in Mekka zu einer Konferenz der Liga der Islamischen Welt trafen. Muslims dürften, erklärten sie, nachdem es in dieser Frage in ihren Reihen zu Auseinandersetzungen gekommen war, in Zeiten äußerster Bedrängnis auch die Hilfe nicht-muslimischer Streitkräfte suchen.[14]

Banken ohne Zinsen

Anstrengungen, fundamentalistische Programmatik in die Praxis umzusetzen, gab es in weiteren Ländern. Der damalige pakistanische Staatschef Zia ul-Haqq (1924–1988) setzte am 10. Februar 1979 die in der Scharia vorgesehenen Strafen für Alkoholgenuß, Diebstahl, Ehebruch und Verleumdung wegen Ehebruch in Kraft. Ab 1. Juli 1979 sollte für Zakat eine gesetzliche Regelung gelten. Parteien erklärte er für »unislamisch« und verbot sie. An den

Schulen wurde der Koranunterricht Pflichtfach, mit Urdu als Unterrichtssprache. Hussain Mohammed Ershad (geb. 1930), der am 24. März 1982 als oberster Kriegsrechtsverwalter die Macht in Bangladesch übernahm, kündigte an, sein Land werde die Feinde des Islam bekämpfen und zu einem islamischen Staat werden. Kritikern, die eine strenge Gesetzgebung befürchteten, beruhigte er indessen: »Islam bedeutet nicht, Köpfe und Hände abzuhacken.« Der Islam werde die menschliche Würde aufrechterhalten.[15] Als im Juni 1990 in Algerien FIS-Anhänger von ihrem Sieg bei den Kommunalwahlen erfuhren, überfielen sie Weinstuben und Bars und legten Frauen sehr nachdrücklich nahe, den Schleier zu tragen.

Weitere Länder ließen sich nennen. Am leichtesten ist es offenbar möglich, dem Fundamentalismus im Rechtswesen Rechnung zu tragen, indem man mehr oder weniger das islamische Recht, die Scharia, reaktiviert. Die Wirtschaft erweist sich hier als »spröder«. Am ehesten ließ sich im Finanzwesen etwas machen.

Rückkehr zu islamischen Rechtsnormen bedeutet in ihm das Zinsverbot. Die Konsequenz wäre, Banken und Versicherungsgesellschaften zu schließen. Doch fand sich ein Ausweg. Der im Koran gebrauchte Terminus »riba«, so die Argumentation, beziehe sich auf den Wucherzins. Muhammad habe verhindern wollen, daß die ohnehin Unterprivilegierten durch Wucher zusätzlich ausgeplündert würden. (So war es zu seiner Zeit üblich, eine geschuldete Summe einschließlich Zinsen zu verdoppeln, falls beim Fälligkeitstermin nicht gezahlt werden konnte.) Doch habe Muhammad nichts dagegen gehabt, daß jemand Geld verleihe und als Geldverleiher am Gewinn beteiligt werde, falls er bereit sei, auch das Risiko mit zu tragen. So können Zinsen abgeschafft werden. Und doch haben Banken weiterhin zu tun: Sie vermitteln gewissermaßen eine Gewinnbeteiligung.[16]

In Ägypten nahmen über 100 »Islamische Investitionsgesellschaften« die Tätigkeit auf. Sie boten, während der normale Zinssatz sieben bis acht Prozent betrug und zwölf Prozent nicht übersteigen durfte – bei einer jährlichen Inflationsrate von 30 Prozent –, eine »Gewinnbeteiligung« von 20 bis 30 Prozent. Hunderttausende Ägypter folgten dem verlockenden Angebot, wenngleich sie dabei von vornherein auf jeden Rechtsschutz verzichteten. Die Gesellschaften erzielten ihre Einnahmen in hohem Maße durch illegalen Handel und Spekulationen. Mitunter griffen sie, um die versprochene Gewinnbeteiligung zu gewährleisten, auf Einzahlungen der Sparer zurück. Der ägyptischen Wirtschaft, ohnehin in einer schwierigen Situation, brachte das neue Probleme.

Eine »islamische Lösung« für Palästina?

Nach dem zweiten Weltkrieg faßte die Muslimbruderschaft auf palästinensischem Territorium Fuß. Im Oktober 1945 bereits entstand eine erste Zweigorganisation in Jerusalem, bis 1947 folgten etwa 25 weitere, darunter in Jaffa, Haifa, Lydda, Ghaza, Nabulus und Betlehem. Die Zahl der Mitglieder soll sich zwischen 12 000 und 20 000 bewegt haben.

Nach dem ersten arabisch-israelischen Krieg 1948/49 führte die Bruderschaft im Westjordangebiet und in Ghaza ein Eigenleben. Zwar forderte sie – wie dies ihre ägyptische Mutterorganisation 1936 getan hatte – einen Dschihad für Palästina; zuvor war es ihrer Ansicht nach jedoch erforderlich, »zum Islam zurückzukehren und das islamische Gesetz zu beachten sowie in Übereinstimmung mit dem Koran zu handeln«.[17] Im Klartext hieß das: Zunächst sollte – wie überall in der Region – auch im Westjordangebiet und in Ghaza eine islamische Gesellschaft geschaffen werden, die, staatlich organisiert und vereint, imstande sein würde, Palästina zurückzugewinnen.

Die palästinensische Nationalbewegung, die sich nach der Niederlage 1947/49 neu formierte – bis hin zur Schaffung ihres »Daches« in Gestalt der Palästinensischen Befreiungsorganisation (PLO) –, folgte einer grundsätzlich säkularen Orientierung. Muslims und Christen wirkten und wirken in ihr zusammen, und ihr schlossen sich auch Palästinenser an – darunter Jassir Arafat und Kamal Adwan –, die der Muslimbruderschaft angehört oder nahegestanden hatten.

Nachdem im Ergebnis des Juni-Krieges 1967 das Westjordangebiet und Ghaza von den Israelis besetzt worden waren, ging die Muslimbruderschaft daran, sich neu zu formieren. Sie gab, da sie sich jetzt legal betätigen konnte, das von der ägyptischen Stammorganisation ererbte konspirative Organisationsprinzip auf und trat in Gestalt von islamischen Gesellschaften auf. Im Jahre 1973 formierte sich in Ghaza die »Islamische Sammlung«, die größere Bedeutung erlangte (sie kontrolliert 40 Prozent der in ihrem Wirkungsbereich liegenden Moscheen). Wie andere ihr nahestehende Vereinigungen – darunter die 1976 gegründete

»Islamische Gesellschaft« sowie die »Gesellschaft für Islamische Rechtschaffenheit« – sucht sie mit ihren Aktivitäten möglichst viele Menschen zu erreichen, um sie zu »wirklichen« Muslims zu erziehen und so die Umgestaltung der als überaus unzulänglich, ja verderblich empfundenen (palästinensischen) Gesellschaft in eine islamische zu betreiben. Im Westjordangebiet entstand 1974 die »Gesellschaft der Muslimischen Jungen Männer«, die indessen nicht den Einfluß erreichte wie die Fundamentalisten in Ghaza.

Da sie zunächst und vor allem die palästinensische Gesellschaft islamisieren wollten, nahmen die fundamentalistischen Organisationen der israelischen Besatzungsmacht gegenüber eine weitgehend loyale Haltung ein. Die PLO und die ihr nahestehenden Kräfte, die einer säkularen Programmatik folgten, empfanden sie demgegenüber als reale oder potentielle Gegner.

Eine veränderte Position bezog die Organisation »Islamischer Heiliger Krieg«, 1980 in Ghaza entstanden. Sie führt den Dschihad um Palästina unter verschiedenen Selbstbezeichnungen bereits jetzt. Und dabei strebt sie den Dialog mit der PLO an. Der Islamische Heilige Krieg folgt damit einem allgemeinen Trend der Reislamisierung, der den Fundamentalismus in der palästinensischen Bevölkerung – 25 bis 30 Prozent von ihr betrachten sich als »streng religiös« – ein wachsendes »Sympathiepotential« bringt.

Ende 1987 / Anfang 1988 wurde die »Bewegung des Islamischen Widerstandes« (HAMAS) gegründet. Dies ordnete sich der Verstärkung fundamentalistischer Tendenzen ein; im besonderen reagierte die Islamische Sammlung damit auf die im Dezember 1987 in den von Israel besetzten palästinensischen Gebieten ausgebrochene Intifada. Die neue Organisation bezeichnet Palästina als »islamisches Waqf für die Generationen der Muslims bis zum Tag der Auferstehung«, das weder »ganz noch teilweise abgetreten oder aufgegeben« werden darf. Von hier aus empfiehlt und verfolgt sie »keine andere Lösung für das palästinensische Problem als den Dschihad«.[18]

HAMAS erklärte sich 1989 – wie zuvor schon der Islamische Heilige Krieg – zu einer Zusammenarbeit mit der Vereinigten Patriotischen Führung (VPF) der Intifada bereit. Doch bleibt ihre Stoßrichtung – wie die anderer fundamentalistischer Organisationen – gegen die »ungläubige«, säkulare Linke in der palästinensischen Nationalbewegung. Der von der VPF der Intifada erstrebten Aktionseinheit gegen die israelische Besatzung steht das entgegen. Auch äußern sich palästinensische Christen – ihr Anteil an der Bevölkerung in den besetzten Gebieten beträgt nur zwischen 5 und 10 Prozent, doch spielen sie in der PLO eine große Rolle – besorgt über möglicherweise wachsende islamische Militanz.

Berechtigte Sorgen?

Wenn der Konflikt in und um Palästina anhält, sich gar verschärft, dürfte dies einen militanten Fundamentalismus begünstigen. Dieser seinerseits wirkt konfliktverschärfend. Er trifft sich in diesem Punkt mit der israelischen Führung, insofern diese den Dialog mit der PLO ablehnt, eine internationale Nahostkonferenz zu verhindern sucht und ihre Siedlungspolitik in den besetzten Gebieten – u. a. mit sowjetischen Juden – eskaliert.

Perestroika und Islam in der Sowjetunion

Islamische Heere erreichten schon früh Territorien, die heute zur Sowjetunion gehören. Unter dem Kalifen Umar eroberten sie Teile Aserbaidschans (639). Es folgten Dagestan und Derbent (642/43). In der zweiten Hälfte des 7. Jh. drangen die Muslims in Länder »hinter dem Fluß« (d. h. jenseits des Amu-Darja) vor. Nach Buchara kamen sie erstmals 673/74, und schon 716 war die Eroberung Mittelasiens abgeschlossen. Das islamische Reich hatte Provinzen hinzugewonnen, die über gewaltige ökonomische Potenzen verfügten. Die Verträge, die die Eroberer mit den Besiegten schlossen, legten Zeugnis davon ab: Der Herrscher von Choresm lieferte 100 000 Sklaven und ebensoviele Stücke Stoff als Tribut ab, die Stadt Merw zahlte eine Million Drachmen – nach einer anderen Quelle sogar zwei Millionen – und dazu große Mengen Gerste und Weizen.[19]

Im zaristischen Rußland war der Islam die Religion unterdrückter Völker. »Die Muslims – Usbeken, Kasachen, Kirgisen, Tadschiken, Turkmenen, Aserbaidschaner, Tataren, Baschkiren und viele andere Nationalitäten – waren nicht nur sozial, sondern auch national unterdrückt«, schrieb Zija'uddin Chan Babachan (1908–1982), ein namhafter Repräsentant des Islam in der Sowjetunion. »Ihre Religion und ihre Sitten wurden mit Füßen getreten, und sie selbst waren Opfer von Diskriminierung in verschiedenen Bereichen des Lebens. Ihre Länder wurden zu Kolonien.«[20]

Zwei Wochen nach dem Sieg der Oktoberrevolution – am 20. November 1917 – veröffentlichte die Sowjetregierung ihren berühmt gewordenen Aufruf »An alle werktätigen Muslims in Rußland und dem Osten«. Darin hieß es: »Euer Glaube und euere Sitten, euere nationalen und kulturellen Einrichtungen werden für frei und unverletzlich erklärt. Gestaltet euer nationales Leben frei und ungehindert. Ihr habt das Recht dazu. Wißt, daß euere Rechte wie auch die Rechte aller Völker Rußlands mit der ganzen Macht der Revolution und ihrer Organe, der Sowjets der Arbeiter-, Soldaten- und Bauerndeputierten, geschützt werden.«[21]

Integrierten sich die Muslims, die hauptsächlich in Mittelasien und Transkaukasien lebten und leben, in die Sowjetunion und ihre Ordnung?

Zunächst entbrannten – teilweise erbitterte – Auseinandersetzungen, in denen es allerdings weniger um den Islam als um die Aufrechterhaltung der alten Ordnung in Mittelasien ging. »Reaktionäre Theologen benutzten zu dieser Zeit die Kanzeln der Moscheen zur Agitation gegen die Sowjetmacht«, schreibt G. M. Kerimov.[22] Die Sowjetregierung versuchte es daraufhin mit einer flexiblen Politik. Die Ländereien der religiösen Stiftungen (waqf), deren Ertrag dazu gedient hatte, Moscheen, Koranschulen und Wohlfahrtseinrichtungen des Islam zu unterhalten, waren – wie alles Land – verstaatlicht worden. Als sich in den zwanziger Jahren islamische »Erziehungsgesellschaften« formierten, erhielten sie das Recht, ihre Ausgaben aus dem Ertrag von Waqf-Ländereien und anderen Formen religiöser Stiftungen zu bestreiten. Der grundsätzliche Beschluß, diese Ländereien in Staatseigentum zu überführen, wurde damit zeitweilig ausgesetzt.

Die Muslims hatten die Möglichkeit, sich zu organisieren. Seit dem Beginn der vierziger Jahre gibt es in der Sowjetunion vier Islamische Religiöse Verwaltungen: für Mittelasien und Kasachstan mit Sitz in Taschkent (zuständig für die Usbekische, die Kasachische, die Tadschikische, die Kirgisische und die Turkmenische SSR), für Transkaukasien mit Sitz in Baku (für die Aserbaidschanische, die Grusinische und die Armenische SSR), für die nordkaukasischen Gebiete mit Sitz in Machatschkala und für den europäischen Teil der UdSSR und Sibirien mit Sitz in Ufa. Der jeweilige Leiter ist Mufti. In Baku trägt er als Zeichen dafür, daß in seinem Bereich auch Schiiten leben, den Titel Scheich al-Islam. Der Leiter der Verwaltung in Taschkent wurde zum Sprecher der sowjetischen Muslims. Als höchstes Organ in den vier Regionen gilt die Versammlung der Vertreter der Gläubigen. Muslims nahmen in begrenzter Zahl jedes Jahr an der Wallfahrt nach Mekka teil. Die Publikations-Abteilung der Religiösen Verwaltung in Taschkent gibt die Monatsschrift »Die Muslims im sowjetischen Osten« heraus. Gegründet 1968, erscheint sie mittlerweile in sechs Sprachen. Zwischen 1957 und 1976 wurde der Koran viermal gedruckt. Daneben erschienen zahlreiche religiöse Schriften.

Die Muslims schienen sich der Sowjetunion eingeordnet zu haben. Ihre offiziellen Sprecher bekundeten das zumindest. Vieles sprach auch dafür. Im zweiten Weltkrieg verteidigten sowjetische Muslims an der Seite ihrer nichtmuslimischen Mitbürger ihre Heimat.

Doch letztlich blieb die Sowjetordnung vielen Muslims fremd. Sie stand so gar nicht in ihrer Tradition. Berufsmäßige Atheisten suchten – und dies zumeist noch grobschlächtig – zudem klarzumachen, daß Religion etwas Altertümliches und Überholtes sei und in die moderne Welt mit ihrer »wissenschaftlichen Weltanschauung« nicht hineinpasse. Die da so vordergründig gepriesenen neuen Ideale bewährten sich wiederum nur ansatzweise im Leben.

Die Reislamisierung fand viele sowjetische Muslims aufnahmebereit. Der Islam – machte er nicht doch und sogar vor allem ihre Identität aus? Und waren sie in der Sowjetunion auch mit Atheisten und Andersgläubigen konfrontiert – jenseits der Grenzen gab es viele Glaubensgenossen, auf deren Beistand sie hofften. Die Vorgänge in Iran und Afghanistan fanden ganz unmittelbar Resonanz bei ihnen.

Die Perestroika, die Umgestaltung, die 1985 in der Sowjetunion einsetzte, beförderte die Prozesse, die sich da anbahnten. Einerseits erlaubte sie, freimütig die eigene Situation zu diskutieren und sich für eigene Belange zu engagieren. So forderten zu Beginn des Jahres 1989 Demonstranten in Taschkent den Rücktritt des muslimischen Oberhauptes von Mittelasien und Kasachstan, das dann auch durch Muchammadsadych Muchammadjussuf, den Rektor einer islamischen Hochschule, abgelöst wurde. Auf der anderen Seite verschärften sich Probleme – vor allem ökonomischer und sozialer Art –, die es ohnehin gab. In der Sowjetunion insgesamt etwa lebten Ende der achtziger Jahre 41 Millionen Bürger unter dem mit 78 Rubeln pro Monat angegebenen Existenzminimum. In islamisch dominierten Gebieten war der Anteil dieser Armen an der Gesamtbevölkerung besonders hoch; in

Tadschikistan lag er bei 58,6, in Usbekistan bei 44,7 und in Kirgisien bei 37,1 Prozent. Zum Vergleich: In den drei baltischen Sowjetrepubliken betrug dieser Prozentsatz 3,2 und 3,9. Immer mehr sowjetische Muslims sahen sich da auf ureigene Interessen verwiesen und ihre Identität vor allem in ihrem angestammten Glauben gegeben. Das ging, und dies um so mehr, als sich in der Sowjetunion allgemein nationale Zwistigkeiten zuspitzten, mit einem Ausbruch von Konflikten mit anderen ethnischen und religiösen Gemeinschaften einher.

Nagornyj Karabach wurde zum Negativ-Symbol. Es handelt sich um eine kleine Bergregion inmitten der islamisch geprägten Sowjetrepublik Aserbaidschan, deren 180 000 Einwohner jedoch zu vier Fünfteln Armenier und Christen sowie ökonomisch, sozial und kulturell benachteiligt sind. Sie wollten deshalb den Anschluß an Armenien. Die Aserbaidschaner und die Zentralregierung in Moskau mochten das nicht dulden. 1988 brachen die Auseinandersetzungen offen aus, waren von Gewalttätigkeiten begleitet und erfaßten große Teile der Sowjetrepubliken Armenien und Aserbaidschan. Es kam zu Pogromen. Armenier flohen aus Aserbaidschan und Aserbaidschaner aus Armenien. Auch in anderen islamischen Gebieten, darunter in Usbekistan, begann es zu brodeln.

Der soziale, ethnische und religiöse Sprengstoff, der sich angesammelt hat, ist gefährlich. Publizisten hatten schon Jahre zuvor den Islam in der Sowjetunion zu einem sensationellen Thema hochstilisiert. Waren die sowjetischen Muslims, so ihre Rechnung, nicht die einzige Bevölkerungsgruppe mit nennenswertem Geburtenzuwachs? Mußte, wenn sich dieser Trend fortsetzte, das ganze Land nicht eines Tages einen islamischen Charakter annehmen? Das waren sicher überzogene Prognosen. Tatsache ist, daß islamische Gebiete verstärkt auf ihre Autonomie pochen. Ihre Bewohner könnten mehrheitlich ihre Zuordnung zur Sowjetunion als aus der Zarenzeit ererbte koloniale Unterdrückung interpretieren und ihre Eigenstaatlichkeit als Fortsetzung der nach dem zweiten Weltkrieg einsetzenden »antikolonialen Weltrevolution« verlangen. Das würde das Staatengefüge in West- und Mittelasien radikal verändern. An der Nordgrenze der Türkei, Irans und Afghanistans könnte ein Gürtel neuer islamischer Staaten entstehen. Die Vorstellung vieler ihrer Bewohner, mit der Vergangenheit entschieden brechen und abrechnen zu müssen, könnte in ihnen eine beträchtliche Militanz hervorbringen.

Seit Mitte der siebziger Jahre erfaßte die Reislamisierung auch die Länder des subsaharischen Afrika, in denen Muslims – sei es als Majoritäten oder Minoritäten – leben. Es geschah das vor allem dort, wo sich sozialer und politischer Konfliktstoff angehäuft hatte. Muslims griffen, inspiriert und geführt zumeist von fundamentalistischen Gruppen, in oft gewalttätiger Weise in die Politik ein. Vereinzelt diente die »islamische Revolution« in Iran als praktisches Vorbild. So gründete der Senegalese A. H. Niass aus Kaolack, ein Scheich der Tidschanija-Bruderschaft, im September 1979 die »Hizb Allah« (Partei Gottes) und proklamierte von Paris aus Senegal zur »islamischen Republik« und sich selbst zum »Ajatollah von Kaolack«.[23] Hauptsächlich jedoch zeitigten, wie Patrick J. Ryan schreibt, »sunnitische Visionen eines reformierten islamischen Staates«, propagiert unter anderem von ägyptischen Muslimbrüdern und pakistanischen Fundamentalisten, Wirkung.[24]

Als besonders spektakulär erwies sich die Reislamisierung in Nigeria, in dem sich etwa die Hälfte der Bevölkerung – vor allem die Einwohner der nördlichen Bundesstaaten Bornu, Sokoto und Kano sowie Kadunas – zum Islam bekennt. Bereits in der zweiten Hälfte der siebziger Jahre war dort eine heftige Diskussion zwischen Muslims und Nichtmuslims um den Charakter des Staates entbrannt. Sollte – es ging um eine Verfassung – Nigeria als »säkulare Republik« bezeichnet werden? Muslimische Politiker, ermutigt vom wachsenden Selbstbewußtsein ihrer Glaubensgenossen in anderen Teilen der Welt und in Konkurrenz zum nichtmuslimischen Bevölkerungsteil, forderten die Einführung von Scharia-Gerichten in allen Bundesstaaten sowie die Schaffung eines Scharia-Appellationsgerichts für die Föderation. Hier engagierten sich vor allem die 1954 gegründeten »Muslim Student Society« und die »JamaatuNasril Islam«, die in den sechziger Jahren entstanden war, doch auch gemäßigte Muslims, darunter der Reformer Alhaji Adam Iluri aus dem Südwesten Nigerias. Im Jahr darauf, als der Streit, inner- und außerhalb des Parlaments geführt, sich zuspitzte, warnte er nachdrücklich vor der drohenden Gefahr der Spaltung des Landes. Präsident Olusegun Obasanjo ließ 1977 den »Supreme Council of Islamic Affairs« gründen. Die Muslims kamen mit ihrer Forderung nach Einführung der Scharia-Gerichte nicht durch.

Im Dezember 1980 brachen daraufhin in Kano gewalttätige Unruhen aus. Inspiriert hatte sie der aus Kamerun stammende sunnitische Prediger Alhaji Muhammadu Marwa, genannt Maitatsine, was in der Hausa-Sprache soviel bedeutet wie »der, der mit der Macht zu verdammen ausgestattet ist«. Im Jahre zuvor, zu Beginn des Jahres 1400 der Hidschra, hatte er sich zum Mahdi erklärt und präsentierte sich so seinen Glaubensbrüdern und -schwestern als einer der nach muslimischer Überzeugung periodisch auftretenden »Erneuerer« des Islam. In der Tradition der Charidschiten stehend, wandte er sich gleichermaßen gegen Unglauben und Reichtum, gegen Verwestlichung und ökonomische Ausplünderung. Er erhielt, unerwartet zunächst von den meisten Beobachtern, stürmischen Zulauf vorwiegend aus zwei Bevölkerungsgruppen: von proletarisierten Landbewohnern und von verarmten Koranschullehrern. Die ersteren waren während des nigerianischen Erdölbooms in den siebziger Jahren in die städtischen Verarbeitungszentren geströmt, dort jedoch – besonders nach dem Verfall der Ölpreise – rasch in tiefstes Elend hinabgesunken. Allein muslimische Glaubensbrüder, meist Anhänger Marwas, halfen ihnen. Kein Zweifel, daß sie ihrem Wohltäter folgten, wenn er sie rief. Die Koranschullehrer, sogenannte Mallams, hatten infolge staatlicher Reformmaßnahmen im Schulwesen ihre Einnahmequellen verloren und wanderten, angewiesen auf islamische Mildtätigkeit, mittellos und frustriert, durchs Land.

Im Verlauf der Unruhen fanden Tausende den Tod, darunter Marwa.

Seine Anhänger gehörten zu denjenigen Muslims, die in den folgenden Jahren gewalttätig gegen ökonomische und kulturelle Überfremdung und politische Unterdrückung sowie gegen die Zentral- und die Provinzregierungen rebellierten. Unterstützung fanden sie bei der »Jamaatu Nasril Islam« unter Führung des Scheichs Abubakar Mahmud Gumi und der in den siebziger Jahren entstandenen Gruppe »Bida Yan Izala« (»Diejenigen, die Neuerungen ablehnen«). Die genannten Organisationen – darin waren sie sich einig – betrachteten Koran und Sunna als einzig gültige Grundlagen des Islam und eines zumindest in den islamischen Gebieten Nigerias zu errichtenden islamischen Staates. Die mystischen Bruderschaften, namentlich die Qadirija und die Tidschanija, die über beträchtlichen wirtschaftlichen und politischen Einfluß sowie über eine große Gefolgschaft verfügten, und ihre als »Neuerungen« verurteilten religiösen Praktiken lehnten sie ab. Diese Haltung sowie ihre scharfe Kritik an den »neuen Reichen« und an der Ausbeutung des Landes durch multinationale Konzerne sicherten den Fundamentalisten wachsenden Zulauf von sozial Entwurzelten, wirtschaftlich Schwachen und politisch Aufbegehrenden.

Nigerias föderativ strukturierte Einheit war schon einmal – in den sechziger Jahren durch die »Biafra«-Sezession – bedroht gewesen. Jetzt beschworen die Visionen und Attacken der muslimischen Fundamentalisten – vor allem ihre Absicht, in dem auch von Christen bewohnten Land einen islamischen Staat aufrichten zu wollen – erneut eine Gefahr für die nigerianische Nationalstaatlichkeit herauf. Fundamentalistische Muslims weigerten sich, in den Schulen vor der Staatsflagge den nationalen Schwur zu sprechen. Im März 1987 brachen im Bundesstaat Kaduna blutige Auseinandersetzungen zwischen muslimischen und christlichen Studenten aus. Sie forderten Todesopfer. Zahlreiche Kirchen gingen in Flammen auf. Im Oktober 1987 erklärte Scheich Gumi, der Mitglied des der Bundesregierung zugeordneten »Religious Advisory Council« ist – dieser wurde nach den blutigen Unruhen der achtziger Jahre gegründet –, er könne sich nicht vorstellen, daß ein Muslim einer nichtislamischen Partei beitritt. Angesichts dessen, daß 1990 in Nigeria ein Zwei-Parteien-System eingeführt werden soll, bedeutete dies eine Konfrontation nicht mehr von Nord gegen Süd, sondern von »Islam gegen Christentum«.[25]

Die Muslims in Südafrika – es handelt sich um etwa anderthalb Prozent der Bevölkerung – sind von den allgemeinen Entwicklungen im Weltislam beeinflußt. Zugleich gewannen die besonderen Widersprüche in der Gesellschaft des rassistischen Staates für ihre politische Profilierung Bedeutung.

Im Jahre 1961 fanden sich im Kampf gegen den rassistischen »Group Area Act« muslimische Jugendliche in der Organisation »Call of Islam« zusammen. Sie überlebte zwar nicht – die Zeit war offenbar noch nicht reif –, doch ihr Name wurde zwanzig Jahre später wieder aufgegriffen. Dafür konsolidierten sich konservative muslimische Vereinigungen – wie der »Muslim Judicial Council« (MJC) –, die eine Einmischung in die Politik als unvereinbar mit dem religiösen Bekenntnis betrachteten.

Eine Änderung bahnte sich in den siebziger Jahren an. Imam Abdullah Haroon, das geistliche Oberhaupt der südafrikanischen

Muslims, war am 27. September 1969 nach viermonatiger Haft von der Polizei ermordet worden. Zum Zeichen des Protestes organisierten sich in wachsender Zahl Muslims: 1970 entstand die »Muslim Youth Movement« (MYM), 1974 die »Muslim Students Association«, 1975 der »Islamic Council of South Africa« (ICSA) und 1980 die Gruppe »Qiblah«. Alle, mit Ausnahme des ICSA, nahmen Position gegen die Apartheid-Politik der Regierung ein. Der Aufbruch in der islamischen Welt, die Reislamisierung, wirkte auf sie ermutigend und belebend.

Im Zusammenhang mit dem verstärkten Kampf gegen die Apartheid zeigten Muslims Mitte der achtziger Jahre zunehmend Bereitschaft, mit Nichtmuslims zusammenzugehen. Vor allem widersetzten sie sich dem im Zuge einer Verfassungsänderung eingeführten Dreikammer-Parlament, da sie es als Anschlag auf die Einheit der vom rassistischen Staat Unterdrückten betrachteten. Zugleich machten sich in der islamischen Bewegung Südafrikas Differenzierungen und Polarisierungen bemerkbar. Während die älteren Organisationen durch Diskussionen um Strategie und Taktik schweren Belastungen unterworfen waren, entstanden – nicht zuletzt unter dem Einfluß der »islamischen Revolution« in Iran – neue, radikalere Gruppen.

Die MYM war diesen Entwicklungen nachhaltig ausgesetzt. Als fundamentalistische Organisation orientierte sie auf eine schrittweise Islamisierung Südafrikas oder zumindest von Teilen dieser Gesellschaft. Sie lehnte sich dabei stark an Vorbilder in Ägypten und Pakistan an – an Saijid Qutb, den 1966 in Ägypten hingerichtete Ideologen der Muslimbrüder, und an Abu'l-A'la al-Maududi, den Begründer der Dschama'at-i Islami. Ihr »traditioneller« und zudem an ausländischen Vorbildern orientierter Fundamentalismus hinderte die MYM namentlich in den achtziger Jahren, sich an dem an Intensität und Radikalität zunehmenden Kampf gegen die Apartheid zu beteiligen. Auseinandersetzungen um den einzuschlagenden Weg brachen auf. Die MYM war, wie es hieß, durch »ihre enge Beziehung zu internationalen Bewegungen echt bereichert« worden. Doch waren nicht auch »die Grenzen dieser Bewegungen selbst« zu erkennen?[26] Es kam zu Spaltungen. Viele Mitglieder wandten sich neuen, radikaleren Gruppen zu.

Eine davon war »Qiblah«. Nach den Worten des südafrikanischen muslimischen Politologen Farid Esacks war sie »ein Produkt des Enthusiasmus, mit dem die muslimische Jugend Südafrikas die Revolution in Iran begrüßte«.[27] Sie war aber noch mehr als das: Ihre Begründer befrachteten sie mit der Mission, auch in Südafrika die »islamische Revolution« durchzuführen. Diese galt als einzige »Alternative der unterdrückten Massen« zur Apartheid.[28] Wie sie allerdings bei nur anderthalb Prozent muslimischer Bevölkerung durchzuführen war, blieb im Dunkeln.

»Qiblah« trat gegenüber andersdenkenden Muslims sowie gegenüber anderen Anti-Apartheid-Organisationen bald ausgesprochen intolerant auf. Einer ihrer Ideologen schrieb dazu: »Die Muslims als Revolutionäre empfinden es als arglistig, daß einige ihrer eigenen ideologischen Anhänger vorschlagen, sich mit ›anderen progressiven Organisationen‹ im Lande vereinigen zu müssen.«[29] Den führenden Organisationen im Kampf gegen die Apartheid, namentlich der UDF und dem ANC, verweigerte sich »Qiblah«. Mehr noch; sie ließ sich im Verein mit gleichgesinnten Gruppen wie der AZAPO in gewalttätige Auseinandersetzungen mit ihnen ein und fügte damit der Einheit der antirassistischen Kräfte Schaden zu.

Anfang der achtziger Jahre entstand auf Initiative von Mitgliedern der MYM, die sich zur UDF hingezogen fühlten, die Organisation »Call of Islam«. Im Unterschied zur MYM und zu »Qiblah« konzentriert sie sich auf das Land, in dem ihre Anhänger leben und leiden. »Unser Islam«, erläutert Imam Hassan Solomon, gründet sich auf das »Bekenntnis zu einem nichtrassischen, nichtsexistischen, demokratischen und gerechten Südafrika«.[30] Mit Ali Schariati und Sejjed Mahmud Taleghani sowie den Modschahedin betrachtet »Call of Islam« eher linke Vertreter der »islamischen Revolution« in Iran als seine Vorbilder. In seiner »Synthese von Aktion und der theologischen Reflexion über diese Aktion« erkennt Esack, selbst ein Führer der Organisation, Bezüge zur christlichen »Theologie der Befreiung«.[31] Dementsprechend offen ist »Call of Islam« gegenüber anderen demokratischen Apartheid-Gegnern. »Muslims können sich mit anderen auf der Grundlage einer Anti-Apartheid oder antikapitalistischen Plattform uneingeschränkt vereinen«, heißt es in einer seiner Verlautbarungen, »doch sie können es nicht auf einer Plattform, die eine sehr konkrete Vorstellung von der Zukunft unseres Landes hat. Nur wenn die Vorstellung der Front von der Zukunft weit genug ist, gibt es Spielraum für die Schaffung einer islamischen Gesellschaft«.[32]

»Qiblah« wendet sich vehement gegen dieses Konzept. Ihre Anhänger beschimpften diejenigen, die zur ersten öffentlichen Kundgebung von »Call of Islam« am 17. Juli 1983 kamen, als »Heuchler«.

Der ANC begrüßt demgegenüber die Bündnisbereitschaft. »Islam in Südafrika bedeutet heute das Bekenntnis, Apartheid unregierbar zu machen . . .«, ist in einer seiner Publikationen zu lesen. »Zusammen mit einem Bekenntnis zum nationaldemokratischen Kampf sichert dies, daß die Bewegung unter den Muslims nicht in eine religiös arrogante degeneriert. Tatsächlich ist nur im Haus der nationalen Demokratie Raum für die Familie des Islam.[33]

Islamische Solidarisierung

Nach dem zweiten Weltkrieg, verstärkt dann innerhalb der Reislamisierung, wurde, dies war neu, islamische Solidarisierung in großem Umfang zu einem Anliegen staatlicher Politik und zu einem Faktor bei der Gestaltung der internationalen Beziehungen. Politiker, die dem Islam verpflichtet waren, versuchten, mit panislamischen Projekten ihren Ländern einen größeren Bewegungsraum und ihren Bestrebungen verstärkt Resonanz zu verschaffen. Das führte zunächst vor allem dazu, daß gegensätzliche Kräfte unter Berufung auf eine islamische Einheit einander bekämpften. Es gelang dann – vornehmlich mit und in der Organisation der Islamischen Konferenz –, mit dem Islam als Plattform eine gewisse Solidarisierung durchzusetzen, was indessen keineswegs die gleichfalls islamisch motivierten Auseinandersetzungen beendete.

Panislamische Konfrontationen

Pakistan unternahm, um seine Position gegenüber Indien zu stärken, eine erste panislamische Initiative: Am 15. Oktober 1948 wurde dort die World Muslim Association gegründet. Im Februar des folgenden Jahres hielt diese in Karatschi einen »Islamischen Weltkongreß« (World Muslim Congress) ab, der sich als ständige Einrichtung etablierte. Als ihr Präsident fungierte, um die Kontinuität panislamischer Bestrebungen zu demonstrieren, Amin al-Hussaini. Praktisch leitete ihr Generalsekretär, der Pakistaner Inamullah Khan, die Arbeiten der Organisation.

Während der Wallfahrt in Mekka 1953 kamen Gamal Abdel Nasser, König Abd al-Aziz ibn Saud von Saudi-Arabien sowie Ghulam Muhammad, Generalgouverneur von Pakistan, überein, einen Islamischen Kongreß mit Sitz in Kairo zu gründen. Ibn Saud übernahm den Vorsitz des Hohen Rates, der Ägypter Anwar al-Sadat das Amt des Generalsekretärs. Außerhalb Ägyptens entfaltete der Kongreß kaum Aktivitäten.

Im Dezember 1953 trat in Jerusalem der Allgemeine Islamische Kongreß zusammen. Formell handelte es sich um die Wiederaufnahme des 1931 in Jerusalem gestarteten Unternehmens gleichen Namens, faktisch um eine Neugründung. Sa'id Ramadan, ein prominenter Repräsentant der ägyptischen Muslimbrüder und Schwiegersohn Amin al-Hussainis, wurde Generalsekretär des Kongresses.

1962 nahm, durch Saudi-Arabien gefördert und finanziert, die »Liga der Islamischen Welt« (Muslim World League) mit Sitz in Mekka ihre Tätigkeit auf. Sie erhielt einen modernen Verwaltungsapparat und eine Reihe von Spezialorganisationen: eine internationale Gesellschaft zur Verkündigung des Islam, eine Organisation zur Übersetzung des Korans in andere Sprachen, eine Weltkonferenz der Ulama, einen Weltrat für Moscheen, eine Islamische Kalenderkommission, einen Weltrat der muslimischen Jugend und einen Weltrat der islamischen Konferenzen für die Erdteile. 1976 wurde Muhammad Ali al-Harakan Generalsekretär der Liga; bis dahin war er Justizminister Saudi-Arabiens – der erste in der Geschichte des Landes. Nach seinem Tode – er starb am 16. Juni 1983 – trat Abdallah Umar Nassif, bislang Rektor der König-Abd-al-Aziz-Universität in Mekka, seine Nachfolge an.

Die Liga widmete sich der Mission, zunächst vornehmlich in der »islamischen Peripherie«. In Südostasien etwa sah sie den Islam durch »Kommunismus« und »Christianisierung« gefährdet; während sie den ehemaligen indonesischen Staatspräsidenten Achmed Sukarno als »Kommunistenfreund« angriff, verdächtigte sie dessen Nachfolger Ibrahim Suharto, insgeheim mit den Christen zu sympathisieren.[1]

Die Liga bemühte sich, panislamische Aktivitäten zu koordinieren. Sie schuf die »Konferenz der Internationalen Islamischen Organisationen«, die 1972 erstmals tagte. Präsident wurde Muhammad Ali al-Harakan, der spätere Generalsekretär der Liga. Parallel dazu erhielt der Islamische Weltkongreß in Karatschi kulturelle Fragen und das Gespräch mit christlichen Organisationen als Arbeitsgebiet zugewiesen. Der Allgemeine Islamische Kongreß, dessen Sitz von Ostjerusalem, das im Juni 1967 israelische Truppen besetzten, nach Amman verlegt wurde, beschäftigt sich wiederum vornehmlich mit der Palästinafrage.

Vom 6. bis 13. März 1965 fand in Bandung (Indonesien) eine islamische Konferenz afrikanischer und asiatischer Staaten statt. Zu den 35 Teilnehmerstaaten gehörten die UdSSR und die VR China, während Saudi-Arabien, Iran und die Türkei ferngeblieben waren. In einer politischen Deklaration riefen die Konferenzteilnehmer die Muslims der Völker Asiens und Afrikas auf, entschlossen gegen Imperialismus, Kolonialismus, Neokolonialismus und für die Beseitigung aller Formen der Ausbeutung zu kämpfen. Den Islam bezeichneten sie als eine »Religion des Friedens und des Fortschritts«.[2] In einer Ansprache zu Konferenzbeginn führte Sukarno aus, die »gelenkte Demokratie« seines Landes, »eine Demokratie mit Führerschaft«, sei nach dem Beispiel Muhammads geschaffen worden. Die indonesische Revolution sei mit keiner anderen vergleichbar, da sie in ihrer Vielfalt auch eine »Revolution der Religion« sei. Im Ergebnis der Konferenz wurde als ständige Einrichtung die »Afro-Asiatische Islamische Organisation« mit Sitz in Jakarta geschaffen. Seit 1970 nennt sie sich »Internationale Islamische Organisation«.

Muslims proklamierten hier – weitere Aktivitäten ließen sich anführen – Solidarität. Zugleich vollzogen sich in ihren Reihen gegenläufige Entwicklungen: In und zwischen den Staaten verschärften sich die Auseinandersetzungen um die Haltung zur »westlichen Welt«, und in einigen Fällen begannen sich in ihrem Ergebnis Züge einer antikapitalistischen Orientierung abzuzeichnen. Hatte islamische Solidarität da eine Chance?

Tatsächlich stießen in ihrem Namen gegensätzliche Bestrebungen aufeinander.

Muslimische Fortschrittskräfte faßten ihre Religion als zu ihrer Identität gehörig und als Wirkungskreis auf. »Wir können nicht ignorieren«, schrieb Nasser in seiner »Philosophie der Revolution«, »daß es eine islamische Welt gibt, mit der wir nicht nur durch die Bande des Glaubens, sondern auch durch die Realitäten der Geschichte verbunden sind.«[3] An gleicher Stelle sprach er von dem Gewinn, »den wir aus einer weiteren Festigung der islamischen Bande mit allen Muslims ziehen können«, und entwickelte die

Vision einer veränderten, politischen Belangen gewidmeten Pilgerfahrt nach Mekka. »Wenn man zur Kaaba geht, dann sollte man das nicht einfach als eine Eintrittskarte ins Paradies nach einem langen Leben betrachten und auch nicht einfach als ein Mittel, sich nach einem allzu turbulenten Leben Vergebung zu erkaufen. Die Pilgerfahrt müßte zu einer großen politischen Macht werden ... Die Abgesandten der islamischen Staaten, die führenden Köpfe ihres Geisteslebens, ihre Gelehrten aus allen Wissenszweigen, ihre Schriftsteller, ihre Industriekapitäne, ihre Kaufleute und nicht zuletzt ihre Jugend könnten in diesem Kongreß zusammenkommen, um jeweils in diesem islamischen Weltparlament die großen Linien ihrer nationalen Politik zu entwerfen und sich von einem Jahr zum anderen zu gegenseitiger Zusammenarbeit verpflichten. So sollten sie sich treffen: ehrfürchtig und demütig, aber stark; frei von Gier, aber aktiv; untertänig dem Herrn, aber machtvoll im Kampf gegen ihre Nöte und ihre Feinde; sehnsüchtig das spätere Leben erwartend, aber fest im Glauben, daß sie in diesem Dasein ihren Platz an der Sonne behaupten müssen.«[4] Diese Überzeugung ließ offenbar Nasser zu einem Mitbegründer des »Islamischen Kongresses« werden. Er selbst sprach davon, König Saud seine Vorstellungen vorgetragen und bei diesem Zustimmung gefunden zu haben.

Konservative glaubten, die Muslims als solidarische Gemeinschaft gegen den Fortschritt einschwören zu können. Sie agierten hierbei um so militanter, je stärker sie sich – besonders nach den Juli-Dekreten 1961 in Ägypten – mit einer antikapitalistischen Orientierung konfrontiert sahen. Ihren Gegnern warfen sie, dem allgemeinen Argumentationsmodell folgend, vor, Materialisten und Atheisten zu sein, also außerhalb des Islam zu stehen. Als etwa der Allgemeine Islamische Kongreß im Januar 1962 tagte – Ägypten war erstmals auf ihm nicht vertreten –, sprach seine Führung von »Atheismus und Materialismus«, die eine Gefahr darstellten und mit dem Islam unvereinbar seien, jedoch in einigen islamischen Ländern ein gewisses Gefolge gefunden hätten. »Dieser Durchdringung müssen die muslimischen Länder ihren religiösen Glauben und ihre alte und ruhmreiche Zivilisation entgegenstellen.«[5]

Vorstöße dieser Art waren darauf gerichtet, progressive Regimes in der islamischen Welt zu isolieren und im Innern – indem Muslims gegen sie aufgewiegelt wurden – zu destabilisieren.

Saudi-Arabien unternahm im »Arabischen Kalten Krieg« große Anstrengungen, um einen »Islampakt« zu schaffen. Als König Saud

Anfang 1957 die USA besuchte, soll ihm Präsident Dwight D. Eisenhower einen Vorschlag hierzu unterbreitet haben.[6] (Zu diesem Zeitpunkt wurde die Eisenhower-Doktrin verkündet, in der die USA aus der Behauptung, in Nahost sei nach der gescheiterten Dreier-Aggression 1956 ein Machtvakuum entstanden, in das der »internationale Kommunismus« eindringen könne, das Recht herleiteten, sich in die inneren Angelegenheiten nahöstlicher Staaten einzumischen.[7]) König Faisal, der Nachfolger seines Bruders Saud, bereiste zwischen Dezember 1965 und September 1966 neun Staaten – Iran, Jordanien, Sudan, Pakistan, die Türkei, Marokko, Guinea, Mali, Tunesien –, um für den »Islampakt« zu werben.

Es blieb im wesentlichen bei der Konfrontation. Obwohl konservative Kräfte große Anstrengungen darauf verwandten, konnten sie den Panislamismus weder monopolisieren noch ihr Verständnis von ihm durchsetzen. Dazu waren die sozialen, politischen und ideologischen Gegensätze in der islamischen Welt zu tief. Andererseits entwickelte sich mit den Nichtpaktgebundenen eine Gemeinschaft, der muslimische wie nichtmuslimische Länder angehörten. Pakistan, 1955 Mitglied des Bagdadpaktes geworden, mußte etwa registrieren, daß sich zwischen seinem Rivalen, dem hinduistisch dominierten Indien, und Ägypten, zwei nichtpaktgebundenen Staaten, enge Beziehungen entwickelten. Die beiden großen Staatsmänner Jawaharlal Nehru und Nasser waren freundschaftlich miteinander verbunden. Als Gegenstück zu der Liga der Islamischen Welt nahm 1961 in Kairo die »Akademie für Islamische Studien« ihre Tätigkeit auf. Sie unterstützte – mit internationaler Beteiligung – die ersten Schritte der ägyptischen Regierung auf einem sozialistisch orientierten Entwicklungskurs, wobei sie ihre Argumente hierzu vorwiegend reformerischem Gedankengut entnahm. Faisal stieß mit seinem Projekt eines »Islampaktes« gegen die sich weitende Bewegung der Nichtpaktgebundenen und ihren wachsenden Einfluß. Seine Gegner äußerten den nicht unbegründeten Verdacht, es handle sich um einen verschleierten Versuch, den Bagdadpakt, der nach dem Ausscheiden Iraks 1959 als CENTO fortbestand, zu erweitern.

Die Mitgliedstaaten (halbfett ausgedruckte Bezeichnungen) der Organisation der Islamischen Konferenz

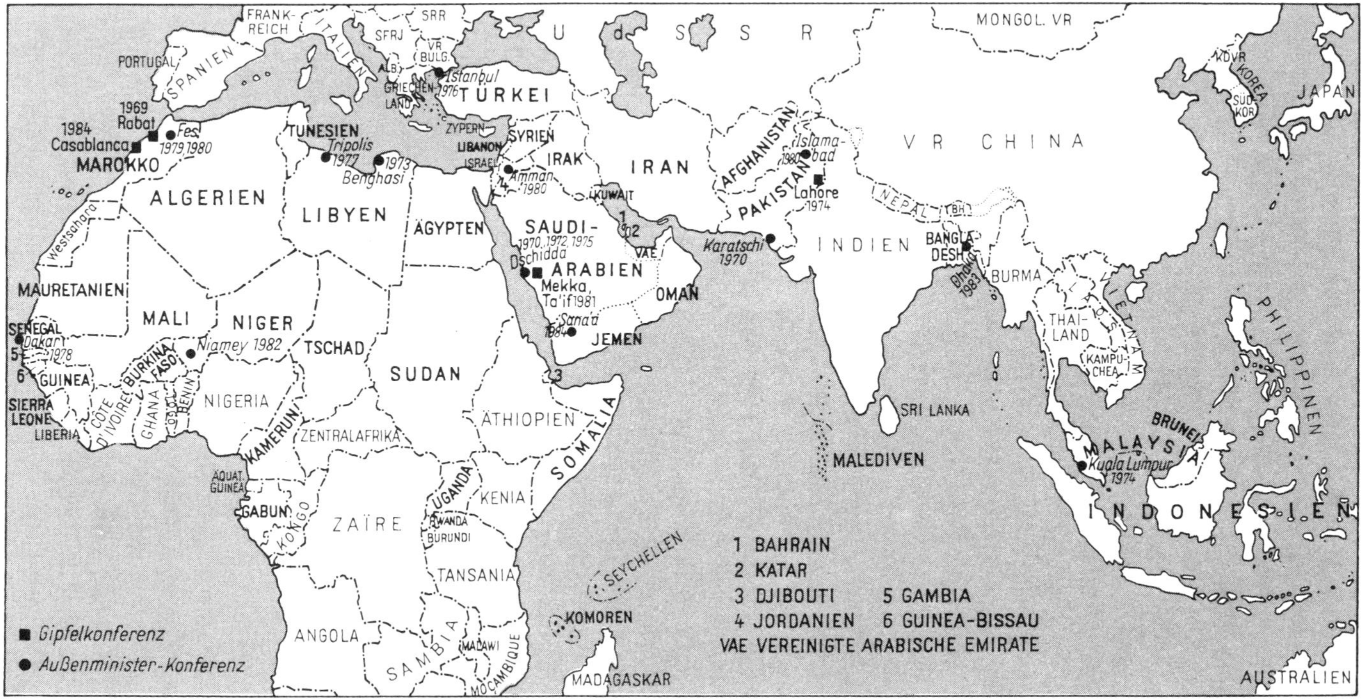
1 BAHRAIN
2 KATAR
3 DJIBOUTI
4 JORDANIEN
5 GAMBIA
6 GUINEA-BISSAU
VAE VEREINIGTE ARABISCHE EMIRATE
■ Gipfelkonferenz
● Außenminister-Konferenz
1969 Rabat
1984 Casablanca
Fes 1979, 1980
MAROKKO
ALGERIEN
TUNESIEN
Tripolis 1977
1973 Benghasi
LIBYEN
ÄGYPTEN
Istanbul 1976
TÜRKEI
Amman 1980
SAUDI-ARABIEN
1970, 1972, 1975 Dschidda
Mekka, Ta'if 1981
Sana'a 1984
JEMEN
OMAN
IRAN
AFGHANISTAN
PAKISTAN
Islamabad 1980
Lahore 1974
Karatschi 1970
INDIEN
BANGLADESH
Dhaka 1983
VR CHINA
Niamey 1982
NIGER
Dakar 1978
SENEGAL
Kuala Lumpur 1974
MALAYSIA
INDONESIEN
PHILIPPINEN
U d S S R
MONGOL. VR
JAPAN
MADAGASKAR
AUSTRALIEN

Am 21. August 1969 brannte es in der al-Aqsa-Moschee in Jerusalem. Ein australischer Jude, der als Tourist ins Land gekommen war, hatte aus religiösem Fanatismus das Feuer gelegt. Unter den Muslims der ganzen Welt löste die Brandstiftung, die sie als Angriff auf ihre Religion werteten, einen Proteststurm aus.

Um die Solidarität der Muslims angesichts der empfundenen Herausforderung zu dokumentieren, fand im gleichen Jahr, vom 22. bis 25. September, in Rabat (Marokko) eine islamische Gipfelkonferenz statt. Saudi-Arabien hatte in enger Zusammenarbeit mit Marokko und Pakistan die Initiative ergriffen. 35 Staaten waren eingeladen, 25 entsandten Delegationen, 10 waren durch ihre Staatsoberhäupter vertreten: Algerien, Iran, die Jemenitische Arabische Republik, Jordanien, Kuwait, Marokko, Mauretanien, Pakistan, Saudi-Arabien und Somalia. Nasser ließ sich wegen Krankheit entschuldigen und schickte Sadat. Die PLO erhielt einen Beobachter-Status – zum ersten Mal auf einer Konferenz, an der nicht nur arabische Staaten teilnahmen.

In Rabat kamen verschiedenartige Staaten zusammen; einige entwickelten sich kapitalistisch, andere ließen sich von einer sozialistischen Orientierung leiten; Monarchien waren ebenso vertreten wie Republiken. Irak und Syrien, die fernblieben, motivierten ihr Fernbleiben damit, daß sie sich von dem Unternehmen nichts versprechen würden. Im Abschlußkommunique stand, daß eine Vertretung der muslimischen Bevölkerungsgruppe Indiens an der Konferenz teilgenommen habe. Das führte zu einer Polemik. Die indische Delegation, zu der Muslims und Hindus gehörten, nannte die getroffene Feststellung falsch. Auf der Schlußsitzung, über deren Durchführung sie nicht informiert worden sei, sei keines ihrer Mitglieder zugegen gewesen. Überdies sei Indien erst am 23. September zur Konferenz zugelassen worden, und dies – wegen eines Einspruchs Pakistans – mit der Aufforderung, den größeren Debatten fernzubleiben.[8]

Im März 1970 tagten in Dschidda die Außenminister islamischer Staaten (für sie waren jährliche Zusammenkünfte vorgesehen). König Faisal setzte sich mit seinem Vorschlag durch, eine internationale islamische Organisation zu gründen – die Organisation der Islamischen Konferenz, OIK (Organization of the Islamic Conference, OIC). Ihr Sitz wurde Dschidda. Er soll nach Jerusalem verlegt werden, sobald diese Stadt wieder unter muslimischer Kontrolle ist.

Auf ihrer dritten Konferenz 1972 in Dschidda – die zweite hatte im Dezember 1970 in Karatschi stattgefunden –, auf der 30 Staaten vertreten waren, beschlossen die Außenminister die Charta der OIK. Dieses Dokument verweist auf die UN-Charta und die dort verankerten Grundsätze. Als allgemeine Prinzipien, denen die Mitgliedstaaten verpflichtet sind, nennt sie Freiheit und Fortschritt der Völker, Gerechtigkeit, Frieden und Gleichberechtigung. Zu den Aufgaben der OIK soll gehören, die islamische Solidarität zu fördern, Diskriminierung und Kolonialismus zu bekämpfen, dem Frieden zu dienen, die heiligen Stätten des Islam zu sichern, den Kampf des palästinensischen Volkes zu unterstützen sowie Zusammenarbeit und Verständigung mit den nichtmuslimischen Staaten zu fördern.

Die zweite Gipfelkonferenz der OIK fand vom 22. bis 24. Februar 1974 in Lahore (Pakistan) statt. An ihr nahmen 37 Delegationen teil, wovon einige einen Beobachter-Status innehatten.

Die Teilnahme von Bangladesch, das erstmals zugegen war, gestaltete sich schwierig. In dem Land, das von 1947 bis 1971 zu Pakistan gehört hatte, lebten 1974 über 70 Millionen Menschen, und ungefähr 80 Prozent davon waren Muslims. Die pakistanische Regierung hatte sich bis dahin geweigert, die Existenz des neuen Staates zu akzeptieren, Bangladesch seine Teilnahme an der Gipfelkonferenz in Lahore jedoch von seiner Anerkennung durch Pakistan abhängig gemacht. Der pakistanische Ministerpräsident Zulfikar Ali Khan Bhutto erklärte daraufhin zu Konferenzbeginn am 22. Februar, dies sei für ihn kein glückverheißender Tag, doch es gäbe keinen anderen Weg, als die Realitäten anzuerkennen. »Im Namen Gottes bin ich daher zu Ihnen gekommen, um seitens der Regierung Pakistans den Beschluß zu verkünden, daß wir heute Bangladesch anerkennen. Wir akzeptieren es.«[9]

Die dritte Gipfelkonferenz der OIK tagte nach mehrjähriger Vorbereitungszeit vom 22. bis 28. Januar 1981 in Mekka und Ta'if. Sie zählte 38 Teilnehmer. Die Konferenzeröffnung fand in der Moschee der Kaaba in Mekka statt. Für die Arbeitssitzungen war in Ta'if mit französischer Hilfe in wenigen Monaten ein modernes Konferenzzentrum errichtet worden. Wenige Monate zuvor, am 22. September 1980, war zwischen Irak und Iran ein Krieg ausgebrochen. Vermittlungsversuche seitens der OIK waren gescheitert. Iran weigerte sich, auf der Konferenz mit einer irakischen Vertretung zusammenzutreffen, und blieb fern. Darüber hinaus waren Afghanistan, Ägypten und Libyen nicht zugegen.

Die vierte Gipfelkonferenz der OIK fand vom 16. bis 19. Januar 1984 in Casablanca (Marokko) statt. Die Organisation zählte zu diesem Zeitpunkt 45 Mitglieder, von denen 42 vertreten waren. Der irakisch-iranische Krieg dauerte an. Er hatte bis zu diesem Zeitpunkt auf beiden Seiten zusammengenommen über 200 000 Tote gefordert. Iran blieb der Konferenz erneut fern. Ferner fehlten Ägypten und Afghanistan.

Ihren fünften Gipfel führte die OIK vom 26. bis 29. Januar 1987 in Kuwait durch. Er nannte sich »Gipfel der islamischen Solidarität«. Nigeria war als neues Mitglied zugegen. Das Amt des Generalsekretärs der OIK übernahm am 1. Januar 1989 Hamid Algabid aus Niger.

In der Existenz und Tätigkeit der OIK, der inzwischen 46 Mitglieder angehören, zeichnet sich eine dritte Etappe in den Bemühungen um islamische Solidarisierung ab. Erstmalig, seit die Muslims nationalstaatlich organisiert sind, trafen und treffen sich Politiker der Staaten, in denen sie leben, auf höchster Ebene, um zusammenzuwirken, und dies angesichts der die islamische Welt trennenden Staatsgrenzen und zwischenstaatlicher Rivalitäten.

Wie konnte das erreicht werden?

Die OIK bewegte sich im Rahmen der Reislamisierung, die sich in den sechziger Jahren abzuzeichnen begann; sie profitierte von ihr, stimulierte sie und wurde zu einem ihrer Kennzeichen. Hinzu kam die Niederlage, die arabische Armeen im Juni 1967 gegen Israel erlitten hatten. Nicht nur, daß sie bei arabischen Muslims den Wunsch wachsen ließ – und hier eigentlich schon begann sich die neue Etappe in den Bemühungen um islamische Solidarisierung abzuzeichnen –, sich in der Konfrontation mit Israel auf den Beistand nichtarabischer muslimischer Länder stützen zu können; die progressiven Regimes in Kairo und Damaskus, die sich bis dahin gegen islamische Gipfelkonferenzen gewandt hatten, waren durch ihre Niederlage in Mitleidenschaft gezogen worden und hatten an Autorität eingebüßt.

Das bedeutet nicht, daß die OIK einfach realisiert, was zuvor mißlungen war. In ihr zeichnet sich ein neues Konzept ab. Stärker als früher machte sich geltend, daß Entwicklungsländer, ungeachtet vorhandener Unterschiede in der politischen Orientierung, gemeinsame Interessen haben. Das berücksichtigt die OIK. Sie respektiert die staatliche Souveränität ihrer Mitglieder. Zugleich setzt sie ein gemeinsames Interessenpotential – vor allem bei der Inangriffnahme und Realisierung von Entwicklungsprojekten und im Bemühen um eine gerechte Regelung der Palästina- und Jerusalemfrage – in einen relativ gemeinverbindlichen Konsens um. Das zwingt die Beteiligten, ursprüngliche Positionen zu modifizieren. Doch insgesamt erweitert sich ihr Bewegungsraum – für jeden einzelnen von ihnen wie für sie insgesamt.

Der Islam folgt hier dem allgemeinen Trend, innerhalb der Dritten Welt deren Solidarität zu beschwören. Er soll – unter Berufung auf Gemeinsamkeiten der Tradition und des Glaubens – islamische Politiker und Länder motivieren, sich gegenseitig zu helfen und gemeinsam in der internationalen Arena aufzutreten. Und er dient als programmatischer Ausdruck der Entschlossenheit, einen eigenständigen Weg zu gehen. Dabei werden allgemeine gesellschaftliche Probleme, dies gehört zu der Spezifik des Konzepts, weitgehend unter dem Gesichtspunkt behandelt, wie dem Islam Genüge getan werden kann, im Sinne seiner Förderung wie einer Verwirklichung seiner Grundsätze. Das wiederum geht mit der Neigung einher, politische Tatbestände und Zielsetzungen in weltanschaulichen Kategorien zu erfassen.

Auf ihrer ersten Gipfelkonferenz blieb die OIK noch ziemlich allgemein. Die Konferenzteilnehmer nannten es eine Aufgabe ihrer Regierungen, untereinander zu beraten »zum Zwecke einer engeren Zusammenarbeit und Hilfe auf dem geistigen, kulturellen, wissenschaftlichen und wirtschaftlichen Gebiet, entsprechend der unsterblichen Lehre des Islam«. »Ferner verpflichten sie sich«, hieß es, »alle Streitfälle, die sich zwischen ihnen ergeben, mit friedlichen Mitteln beizulegen – ein Vorgehen, mit dem sie ihren Beitrag zur Stärkung des Weltfriedens und der Sicherheit gemäß den Zielen und Grundsätzen der Charta der Vereinten Nationen hervorheben.«[10]

Die dritte Gipfelkonferenz verabschiedete in ihrer Schlußsitzung eine »Deklaration von Mekka«. Alle Muslims, ungeachtet der Unterschiede in der Sprache, der Farbe, der Nationalität und der jeweiligen Situation, sind eine Nation, heißt es in ihr. Sie sollen deshalb im Rahmen eines »allumfassenden islamischen Erwachens« entschlossen einer besseren Zukunft entgegenblicken, die sich im Lichte der Politik der islamischen Solidarität anbahne. Das werde die Einheit in ihren eigenen Reihen wiederherstellen, Fortschritt und Wohlstand in ihr Leben bringen und ihrer Stellung in der Völkergemeinschaft Ansehen verleihen, so daß sie die ihnen zukommende Rolle in der menschlichen Zivilisation spielen können. »Wenn die Muslims strikt am Islam und seinen Grundsätzen und Werten als einer Lebensanschauung festhalten, so finden sie im Islam den größten Schutz vor den ... Gefahren, die sie bedrohen.«[11]

Dschihad für Jerusalem?

Jerusalem, die nächst Mekka und Medina heiligste Stadt des Islam, rückte in den Vordergrund der OIK-Aktivitäten. Der Brand in der al-Aqsa-Moschee war Anlaß, die erste islamische Gipfelkonferenz einzuberufen. Die Konferenzteilnehmer forderten, die Altstadt von Jerusalem müsse den Status zurückerhalten, den sie vor dem Juni 1967 gehabt habe. Sie appellierten an die Mitglieder der internationalen Gemeinschaft, vor allem an die Großmächte, »gemeinsam und einzeln mehr Anstrengungen zu unternehmen, um einen raschen Abzug der israelischen Streitkräfte aus allen seit dem Juni-Krieg von 1967 besetzten Gebieten zu erreichen, entsprechend dem Grundsatz, wonach Aneignung von Territorien durch militärische Interventionen als illegal zu betrachten ist«.[12] Die Konferenzteilnehmer bekundeten ihre Absicht, das Volk von Palästina bei seinem Kampf um die Wiederherstellung der ihm genommenen Rechte uneingeschränkt zu unterstützen.

Die zweite OIK-Gipfelkonferenz fand statt, nachdem es arabischen Staaten im Oktoberkrieg 1973 gelungen war, an Israel verlorene Gebiete zurückzugewinnen. Sie sah sich zugleich mit den Anfängen ägyptisch-israelischer Separatvereinbarungen konfrontiert – am 18. Januar 1974, etwas über einen Monat vor Konferenzbeginn, hatten die Generalstabschefs Ägyptens und Israels am Kilometerstein 101 der Straße Kairo–Suez ein Truppenentflechtungsabkommen unterzeichnet. Die Konferenzteilnehmer berücksichtigten beide Entwicklungslinien, die Verbesserung der arabischen Positionen wie deren Gefährdung. Sie verlangten, die vollen Rechte des palästinensischen Volkes wiederherzustellen, dies als »eine Grundvoraussetzung für eine gerechte und dauerhafte Lösung des Nahostproblems«. Die internationale Gemeinschaft, insbesondere die Staaten, die im Jahre 1947 an der Aufteilung Palästinas beteiligt gewesen seien, trügen hier große Verantwortung. Israels Rückzug aus Jerusalem wurde als Voraussetzung für einen dauerhaften Frieden in Nahost bezeichnet. Zugleich gab es – unüberhörbar – warnende Äußerungen. Die »gegenwärtigen günstigen Strömungen für eine gerechte Lösung« des Nahostkonflikts können vorübergehen, hieß es, »wenn den Wurzeln der Probleme gegenüber Gleichgültigkeit herrscht und wenn Teillösungen akzeptiert werden«. »Eine Truppenentflechtung ist noch kein Friede. Die Truppenentflechtung kann den Frieden zur Fata Morgana werden lassen, wenn sie als Ersatz einer komplexen und gerechten Lösung, die alle den Nahen Osten betreffenden Probleme in Angriff nimmt, benutzt wird.«[13]

Der dritte Gipfel 1981 machte sich – Ansätze hierzu hatte es schon gegeben – Prinzipien der Nichtpaktgebundenen zu eigen. Angesichts des ausgebrochenen irakisch-iranischen Krieges bekannten sich seine Teilnehmer zur Koexistenz zwischen den islamischen Mitgliedstaaten auf der Grundlage der Gerechtigkeit, Gleichheit, gegenseitigen Achtung und der Verpflichtung zur Nichteinmischung in die inneren Angelegenheiten. »Sie appellieren an die Mitgliedstaaten, sich der Beteiligung an Militärbündnissen zu enthalten, die im Rahmen des Konflikts zwischen den Großmächten existieren, und die Errichtung ausländischer Militärstützpunkte auf ihrem Staatsgebiet abzulehnen.«[14]

Der Dreier-Gipfel in Camp David (1978) hatte inzwischen zu ägyptisch-israelischen Separatvereinbarungen geführt. Die Konferenzteilnehmer nahmen eine militantere Haltung ein, geneigt, im Nahostkonflikt noch stärker spezifisch islamische Belange zur Geltung zu bringen. Die Themen Jerusalem und Palästina – dies zeichnete sich schon in der Vorbereitungsphase des Gipfels ab – rückten dadurch ganz nach vorn; der Gipfel benannte sich nach ihnen. Die »Deklaration von Mekka« bezeichnet die »Befreiung Jerusalems und der besetzten Gebiete« durch einen Dschihad als »vorrangige islamische Aufgabe unserer Generation«.[15]

Die vierte Gipfelkonferenz machte für ihre Mitglieder den Fahd-Plan verbindlich, den die Arabische Liga 1982 in Fes (Marokko) verabschiedet hatte. Das schloß die Forderungen nach Abzug Israels aus allen besetzten arabischen Gebieten und die Schaffung eines palästinensischen Staates mit Ostjerusalem als Hauptstadt ein.[16]

Auf dem nachfolgenden Gipfel bekräftigte die OIK diese ihre Haltung. In einer eigenen Entschließung verurteilte sie die strategische Allianz zwischen den USA und Israel, die sie als verantwortlich für die Eskalation der Spannungen in der Region bezeichnete.

Die 18. Außenministerkonferenz der OIK, die vom 13. bis 16. März 1989 in Riad (Saudi-Arabien) tagte, sprach sich dafür aus, die Intifada, den seit Dezember 1987 andauernden Aufstand der Palästinenser in den von Israel besetzten Gebieten, zu unterstützen. Ferner forderte sie die Anerkennung des Staates Palästina, den die PLO am 15. November 1988 proklamiert hatte.[17]

Islamische Entwicklungsbank

Internationale islamische Organisationen wurden zunehmend ökonomisch aktiv. Zunächst, in den fünfziger und sechziger Jahren, unterstützten sie die Ausbreitung des Islam sowie Befreiungsbewegungen von islamischen Minderheiten in einem christlich oder anders geprägten Milieu. Das geschah vielfach mittels Schenkungen, so für den Bau von Moscheen, für Schulen oder für die Ausbildung von Lehrern. In der Folgezeit weiteten sich die ökonomischen Aktivitäten beträchtlich aus. Eine Vielzahl von Institutionen widmet sich ihnen inzwischen. Und es bildete sich, um entsprechende Projekte zu erörtern, ein System von Tagungen heraus.

Innerhalb der OIK konstituierte sich die Islamische Entwicklungsbank (Islamic Development Bank, IDB). Im Dezember 1973 war ihre Gründung beschlossen worden; zwei Jahre später – im Oktober 1975 – nahm sie ihre Tätigkeit auf, mit Sitz in Dschidda. Die Bank führte eine eigene Währungseinheit ein: den Islamischen Dinar (entspricht einer Einheit des Ziehungsrechts im Internationalen Währungsfonds). Das Kapital der Bank sollte ursprünglich 2 Milliarden Islamische Dinar betragen. Der dritte OIK-Gipfel nahm einen Vorschlag des damaligen saudischen Kronprinzen Fahd an, es auf 2,252 Milliarden Dinar zu erhöhen. Saudi-Arabien selbst übernahm 790 Millionen Dinar. (Fahd unterbreitete den Vorschlag, weil bis zur Gipfelkonferenz lediglich 790 Millionen Dinar gezeichnet waren. Die größten Summen hielten zu diesem Zeitpunkt Saudi-Arabien mit 200 000, Libyen mit 125 000, die Vereinigten Arabischen Emirate mit 110 000 und Kuwait mit 100 000 Islamischen Dinar.[18]) Ende 1981 hatte die Bank 239 Projekte mit der Summe von 1,763 Milliarden Islamischen Dinar (2,213 Milliarden US-Dollar) finanziert.

1978 beschloß eine Konferenz in Karatschi, die Islamische Kammer für Handel, Industrie und Warenaustausch zu gründen. Ihr Statut sieht vor, daß die Mitglieder einander Vorzugsbedingungen im Handel gewähren (Meistbegünstigung), gemeinsame Projekte in Angriff genommen werden, Banken, Versicherungen und Transportwesen günstigere Bedingungen erhalten, Messen stattfinden, die Interessen islamischer Länder geschützt und Aggressoren boykottiert werden. Die Kammer stellte fest, daß sich der Anteil der OIK-Mitglieder am Weltexport von 5,3 Prozent 1960 auf 6,2 Prozent 1970 und 12,1 Prozent 1977 erhöhte. Der Anteil am Weltimport stieg von 5 Prozent 1960 auf 8 Prozent 1977. In einem Bericht anläßlich der Gipfelkonferenz 1981 sagte sie weitere Steigerungsraten für die folgenden Jahre voraus. Die Islamische Vereinigung der Schiffseigner und die Islamische Schiffahrts-Gesellschaft sollen dazu beitragen, den Seetransport mehr als bisher in eigene Regie zu übernehmen. Ferner unterhält die OIK in Ankara ein Zentrum für Statistische, Ökonomische und Soziale Studien und Ausbildung. In Casablanca nahm ein Islamisches Zentrum für die Entwicklung des Handels seinen Sitz.

Im Februar 1982 fand in Islamabad eine Konferenz islamischer Staaten zur Zusammenarbeit auf dem Industriesektor statt. Sie verabschiedete zahlreiche Resolutionen. Davon sah eine die Bildung einer Sondergruppe vor, der Vertreter des Generalsekretariats der OIK, der Islamischen Entwicklungsbank, des Zentrums in Ankara, des Islamischen Zentrums für Technische und Berufsausbildung und -forschung in Dhaka, der Kammer in Karatschi und der Islamischen Stiftung für Wissenschaft, Technologie und Entwicklung in Dschidda angehören. Der Hintergrund: Die Vielzahl islamischer Institutionen machte eine effektive Koordinierung ihrer Tätigkeit nötig.

Alle mit Wirtschaft und Finanzen befaßten Institutionen der OIK arbeiten nach dem Prinzip des islamischen Rechts, d. h., sie nehmen keine Zinsen, sondern berechnen Gebühren anderer Art. An einer Fachschule, 1982 im türkisch-zyprischen Teil von Nikosia gegründet, machen sich jeweils 150 Hörer in Ein-Jahres-Kursen mit den speziellen Verfahrensweisen des islamischen Finanzwesens vertraut.

Das alles sieht nach Erfolgsbilanz aus. Islamische Solidarisierung funktioniert.

Fortbestehende Interessengegensätze mindern allerdings die Effektivität der OIK. Auch gab und gibt es überzogene Vorstellungen davon, was an spezifisch Islamischem in die Weltentwicklung einbringbar ist. Dadurch ist die Entwicklung der OIK von Anfang an durch eine gewisse Diskrepanz zwischen Bekundungen und Taten gekennzeichnet. Muammar al-Gaddafi verlas auf der zweiten Gipfelkonferenz in Lahore eine lange Liste von Resolutionen, die verabschiedet, aber nicht erfüllt worden waren.[19] Oder: Nachdem die OIK 1981 der Palästina- und Jerusalemfrage einen eigenen Gipfel gewidmet und zu ihrer Regelung selbst einen Dschihad, einen »heiligen Krieg«, in Aussicht gestellt hatte, schauten ihre Mitglieder dem israelischen Überfall auf Libanon und die Palästinenser 1982 tatenlos zu. Der ägyptische Präsident Husni Mubarak sprach am 13. Oktober 1989 anläßlich des Geburtsfestes von Muhammad davon, daß die Beziehungen zwischen einigen »brüderlich befreundeten islamischen Staaten« – er nannte Irak und Iran sowie Mauretanien und Senegal – nicht normal seien. Er forderte, vorhandene Gegensätze beizulegen.[20]

Rhythmus und Sinn im Alltag

Der Islam blieb seinen Anhängern im Alltag gegenwärtig und gibt diesem Rhythmus und Sinn. Das betrifft den Tages- und Jahresablauf wie den Lebensweg, den der einzelne zurücklegt, das Gemeinschafts- wie das Individualverhalten. Der Islam kann so schon, die gebotene Relativierung des Begriffes vor Augen, eine eigene Welt genannt werden. Wer sie besucht, erfährt dies bereits bei Sonnenaufgang, wenn der Muezzin vom Minarett der Moschee zum Gebet ruft, inzwischen zumeist per Lautsprecher. »Beten ist besser als schlafen«, heißt es da.

Die Reislamisierung ist im Alltag augenfällig. In einer Reihe von Ländern bemühen sich mehr Muslims als früher, den Forderungen ihrer Religion nachzukommen. Persönlichkeiten des öffentlichen Lebens bezeugen ihren Glauben vielfach demonstrativ; die elektronischen Medien eröffnen ihnen neue Möglichkeiten ihrer Selbstdarstellung.

Die Pfeiler der Religion – Glaubensbekenntnis, Gebet, Abgabe zugunsten der Bedürftigen, Fasten im Monat Ramadan, Wallfahrt nach Mekka – stehen wie vor Jahrhunderten im Zentrum des religiösen Lebens. Doch ging die Zeit nicht spurlos an ihnen vorüber. Rundfunk und Fernsehen übertragen häufig das Freitagsgebet und die dazugehörige Predigt aus einer wichtigen Moschee. Der Prediger kann dadurch Auffassungen der Regierung, der er sich, so in den Vordergrund gerückt, im allgemeinen verpflichtet fühlt, bis ins letzte Dorf verbreiten. In der Islamischen Republik Iran tritt der derzeitige Präsident, Hodschatoleslam Chamene'i, als Freitagsprediger von Teheran auf. In einer »lokalen« Moschee ist demgegenüber die Predigt vielfach auf spezielle Probleme im Dorf oder im Stadtviertel zugeschnitten. In einer »privaten« Moschee – eine solche untersteht nicht der Regierung und ist nicht vom Religionsministerium abhängig – enthält sie mitunter Kritik an den Regierenden. Prediger, die zur Muslimbruderschaft gehörten, griffen so in den siebziger Jahren die Politik Sadats gegenüber Israel und den USA scharf an. Die Texte ihrer Predigten waren bereits am nächsten Tag auf Kassetten zu erwerben.

Die Forderung, fünfmal zu beten, ordnet den Tagesablauf eines Muslim. Die Gebetszeiten stehen für jeden Tag fest – man liest sie in der Zeitung, hört sie in Rundfunk und Fernsehen und hat sie für das ganze Jahr im voraus berechnet auf dem Kalender. Abhängig sind sie vom Stand der Sonne, so daß in größeren Ländern weiter entfernt voneinander liegende Orte verschiedene Gebetszeiten haben – Kairo, Assuan und Alexandria etwa in Ägypten, Tripolis und Benghasi in Libyen, Mekka, Riad und Dhahran in Saudi-Arabien. Der in Europa oft genannte »Gebetsteppich« ist für das Gebet nicht notwendig. Es genügt, daß der Muslim den Ort des Gebetes zu einem sakralen Ort macht, indem er ein Stück Papier – es kann eine Zeitung sein – ausbreitet und sich daraufstellt. Denn nicht die Sauberkeit des Platzes, sondern die rituelle »Reinheit« des Betenden, durch die vorgeschriebenen Waschungen hergestellt, ist wichtig.

Nach der Auffassung von Religionslehrern gliedern die Gebete den Tag klug und sinnvoll auch für die Arbeit oder das Studium. Das erste helfe, den Tag zu beginnen; es schenke Gesundheit und Energie. Das zweite markiere die Zeit für eine Mahlzeit und ein wenig Erholung. Das dritte trenne den Abend von der Arbeitszeit.

Die beiden letzten seien einem Rückblick auf den Tag gewidmet; der Betende danke Allah für seine Wohltaten und bitte um Vergebung für seine Sünden; zugleich wünsche er eine friedvolle Nacht und einen glücklichen und erfolgreichen morgigen Tag.[1]

Bei weitem nicht alle Muslims verrichten – ungeachtet der Reislamisierung – das Gebet zu der vorgeschriebenen Zeit und in sichtbarer Form, d. h. in einer Moschee oder dort, wo sie sich gerade befinden. Schenkt man Historikern und Theologen Glauben, war es noch nie bequem, fünfmal am Tag die Tätigkeit oder Ruhe zu unterbrechen. Anforderungen der Gegenwart – etwa Arbeit an einer modernen Maschine – erzeugen zusätzliche Schwierigkeiten. Auch dürften sich Tendenzen einer Säkularisierung hier bemerkbar machen.

Weltliche und religiöse Autoritäten appellieren deshalb an die Gläubigen, ihrer Pflicht zum fünfmaligen Gebet am Tage nachzukommen. In Saudi-Arabien etwa beklagte der König Anfang 1983 in einem Rundschreiben an staatliche Dienststellen, eine »gewisse Laxheit« habe dazu geführt, daß Beamte nicht (mehr) am gemeinsamen Gebet während der Dienstzeit teilnehmen. »Sogar in einigen Ministerien und Regierungsämtern haben die höheren Beamten den niederen ein schlechtes Beispiel gegeben. In weit höherem Maße haben gewisse Firmen, Institutionen, Läden und Ausstellungshallen entweder keine gemeinsamen Gebete organisiert oder nicht einmal daran gedacht, es zu tun.« Der König forderte, alle Beamten und Angestellten zum Beten zu veranlassen. Die höheren Dienstränge sollten dies zusammen mit den Untergebenen tun. Die einheimischen und ausländischen Firmen sollen auf einen Hinweis des Handelsministeriums hin ihr muslimisches Personal zum Gebet anhalten.[2]

Das Gebet ist Gegenstand auch der öffentlichen Diskussion. Eine ägyptische Zeitschrift druckte 1979 folgende Frage ab: »Ich arbeite bei einer Elektrizitäts-Station, und meine Aufgabe besteht darin, dafür zu sorgen, daß das Werk bei einem plötzlichen Stromausfall Strom erhält und nicht zum Stillstand kommt. Wenn ich nun beim Gebet bin und der Strom fällt aus – darf ich das Gebet abbrechen, um Schaden zu verhüten?« Die Antwort lautete: »Ja, du darfst das Gebet abbrechen. Du mußt es sogar tun, insbesondere dann, wenn niemand in deiner Nähe ist, der die Arbeit verrichten könnte. Du hast keinen Nachteil davon – der Islam ist eine angenehme Religion. Er schreibt vor, daß der Beter sein Gebet unterbricht, um einem

Blinden zu Hilfe zu kommen oder einem kleinen Kind, das Schaden erlitten hat. Oder wenn ein Räuber versucht, dir etwas zu entwenden – tue das Notwendige, und kehre dann zum Gebet zurück.«[3]

Die Abgabe für die Bedürftigen – Zakat – erfuhr in zweierlei Hinsicht eine Modifizierung. Geld spielt heute eine größere Rolle als Feldfrüchte und Vieh. Bei vielen Moscheen gibt es ein »Zakat-Komitee«, das die Abgaben der Gläubigen entgegennimmt. Zum anderen führen die Bevölkerungsexplosion und die damit zusammenhängende rasche Zunahme von »Armen« im Sinne des islamischen Rechts dazu, daß der Kreis derer, die zur Zahlung der Abgabe verpflichtet sind, relativ klein geworden ist. Ein Arbeiter etwa, der den Mindestlohn verdient – und damit angesichts der herrschenden Verhältnisse in den meisten islamischen Ländern noch recht gut gestellt ist –, gehört nicht mehr zu ihm. In der Industrie entrichten die Beschäftigten vom Vorarbeiter oder Meister an aufwärts Zakat. In der Landwirtschaft wird traditionell danach gerechnet, ob bestimmte Erträge erwirtschaftet werden. Zakat auf Edelmetalle bzw. Schmuck im allgemeinen und auf Handelsware zahlt der Besitzer nach eigenem Ermessen. Generell gilt, daß alle, auch die, die von der Pflicht ausgenommen sind, aufgerufen werden, Zakat zu zahlen. Es wird ihnen als verdienstvolle Tat angerechnet.

Im Ramadan hat sich der Muslim von Sonnenaufgang bis Sonnenuntergang sinnlicher Genüsse – dazu rechnen u. a. Essen, Trinken, Rauchen sowie der Sexualverkehr – zu enthalten. Davon ausgenommen sind Kinder bis zum Erreichen der Pubertät (sie werden an das Fasten herangeführt, indem sie sich erst einen oder mehrere Tage an ihm beteiligen), Schwangere, Kranke, Soldaten im Kriege. In den Armeen, die nicht Krieg führen, ist die Praxis unterschiedlich. Einige Staaten verpflichten Soldaten zum Fasten, andere nehmen sie davon aus. Aufgang und Untergang der Sonne werden traditionell mit bloßem Auge beobachtet, doch stehen heute auch moderne Geräte und Tabellen zur Verfügung. Irrtümer sind dennoch nicht ausgeschlossen. So wurde 1983 in Ägypten der Beginn des Ramadan – das Erscheinen des Neumonds – einen Tag früher als erwartet verkündet. Die Ägypter waren darauf nicht eingestellt: Sie erwachten am Morgen und erfuhren zu ihrer Überraschung durch den Rundfunk, daß sie zu fasten hätten. Später erklärten die ägyptischen Theologen, daß es sich um einen Irrtum gehandelt habe. Die Angelegenheit fand in der Presse ein großes Echo.

Der Ramadan ragt aus der Reihe der zwölf Monate des Jahres in einer Weise heraus, die in anderen Religionen keinen Vergleich hat. Er ist ein dreißigtägiges Fest. Familien sitzen zusammen und erwarten mit Ungeduld die Ankündigung – heute meist durch Rundfunk und Fernsehen – des Sonnenuntergangs. Die Nacht wird zum Tage. Nicht nur, daß jetzt Essen und Trinken erlaubt sind; in den Nachtstunden finden viele Darbietungen statt, die das Besondere des Monats unterstreichen, darunter Wettbewerbe im Rezitieren des Korans, Tänze, Spiele, Andachten. Die Städte sind festlich beleuchtet, insbesondere die Moscheen und ihre unmittelbare Umgebung. Das »Fastenbrechen«, die erste Mahlzeit nach dem Fasttag, wird häufig mit besonderen Zeremonien begangen. Restaurants bieten am Abend spezielle Ramadan-Mahlzeiten an.

Zum Ramadan gehört, daß die Regierung besondere Lebensmitteleinfuhren organisiert. Denn dadurch, daß sie den ganzen Tag auf die Mahlzeiten warten, nehmen die Gläubigen, die es sich leisten können, mehr als normalerweise zu sich. Die Wohlhabenden unter ihnen kümmern sich um die Armen in ihrer Umgebung. Die »Abgabe des Fastenbrechens« (zakat al-fitr) ist allgemein üblich.

Der Besuch der Kaaba im Monat Dhu'l-Hidscha ist seit altersher das am schwersten zu erfüllende Gebot. Für die meisten Muslims war der Weg weit – oft mehrere tausend Kilometer. Hinzu kamen zahlreiche und oft unwägbare Erschwernisse unterwegs – das Durchqueren von Wüsten, von Kriegsgebieten, von unsicheren Gegenden, in denen Wegelagerer ihrer Opfer harrten. Pilger waren zuweilen jahrelang unterwegs. Wiederholt unterbrachen sie die Reise, um zu arbeiten und so Reisegeld für den nächsten Teil der Strecke zu verdienen. Manch einer dachte nicht mehr an Rückkehr. Er wollte in Mekka sterben und in der Nähe der Kaaba oder von Muhammads Grab in Medina begraben werden.

Heute ist die Wallfahrt ein organisiertes Unternehmen. Ihre Erschwernisse verringerten sich, andererseits stieg ihr finanzieller Aufwand beträchtlich. Die Staaten, die mit der Wallfahrt zu tun haben, unterhalten meist einen eigens für sie bestimmten Apparat, sowohl im Heimatland als auch in Saudi-Arabien. Die Pilger reisen in Gruppen, organisiert, betreut und zu einem Teil auch finanziert von staatlichen oder privaten Institutionen.

Die Zahl der Pilger stieg in den letzten Jahren beständig. 1983 kamen ungefähr 2,5 Millionen Muslims zur Wallfahrt nach Mekka, davon etwa 1,4 Millionen aus dem Ausland. Unter den ausländischen Pilgern sind die Ägypter meist am stärksten vertreten; 1983 betrug ihre Zahl 121 000. Schiiten, die eine Wallfahrt unternehmen, suchen auch die Gräber der vier in Medina bestatteten Imame auf.

Die zuständigen Behörden Saudi-Arabiens wandten – dies vor allem unter den Königen Faisal und Chalid – beträchtliche Summen auf, um eine so große Zahl von Pilgern zu empfangen und zu betreuen. Den Hof der Moschee, die die Kaaba umgibt, ließen sie erweitern, so daß er jetzt ungefähr 300 000 Menschen Platz bietet. Dafür mußten ältere Bauten weichen. Auch an den anderen Stätten entstanden moderne Anlagen; 1983 allein für 1,5 Milliarden Rial (etwa 400 Millionen US-Dollar). Unter anderem wurden mehrere tausend Toiletten installiert, Wasserbehälter für Trinkwasser und Wasser für die vorgeschriebenen Waschungen – mit mehr als tausend Zapfstellen – errichtet sowie Moscheen und Straßen erweitert. In Dschidda entstand neben dem internationalen Flughafen ein eigener Pilger-Flughafen, dessen Baukosten mehrere Milliarden Dollar betrugen. Er ist nur während der Pilgerfahrt in Betrieb, also weniger als einen Monat im Jahr.

Die Behörden Saudi-Arabiens erließen in den letzten Jahren Vorschriften, um die Aufwendungen zu begrenzen, die für die Wallfahrt im Lande zu erbringen sind. Jeder »Pilgerführer« (mutauwif) muß sich registrieren lassen und darf nur noch eine bestimmte Anzahl von Pilgern betreuen. Letztere sind verpflichtet, einen Führer zu engagieren, damit sie alle Riten der Wallfahrt korrekt ausführen. Der Führer hilft auch bei der Regelung der Paßangelegenheiten, besorgt eine Unterkunft usw. Für die Pilgerfahrt 1983 setzte das zuständige Ministerium die Kosten für die Miete eines Hauses in Mekka auf 900 bis 1500 Rial (etwa 250 bis 400 US-Dollar) fest, je nach Komfort und der Entfernung zur Kaaba.

Die Islamische Entwicklungsbank startete 1983 ein Unternehmen besonderer Art: Sie beschloß, das Fleisch von 100 000 Tieren (Kamele, Hammel), die am Ende der Wallfahrt als Opfer geschlachtet werden, nicht wie bisher als »Eigentum Allahs« verderben zu lassen, sondern an Flüchtlinge in Somalia, Djibouti und Sudan zu senden. Dafür stellte sie eigens Veterinärmediziner aus Ägypten und der Türkei an.

Die Muslims, die zur Wallfahrt nach Mekka kommen, erleben die internationale Dimension ihrer Religion. Das vermag sie in ihrem solidarischen Empfinden füreinander zu bestärken. Malcolm Little, ein afroamerikanischer Muslim – weltweit bekannt geworden unter dem Namen Malcolm X –, der 1964 an der Wallfahrt teilnahm, berichtete in einem Brief aus Dschidda: »Zehntausende Pilger aus allen Teilen der Welt sind zusammengekommen. Alle Farben sind vertreten, von blauäugigen Blonden bis zu schwarzäugigen Afrikanern. Alle diese Menschen beteiligen sich am gleichen Ritual in einem Geist der Einheit und Brüderlichkeit, von dem ich aufgrund meiner in Amerika gemachten Erfahrungen nicht glaubte, daß er zwischen Weißen und Nicht-Weißen existieren könne.«[4] (Im Jahr darauf, Anfang 1965, ermordeten weiße Rassisten Malcolm X, der sich in den USA für die Rechte der Afroamerikaner eingesetzt hatte. Das gleiche war schon seinem Vater widerfahren.)

1990 überschattete eine Katastrophe die Wallfahrt, zu der 2 Millionen nach Mekka gekommen waren. Am 2. Juli befanden sich ungefähr 5000 Pilger in einem Tunnel bei Mina (zwischen Mekka und der Hochebene Arafa), als die Belüftungsanlagen aussetzten. Die Temperatur stieg innerhalb weniger Minuten auf über 50 Grad, und eine Panik brach aus. Über 1400 Gläubige starben; viele erstickten, andere wurden von denjenigen, die zum Ausgang drängten, niedergetrampelt.

Muslims in aller Welt, die nicht nach Mekka pilgern, feiern zu Hause zur Zeit der Pilgerfahrt das Opferfest. Jede Familie schlachtet, wenn möglich, einen Hammel. Das Tier wird in den Städten unmittelbar vor dem Fest gekauft und auf dem Hof des Hauses – notfalls auf dem Balkon – angebunden, bis das Fest beginnt. Da Muslims so alle Allah gleichzeitig ein Opfer darbringen – einige in Mekka, die anderen zu Hause –, empfinden viele von ihnen das Opferfest als Manifestation ihrer Einheit und Gemeinsamkeit.

»Der Mufti antwortet«

Zwar gibt es nur wenige Gebote im Islam – eigentlich nur vier, da das Glaubensbekenntnis nicht in demselben Sinne »erfüllt« oder »befolgt« wird –, doch sind in ihrer Auslegung im Laufe der Jahrhunderte zahlreiche Vorschriften entstanden. Für einen Muslim ist es deshalb nicht immer leicht, sich zurechtzufinden. Neuerdings bieten zunehmend Zeitungen und Zeitschriften ihre Hilfe an. Sie widmen – zumeist am Freitag oder Donnerstag – dem religiösen

Leben eigene Seiten oder Rubriken. Hier auch beantworten sie oft Leserfragen, etwa unter der Überschrift: »Sie fragen – der Mufti antwortet«.

Es geht dabei um verschiedenartige Themen.

Ein Leser fragte: Wird ein Mensch, der zehn Jahre alt ist, dafür zur Verantwortung gezogen, daß er das Gebet unterlassen hat? Die Antwort: Das hängt davon ab, ob er im Sinne des islamischen Rechts erwachsen (»rechtsfähig«) ist. Ein Junge ist es nicht, wohl aber ein Mädchen, das bereits geschlechtsreif oder gar schwanger ist bzw. war.[5]

Ein Fragesteller wollte wissen: Wenn jemand ein freiwilliges Gebet spricht, und es wird zum Pflichtgebet gerufen – soll er schnell sein Gebet beenden, oder kann er es abbrechen? Die Antwort: Gebete dürfen nicht plötzlich beendet werden. Bevor das Pflichtgebet beginnt, muß das freiwillige Gebet abgeschlossen sein. Handelt es sich bei letzterem um eines mit vier Rak'as und zwei von ihnen sind noch nicht beendet, dann kann das freiwillige Gebet auf zwei Rak'as verkürzt werden, damit der Betende die erste Rak'a des Pflichtgebets nicht verpaßt.[6]

Eine andere Frage lautete: Ich unternahm 1978 zusammen mit sechs Angehörigen die Pilgerfahrt und kaufte am Tag des Opfers sieben Ziegen. Der Platz war überfüllt. Als ich sechs Ziegen geschlachtet hatte, war die siebente verschwunden. Man erklärte uns, da wir sieben Ziegen bezahlt hätten und alle sieben hätten opfern wollen, sei weiter nichts nötig. Wir gingen, doch ich war unsicher. Bei einer weiteren Pilgerfahrt 1981 opferte ich deshalb eine zusätzliche Ziege, als Ausgleich für die verlorene. War das richtig, und war es genug? Antwort: Geht ein Opfertier verloren, muß das Opfer dennoch gebracht werden. Sie hätten eine andere Ziege oder ein Schaf kaufen und opfern sollen. Deshalb haben Sie richtig gehandelt, das bei der zweiten Pilgerfahrt zu tun. Jede Unterlassung bei der Pilgerfahrt – mit Ausnahme des Verweilens zur rechten Zeit in Arafa – kann durch ein Opfer kompensiert werden. Kehrt jemand nach Hause zurück und hat hier etwas versäumt, sollte er einen Freund bitten, der nach Mekka reist – zur Zeit der Pilgerfahrt oder zu jeder anderen Zeit –, das Versäumte für ihn nachzuholen.[7]

In islamischen Ländern werden Jahr und Tag heute vielfach zweifach angegeben: nach dem gregorianischen Kalender wie nach der islamischen Zeitrechnung, die mit dem ersten Tag des Jahres beginnt, in dem Muhammad von Mekka nach Medina übersiedelte (Hidschra). Abweichend davon rechnet man in Libyen. Hier wird seit Anfang 1979 nicht von der Hidschra, sondern vom Todestag Muhammads im Jahre 632 ausgegangen. Dies bedeutet, daß etwa zehn Jahre vom sonst üblichen islamischen Datum abzuziehen sind.

Muhammad hat die zu seinen Lebzeiten noch übliche Praxis, einen Schaltmonat in den damals gebräuchlichen Sonne-Mond-Kalender einzufügen, abgeschafft. Wenige Monate vor seinem Tode soll Allah ihm offenbart haben, daß der dreizehnte (Schalt-)Monat eine Form des Unglaubens darstelle.[8] Er führte einen reinen Mondkalender ein, unterteilt in zwölf Monate zu je 29 bzw. 30 Tagen (29 Tage für die Monate mit einer geraden Zahl, 30 für die mit einer ungeraden). Etwa alle drei Jahre wird, um das Jahr dem Umlauf des Mondes anzupassen, an den letzten Tag des zwölften Monats ein Schalttag angehängt.

Die Konsequenzen: Jedes Jahr beginnt, gemessen am gregorianischen Kalender, elf Tage früher als das Jahr zuvor. So fiel bzw. fällt der Jahresbeginn auf den 3. Januar 1976, den 27. September 1984, den 2. Juli 1992, den 6. April 2000 und den 10. Januar 2008.[9] Die islamischen Feste wandern dadurch durch alle Jahreszeiten. Die wichtigsten davon sind:

1. Muharram	– Neujahrstag,
10. Muharram	– Aschura-Tag,
12. Rabi al-auwal	– Geburtstag des Propheten,
27. Radschab	– Nacht der Himmelfahrt Muhammads,
1. Ramadan	– Beginn des Fastenmonats,
27. Ramadan	– »Nacht der Bestimmung«, in der die Offenbarung des Korans begann,
1. Schawwal	– Fest des Fastenbrechens,
10. Dhu'l-Hidscha	– Opferfest; Zeit der Wallfahrt nach Mekka.

Im islamischen Festkalender ragen heraus der Ramadan mit dem »kleinen« Opferfest am Ende bzw. zu Beginn des neuen Monats und das »große« Opferfest, das die Gemeinde feiert, während die Pilger in Mekka weilen.

Sunniten und Schiiten haben einige Feste gemeinsam, andere kennt jeweils nur die eine oder andere Glaubensrichtung. So feiern die Schiiten die Geburts- und Todestage der Imame, von denen, wie die Zwölferschiiten glauben, elf einen Märtyrertod gestorben sind und der zwölfte in der Verborgenheit lebt, um am Ende der Zeiten als Welterlöser zu erscheinen. Das Ghadir-Chumm-Fest – in Iran seit Jahrhunderten offizieller Feiertag – erinnert sie daran, daß in Chumm, einem Ort zwischen Mekka und Medina, ihrer Auffassung nach Muhammad am 18. Dhu'l-Hidscha 632 bei der Rückkehr von seiner Abschiedspilgerfahrt Ali, den ersten Imam, zu seinem Nachfolger ernannte. Der 20. Dschumada'l-achira ist der Geburtstag von Fatima, der Tochter des Propheten und Frau des ersten schiitischen Imam. Die Grabstätten Alis und Hussains in Nadschaf und Kerbela (beide Irak) wurden zu vielbesuchten Wallfahrtsorten. Viele ältere Schiiten lassen sich dort nieder, um in ihren letzten Lebensjahren einem der Imame nahe zu sein und um sich dort beerdigen zu lassen. Nadschaf und Kerbela wurden auch zu Zentren theologischer Gelehrsamkeit, in denen sich Gelehrte und Studenten aus der schiitischen Welt versammeln.

Ehe und Familie

Frauen sind in der islamischen Welt weithin noch den Männern untergeordnet. Die sozialen Verhältnisse gestatten nur wenigen von ihnen eine Ausbildung und einen Beruf, die eine gewisse Unabhängigkeit gewährleisten. Traditionen verfestigen diesen Zustand.

Im vorislamischen Arabien hatte der Vater das Recht, ein neugeborenes Mädchen lebendig zu begraben. Muhammad und der Islam setzten, verglichen mit dieser Zeit, eine Besserstellung der Frau durch.

Die Polygynie (meist als Polygamie bezeichnet) ist im Koran verankert. Dort heißt es: »Und wenn ihr fürchtet, gegenüber den Waisen nicht gerecht zu sein, dann heiratet, was euch an Frauen beliebt zwei, drei oder vier. Wenn ihr aber fürchtet, (sie) nicht gleich zu behandeln, dann nur eine, oder was eure rechte Hand (an Sklavinnen) besitzt. Das bewirkt es eher, daß ihr euch vor Ungerechtigkeit bewahrt.«[10]

Ein privatrechtlicher Vertrag, den der Bräutigam und ein männlicher Vertreter der Braut in Gegenwart von zwei männlichen Zeugen unterschreiben, begründet gemäß islamischem Recht die

Ehe. Er räumt dem Mann die Rechte eines Ehemannes ein, und zwar gegen Zahlung eines »Brautgeldes«, dessen Höhe Bestandteil des Vertrages ist. Einen Teil davon erhält die Braut bei der Heirat, den Rest bei einer eventuellen Scheidung. Sie ist dadurch bis zu einem gewissen Grade sozial abgesichert. Im übrigen herrscht in der Ehe Gütertrennung. Der Mann ist im allgemeinen zum Unterhalt der Frau verpflichtet, und zwar entsprechend ihrem bisherigen Lebensstandard. Das gilt sinngemäß auch, wenn er mehrere Frauen heiratet (er darf bis zu vier nehmen); er muß alle gleich behandeln. Im Ehevertrag kann festgelegt werden, ob er die Zustimmung seiner Frau zu einer weiteren Heirat benötigt. Die Frau ist dem Manne Gehorsam schuldig. Er kann ihr verbieten, das Haus zu verlassen, ohne Schleier in der Öffentlichkeit zu erscheinen, andere Männer – außer Familienangehörigen – bei sich zu empfangen.

Der Islam regelt auch die Scheidung. Der Mann darf die Frau »verstoßen«, d. h. sich von ihr scheiden. Dieser Akt wird indessen erst – es dient dies dem Schutz der Frau – nach drei Menstruationen wirksam. Innerhalb dieser Frist kann der Mann die Scheidung rückgängig machen. Eine andere Art der Verstoßung, die die Ehe unmittelbar beendet, ist rechtlich möglich, gilt aber als moralisch verwerflich.

In den letzten Jahrzehnten verbesserten an europäischen Vorbildern orientierte Gesetze vielfach – zumindest formell – die Stellung der Frau. So wurde in Tunesien die Einehe vorgeschrieben, dies mit der Begründung, daß heute niemand mehr, wie im Koran gefordert, mehrere Frauen gleichartig behandeln könne. Andere Staaten erschwerten die Mehrehe, teilweise unter Hinweis auf Koran und Sunna. So muß der Mann beispielsweise eine gerichtliche Genehmigung vorlegen, die er nur erhält, wenn die erste Frau unerwarteter Weise unfruchtbar ist oder an einer unheilbaren Krankheit leidet. Die Mehrehe war allerdings, da zumeist nur einem begüterten Manne möglich, ohnehin immer recht selten. In der Gegenwart spielt sie nur eine geringe Rolle. In den Städten ist sie praktisch verschwunden. In den meisten Ländern liegt der Anteil der Männer, die mit mehr als einer Frau verheiratet sind, unter einem Prozent.

Die Reislamisierung gefährdet Fortschritte, die Frauen auf dem Weg zur Gleichberechtigung machten. In Pakistan hatte Präsident Zia ul-Haqq angekündigt, daß bei möglicherweise stattfindenden

Wahlen neben Angehörigen religiöser Minderheiten und Analphabeten auch Frauen nicht wahlberechtigt sein sollten. In Iran entschloß man sich dazu, bei unverheirateten Beamtinnen einen Jungfernschaftsnachweis zu verlangen.

Umstritten ist die Verschleierung der Frau in der Öffentlichkeit. Der Koran erwähnt sie nicht ausdrücklich. Ihre Befürworter berufen sich indessen auf zwei Koranstellen. Einmal heißt es da: »Und sprich zu den gläubigen Frauen, sie sollen ihre Blicke senken und ihre Scham bewahren, ihren Schmuck (d. h. die Körperteile, an denen sie Schmuck tragen) nicht offen zeigen, mit Ausnahme dessen, was sonst sichtbar ist. Sie sollen ihren Schleier auf den Kleiderausschnitt schlagen und ihren Schmuck nicht offen zeigen, es sei denn ihren Ehegatten, ihren Vätern, den Vätern ihrer Ehegatten, ihren Söhnen, den Söhnen ihrer Ehegatten, ihren Brüdern, den Söhnen ihrer Brüder und den Söhnen ihrer Schwestern, ihren Frauen, denen, die ihre rechte Hand besitzt, den männlichen Gefolgsleuten, die keinen Trieb mehr haben, den Kindern, die die Blöße der Frauen nicht beachten.«[11] Zum anderen findet sich die Forderung: »O Prophet, sag deinen Gattinnen und deinen Töchtern und den Frauen der Gläubigen, sie sollen etwas von ihrem Überwurf über sich herunterziehen.«[12] Von einem Gesichtsschleier ist hier nicht die Rede. Er scheint unter den Osmanen üblich geworden zu sein. Auf dem Lande und unter den Beduinen der Wüste war der Schleier nicht verbreitet.

In den letzten Jahrzehnten war die Verschleierung der Frau zurückgegangen. Konservative stemmen sich inzwischen diesem Trend entgegen. In Iran hatten Frauen mit dem schwarzen Körperschleier (Tschador) die »islamische Revolution« unterstützt; danach suchte die neue Staatsmacht die Verschleierung durchzusetzen. Der 17. Dej, der Tag des Jahres 1935, an dem Reza Schah die Frauen verpflichtet hatte, den Schleier abzulegen, und der unter seinem Regime als Tag der Befreiung der Frau von Rückständigkeit und Versklavung eingeführt worden war, galt ihr als Tag der »Verderbnis«. In einer Reihe von islamischen Ländern gehen mehr Mädchen und Frauen als zuvor verschleiert auf die Straße, um ihre Besorgungen zu erledigen oder eine Lehranstalt zu besuchen. Ende der siebziger Jahre war in Ägypten die Schuljugend, eine der wichtigsten Bastionen der Muslimbruderschaft, geradezu Vorreiter bei der Rehabilitierung des Schleiers. Weniger konservative Kreise betrachten diese Entwicklung mit Besorgnis, doch verschleiern sich auch nicht wenige Mädchen und Frauen, die ihnen zuzurechnen sind, da der Druck der Konservativen mitunter beträchtlich ist.

Zunehmend stehen auch die wirklichen – d. h. die sozialen – Probleme der Frauen in der islamischen Welt zur Diskussion. Familien sind vielfach gezwungen, ihre Töchter anderswohin zu schicken, damit sie Beschäftigung und Unterhalt finden. Dazu bekommt man, wie Detlev Khalid schreibt, von einem Arbeiter aus Karatschi oder einem Bauern aus dem Pandschab zu hören: »Früher hatten die Eltern in Zeiten der Not die Wahl, ob sie ihre Töchter verhungern oder in die Sklaverei der Feudalherren gehen lassen. Die meisten entschieden sich für die zweite Lösung. Wenn heute die Tochter Krankenschwester wird und in eine andere Stadt oder gar nach Abu Dhabi zieht, dürfen wir uns nicht der Illusion hingeben, gegenüber damals habe sich etwas verbessert. Da hilft kein Schleier und kein Gebet, sondern nur eine Verbesserung der Lebensverhältnisse.«[13]

Selbst im Intimbereich machen sich soziale Spannungen geltend. Sind Familien groß und leben in beengten Wohnverhältnissen (nicht selten 6, 8 oder 10 Personen in einem Raum), finden Paare oft nur selten Gelegenheit, sexuell miteinander zu verkehren. Demgegenüber sehen sie, welche Möglichkeiten die Reichen hier haben: eigene Schlafzimmer für die Eltern, gesonderte Kinderzimmer, zudem Clubs, wo Männer und Frauen sich treffen.

Problematisch sind gleichfalls die hohen Geburtenraten in Entwicklungsländern, die von einer »Bevölkerungsexplosion« sprechen lassen. Kairos Bevölkerung etwa stieg von 2 Millionen nach dem zweiten Weltkrieg auf über 12 Millionen. Das Gedränge in den Straßen, das Verkehrschaos, die Überbelegung der Wohnungen sowie die erschreckende Verschmutzung bezeugen eine extreme Überbevölkerung. Das ließ Familienplanung auch für Muslims zu einem aktuellen Thema werden.

Progressive Kräfte nahmen und nehmen hier eine konstruktive Haltung ein. Das ägyptische Religionsministerium gab 1969 in seiner Reihe »Die Bibliothek des Imam« eine Broschüre heraus, in der es Familienplanung befürwortete. Große Familien, hieß es, vergrößerten die Probleme des Staates und begünstigten Rückständigkeit und Armut. Auch stimme es nicht, daß viele Kinder die Frau eher vor der Scheidung bewahrten.[14] Die Verantwortlichen im heutigen Ägypten möchten gleichfalls das Bevölkerungswachstum bremsen. »Eine kleine Familie ist eine glückliche Familie«, lautet eine ihrer Losungen.

Konservative sahen und sehen das anders. Die »Arab News« stellte sich 1983 der Frage: Ist der Gebrauch von Kontrazeptiva und anderen Methoden der Geburtenkontrolle im Islam erlaubt, wenn man meint, eine kleine Familie sei den eigenen Lebensumständen angemessen? Die Antwort, lang und detailliert, ging auf Überlieferungen ein, wonach Muhammad den Gebrauch von Mitteln zur Verhütung einer Schwangerschaft offenbar nicht verboten habe. Demnach könne man, wenn Mann und Frau sich in eigener Verantwortung dafür entschieden, solche Mittel auch heute anwenden. Sie müßten ungefährlich sein und jede Form der Sterilisation ausschließen. Der Wille Allahs werde sich durchsetzen, was immer die Frau zur Verhütung einer Schwangerschaft tue. Eine Politik der Geburtenkontrolle, etwa zur Verringerung des Bevölkerungszuwachses, sei dagegen verboten. Sie sei kurzfristig angelegt und übersehe die Probleme der Zukunft. Vieles von dem, was über eine Bevölkerungsexplosion gesagt werde, sei ein Mythos und halte einer sorgfältigen Prüfung nicht stand. Ein kleiner Teil der Rüstungsausgaben in der Welt würde reichen, das Problem des Hungers zu lösen. Muhammad habe die Muslims aufgefordert, keine sehr kleinen Familien zu haben.[15]

Geburt und Tod

Der Islam bietet einen Rahmen auch für die beiden Grenzsituationen menschlichen Lebens: Geburt und Tod.

Nachdem es geboren ist, werden dem Kind der Ruf zum Gebet, den sonst der Muezzin spricht, und die Ankündigung, daß das Gebet begonnen hat, in das rechte bzw. linke Ohr gesprochen. Am siebenten oder am vierzigsten Tag danach erhält es seinen Namen. Es gibt heute noch den Brauch, wenn dem Kind zum erstenmal die Haare geschnitten werden, deren Gewicht in Silber aufzuwiegen und den Wert für die Armen zu spenden. Reichere Eltern schlachten einen Hammel und geben ein Festmahl.

Zum »Lebenseinstieg« eines Muslims gehört ferner die Beschneidung, ausgeführt am Jungen wie am Mädchen. Im Koran ist sie nicht erwähnt. In der Tradition spielt sie dagegen eine große Rolle, bis hin zu der Überlieferung, daß Muhammad beschnitten auf die Welt gekommen sei. Offenbar war die Beschneidung im vorislamischen Arabien üblich. Über ihren rechten Zeitpunkt gehen die Auffassungen bei den Vertretern der vier Rechtsschulen auseinander; es finden sich Hinweise für den siebenten Tag nach der Geburt bis zum 14. Lebensjahr.

Die Beschneidung eines Jungen ist ein Ereignis, das etwas hermacht. Reiche Eltern nehmen sie zum Anlaß für ein Fest, bei dem sie auch die Armen bedenken. Im Osmanischen Reich war die Beschneidung eines Prinzen so bedeutungsvoll, daß man die hohen Würdenträger aus dem ganzen Land dazu in die Hauptstadt einlud. Manchmal unterrichtete der Hof darüber sogar europäische Herrscher.

Die Beschneidung von Mädchen wurde demgegenüber diskret vorgenommen. In der Gegenwart gibt es Bestrebungen, sie abzuschaffen oder wenigstens auf das symbolische Maß zu beschränken, das die Tradition überliefert. Frauenorganisationen bekämpfen vor allem die in einigen Teilen der islamischen Welt geübte Praxis, die Beschneidung so radikal auszuführen, daß die Frau den Verkehr mit dem Mann nicht als angenehm empfindet – den Mann nicht »begehrt«, wie es in der Begründung heißt. Internationale Konferenzen behandelten dieses Thema.

Die Beschneidung von Mädchen verlor inzwischen an Bedeutung, zunächst in den Städten, und dort vor allem bei jenen, die ein Mindestmaß an Bildung genossen. Unter der Dorfbevölkerung ist sie noch stärker verbreitet. In Ägypten waren Ende der siebziger Jahre 10 Millionen Frauen – die Hälfte der weiblichen Bevölkerung – beschnitten. Zu diesem Zeitpunkt zeichnete sich ein Wandel auch auf dem Dorfe ab. Eine Frau aus Oberägypten berichtete, daß sie vor 30 Jahren ihre erste Tochter auf Drängen der Verwandten und Freunde – obgleich sie selbst dagegen gewesen sei – habe beschneiden lassen. Sieben Jahre später, als die zweite Tochter derselben Prozedur habe unterzogen werden müssen, verzichtete die Familie darauf. Die öffentliche Meinung im Dorfe hatte sich inzwischen gewandelt. Viele Dorfbewohner meinten, Männer würden keine Frauen heiraten, die diese Operation hinter sich hätten, da sie dann keinen Wunsch verspürten, mit ihren Ehemännern sexuell zu verkehren.[16]

Stirbt ein Muslim, muß er noch am gleichen oder darauffolgenden Tag beigesetzt werden. Die Leiche wird in drei Stoffbahnen gehüllt. Das Grab soll parallel zu Mekka liegen. Der Kopf des Toten wird zur rechten Seite geneigt, und zwar so, daß das Gesicht der

Kaaba zugewandt ist. Es werden Gebete gesprochen, am Grabe oder in der Moschee. Dabei steht der Imam bei einem Mann am Kopfende und bei einer Frau am Fußende der Bahre. Nach islamischer Auffassung befragen zwei Engel den Toten nach seinem Glauben. Deshalb sollen Gebete ihm helfen, zu antworten. Sie enthalten die wichtigsten Lehren des Islam: die Einzigkeit Allahs, die Sendung Muhammads als Prophet, die Gebetsrichtung, die Auferstehung der Toten.

Am vierzigsten Tag nach dem Tode und jedes Jahr am Todestag und bei den großen Festen gedenkt die Familie des Verstorbenen. Vielfach besucht sie das Grab und nimmt dort eine Mahlzeit ein.

Lokalkolorit

Der islamische Alltag erschöpft sich keineswegs in der Befolgung allgemeiner Normen. Zu ihm gehören Praktiken, die im offiziellen Islam keine Aufnahme fanden. Vielfach entstammen sie der vorislamischen Zeit, weshalb sie sich regional stark voneinander unterschieden. Dem Islam ist dadurch jeweils, wenngleich in unterschiedlichem Maße, ein gewisses Lokalkolorit eigen, und insgesamt ist er außerordentlich vielgestaltig.

Die Heiligenverehrung ist nach wie vor weit verbreitet. Viele Muslims schreiben den Heiligen eine mysteriöse heilsame Kraft zu, der sie teilhaftig werden möchten, etwa, um von einer Krankheit geheilt zu werden. Sie besuchen Heiligengräber, um Erde oder Gegenstände, die sie für einige Zeit deponierten, mitzunehmen. Auch hinterlassen sie Gaben, darunter Eßwaren. (»Heilige« kennt der orthodoxe Islam nicht. Gemeint sind Männer oder Frauen, die sich zu ihren Lebzeiten durch ihren Lebenswandel, die Gründung einer Bruderschaft usw. besonders hervortaten.)

In Pakistan werden Tage, die im Religionskalender Heiligen gewidmet sind, festlich begangen. Es finden Jahrmärkte statt, die zuweilen karnevalistische Züge annehmen: mit Alkohol- und Rauschgiftgenuß sowie Prostitution. Den Heiligen werden reichlich Spenden gebracht, was ihre Grabstätten im Laufe der Jahrhunderte prunkvoller werden ließ. Die Filmindustrie griff die Heiligenverehrung erfolgreich auf; Filme, in denen Gläubige am Grabe eines Heiligen Tränen vergossen und dieser Gebete erhörte, wurden zu Kassenschlagern. Pakistans populärster Schlager der siebziger Jahre lautete: »Laß doch kommen, was da will,

Qalandar!« (Die Qalandarija ist eine Bruderschaft von Wanderderwischen, die sich einmal im Jahr in Sindh treffen, um gemeinsame ekstatische Tänze aufzuführen.) Der ehemalige pakistanische Ministerpräsident Zulfikar Ali Bhutto besuchte demonstrativ Heiligengräber und beteiligte sich an Feiern zu Ehren von Heiligen.[17]

Schon in einem (einzigen) Land wie Indien hat der Islam viele Gesichter. Touristenprospekte bezeichnen gewöhnlich die Freitagsmoschee in der Delhier Altstadt, dem traditionellen Wohngebiet vieler muslimischer Handwerker und Gewerbetreibender mit engen Gassen, winzigen Läden, Teebuden und Garküchen, als die größte Moschee Asiens. Aus dem 17. Jh. stammend, besitzt sie in ihrer großzügigen Ausführung tatsächlich die äußeren Merkmale, die man mit der Vorstellung von einem solchen Bauwerk verbindet. Dem Besucher, der mit dem Flugzeug anreist, fällt indessen beim Anflug auf die indische Hauptstadt von Süden ein anderes prächtiges Gebäude auf, das gar nicht »muslimisch« erscheint und dennoch mit dem Islam in Verbindung steht: Es ist der einer Lotusblüte nachgestaltete Kultbau der Bahai-Sekte. Er kündet von der Präsenz, aber auch vom Reichtum dieser aus Iran stammenden Glaubensrichtung, die über weitreichende internationale Beziehungen verfügt und in jüngster Vergangenheit häufig in den Medien Erwähnung fand. Aus der Nähe betrachtet, bietet er ob seiner eigenartigen Gestalt und der exklusiven Lage einen beeindruckenden Gegensatz zur Atmosphäre um die Freitagsmoschee in Alt-Delhi.

Seine Vielgestaltigkeit verdankt der Islam in Indien den historischen Umständen wie den mannigfaltigen kulturellen und ethnischen Faktoren in dem Lande, in dem er heimisch wurde. Von den Muslims, die in nordindischen Dörfern und Kleinstädten Seite an Seite mit ihren hinduistischen Landsleuten und unter ganz ähnlichen Bedingungen leben, unterscheiden sich ihre Glaubensgenossen in anderen Teilen des Subkontinents. Die dunkelhäutigen Fischer an der Südostküste etwa, zumeist Muslims, sprechen Tamil, die Sprache der Region, und ihre Kultur ist der anderer Fischer an den Küsten des südlichen Indien ähnlich. Muslimische Dorfhandwerker – Weber, Schmiede, Zimmerleute – im Inneren der Staaten Tamilnad oder Andhra Pradesch gehören nach Sprache und Lebensweise gleichfalls untrennbar ihrem größeren Territorium an. Lediglich Gebildete unter diesen Muslims beherrschen Urdu, und des Arabischen, der Sprache des Korans, sind allenfalls Priester oder Schriftgelehrte mächtig.

Eine bemerkenswerte islamische Bevölkerungsgruppe sind die rund vier Millionen Mappila in Kerala, die wie andere ethnische Gemeinschaften der Südwestküste die Malayalam-Sprache verwenden. Als wahrscheinliche Nachfahren der ersten Konvertiten zum Islam in Indien – lange vor dem Einfall arabischer Heere in Nordwest-Indien – blieben sie außerhalb des Machtbereichs späterer islamischer Staaten auf indischem Boden und des vom Urdu geprägten indo-islamischen Kulturbereichs. Ihre Moscheen sind noch heute äußerlich kaum von gewöhnlichen Bauwerken im Stil der Südwestregion zu unterscheiden. In ihren sozialen Bräuchen – vor allem in den Hochzeitszeremonien – leben die Eigenheiten der Malayali-Kultur Keralas fort. Die Frauenkleidung bewahrt Merkmale, die bei Muslims anderswo in Indien keine Parallele haben.

Memon, Khoja und Bohra sind ursprünglich in Gudscharat beheimatete Gemeinschaften an der Westküste Indiens, die zum Islam übertraten und vorwiegend Handel treiben. Sie unterscheiden sich nicht bloß aufgrund ihrer Herkunft, sondern auch in ihrer Lebensweise und durch ihren allgemeinen Wohlstand von der Mehrzahl der übrigen Muslims Indiens, mit denen sie den Kontakt meiden. Jede der drei Gruppen ist wiederum auf die Beachtung der eigenen sozio-religiösen Identität bedacht. Memons gehören zu den Sunniten, Khojas und Bohras dagegen sind Schiiten bzw. eher unter der gemeinsamen Bezeichnung Ismailiten bekannt. Ein straff organisiertes Priestertum führt die beiden letztgenannten Gruppen, die sich trotz des gemeinsamen religiösen Ursprungs deutlich voneinander abgrenzen. Eine streitbare Reformbewegung wendet sich gegen diese Institution; hauptsächlich prangert sie die autokratische Praxis des religiösen Oberhaupts der Gemeinschaft sowie den damit verbundenen Mißbrauch der Loyalität von Gläubigen an und ringt um eine rationale Weltsicht.

Auch im nördlichsten indischen Unionsstaat Kaschmir, dem einzigen mit überwiegender Muslimbevölkerung, ist das alte lokale Erbe gegenwärtig. Die wuchtige Holzarchitektur, in der hier die Moscheen ausgeführt sind, will so gar nicht mit dem herkömmlichen Bild des islamischen Kultbaus zusammenpassen. In der Tat handelt es sich um Zeugnisse der vorislamischen Bautradition dieser Himalayaregion.

Das lange Nebeneinander und Zusammenleben verschiedener konfessioneller und ethnisch-kultureller Gemeinschaften Indiens führte zu intensiver wechselseitiger Beeinflussung und war die Grundlage für die Herausbildung jener »komplexen Kultur« Indiens, von der häufig die Rede ist. Dies gerade äußert sich im Alltag. In Vergangenheit und Gegenwart beteiligen sich an religiösen Festen von Muslims und Hindus gern Angehörige der jeweils anderen Konfession, die im gleichen Viertel wohnen. Es handelt sich hier im Grunde um Volksfeste oder Jahrmärkte, in denen oft regionale oder lokale Traditionen eine größere Rolle spielen als das religiöse Element, das den Anlaß für sie gab. Oder: Indische Muslims haben nicht nur ihre eigenen Kultstätten, Gemeinschaftsbindungen und Bräuche; sie leben auch konzentriert in bestimmten Vierteln von Städten oder kleineren Ortschaften und bestimmen dort möglicherweise mit charakteristischen Attributen der Kleidung und des Habitus das Erscheinungsbild. Doch wäre es voreilig, einen Menschen aufgrund äußerer Merkmale sogleich einer konfessionellen Gemeinschaft zuordnen zu wollen. Da mag man in Delhi einem Tischler begegnen, an Turban und ungeschorenem Haupthaar von weitem als Sikh erkennbar. Er spricht indessen Urdu, die seit Jahrhunderten unter der städtischen Bevölkerung Nordindiens bei Muslims wie Hindus verbreitete Sprache. Für seine Berechnungen auf der Schiefertafel verwendet er sogar dessen aus dem Persischen hergeleitete Schrift. Wenngleich Urdu historisch gesehen ein wichtiges Resultat der indoislamischen Kultur ist, wäre es sicher unrichtig, es schlichtweg als Sprache der indischen Muslims zu bezeichnen.

Die wechselseitige Beeinflussung und Akkulturation schreitet in der Gegenwart weiter fort. Dadurch verändern sich gewohnte Verhältnisse. Auch sozio-ökonomische Wandlungen wirken sich aus. Das betrifft vor allem – aber nicht nur – den Lebensstil vieler Angehöriger von mittleren und oberen Schichten, Frauen inbegriffen. Da verschwinden traditionelle Kennzeichen, andere bekommen einen neuen Stellenwert. Wollte man in einem Viertel Kalkuttas, das einen hohen Konzentrationsgrad von Muslims aufweist, von der Kleidung im Lungi-Stil, die Männer tragen, ohne weiteres auf die konfessionelle Zugehörigkeit des einzelnen schließen, könnte das zu Fehlurteilen führen. Vorlieben und Modetrends machen an Glaubensgrenzen nicht halt: Der Träger kann durchaus ein Hindu sein.

SCHLUSSBETRACHTUNG

Tradition – Säkularisierung – Toleranz

Der Islam geriet im Spannungsfeld von Kolonialismus und Antikolonialismus in ein Dilemma, das bis heute andauert. Er repräsentierte Verhältnisse, die sich der neuen kapitalistischen Ordnung – dem »Westen« – gegenüber als unterlegen erwiesen hatten. Das legte nahe, ihm kritisch gegenüberzutreten und, die Errungenschaften des Kapitalismus in allen Bereichen des gesellschaftlichen Lebens vor Augen, nach Möglichkeiten seiner Reform zu fragen. Zugleich verkörperte der Islam als das Überkommene das Eigene. Antikolonialisten beriefen sich auf ihn, um sich gegenüber Fremdherrschaft abzugrenzen und den Kampf gegen sie aufzunehmen, und heute sehen viele seiner Anhänger in ihm ein Bollwerk gegen drohende »Verwestlichung«. Wer den Islam kritisierte bzw. kritisiert, setzte und setzt sich da leicht dem Verdacht aus, die Tradition und damit das Eigene zu verraten oder gar mit den Kolonialherren zu kollaborieren. Doch gleich, wie sich jemand entschied oder entscheidet: Sich in der Welt zurechtzufinden, geriet im Gegenüber von Tradition und Moderne bzw. Reform als Problem, wie der Islam zu handhaben sei, was dessen fraglose Autorität reproduzierte und noch reproduziert.

Das bringt im Islam und in seiner Wirkungsweise gegensätzliche Tendenzen hervor.

Zunächst einmal: Eine Reislamisierung, die mit dem Fundamentalismus einhergeht, dürfte vorerst anhalten. Das kann sich mitunter in explosiven Ausbrüchen äußern, etwa in Terroraktionen muslimischer Radikaler. In seiner Militanz und Intoleranz kann Fundamentalismus Muslims gegeneinander aufwiegeln bzw. das Zusammenleben zwischen diesen und Nicht-Muslims vergiften. Bürgerkrieg ist da nicht ausgeschlossen. Vornehmlich wird Reislamisierung indessen weniger Aufsehen erregend im Alltag »stattfinden«. Um Halt und Sinngebung für ihr Leben zu finden, werden sich Muslims an ihre Religion halten.

Welche Konsequenzen hat es in diesem Zusammenhang, wenn der bisherige Sozialismus als reale Alternative zum Kapitalismus scheitert? Gewiß ist es noch verfrüht, diese Frage zu beantworten. Doch denkbar wäre, daß Muslims verstärkt ihre Religion als Heilmittel gegen Verwestlichung und als Menschheitsperspektive ins Spiel bringen.

Liberale Muslims warnen vor Radikalisierungen im Islam. »Es reicht nicht aus, daß man als vernünftiger Moslem, als Vertreter der schweigenden Mehrheit in der islamischen Welt es abscheulich findet, wenn im Namen des Islam heute Terrortaten begangen werden; wenn die geschichtlich immer wieder erwiesene Toleranz des Islam in den Augen der Weltöffentlichkeit jetzt, im letzten Viertel des zwanzigsten Jahrhunderts, zu verschwinden droht, weil wir zu feige sind, mit einer Minderheit islamischer Ultras abzurechnen«, meint der Ägypter Faradsch Ali Foda. »Haben wir bereits zu viel Angst vor den gewalttätigen Hitzköpfen? Ist es denn schon zu spät? . . . Da gibt es nur einen einzigen Weg: Die Religion muß auf ihren angestammten Platz in der Moschee zurückverwiesen werden. Vernunft und Logik statt religiöser Engstirnigkeit und Anmaßung müssen den politischen Dialog bestimmen.«[1]

Innerhalb des Islam im allgemeinen und seiner Reakitivierung im besonderen standen und stehen Konservative und Fortschrittskräfte einander gegenüber. Dabei haben im Bemühen, ihre Religion für sich zu beanspruchen, beide Seiten keineswegs gleiche Chancen.

Der Islam verlangt zunächst einmal von seinen Anhängern, sich im gemeinsamen Glauben an den einzigen Gott zu solidarisieren. Diese Solidarisierung trifft, da sie Gegensätze zu überbrücken sucht, auf Grenzen, doch ist sie auch Realität, was Konsequenzen für islamisch motivierte Auseinandersetzungen hat. Die Kontrahenten sehen sich immer wieder gehalten, angesichts der proklamierten und von ihnen akzeptierten Zusammengehörigkeit Abstriche an ihrem Engagement zu machen. Da haben die Konservativen im allgemeinen Vorteile, da sie bislang zumeist ökonomische und politische Macht besitzen, die sie nutzen – nicht zuletzt durch Einflußnahme auf die öffentliche Meinung –, ihre gleichfalls islamisch argumentierenden Gegner in die Defensive zu drängen.

Etwas anderes kommt hinzu. Der Islam gewann Gestalt innerhalb des Überganges zu einer klassenstrukturierten Gesellschaft, und in seiner Traditionalität ist er zunächst einmal ihr verbunden. Er ist folglich eher geeignet, Überkommenes in der Gesellschaft zu verteidigen als in Frage zu stellen. Maxime Rodinson macht auf diesen Zusammenhang aufmerksam. Wie kann man ausrufen, fragt er, diese oder jene Güter müssen im Namen des Islam kollektiviert werden, während die Besitzer dieser Güter Muster der Frömmigkeit sind; während die Mehrzahl der religiösen Führer bereit ist zu proklamieren (und mit Recht), daß der Islam das Privateigentum heiligt; während der Islam nach Meinung aller historisch mit der traditionellen Gesellschaft verbunden ist, zu deren Grundlagen der praktisch unberührbare Charakter des Privateigentums gehört?[2]

Und noch etwas ist zu berücksichtigen. Der Gegner war für Fortschrittskräfte innerhalb der religiösen Vorstellungswelt leicht auszumachen, als er, wie das im allgemeinen im antikolonialen Kampf der Fall war, einer anderen Religionsgemeinschaft angehörte. Das ändert sich, wenn das Streben nach voller Unabhängigkeit mit den Auseinandersetzungen um die innerstaatliche Entwicklung verschmilzt; da sind zumeist Glaubensgenossen miteinander konfrontiert, was die bislang Unterprivilegierten leicht daran hindern kann, ihren Gegnern mit angemessener Konsequenz gegenüberzutreten.

Eine progressive Ausdeutung des Islam ist deshalb nicht bedeutungslos. Im Gegenteil. Die klassenstrukturierte Gesellschaft schloß in jeder Phase Kämpfe ein, die über ihre jeweilige Begrenztheit hinauswiesen, und zu denen, die sie führten, gehörten auch Muslims. Fortschritt wurde so zu einer reaktivierbaren Traditionslinie im Islam.

Auch wenn, was hier an Gegensätzlichem spielt, in Europa bislang nur wenig wirksam geworden ist – es läßt sich nicht einfach unter die Rubrik »Andere Länder, andere Sitten« einordnen.

Allgemeine Betrachtungen drängen sich auf. Wie wird die Zukunft der Menschheit aussehen? Einheitlich genormt oder bunt? Marxisten wie Vertreter bürgerlicher Modernisierungstheorien erwarteten lange Zeit – hier waren sie sich in ihrer grundsätzlichen Gegnerschaft einig – eine Genormtheit der Menschheitszukunft, und zwar nach gesellschaftlichen Maßstäben, die sich in Westeuropa und Nordamerika herausgebildet hatten. Vieles spricht inzwischen für die Buntheit.

Damit hängt ein praktisches Problem zusammen. Menschen müssen es lernen, mit ihresgleichen, die in anderen Traditionslinien stehen, auszukommen. So einfach gefordert, scheint das nicht schwierig. Wer nimmt nicht gern Toleranz für sich in Anspruch? Doch konkret hat das mitunter schon seine Tücken.

Die Reislamisierung etwa stellt – vor allem dort, wo sie sich militant gibt – Fortschritte in Frage, die Menschen im Rahmen von Säkularisierungsprozessen auf dem Wege ihrer Selbstbefreiung gemacht haben. Stichworte: Aufklärung und Revolution in Frankreich. Andererseits gerieten und geraten nicht wenige Muslims aus einem spontanen Antiimperialismus und Demokratismus heraus in ihren Bann. Wie sollen sich diejenigen verhalten, die von säkularen Positionen aus für gesellschaftlichen Fortschritt streiten? Bieten Antiimperialismus und Demokratismus, auch wenn nur dunkel empfunden, nicht Anknüpfungspunkte? Ist nicht aber auch auf dem Wege zur Säkularisierung Erreichtes ein Fortschritt und damit verteidigungswürdig? Die zuletzt gestellte Frage ist zu bejahen. Wer sich indessen einseitig von ihrer Bejahung leiten läßt, läuft Gefahr, mit säkularen Gegnern des Fortschritts Front gegen potentielle Bundesgenossen zu machen.

An Fortschritten, in der eigenen Entwicklung errungen, ist zweifellos festzuhalten. Doch sollten sie nicht als Maßstab dienen, andersgeartete Traditionen zu be- oder gar abzuurteilen; letztere sind aus jeweils spezifischen historischen Voraussetzungen als eigenwertiger Beitrag zur Weltkultur erwachsen.

Das Anderssein kann Spannungen hervorrufen. Aus ihnen können militante Konfrontationen erwachsen. Gefährlich könnte werden, was sich möglicherweise in und mit dem zweiten Golfkrieg anbahnt. Das Konfrontative im Nord-Süd-Konflikt könnte sich verstärken und militanter gestalten. Muslims könnten sich nach dem Ende des Ost-West-Konflikts in die Rolle eines Feindes des Westens bzw. des Nordens schlechthin gedrängt sehen. Eine irakische Niederlage im Golfkrieg müßten sie dann als gemeinsame Demütigung empfinden. Der Islam, mit dem seine Anhänger in Konfliktsituationen bislang eigentlich mehr oder weniger nichtreligiöse Ziele motivierten, könnte sich dadurch als Kriegsmotiv verselbständigen; es könnte zu einem wirklichen Religionskrieg kommen, unversöhnlich und grausam geführt.

Die Problematik, um die es geht, ist gleichermaßen komplex und grundsätzlich; es kann schon von einer Herausforderung gesprochen werden. Im Islam finden Auseinandersetzungen statt. Zugleich geht es um das Verhältnis von Nicht-Muslims zu seinen Anhängern. Das Ganze läßt sich nicht auf die Frage reduzieren: Wer hat recht? Verstehen und Verständigung sind gefragt – und helfen weiter.

ANMERKUNGEN

Ursprung und Profil

Am Vorabend einer Revolution, S. 9 bis 21

1 Siehe hierzu: Weltgeschichte bis zur Herausbildung des Feudalismus. Ein Abriß, verfaßt von einem Autorenkollektiv unter Leitung von I. Sellnow, Berlin 1977
2 1. Könige 10. Zitiert nach: Die Heilige Schrift Alten und Neuen Testaments, Übersetzt und neu bearbeitet von H. Menge, Berlin 1960, Das Alte Testament, S. 464
3 K. Marx: Grundrisse der Kritik der politischen Ökonomie (Rohentwurf) 1857–1858, Anhang 1850–1859, Berlin 1953, S. 390
4 Nach J. Wellhausen: Reste arabischen Heidentums, Berlin 1961 (Nachdruck der Ausgabe von 1897), S. 226
5 J. G. Herder: Zur Philosophie der Geschichte. Eine Auswahl in zwei Bänden, Bd. 2: Ideen zur Philosophie der Geschichte der Menschheit (1782–1791), Berlin 1952, S. 607 f.
6 J. W. Goethe: West-Östlicher Divan, Leipzig 1965, S. 120 f.
7 J. Wellhausen: Reste arabischen Heidentums, a. a. O., S. 216
8 Nach ebenda, S. 229

Muhammad, der Prophet, S. 22 bis 38

1 Die Worte Gabriels finden sich im Koran, Sure 96, 1–5. – Der Koran wird hier und im folgenden zitiert nach: Der Koran. Übersetzung von A. Th. Khoury, Unter Mitwirkung von M. S. Abdullah, Mit einem Geleitwort von I. Khan, Gütersloh 1987
2 Arabischer Text bei F. Wüstenfeld: Das Leben Muhammad's, Bd. 1, Göttingen 1858/59, S. 152 f. Eine deutsche Über-

setzung hat G. Weil angefertigt: Das Leben Mohammed's nach Mohammed Ibn Ishak, bearbeitet von Abd el-Malik Ibn Hischam, Bd. 1, Stuttgart 1864

3 Koran, Sure 74, 1–7

4 U. a. Koran, Sure 16, 120 ff.

5 Koran, Sure 102, 1–2

6 Koran, Sure 53, 23–28

7 Koran, Sure 85, 10

8 Nach T. Nagel: Der Koran. Einführung – Texte – Erläuterungen, München 1983, S. 155

9 Koran, Sure 17, 1

10 F. Wüstenfeld: Das Leben Muhammad's, a. a. O., S. 327 ff.

11 Nach Geschichte der Araber. Von den Anfängen bis zur Gegenwart, Bd. 1: Voraussetzungen, Blüte und Verfall des arabisch-islamischen Feudalreiches, verfaßt von einem Autorenkollektiv unter Leitung von L. Rathmann, Berlin 1971, S. 72 f.

12 Koran, Sure 5, 82

13 Koran, Sure 2, 185

14 Matthäus 13, 57. Zitiert nach: Die Heilige Schrift Alten und Neuen Testaments, Übersetzt und neu bearbeitet von H. Menge, Berlin 1960, Das Neue Testament, S. 27

15 Koran, Sure 3, 169

16 Koran, Sure 9, 111

17 Koran, Sure 8, 17

18 R. Paret: Mohammed und der Koran. Geschichte und Verkündigung des arabischen Propheten, Stuttgart 1957, S. 147

19 Koran, Sure 9, 5

20 F. Wüstenfeld: Das Leben Muhammad's, a. a. O., S. 999 f.

21 R. Hartmann: Die Religion des Islam. Eine Einführung, Berlin 1944, S. 12

22 J. Fück: Muhammad – Persönlichkeit und Religionsstiftung. In: J. Fück: Arabische Kultur und Islam im Mittelalter. Ausgewählte Schriften, Hrsg. von M. Fleischhammer, Weimar 1981, S. 160

23 K. Marx, F. Engels: Briefwechsel, Bd. 1: 1844–1853, Berlin 1949, S. 569, 580

24 Nach J. Wellhausen: Reste arabischen Heidentums, a. a. O., S. 220

25 Nach B. Lewis (Hrsg.): Der Islam von den Anfängen bis zur Eroberung von Konstantinopel, Bd. 1: Die politischen Ereignisse und die Kriegführung, Zürich–München 1981, S. 48

26 Nach: Mohammed in Selbstzeugnissen und Bilddokumenten, Dargestellt von E. Dermenghem, Reinbek bei Hamburg 1960, S. 51

Die neue Religion, S. 38 bis S. 53

1 J. Wellhausen: Das arabische Reich und sein Sturz, Berlin 1960 (Nachdruck der Ausgabe von 1902), S. 6
2 T. Nagel: Der Koran. Einführung – Texte – Erläuterungen, a. a. O., S. 18
3 Ebenda, S. 23
4 Koran, Sure 1, 2–7
5 Koran, Sure 112, 1–4
6 Koran, Sure 33, 40
7 Koran, Sure 9, 60
8 Koran, Sure 2, 187
9 Nach B. Lewis (Hrsg.): Der Islam von den Anfängen bis zur Eroberung von Konstantinopel, Bd. 2: Religion und Gesellschaft, Zürich–München 1982, S. 43 ff.
10 Nach ebenda, S. 17 ff.
11 M. Rodinson: Islam und Kapitalismus, Frankfurt (M.) 1971, S. 47
12 Nach F. Steppat: Der Muslim und die Obrigkeit. In: Zeitschrift für Politik, Köln–Zürich–Wien, Jg. 12 (1965), S. 320
13 Koran, Sure 7, 177
14 Koran, Sure 90, 8–20
15 Nach T. Nagel: Der Koran. Einführung – Texte – Erläuterungen, a. a. O., S. 190

Das arabisch-islamische Weltreich

Damaskus – die neue Metropole, S. 54 bis 65

1 J. Wellhausen: Das arabische Reich und sein Sturz, a. a. O., S. 22
2 The Origins of the Islamic State, Kitab Futuh al-Buldan of al-Baladhuri (annotierte Übersetzung von Ph. Kh. Hitti), Beirut 1966, S. 207
3 J. Wellhausen: Das arabische Reich und sein Sturz, a. a. O., S. 41

4 C. Cahen: Der Islam I, Vom Ursprung bis zu den Anfängen des Osmanenreiches, Frankfurt (M.) – Hamburg 1968, S. 37
5 F. Taeschner: Geschichte der arabischen Welt, Mit einem Beitrag »Die arabische Welt in der Epoche des Nationalismus« von F. Steppat, Stuttgart 1964, S. 63 f.

Emanzipation zur Weltreligion, S. 66 bis 79

1 G. E. v. Grunebaum: Der Islam in seiner klassischen Epoche, 622–1258, Zürich – Stuttgart 1966, S. 106
2 B. Lewis (Hrsg.): Der Islam von den Anfängen bis zur Eroberung von Konstantinopel, Bd. 1: Die politischen Ereignisse und die Kriegführung, a. a. O., S. 136 f.
3 Y. Ibish: Economic Institutions. In: The Islamic City, ed. by R. B. Serjeant, Paris 1980, S. 114 ff.
4 A. Miquel: Der Islam. Von Mohammed bis Nasser, Essen 1975, S. 197
5 Vgl. B. F. Musallam: Sex and society in Islam. Birth control before the nineteenth century, Cambrigde 1983
6 M. Erbstösser: Die Kreuzzüge. Eine Kulturgeschichte, Leipzig 1976, S. 97
7 Ebenda, S. 98
8 B. Lewis (Hrsg.): Der Islam von den Anfängen bis zur Eroberung von Konstantinopel, Bd. 1: Die politischen Ereignisse und die Kriegführung, a. a. O., S. 139 f.
9 Ebenda, S. 215
10 Kara Mustafa vor Wien. Das türkische Tagebuch der Belagerung Wiens 1683, verfaßt vom Zeremonienmeister der Hohen Pforte, übersetzt, eingeleitet und erklärt von R. F. Kreutel, München 1967, S. 87 f.

Glaube und Gesetz: Neue Entwicklungslinien, S. 79 bis 96

1 G. Rotter: Die Umayyaden und der zweite Bürgerkrieg (680–692), Wiesbaden 1982, S. 39 f.
2 Zit. nach B. Lewis: The Assassins. A Radical Sect in Islam, London 1985, S. 130
3 Koran, Sure 33, 21
4 J. Fück: Die Rolle des Traditionalismus im Islam. In: J. Fück: Arabische Kultur und Islam im Mittelalter, a. a. O., S. 225

5 Ebenda, S. 227
6 G. E. von Grunebaum: Der Islam in seiner klassischen Epoche, 622–1258, a. a. O., S. 110
7 W. M. Watt, A. T. Welch: Der Islam, Bd. 1: Mohammed und die Frühzeit. Islamisches Recht. Religiöses Leben, Stuttgart–Berlin–Köln–Mainz 1980, S. 252
8 J. Fück: Die Religion des sunnitischen Islam. In: J. Fück: Arabische Kultur und Islam im Mittelalter, a. a. O., S. 187 f.
9 Al Ghasali: Das Elexier der Glückseligkeit, Düsseldorf–Köln 1959, S. 33
10 Ebenda, S. 38
11 J. Fück: Die Religion des sunnitischen Islam, a. a. O., S. 202 f.
12 Auf die Problematik des Begriffs verweist F. de Jong. Sie zeuge vom unentwickelten Stand der religionssoziologisch orientierten Islamwissenschaft. Der Begriff werde in der Literatur in mindestens fünf unterschiedlichen Bedeutungen verwendet, nämlich für regionale Varianten des Islam, für die Art und Weise, wie die breite, zum größten Teil analphabetische Masse den Islam versteht, für sich im Heiligenkult und in mystischen Bruderschaften manifestierende Formen von Frömmigkeit, für Ideen und Praktiken, die identisch mit der Mystik sind, und schließlich für Aberglaube und Häresie. (Der Islam in der Gegenwart, Hrsg. von W. Ende und U. Steinbach, unter redaktioneller Mitarbeit von M. Ursinus, München 1984, S. 489 f.)
13 Nach T. Nagel: Staat und Glaubensgemeinschaft im Islam, Bd. 2: Vom Spätmittelalter bis zur Neuzeit, Zürich–München 1981, S. 128 ff.

Ausbildung einer »Peripherie«

Südasien: Koexistenz mit Hinduismus, S. 97 bis 112

1 Nach A. Schimmel: Der Islam im indischen Subkontinent, Darmstadt 1983, S. 5
2 Zit. nach M. T. Titus: Islam in India and Pakistan, Kalkutta 1959, S. 12
3 Zit. nach A. B. M. Habibullah: The Foundation of Muslim Rule in India, Allahabad 1961, S. 316

4 K. M. Ashraf: Life and Conditions of the People of Hindustan, Delhi 1959, S. 13
5 Vgl. S. M. Ikram: Muslim Civilization in India, New York–London 1965, S. 89
6 Zit. nach M. T. Titus: Islam in India and Pakistan, a. a. O., S. 59 f.
7 Zit. nach P. Hardy: Islam in Medieval India. In: Sources of Indian Tradition, Dehli 1963, S. 502 f.
8 L. Scrafton: Reflections on the Government of Indostan, London 1770. Zit. nach S. M. Ikram, a. a. O., S. 222
9 Zit. nach P. Hardy: Islam in Medieval India, a. a. O., S. 507 f.
10 Der Islam II, Die islamischen Reiche nach dem Fall von Konstantinopel, Hrsg. von G. E. Grunebaum, Frankfurt (M.) 1980, S. 260 f.
11 F. Bernier: Travels in the Mogul Empire, Westminster 1891, S. 245 ff.
12 Zit. nach M. T. Titus: Islam in India and Pakistan, a. a. O., S. 44

Ost- und Südostasien: Neigung zum Synkretismus, S. 112 bis 119

1 Nach: Der Islam II, Die islamischen Reiche nach dem Fall von Konstantinopel, a. a. O., S. 288
2 Nach H. J. Benda, J. A. Larkin: The World of South-east Asia. Selected Historical Readings, New York 1967, S. 13
3 Nach R. Levy: The Social Structure of Islam. Being the Second Edition of the Sociology of Islam, Cambridge 1957, S. 43
4 B. Dahm: Islam in Sumatra. In: W. Draguhn (Hrsg.): Der Einfluß des Islams auf Politik, Wirtschaft und Gesellschaft in Südostasien, Hamburg 1983, S. 59
5 Nach: Der Islam II, Die islamischen Reiche nach dem Fall von Konstantinopel, a. a. O., S. 297
6 Ebenda, S. 306 f.
7 Der Islam in der Gegenwart, a. a. O., S. 573
8 Ebenda, S. 579
9 M. F. Somers Heidhues: Die Moros in Geschichte, Wirtschaft und Politik der Philippinen. In: W. Draguhn (Hrsg.): Der Einfluß des Islams auf Politik, Wirtschaft und Gesellschaft in Südostasien, a. a. O., S. 129

Subsaharisches Afrika: Begegnung mit Naturreligionen, S. 120 bis 129

1 R. Levy: The Social Structure of Islam, a. a. O., S. 50
2 Nach G. Ritter: Die Stellung des Negers in der islamisch-arabischen Gesellschaft bis zum XVI. Jahrhundert, Bonn 1967, S. 81
3 Ebenda, S. 44
4 W. Manshard: Afrika – südlich der Sahara, Frankfurt (M.) 1970, S. 102
5 Nach G. Ritter: Die Stellung des Negers in der islamisch-arabischen Gesellschaft bis zum XVI. Jahrhundert, a. a. O., S. 37
6 Ebenda, S. 38
7 Vgl. J. S. Trimingham: The Influence of Islam upon Africa, London 1980, S. 15
8 Th. Büttner: Geschichte Afrikas. Von den Anfängen bis zur Gegenwart, Teil I, Berlin 1976, S. 80

Konfrontation mit Kolonialismus,
S. 130 bis 131

1 Koran, Sure 2, 218

Heiliger Krieg, S. 132 bis 150

1 J. Schacht (Hrsg.): Der Islam mit Ausschluß des Qor'ans, Tübingen 1931, S. 154
2 Ebenda, S. 155
3 Ebenda, S. 164
4 Vgl. Koran, Sure 24, 2 ff.
5 Koran, Sure 8, 41
6 J. Schacht: Der Islam mit Ausschluß des Qor'ans, a. a. O., S. 163
7 A. Schimmel: Der Islam im indischen Subkontinent, a. a. O., S. 92
8 Ch.-R. Ageron: Histoire de l'Algérie contemporaine (1830–1966), Paris 1966, S. 16
9 Zit. nach P. M. Holt: The Mahdist State in the Sudan 1881–1898. A Study of Its Origins, Development and Overthrow, Oxford 1970, S. 59

10 H. Pleticha: Der Mahdiaufstand in Augenzeugenberichten, Düsseldorf 1967, S. 105 f.
11 Der Islam, Berlin–Leipzig, Bd. 3 (1912), S. 149 f.
12 Zit. nach P. Schmitz: All-Islam! Weltmacht von morgen? Leipzig 1937, S. 224 f.

Reformation oder Modernisierung? S. 150 bis 160

1 Der Islam und die Wissenschaft, Vortrag, gehalten in der Sorbonne am 29. März 1883 von Ernest Renan. Kritik dieses Vortrages vom Afghanen Scheik Djemmal Eddin und Ernest Renan's Erwiderung, Basel 1883, S. 4
2 Ebenda, S. 23 f.
3 Ebenda, S. 40 f.
4 Ebenda, S. 33 f.
5 Ebenda, S. 36
6 Ebenda, S. 35 f.
7 Zit. nach F. Büttner (Hrsg.): Reform und Revolution in der islamischen Welt, München 1971, S. 66
8 Ebenda, S. 67
9 J. Schacht (Hrsg.): Der Islam mit Ausschluß des Qor'ans, a. a. O., S. 179 f.
10 Ebenda, S. 182
11 Ebenda, S. 174 f.
12 F. Engels: Juristen-Sozialismus. In: K. Marx, F. Engels: Werke, Bd. 21, Berlin 1963, S. 492
13 Der Islam und die Wissenschaft, a. a. O., S. 41
14 F. Engels: Ludwig Feuerbach und der Ausgang der klassischen deutschen Philosophie. In: K. Marx, F. Engels: Werke, Bd. 21, S. 305
15 J. Schacht (Hrsg.): Der Islam mit Ausschluß des Qor'ans, a. a. O., S. 172
16 Zit. in N. R. Keddie: Sayyid Jamal ad-Din »al-Afghani«. A Political Biography, Berkeley–Los Angeles–London 1972, S. 167
17 N. R. Keddie: An Islamic Response to Imperialism. Political and Religious Writings of Sayyid Jamal ad-Din »al-Afghani«, Berkeley–Los Angeles 1968, S. 177

1 J. Nehru: Indiens Weg zur Freiheit, Berlin 1957, S. 86
2 Sarekat-Islam congres (1-e nationaal congres) 17–24 Juni 1916 te Bandoeng. Behoort bij de geheime missive van de wd. adviseur door inlandsche zaken van 29 Sept. 1916 No. 226. Geheim voor den dienst, Batavia 1916, S. 23
3 H. O. S. Amelz: Tjokroaminoto, hidup dan perdjuangannja, Djakarta 1952, S. 88 f.
4 Zit. nach J. Desparmet: Contribution à l'histoire contemporaine de l'Algérie. In: L'Afrique Française, Paris, Bd. 47 (1937), S. 354
5 Zit. nach J. Desparmet: Naissance d'une histoire »nationale« de l'Algérie. In: L'Afrique Française, Bd. 43 (1933), S. 388
6 Zit. nach J. Desparmet: Contribution à l'histoire contemporaine de l'Algérie, a. a. O., S. 355
7 Zit. nach A.-G. Bouvreuil: Agitation politique et religieuse chez les Musulmans d'Algérie. In: L'Afrique Française, Bd. 46 (1936), S. 583
8 Zit. nach J. Desparmet: Contribution à l'histoire contemporaine de l'Algérie, a. a. O., S. 558
9 Zit. nach C. P. Harris: Nationalism and Revolution in Egypt. The Role of the Muslim Brotherhood, Den Haag–London–Paris 1964, S. 149 f.
10 Zit. nach ebenda, S. 149
11 Zit. nach I. M. Husaini: The Moslem Brethren, Beirut 1956, S. 65
12 S. A. A. Maudoodi: Political Theory of Islam, Rampur o. J., S. 4
13 Ebenda, S. 29 f.

Panislamismus: Der Traum vom Kalifat, S. 175 bis 183

1 N. R. Keddie: Sayyid Jamal ad-Din »al-Afghani«. A Political Biography, a. a. O., S. 133 ff.
2 J. Schacht (Hrsg.): Der Islam mit Ausschluß des Qor'ans, a. a. O., S. 184
3 U. M. Kupferschmidt: The General Muslim Congress of 1931 in Jerusalem. In: Asian and African Studies, Jerusalem, Bd. 12, Nr. 1, März 1978, S. 126 f.

4 Oriente Moderno, Rom, Bd. 12 (1932), S. 41
5 U. M. Kupferschmidt: The General Muslim Congress of 1931 in Jerusalem, a. a. O., S. 144 f.
6 Public Record Office, London, FO 371/45381

Erneut Weltmacht?

Eigenstaatlichkeit, Unterentwicklung, Islam, S. 185 bis 198

1 Th. Sommer: Und wenn die ganze Welt verbrennt? Europa findet endlich seinen Frieden – jetzt muß unser Krieg gegen die Natur ein Ende haben. In: Die Zeit, Hamburg, 27. April 1990, S. 1
2 J. van Ess: Religion und Gesellschaft dargestellt am Beispiel des (sunnitischen) Islams. In: Kulturprobleme außereuropäischer Länder. Philosophie, Religion, Literatur, Geographie, Ausbildung, Hrsg. von J. H. Hohnholz, Stuttgart 1980, S. 25
3 S. A. Maudoodi: Weltanschauung und Leben im Islam, Freiburg i. Br. 1971, S. 35
4 Sammlung von Reden und Erklärungen des Präsidenten Gamal Abdel Nasser, 4. Teil: Februar 1962 bis Juli 1964, Kairo o. J., S. 568 ff. (arab.)
5 Projet de Charte Nationale, soumis au Référendum populaire du 27 Juin 1976, Algier, S. 4
6 Zit. nach: Aufbruch am Nil. Politik und Ideologie in der ägyptischen Befreiungsbewegung unter Gamal Abdel Nasser, Von einem Autorenkollektiv unter Leitung von M. Robbe, Berlin 1976, S. 242
7 Mustafa Mahmoud: Marxism and Islam, Kairo 1984, S. 84 f.
8 Ebenda, S. 90 ff.
9 M. el Ghaddafi: Das grüne Buch, 1. Kapitel: Lösung des Demokratieproblems »Die Macht des Volkes«, 2. Kapitel: Lösung des wirtschaftlichen Problems »Der Sozialismus«, Dresden o. J., S. 28
10 M. Bianco: Kadhafi. Der Sohn der Wüste und seine Botschaft, Hamburg 1975, S. 155 f.
11 Ebenda, S. 151 f.
12 M. el Ghaddafi: Das grüne Buch, a. a. O., S. 58 f.

13 M. el Ghaddafi: Das grüne Buch, 3. Kapitel: Die soziale Basis der dritten Universaltheorie, Dresden o. J., S. 5 ff.
14 B. Dahm: Indonesien. Geschichte eines Entwicklungslandes (1945–1971) (Handbuch der Orientalistik, III, 1, 3), Leiden–Köln 1978, S. 60 ff.

Reislamisierung, S. 199 bis 216

1 Public Record Office, London, FO 371/121 608
2 Ajatollah Chomeini: Der islamische Staat, Aus dem Persischen übersetzt und herausgegeben von N. Hassan und I. Itscherenska, Berlin 1983, S. 174
3 Nach U. Tilgner (Hrsg.): Umbruch im Iran. Augenzeugenberichte – Analysen – Dokumente, Reinbek bei Hamburg 1979, S. 44
4 R. E. Huyser: Putschen Sie, Herr General! Wie Washington den Iran retten wollte. Mit einer Einleitung von A. M. Haig, Reinbek bei Hamburg 1986, S. 340
5 Chabar wa nazar, Teheran, Nr. 45, 12. September 1979, S. 3
6 J. Reissner: Die Besetzung der großen Moschee in Mekka 1979. In: Orient, Opladen, 21. Jg. (1980), H. 2, S. 194 ff.
7 Arab News, Dschidda, 3. und 4. Dezember 1979
8 M. Heikal: Autumn of Fury. The Assassination of Sadat, London 1983, S. 243
9 G. Kepel: Le Prophète et Pharaon. Les mouvements islamistes dans l'Egypte contemporaine, Paris 1984
10 M. Heikal: Autumn of Fury, a. a. O., S. 253
11 Ebenda, S. 246
12 Salah Abu Isma'il: Die Zeugenaussage, Kairo 1984, S. 191 f. (arab.)
13 Siehe G. Krämer: Ägypten unter Mubarak: Identität und nationales Interesse, Baden-Baden 1986, S. 99 ff.
14 Kh. Duran: Islam und politischer Extremismus. Einführung und Dokumentation (Aktueller Informationsdienst Moderner Orient, Sondernummer 11), Hamburg 1985, S. 45
15 Nach R. K. Ramazani, Revolutionary Iran. Challenge and Response in the Middle East, Baltimore – London 1985, S. 185
16 Nach H. Gstrein: Marx oder Mohammed. Arabischer Sozialismus und islamische Erneuerung, Freiburg–Würzburg 1979, S. 50 f.

17 Charakteristisch dafür ist P. Scholl-Latour: Allah ist mit den Standhaften. Begegnungen mit der islamischen Revolution, Stuttgart 1983
18 Zit. nach B. Tibi: Die Aktualität des Islam als politische Ideologie, als Wirtschaftslehre und als Ordnungssystem. In: Vorgänge, Frankfurt (M.), H. 2, 1982, S. 55
19 Vgl. G. M. Manousakis: Der Islam und die NATO: Bedrohung an der Südflanke, München 1980
20 Dsch. Alahmad: Gharbzadegi, Teheran 1962/63, S. 52 (pers.)
21 Die Sorgen der Frau Umm Mohammed. In: 3. Welt Magazin, Bonn, Juli/August 1977, Ägypten nach Nasser, S. XVIII f.
22 R. McVey: Faith as the Outsider: Islam in Indonesian Politics. In: J. P. Piscatori: Islam in the Political Process, Cambridge 1983, S. 200
23 A. Schariati: Brief vom 26. Ordibehescht 1356 / 16. Mai 1977. In: Werke, Bd. 1: Mit bekannten Adressaten, o. O., o. J., S. 42 (pers.)

Islamischer Fundamentalismus, S. 216 bis 238

1 R. Israeli: The Public Diary of President Sadat, Part three: The Road of Pragmatism (June 1975–October 1976), Leiden 1979, S. 1308 f.
2 Sajjid Qutb, Milestones, Delhi 1981, S. 136
3 Ebenda, S. 301
4 Achir Sa'a, Kairo, 6. Februar 1985
5 H. M. Azzam: Der Islam. Plädoyer eines Moslem, Stuttgart 1981, S. 12 f.
6 S. Rushdie: Die Satanischen Verse, Artikel 19 Verlag 1989, S. 382
7 Chronik 1989, Dortmund 1989, S. 19
8 Th. Koszinowski: Orient: Alte und neue zwischenstaatliche Organisationen und Gruppierungen. In: Jahrbuch Dritte Welt 1990. Daten – Übersichten – Analysen, München 1989, S. 299
9 The Imam Versus Zionism, Teheran 1983, S. 42
10 Ettela'at, Teheran 2. Juli 1979
11 D. Ilzad: Chomeini und seine Strafgesetze – Barbarei oder Gerechtigkeit? Köln 1984, S. 41
12 Ebenda, S. 56
13 A. Taheri: Chomeini und die Islamische Revolution, Hamburg 1985, S. 351

14 Arab News, Dschidda, 14. September 1990
15 Indonesia Times, Jakarta, 15. April 1983
16 Vgl. D. Khalid: Reislamisierung und Entwicklungspolitik, München–Köln–London 1982, S. 137
17 Zit. nach A. Cohen: Political Parties in the West Bank under the Jordanian Regime, 1949–1967, Ithaca–London 1982, S. 206
18 Zit. nach Z. Abu Amr: al-Haraka al-islamija fi'l-daffa al-gharbija wa qita Ghazza, Akka – Jerusalem 1989, S. 103 (arab.)
19 T. S. Saidbaev: Islam i obščestvo. Opyt istoriko-sociologičeskogo issledovanija, Moskau 1978, S. 16
20 Ziyauddin Khan Ibn Ishan Babakhan: Islam and the Muslims in the Land of Soviets, Moskau 1980, S. 44
21 T. S. Saidbaev: Islam i obščestvo, a. a. O., S. 123 f.
22 G. M. Kerimov: Šariat i ego social'naja suščnost', Moskau 1978, S. 11
23 Vgl. Islam v zapadnoj Afrike, Moskau 1988, S. 150 f.
24 P. J. Ryan: Islam and Politics in West Africa: Minority and Majority Models. In: The Muslim World, Hartford, Bd. 77, Nr. 1, 1987, S. 15
25 P. Clarke: Islamic Reform in Contemporary Nigeria: Methods and Aims. In: Third World Quarterly, London, Bd. 10, Nr. 2, 1988, S. 530
26 Zit. nach F. Esack: Three Islamic Strands in the South African Struggle for Justice. In: Third World Quarterly, Bd. 10, Nr. 2, 1988, S. 480
27 Ebenda, S. 484
28 Zit. ebenda, S. 485
29 Zit. ebenda
30 Zit. ebenda, S. 492
31 Vgl. ebenda, S. 493
32 Zit. ebenda
33 Zit. ebenda, S. 496

Islamische Solidarisierung, S. 238 bis 252

1 Journal of the Muslim World League, Mekka, 1. Jg. (1934), Nr. 5, S. 42 ff.
2 Oriente Moderno, Bd. 45 (1965), S. 141
3 Die arabische Revolution. Nasser über seine Politik, Herausgegeben und kommentiert von F. R. Allemann, Frankfurt (M.) 1958, S. 42

4 Ebenda, S. 55 f.
5 Oriente Moderno, Bd. 42 (1962), S. 3
6 Z. Önder: Saudi-Arabien. Zwischen islamischer Ideologie und westlicher Ökonomie, Stuttgart 1980, S. 208, Anm. 601
7 D. D. Eisenhower: The White House Years. Waging Peace, 1956–1961, London 1966, S. 96 f.; Documents on the Middle East, Ed. by R. H. Magnus, Washington 1969, S. 86 ff.
8 Archiv der Gegenwart, 15. Dezember 1969, S. 15121
9 Archiv der Gegenwart, 28. Februar 1974, S. 18541
10 Archiv der Gegenwart, 15. Dezember 1969, S. 15121
11 Nach Aktueller Informationsdienst Moderner Orient, Hamburg, Nr. 3, 1981, S. 4
12 Archiv der Gegenwart, 15. Dezember 1969, S. 15121
13 Archiv der Gegenwart, 28. Februar 1974, S. 18542
14 Archiv der Gegenwart, 29. Januar 1981, S. 24236
15 Aktueller Informationsdienst Moderner Orient, a. a. O., S. 5
16 al-Scharq al-Ausat, London, 22. Januar 1984
17 Th. Koszinowski: Orient: Alte und neue zwischenstaatliche Organisationen und Gruppierungen, a. a. O., S. 298
18 The Middle East and North Africa 1982/83, London 1982, S. 184
19 M. S. Kramer: An Introduction to World Islamic Conferences, Tel Aviv 1978, S. 33
20 al-Ahram, Kairo, 13. Oktober 1989

Rhythmus und Sinn im Alltag, S. 252 bis 270

1 M. M. Ahsan: The Children's Book of Islam. Part Two: ʿIbādah (Worship in Islam), Leicester–Nairobi–Kano 1985, S. 29 ff.
2 Arab News, 4. März 1983
3 al-Da'wa, Kairo, Nr. 34, März 1979, S. 62
4 Malcolm X Speaks. Selected Speeches and Statements, Edited with Prefatory notes by G. Breitman, London 1966, S. 59
5 al-I'tisam, Kairo, 43. Jg., Nr. 4/5, März/April 1980, S. 42
6 Arab News, 17. Juni 1983
7 Arab News, 27. Mai 1983
8 Koran, Sure 9, 36 f.
9 W. M. Watt, A. T. Welch: Der Islam, Bd. 1: Mohammed und die Frühzeit, a. a. O., S. 310
10 Koran, Sure 4, 3

11 Koran, Sure 24, 31
12 Koran, Sure 33, 59
13 D. Khalid: Reislamisierung und Entwicklungspolitik, a. a. O., S. 176
14 Maktabat al-Imam, Kairo, Nr. 4, Juli 1969, besonders S. 28 ff.
15 Arab News, 1. Juli 1983
16 A. B. Rugh: Familiy in Contemporary Egypt, Syracuse 1984, S. 160 f.
17 Der Islam in der Gegenwart, a. a. O., S. 287 ff.

Schlußbetrachtung

Tradition – Säkularisierung – Toleranz, S. 271

1 Der Spiegel, Hamburg, 27. April 1987, S. 172, 174
2 M. Rodinson: Islam und Kapitalismus, a. a. O., S. 295

WORTERKLÄRUNGEN

Ajatollah Ehrentitel für Theologen im schiitischen Islam, wörtlich: »Zeichen Gottes«. Wird nicht verliehen (dafür gibt es keine Instanz), vielmehr einem Theologen, der durch seine Schriften, die Zahl seiner Schüler und seine Lebensführung besonderes Ansehen genießt, aus dem Kreis der anderen Theologen angetragen. Die Zahl der Ajatollahs ist schwer zu ermitteln; wahrscheinlich liegt sie unter hundert (Zahlenangaben wie »einige Hundert« oder gar »mehrere Tausend« sind stark übertrieben). Dem Range nach stehen über ihnen einige Großajatollahs (»größte der Zeichen Gottes«). Höchste theologische Instanz ist der Mardscha al-taqlid, etwa »Quelle der Autorität«, von den Großajatollahs gewählt.

Allah Arabisch für »(der) Gott«. Bereits vor Muhammad in Arabien als ranghöherer neben vielen anderen (niederen) Göttern bekannt. In der Verkündigung Muhammads der einzige, allmächtige, allwissende, den Sünder richtende, aber auch der barmherzige Gott

Derwisch Persische Bezeichnung für einzeln oder in Gemeinschaften (Orden) lebende fromme Männer, die ihr Leben religiösen Übungen (Gebet, Fasten, Kasteiung) verbringen. Derwisch-Klöster stehen unter Führung eines Scheichs, der unbedingten Gehorsam beanspruchen kann. Kennzeichnend für die meisten Derwisch-Orden sind eine besondere Kleidung sowie das Singen und das Anhören von Musik (die auch im nichtreligiösen Bereich sehr populär geworden ist). Viele Derwische werden im Volk als Wundertäter und Heilige verehrt.

Dschihad Kampf gegen die »Ungläubigen« zur Ausdehnung und zur Verteidigung des islamischen Gebiets, oft als »heiliger Krieg« bezeichnet. Dauert theoretisch an, bis der Islam sich als Religion überall durchgesetzt hat. In der Praxis wird der Begriff heute oft zur Motivierung der Muslims in der Auseinandersetzung mit politischen Gegnern (z. B. Israel) sowie im Kampf um die Überwindung der Rückständigkeit (in der Bedeutung »Anstrengung«) angewandt.

Emir Herrschertitel, ursprünglich »Befehlshaber«. In der Form »amir al-mu'minin« – Beherrscher der Gläubigen – Titel des Kalifen (eingeführt von Umar, der 634–644 regierte), bis heute in Gebrauch bei den Emiren der Vereinigten Arabischen Emirate an der Ostküste der Arabischen Halbinsel

Fatwa Wörtlich »Rechtsgutachten«. Auslegung einer Bestimmung des islamischen Rechts durch einen Mufti oder eine Gruppe von Rechtsgelehrten. Oft auf mündliche oder schriftliche Anfrage erteilt. Fatwa-Sammlungen bekannter Theologen und Rechtsgelehrter erlangen u. U. große Popularität. Viele Zeitungen und Wochenschriften (Illustrierte, Magazine usw.) veröffentlichen regelmäßig Fatwas.

Fundamentalismus, islamischer Bestreben, den ursprünglichen, »reinen« Islam an die Stelle des jeweils vorherrschenden, als verderbt empfundenen Islam zu setzen. Nur Koran und Sunna werden akzeptiert, spätere Entwicklungen als »Neuerungen« abgelehnt. Daraus resultiert eine Militanz fundamentalistischer Bewegungen, deren Vertreter ihren Anspruch, für den einzig richtigen Islam zu stehen, teilweise mit Gewalt durchsetzen wollen.

Hadsch Wallfahrt nach Mekka zur Kaaba, zu der jeder Muslim einmal im Leben verpflichtet ist. Die Pilger können dann das Wort Hadsch (im Unterschied zur Wallfahrt selbst mit langem a) ihrem Namen voranstellen (Frauen in der femininen Form Hadscha).

Harem Im orientalischen Haus der Wohnbereich der Familie (von arabisch »harim« – unverletzlicher Ort) oder allein den Frauen der Familie vorbehaltener Teil des Hauses. Bekannt geworden sind die Frauenabteilungen der Herrscherpaläste. In ihnen wohnten neben den Haupt- und Nebenfrauen des Herrschers auch weibliche Verwandte, Kinder, Sklavinnen und Eunuchen, oft mehrere hundert oder tausend Personen, in einer vielfältig ausgebildeten Hierarchie, an deren Spitze die Mutter des Herrschers stand. – Den Harem kannten bereits die Achämeniden in Persien, deren Reich Alexander der Große im 4. Jh. v. u. Z. besiegte.

Hidschra Die Auswanderung Muhammads von Mekka nach Medina. Muhammad traf am 24. September 622 in Medina ein.

Imam Arabisch »Vorsteher«, Leiter des rituellen Gebets, Titel für Führer von theologischen Schulen und Richtungen, Ehrentitel für hervorragende Theologen, einer der Titel des Kalifen, Bezeichnung für die Führer der Schia aus der Familie Alis

Kaaba Hauptheiligtum des Islam im Hof der großen Moschee von Mekka, Kubus aus grauen Steinen, Höhe (16 m) etwas größer als Seitenlänge, gewöhnlich bedeckt mit der Kiswa, einer Decke aus schwarzem Brokat mit Goldstickerei (Koranverse und Glaubensbekenntnis). In die Ostecke ist in etwa 1,50 m Höhe in einer silbernen Fassung ein schwarzer Stein eingelassen. An der Nordostseite befindet sich in 2 m Höhe eine Tür. Im Innern der Kaaba sind einige silberne und goldene Lampen.

Kalender, islamischer Reiner Mondkalender. Das Jahr besteht aus 12 Monaten zu je 29 bzw. 30 Tagen (insgesamt 354 Tage). Da das Mondjahr etwas länger als 354 Tage ist, sind Schalttage erforderlich (am Ende des letzten Monats). Man verteilt 11 Schalttage auf 30 Jahre. – Seit dem Kalifen Umar gilt als erster Tag der islamischen Zeitrechnung der erste Tag des Jahres, in dem Muhammad die Hidschra unternahm, der 15. bzw. 16. Juli 622. Am 16. September 1985 begann das Jahr 1406 islamischer Zeitrechnung. – In Libyen begann man Anfang 1979 den Todestag Muhammads (8. Juni 632) als Beginn der islamischen Zeitrechnung anzunehmen.

Kalif Arabisch »Nachfolger, Stellvertreter« (Muhammads), also »Nachfolger/Stellvertreter des Gesandten Allahs«, später »Stellvertreter Allahs«. Titel islamischer Herrscher nach dem Tode Muhammads, mit der Eroberung Bagdads durch die Mongolen 1258 erloschen. Zeitweilig trugen mehrere Herrscher gleichzeitig den Kalifentitel (in Bagdad, Kairo und Cordoba). Die Osmanensultane nahmen nach der Eroberung Kairos 1517 den Kalifentitel an (bis 1924).

Koran Arabisch »Lesung«; das heilige Buch des Islam; gilt den Muslims als Muhammad zuteil gewordene Offenbarung Allahs

Mahdi Arabisch »der von Gott Geleitete«. Zunächst nur Ehrentitel für Muhammad und die vier »rechtgeleiteten« Kalifen. Ende des 7. Jh. entwickelte sich die Vorstellung von einem Mahdi, der beim Jüngsten Gericht am Ende der Welt erscheinen und ein Reich Gottes errichten werde. Jüdische und christliche Messias-Erwartung hat daran Anteil. Im schiitischen Islam besonders wichtig: Der verborgene Imam wird als Mahdi erscheinen. Der Mahdi-Glaube war in Zeiten politischer, sozialer oder religiöser Kämpfe unter den Volksmassen immer lebendig. Es traten viele Mahdis auf, in jüngerer Zeit der Mahdi in Sudan, der im Kampf gegen Ägypter und Engländer einen Staat errichten und verteidigen konnte (1881–1898), sowie der Mahdi, den die Besetzer der Kaaba-Moschee in Mekka 1979 ihren Geiseln präsentierten.

Mihrab Leere Nische in der Wand einer Moschee, die die Gebetsrichtung nach Mekka angibt; in großen Moscheen oft kunstvoll gestaltet

Minarett Turm der Moschee für den Gebetsruf. Entstanden in Syrien zur Zeit der Umaijaden in Anlehnung an die Grab- und Wachttürme sowie die Türme der Kirchen, in der Form lokal sehr unterschiedlich. Später wuchs die Zahl der Minarette einer Moschee bis zu sechs bei den Osmanen. Die Moschee der Kaaba in Mekka hat heute sieben, die aus verschiedenen Zeiten stammmen.

Minbar Kanzel, von der herab die Predigt im Gottesdienst am Freitag in der Moschee gehalten wird, meist rechts von der Gebetsnische

Moschee Gebets- und Versammlungsort der Muslims. Neben den fünf obligatorischen werden auch private Gebete dort verrichtet. Am Freitag hören die versammelten Muslims vor dem Mittagsgebet eine Predigt. Die dafür vorgesehene Kanzel, ein Koran-Lesepult, Leuchter sowie Teppiche oder Matten auf dem Fußboden bilden das Inventar. Eine Waschanlage zur Herstellung der rituellen Reinheit befindet sich meist auf dem Hof.

Muezzin Gebetsrufer, der vom Minarett der Moschee die Muslims zu den fünf täglichen Gebeten ruft. Der Muezzin bedient sich heute meist einer Lautsprecher-Anlage. Zuweilen wird der Gebetsruf vom Tonband abgespielt.

Mufti Kenner des islamischen Rechts, der in Form von »Rechtsgutachten« (Fatwas) Fragen religiösen und rechtlichen Inhalts beantwortet und oft vom Staat angestellt ist. In vielen islamischen Ländern gibt es das Amt eines »Obersten Mufti« (teilweise mit anderer Bezeichnung), dessen Inhaber große Autorität genießt.

Mullah Im Persischen übliche Bezeichnung für Theologen

Muslim Anhänger des Islam

Panislamismus Bestreben von Muslims, ihre Völker und Staaten in Reaktivierung der altislamischen Umma zu einen

Polygamie Geläufige Bezeichnung für die – auch im Koran (4, 3) vorgesehene – Institution, die einem Mann mehrere (im Islam bis vier) Ehefrauen zugesteht; genauer wäre »Polygynie«. Heute teilweise durch Gesetze eingeschränkt (wenn etwa die Heirat einer zweiten Frau von der Zustimmung der ersten abhängig gemacht wird) oder verboten (Tunesien). Grundlage dafür ist die Vorschrift aus dem Koran, daß der Mann alle seine Frauen gleich behandeln muß, das aber nicht könne. Auch dort, wo keine Einschränkungen bestehen, sind im allgemeinen weniger als 10 Prozent der Männer mit mehr als einer Frau verheiratet.

Ramadan — Neunter Monat des islamischen Kalenders, in dem der Muslim täglich von Sonnenaufgang bis Sonnenuntergang fasten soll. Ausnahmen gelten für Alte, Kranke, schwangere und stillende Frauen, Reisende und alle, die körperlich schwere Arbeit verrichten. Sie sollen ein Almosen geben bzw. sollen das Fasten nachholen.

Reislamisierung — Reaktivierung des Islam, die Ende der sechziger, Anfang der siebziger Jahre des 20. Jh. einsetzt. Der Islam gewinnt in beträchtlichem Umfang neue Anhänger. Immer mehr Muslims entnehmen ihm Richtlinien zur Gestaltung ihres gesellschaftlichen und individuellen Lebens. Panislamische Aktivitäten nehmen zu.

Rosenkranz — Gebetsschnur mit Perlen aus Holz, Korallen sowie heute auch Plaste. Die Zahl der Perlen beträgt entweder 99 (gemäß der Anzahl der Beinamen Allahs) in drei Gruppen zu je 33 oder insgesamt nur 33 und wird benutzt zum Zählen sich oft wiederholender Gebetsformeln (die nicht zum obligatorischen Gebet gehören), etwa 33mal »Preis sei Allah«, 33mal »Lob sei Allah«, 33mal »Allah ist der Größte«. Aus Indien stammend, wurde der islamische Rosenkranz zum Vorbild für den christlichen.

Scharia Islamisches Recht, das ursprünglich alle Bereiche des menschlichen Lebens regelte. Geringfügige Unterschiede und Varianten bei der Kodifizierung des auf Koran, Sunna, Analogieschluß und dem Konsensus der Gelehrten basierenden Rechts haben ihren Ausdruck in der Bildung von vier sunnitischen und einer schiitischen Rechtsschule gefunden. Jeder Muslim gehört zu einer dieser Schulen, sei es durch eigene Entscheidung oder dadurch, daß in seinem Lande eine dieser Schulen für verbindlich erklärt wurde. Seit dem 19. Jh. wurde die Scharia allmählich auf den Bereich des Personenstandsrechts beschränkt, während im übrigen auf europäischen Vorbildern beruhendes Recht eingeführt wurde. Gegenwärtig gibt es Bestrebungen, die Geltung der Scharia wieder auszudehnen.

Schia, Schiiten Arabisch für »Gruppe, Partei«. Gemeint sind die Anhänger Alis, des Schwiegersohns Muhammads, die ihn bei seinem Anspruch, das Kalifat stehe einem Mitglied der Familie des Propheten zu, unterstützten. Dieser Anspruch setzte sich nicht durch, die Schiiten blieben in der Minderheit (heute etwa 10 Prozent der Muslims, davon mehr als die Hälfte in Iran) und wurden oft zum Sprachrohr der sozial Benachteiligten.

Schleier Tuch, das den Kopf oder den Oberkörper bedeckt, die Augen bleiben frei. Der Augenausschnitt kann durch Häkelei ausgefüllt sein. Eine andere Form ist der »Körperschleier«; dabei wird zum Kopfüberwurf ein bodenlanges Gewand getragen, oft aus demselben Stoff (in den Farben Schwarz, Grau oder Braun). Im Koran nicht belegt, auf dem Dorf und bei Nomaden kaum anzutreffen, in den

Städten unterschiedlich verbreitet; mit der »Re-Islamisierung« wieder häufiger

Sultan Herrschertitel, gebräuchlich seit dem 11. Jh. für unabhängige Beherrscher eines Gebiets, konnte ursprünglich nur vom Kalifen verliehen werden

Sunna Arabisch für »Brauch, Gewohnheit«, meint vor allem die vorbildliche Handlungsweise Muhammads und seiner Gefährten. Sie wurde überliefert und aufgeschrieben und ergänzt den Koran in vielerlei Hinsicht. Die Anhänger der Sunna – die Sunniten – machen etwa 90 Prozent der Muslims aus.

Ulama Plural des arabischen Wortes alim, »Gelehrter«. Gemeint sind im Zusammenhang mit dem Islam die Religionsgelehrten (Theologen).

Umma Arabisch für die »Gemeinschaft« aller Muslims, wichtiger Terminus des Panislamismus

Wesir Titel von hohen Beamten, deren Kompetenz in verschiedenen Reichen und zu unterschiedlichen Zeiten schwankte. Meist war der Wesir der Chef der Verwaltung. Bei den Osmanen wurde der Titel an mehrere Personen gleichzeitig verliehen; der Chef der Verwaltung war nun der Großwesir. Heute ist es die Bezeichnung für die Minister in arabischen Ländern.

CHRONOLOGIE

Um 570	Geburt Muhammads aus dem Stamm der Kuraisch in Mekka
Um 610	Muhammad erfährt die erste Offenbarung.
Um 613	Beginn der öffentlichen Predigt durch Muhammad
Um 615	Emigration einer Gruppe von Muslims nach Äthiopien
622	21. September: Hidschra (Ausreise) Muhammads nach Jathrib, das nun Medina (»Stadt« des Propheten) genannt wird. Beginn der islamischen Zeitrechnung (am 15. oder 16. Juli 622)
624	März: Schlacht von Badr: Sieg der Muslims über die Kuraisch von Mekka
625	März: Niederlage Muhammads gegen die Mekkaner am Berge Uhud
627	April: Vergebliche Belagerung Medinas durch die Mekkaner
629	Erste Wallfahrt Muhammads nach Mekka
630	Januar: Einnahme Mekkas durch die Muslims
632	Februar/März: Abschiedswallfahrt Muhammads nach Mekka. 8. Juni: Muhammad stirbt in Medina. Abu Bakr wird Kalif (»Nachfolger« Muhammads).
633	Eroberung von Südmesopotamien
634	Sieg bei Adschnadain (Palästina) über die Byzantiner
634–44	Kalif Umar ibn al-Chattab. Die Muslims unterwerfen Ägypten, Palästina, Syrien, Mesopotamien und Persien.
638	Eroberung Jerusalems
639–42	Eroberung Ägyptens durch Amr ibn al-As
640–42	Eroberung Persiens
641	Eroberung von Mossul (Obermesopotamien) und von Babylon (Ägypten, arab. Name Fustat, heute im Süden Kairos)
644–56	Kalif Uthman. Weitere Eroberungen in Iran und Nordafrika

647 Eroberung Tripolitaniens (Nordafrika)
649 Beginn des Seekriegs gegen Byzanz, Eroberung Zyperns
652 Unterwerfung Armeniens
Um 653 Der Text des Korans wird redigiert.
655 Muslimische Seemacht besiegt die byzantinische Flotte (vor Kleinasien).
656–61 Kalif Ali (Regierungssitz in Kufa). Erster Bürgerkrieg zwischen der Partei (Schia) Alis und seinen Gegnern von den Kuraisch
661–750 Herrschaft der Umaijaden-Dynastie
749/50–1258 Herrschaft der Abbasiden-Dynastie
751 Schlacht am Talas: Sieg über eine chinesische Armee in Zentralasien. Araber lernen von Kriegsgefangenen Herstellung des Papiers.
755 Abd al-Rahman I., Emir von Cordoba, begründet die spanische Umaijaden-Dynastie (bis 1031). Die Herrscher nennen sich ab 929 Kalif.
762–63 Der Kalif al-Mansur gründet Bagdad und macht es zur Hauptstadt des Abbasidenreiches.
786–809 Regierungszeit des Kalifen Harun al-Raschid. Blüte der arabischen Literatur und Wissenschaft
868 Ahmad ibn Tulun wird Statthalter in Ägypten. Unter ihm und seinen Nachfolgern (Tuluniden, bis 905) wird Ägypten selbständig.
874 Verschwinden des zwölften Imams der Schia
930 Die Bahrain-Karmaten nehmen Mekka ein. Raub des schwarzen Steines aus der Kaaba
969 Die Fatimiden erobern Ägypten. Gründung Kairos
970–72 Errichtung der Moschee und Universität al-Azhar
996–1021 Der Fatimiden-Kalif al-Hakim betrachtet sich als Inkarnation des göttlichen Intellekts. Verfolgung von Christen und Juden. Entstehung der Sekte der Drusen, die ihn als Gott verehrt.
1031 Ende der Herrschaft der Umaijaden in Spanien. Zerfall des Reiches in Kleinstaaten
1095 Papst Urban II. ruft zum Kreuzzug zur Befreiung Jerusalems auf.
1099 Die Kreuzritter erobern Jerusalem.

1187 Sultan Saladin (aus der Dynastie der Aijubiden) schlägt das Heer der Kreuzritter bei Hittin. Eroberung Jerusalems

1242–43 Die Mongolen dringen nach Anatolien vor.

1258 Die Mongolen unter Hülegü nehmen Bagdad ein. Ende des Kalifats der Abbasiden. Tabriz (Iran) wird Hauptstadt.

1260 Die Mongolen erobern Aleppo und Damaskus. Sultan Baibars von Ägypten schlägt die Mongolen bei Ain Dschalut (nördlich von Jerusalem) und stoppt den »Mongolensturm«.

1291 Ein Mamluken-Heer aus Ägypten erobert Akkon, den letzten Stützpunkt der Kreuzfahrer in Palästina.

1326 Tod Osmans (Uthmans), des Begründers der türkischen Osmanen-Dynastie (in der Türkei bis 1924). Sein Sohn Orhan beginnt mit dem Ausbau des Fürstentums Bursa zu einem Staat.

1354–57 Beginn der Eroberung des Balkans durch die Osmanen

1389 Sieg der Osmanen in der Schlacht von Kosovo (Amselfeld)

1453 Die Osmanen erobern Konstantinopel. Ende des Byzantinischen Reiches. Konstantinopel (Istanbul) tritt die Nachfolge Bagdads als Zentrum der islamischen Welt an.

1492 Osmanische Truppen in der Steiermark, Kärnten, Krain. Niederlage bei Villach. Ende der islamischen Herrschaft in Spanien

1517 Die Osmanen unter Sultan Selim erobern Äygypten. Selim nimmt den Kalifen-Titel an.

1521 Einnahme Belgrads durch die Osmanen

1529 Erste vergebliche Belagerung Wiens durch die Osmanen

1571 Vernichtung der osmanischen Flotte in der Seeschlacht von Lepanto durch die spanisch-venezianische Flotte

1587 Errichtung der drei osmanischen Beyliks (Statthalterschaften) Algier, Tunis und Tripolis

1593–1606 Osmanisch-habsburgischer Krieg. Durch den Friedensvertrag von Sitvatorok verliert Habsburg Gebiete in Ungarn.

1609–14 Vertreibung der Muslims aus Spanien

1677–81 Türkisch-russischer Krieg. Kiew fällt an Rußland.

1683–99 Türkisch-österreichischer Krieg. 1683 zweite vergebliche Belagerung von Wien

1706–1957 Die Dynastie der Hussainiden-Beys in Tunis

1727 Erste türkische Druckerei

1746 Muhammad ibn Abd al-Wahhab (1703–87), Begründer der islamischen Reformbewegung der »Wahhabiten«, beginnt im Bündnis mit dem Emir Muhammad ibn Saud die militante Verbreitung seiner Lehre in Arabien.

1761 Freundschaftsvertrag zwischen dem Osmanischen Reich und Preußen

1798–1801 Französische Expedition unter Napoleon Bonaparte nach Ägypten

1801 Die Wahhabiten zerstören die schiitischen Heiligtümer in Kerbela (Irak).

1803 Einnahme Mekkas durch die Wahhabiten

1818 Die ägyptische Armee vernichtet das Wahhabiten-Reich.

1821 Errichtung der ägyptischen Staatsdruckerei in Bulaq (Kairo)

1825–30 Volksaufstand (Dschihad) auf Java

1832–47 Abd al-Qadir Emir von Algerien. Unabhängigkeitskampf gegen Frankreich

1839 England besetzt Aden.

1869 Eröffnung des Suez-Kanals

1873–1907 »Atjeh-Krieg« (Dschihad) auf Nordsumatra

1881–82 Aufstand unter Ahmad Urabi in Ägypten. Seit 1882 Ägypten unter britischer Herrschaft

Der »Mahdi« Muhammad Ahmad ruft zum Dschihad gegen die ägyptische Herrschaft im Sudan auf.

1884 Dschamal al-Din al-Afghani und Muhammad Abduh publizieren in Paris die arabische Zeitschrift al-Urwa al-wuthqa.

1891–92 Tabakrevolte in Iran. Protest unter Führung der schiitischen Ulama gegen Tabakmonopol für einen Engländer

1898 Britische Truppen unter Lord Kitchener zerschlagen den Staat des Mahdi im Sudan. Muhammad Raschid Rida und Muhammad Abduh gründen in Kairo die Wochenschrift al-Manar zur Verbreitung reformistischer Gedanken (Salafija-Islam).
1900–08 Bau der Hidschas-Bahn (Damaskus–Mekka)
1906 Gründung der Allindischen Muslimliga
1911–12 Italien erobert Libyen. Aufstand (Dschihad) gegen die Eroberer
1912 Gründung des Sarekat Islam in Indonesien
1922 In der Türkei wird das Sultanat abgeschafft. Abd al-Madschid wird Kalif ohne politische Macht.
1924 Abschaffung des Kalifats in der Türkei. Ibn Saud erobert Mekka.
1926 Islamischer Kongreß in Kairo. »Kongreß der Islamischen Welt« in Mekka
1928 Abschaffung des Islam als Staatsreligion in der Türkei. Gründung der Muslimbruderschaft in Ismailia (Ägypten)
1931 Gründung der Gesellschaft der algerischen Ulama. Allgemeiner Islamischer Kongreß in Jerusalem
1949 12. Februar: Ermordung Hassan al-Bannas, des Gründers und Obersten Führers der ägyptischen Muslimbruderschaft
1951 Gründung des Islamischen Weltkongresses in Karatschi
1961 Gründung der Akademie für Islamische Studien in Kairo
1962 Gründung der Liga der Islamischen Welt in Mekka
1969 Erste islamische Gipfelkonferenz in Rabat; Formierung der Organisation der Islamischen Konferenz (OIK)
1978/79 »Islamische Revolution« in Iran: Sturz des Schahregimes
1979 20. November: Besetzung der Moschee der Kaaba in Mekka
1980 September: Beginn des Krieges zwischen Irak und Iran
1981 Dritter OIK-Gipfel in Mekka und Ta'if rückt die Themen Jerusalem und Palästina in den Vordergrund.

6. Oktober: Muslimische Radikale erschießen den ägyptischen Präsidenten Anwar al-Sadat.

1984 Vierter OIK-Gipfel in Casablanca erklärt Fahd-Plan, der u. a. Rückzug der Israelis aus allen besetzten arabischen Gebieten fordert, für ihre Mitglieder verbindlich.

1987 Fünfter Gipfel der OIK in Kuwait

1988 In der Sowjetunion entflammen armenisch-aserbaidshanische Auseinandersetzungen um Nagornyj Karabach.

20. August: Waffenstillstand im Krieg zwischen Irak und Iran

1989 18. Außenministerkonferenz der OIK in Riad (Saudi-Arabien) unterstützt die Intifada und spricht sich für die Anerkennung des Staates Palästina aus.

1990 2. August: Irak besetzt widerrechtlich Kuwait.

1991 17. Januar: Alliierte Truppen unter US-Führung, zu denen auch Kontingente arabischer Staaten gehören, greifen den Irak an.